Klimaneutral
Verlag
ClimatePartner.com/53585-1805-1001

Bibliografische Information der Deutschen Nationalbibliothek:
Die Deutsche Nationalbibliothek verzeichnet diese Publikation in der Deutschen Nationalbibliografie; detaillierte bibliografische Daten sind im Internet über www.dnb.de abrufbar.

oekom – Gesellschaft für ökologische Kommunikation mbH
Waltherstraße 29, 80337 München

Umschlaggestaltung: Jutta Büschkes
Satz: Markus Miller, München
Lektorat: Katharina Spangler
Korrektorat: Elena Bruns

Druck: CPI books GmbH, Leck

978-3-96238-295-7

FSC
www.fsc.org
RECYCLED
Papier aus Recyclingmaterial
FSC® C083411

Anja Paumen

Projekt Klimaschutz

Was jetzt geschehen muss,
um noch die Kurve zu kriegen

Ich hatte eine zweite sehr wichtige Sache erfahren:
der Planet seiner Herkunft war kaum größer als ein Haus!

Aus »Der kleine Prinz« von Antoine de Saint-Exupéry

Für Mel

INHALTSVERZEICHNIS

Verzeichnis der Abbildungen, Tabellen und Infoboxen 10
Vorwort von Ernst Ulrich von Weizsäcker 11
Vorwort von Anja Paumen 15

TEIL I
KLIMAWISSENSCHAFT UND KLIMAPOLITIK 17

1 Die Top Ten der Klimanachrichten aus dem Jahr 2020 19
Top 1: Die Treibhausgasausstöße müssen schneller sinken 20
Top 2: Permafrostböden setzen mehr Treibhausgase frei 25
Top 3: Tropische Regenwälder nehmen weniger Kohlendioxid auf 29
Top 4: Die Wasserkrise verschärft sich 33
Top 5: Der Klimawandel macht uns seelisch krank 36
Top 6: Die Wiederaufbauprogramme sind nicht »grün« genug 39
Top 7: Die Welt braucht einen Gesellschaftsvertrag 45
Top 8: Wirtschaftswachstum allein ist unvereinbar mit den Klimazielen 49
Top 9: Städte müssen elektrifiziert werden 53
Top 10: Klimaschützer ziehen immer öfter vor Gericht 58

2 Europäische Klimapolitik 63
Europas großer Bruder: die USA 63
Der europäische Weg 67
Ein Meilenstein: das Europäische Klimagesetz 69
Emissionshandel: die Lizenz zum Verschmutzen 73
Lastenteilung: das Lastentier zum Beladen 76

3 Deutsche Klimapolitik 81
Der romantische Vogel 81
Deutschland: ein Klimamärchen 86
Die Herausforderung in der einen Welt 90
Der CO_2-Preis 95
Das nationale Emissionshandelssystem (nEHS) 98
Fordern und Fördern 100
Sektorziele: die Emissionslast verteilen 101
Das Bundes-Klimaschutzgesetz (KSG) 104
Deutschland: beinahe ein Musterschüler 106

TEIL II
INTERVIEWS 109

Politik und Soziologie: Prof. Dr. Stefan C. Aykut 110
Students for Future: Sarah Mielke 126
Psychologie und Geldsystem: Prof. Dr. Dr. Stefan Brunnhuber 138
Ökonomie: Prof. Dr. Claudia Kemfert 152
Fridays for Future: Lukas Mielczarek 172
Klimaökonomie: Prof. Dr. Sabine Fuss 188
Kunst: Emmanuel Henninger 210
Meteorologie: Prof. Dr. Daniela Jacob 228

TEIL III

KLIMASCHUTZ INTERNATIONAL UND NATIONAL 247

4 Vorhang auf für Weltpolitik 249

Der Klimagipfel der Führer 249

An-, Aus- und Zusagen 253

»Mutter Erde wartet nicht« 259

Die wissenschaftliche Untermauerung 261

5 Klimaschutz nicht ins Blaue 267

Das Urteil des Bundesverfassungsgerichts 267

Gestaltungsspielraum nach innen und außen 270

Wirtschaft, worauf warten wir? 273

Was soll denn jetzt wachsen? 275

Können Unternehmen ohne Wachstum existieren? 276

Energieeffizienz: notwendig, aber wenn dann richtig 278

Kosteneffizienz: Weniger davon ist mehr 282

Welche Kosten sind für wen die höchsten? 285

Dreiklang: Klimaschutz, Naturschutz, Entwicklungsziele 288

Der Klimakommunikationskraftakt – Klikt 291

Was beinhaltet Klikt? 293

Gutes Klima vor Ort 297

Nachwort und Danksagung 299

Meilensteine der internationalen Klimapolitik 300

Abkürzungsverzeichnis 302

Schlagwortregister 305

Anmerkungen 308

Über die Autorin 319

VERZEICHNIS DER ABBILDUNGEN, TABELLEN UND INFOBOXEN

Abbildungen und Tabellen

Abbildung 1: CO_2-Gehalt der Atmosphäre 24
Abbildung 2: Bewässerungssystem in Jordanien 36
Abbildung 3: Die drei Säulen der Klimaschutzpolitik 95
Abbildung 4: Preispfad im nationalen Emissionshandelssystem 99
Abbildung 5: Deutsche Emissionen nach Sektoren 102
Abbildung 6: Treibhausgasemissionen weltweit 255
Abbildung 7: Pro-Kopf-CO_2-Emissionen 256
Abbildung 8: Die vier Säulen der Klimaschutzpolitik 291

Tabelle 1: Europäischer Fahrplan zur Klimaneutralität 73
Tabelle 2: Wege zum EU-Klimaziel 77
Tabelle 3: Treibhausgase im Profil 92
Tabelle 4: Maßnahmen des Klimaschutzprogramms 2030 100
Tabelle 5: Neue Klimaziele der EU und Deutschlands 105
Tabelle 6: Klima- und Energieziele für 2020 279
Tabelle 7: Erste Ideen für »Hat's geklikt«? 296

Infoboxen

Kohlenstoffdioxid, Kohlendioxid, CO_2 ist ... 22
Tauender Permafrost entlässt Treibhausgase 26
Klimamodellierung, Klimaszenarien, Klimaprojektionen 28
Fotosynthese und chemische Verbrennung 31
CO_2-Senken 32
Ökosystemdienstleistungen 33
Rettungspakete und Wiederaufbauprogramme 43
Der Gesellschaftsvertrag 46
Power-to-X-Technologien (PtX) 57
Das Pariser Übereinkommen (PÜ) 70
Netto null, netto negative und negative Emissionen 253
Zustand des weltweiten Klimas 2020 263
CO_2-Restbudget 268
Klimaschutz im Grundgesetz 272
40 Prozent gerade so erreicht 282

VORWORT
VON ERNST ULRICH VON WEIZSÄCKER

2015 wurde das Pariser Klimaabkommen geschlossen. Das Ziel des Abkommens ist es, die Erderwärmung auf 2 Grad Celsius gegenüber dem vorindustriellen Niveau zu begrenzen; möglichst sogar auf 1,5 Grad Differenz. Zur Sicherung dieses Ziels sollten die Staaten bis Ende 2020 neue nationale Klimapläne vorlegen, in denen sie darlegen, wie sie ihre nationalen Emissionen absenken. Die Corona-Pandemie hat diesen Zeitplan verzögert. Wieder eine Verzögerung im internationalen Klimaschutz. Die Zeit wird immer knapper.

Denn so steigen die weltweiten Treibhausgasemissionen immer weiter an, jedes Jahr um mindestens rund ein Prozent gegenüber dem Vorjahr. Mit den bisher vorgelegten nationalen Klimaplänen aller Länder würde die Erderwärmung um 3 Grad ansteigen! Das klingt erst einmal nicht so schlimm. Ist es aber, weil bei 1,5 Grad und erst recht bei 2 Grad Erwärmung sich das Wettergeschehen, die Bodenstruktur und die Verbreitung der Tier- und Pflanzenarten so verändern, dass in vielen Regionen die Menschen nicht mehr leben können.

Die Treibhausgasemissionen durch menschliche Aktivitäten sind auch im letzten Jahr, trotz der Corona-Pandemie, auf einen neuen Rekordwert hochgeschnellt. Davon entfällt der größte Anteil auf das Gas Kohlenstoffdioxid, CO_2. Die Berechnungen zeigen, dass bei den Mengen, die jedes Jahr neu ausgestoßen werden, das Temperaturziel der maximalen 1,5-Grad-Erhöhung spätestens in zehn Jahren erreicht sein wird. Das sind zehn Jahre, die noch bleiben. Würden die Emissionen danach immer noch steigen, steuerten wir ungebremst auf die 2-Grad-Grenze zu.

Aber die Politik der meisten Länder hat sich seit 2015, dem Jahr des Pariser Übereinkommens, kaum geändert. Wirtschaftswachstum bleibt das oberste Ziel. Das Maß dafür ist die Steigerung des Bruttoinlandsproduktes (BIP). Bloß steigt das BIP weiterhin fast im Gleichklang mit den Treibhausgasemissionen. Klima, Wälder und Meere tragen den Schaden. Gewiss gibt es Möglichkeiten der fortschreitenden Abkoppelung des Wirtschaftswachstums von den Emissionen. Aber es kostet Extrageld, dies auch zu tun. Also lässt man die Chancen lieber ungenutzt.

Anja Paumen skizziert anhand von gut ausgesuchten Interviews überzeugend, was gemacht werden müsste, um eine echte Trendwende zum Nutzen des Klimas und der künftigen Generationen herbeizuführen. In den kommenden zehn Jahren müssen Investitionen entschlossen in Richtung einer CO_2-armen Zukunft umgelenkt werden, und zwar weltweit. Gelder müssen jetzt in die Entwicklung emissionsarmer Technologien, Verkehrswege und Lebensstile fließen.

Zwei Ereignisse in letzter Zeit haben die Chancen zumindest zeitweilig verbessert.

Im Herbst 2018 setzte sich die damals 15 Jahre alte Schülerin Greta Thunberg als Protestaktion vor den schwedischen Reichstag. Es entstand eine weltweite Jugendbewegung zum Klimaschutz, die Fridays for Future-Bewegung. Diese Bewegung konnte im September 2019 an einem einzigen Tag mehrere Millionen Menschen weltweit auf die Straße bringen, um für mehr Klimaschutz zu demonstrieren.

Ende 2019 tauchte in China ein neuartiges Coronavirus auf und breitete sich alsbald über die ganze Welt aus, was man eine Pandemie nennt. Mehrere Millionen Menschen sind in mehr als einem Jahr an der Virusinfektion gestorben. Notgedrungen haben alle Länder scharfe Maßnahmen zur Bekämpfung der Virusausbreitung beschlossen, mit teilweise verheerenden Folgen für die Wirtschaft, die Schulen und den Gemütszustand ihrer Bürger. Als ungeplante Nebeneffekte sanken die Treibhausgasemissionen weltweit im Corona-Jahr 2020 um fünf bis sieben Prozent.

Das ist die Kulisse für Anja Paumens Interviews mit Wissenschaftlern, Aktivistinnen und einem Künstler. Vor diesem Hintergrund berichten die acht Engagierten aus ihren Erfahrungen im Kampf gegen den Klimawandel. Dieser Kampf wird ganz unterschiedlich geführt und selbstverständlich immer gewaltlos. Die Waffen sind hier Argumente, Aktionen, Vorbilder und Zeichnungen.

Der Politikwissenschaftler Stefan Aykut erklärt, warum das Pariser Übereinkommen mehr als nur ein Vertrag zum Schutz des Klimas ist. Wie es zu einer sich selbst erfüllenden Prophezeiung für eine temperaturstabile Welt werden kann.

Die Aktivistin Sarah Mielke hofft auf viele kleine Schritte, die zum großen Klimaschutz führen. Etwa wenn viele ihr Konsumverhalten verändern. Dabei geht es ihr nicht um den erhobenen Zeigefinger, sondern darum andere Menschen zu begeistern mitzumachen.

Der Wirtschaftsexperte Stefan Brunnhuber fordert einen mutigen Schritt von den Regierungen: die Einführung einer zweiten Währung, die neben der Euro-Währung existiert. Damit ließen sich Geldströme wirksam in Klimaschutzprojekte umlenken.

Die Wirtschaftswissenschaftlerin Claudia Kemfert kritisiert, dass die Politik zu sehr auf das Instrument des CO_2-Emissionshandels setzt. Er ist zu kompliziert und bürokratisch. Eine Steuer auf den CO_2-Ausstoß sei wirksamer.

Der Aktivist Lukas Mielczarek lädt ein, sich ganz unvoreingenommen mit der Bewegung Fridays for Future auseinanderzusetzen. Er glaubt, dass es nötig ist, den Druck auf die Politik zu erhöhen. Ohne Druck wird sich nichts für den Klimaschutz verbessern.

Die Volkswirtin Sabine Fuss hält einen hohen Preis auf die CO_2-Ausstöße für unverzichtbar. Nur dann zahlen sich die teuren Technologien aus, die CO_2 wieder aus der Luft zurückholen. Sie erklärt die Vor- und Nachteile von CO_2-Entnahmetechnologien.

Der Künstler Emmanuel Henninger zeichnet Tagebaue, denn sie sind ein Abbild unserer Gesellschaft. In seinen Ausstellungen stellt er diese Bilder denen von ihm gezeichneter Natur gegenüber. Er sagt, für eine gute Zukunft sei Natur wichtiger als Technik.

Die Wetterkundlerin Daniela Jacob hält es für machbar, das 1,5-Grad-Ziel noch zu erreichen. Aber es fehle am politischen Willen, die richtigen Maßnahmen jetzt umzusetzen. Dabei ist der Klimawandel auch in Deutschland schon spürbar.

Anja Paumen hat recht. Wir brauchen die Wissenschaft ebenso wie Verhandlungskonferenzen, Aktionen auf der Straße und die Kunst. Niemand soll später sagen können, er habe es nicht gewusst. Die Informationen sind alle da.

Was noch sehr schwach ist, so eine der Schlussfolgerungen, ist der breite öffentliche Diskurs, das Gespräch mit allen Teilen der Bevölkerung. Was sind die richtigen Wege, um Klimaschutz zu betreiben und wie schnell müssen wir sie gehen? Je breiter und unvoreingenommener die Diskussion, umso wertvoller und wirksamer das Ergebnis. Wenn überall im Volk über die Klimabedrohungen und die Lösungsprogramme gesprochen wird und konkrete Pläne gefordert werden, dann reagiert auch die Politik. Dann werden auch unbequeme Maßnahmen machbar.

Es muss vieles geschehen, damit wir noch die Kurve kriegen, politisch, technisch, in vielen verschiedenen Zivilisationen der Erde gleichzeitig und hauptsächlich in den nächsten zehn Jahren. Dann biegen wir die Kurve der Emissionen in die einzig richtige Richtung: dauerhaft nach unten.

Ernst Ulrich von Weizsäcker
Juni 2021

VORWORT
VON ANJA PAUMEN

»Sei du selbst die Veränderung, die du in der Welt sehen willst!« Wer das nun zuerst gesagt oder gedacht hat, sie oder er hatte recht.

Wann wollen wir etwas ändern? Wenn wir leiden? Wenn wir begehren? Wenn wir etwas erreichen wollen? Wenn wir mit dem, was wir heute haben, nicht zufrieden sind? Wenn wir glauben, noch nicht am Ziel zu sein?

Ist Zufriedenheit ein Ziel an sich? Kann Klimaschutz ein individuelles Ziel sein? Oder ist es immer ein gesellschaftliches? Ist es möglicherweise nur ein politisches oder ein rein wissenschaftliches Ziel?

Was hat das alles mit mir zu tun? Angenommen, es hätte etwas mit mir zu tun. Was kann ich schon ausrichten? Angenommen es wäre mir trotzdem wichtig, dann frage ich mich, was machen denn die *anderen*? Wie könnte ich die unterstützen, die jetzt schon etwas für Klimaschutz tun?

Was passiert gerade, um den Klimawandel aufzuhalten? Warum steigen die Emissionen der Treibhausgase immer noch? Wann stoppen wir den Anstieg, biegen ab und senken die Emissionen?

Diese Fragen und andere sollen auf den nächsten Seiten beantwortet werden. Deshalb habe ich dieses Buch geschrieben.

Es hat drei Teile, die aufeinander aufbauen. Im ersten Teil gebe ich eine Übersicht über den Stand der Klimawissenschaft und Klimapolitik am Anfang der neuen Zwanziger Jahre. Im zweiten Teil finden sich acht Interviews mit vier Frauen und vier Männern, die sich für Klimaschutz starkmachen. Jede und jeder auf ganz andere Art und Weise. Fünf von ihnen sind Forscherinnen und Forscher aus verschiedenen Fachrichtungen, die untersuchen, welches die wirksamsten Instrumente sind, um Klimaschutz voranzubringen. Sie erläutern ihre Erkenntnisse und machen Fakten und Zusammenhänge verständlich. Drei von ihnen sind Aktivistinnen und Aktivisten, die als Teil einer Bewegung oder als freischaffender Künstler die Aufmerksamkeit auf die Klimakrise lenken wollen. Sie zeigen uns, wie unterschiedlich und mit Freude jede und jeder Einzelne von uns sich beim Kampf gegen den Klimawandel einbringen kann. So stehen uns heute drei Waffen zur Abwehr der Klimakrise zur Verfügung: wissenschaftliches Verstehen, politische Maßnahmen und gesellschaftliche Mitwirkung. Im dritten Teil zeige ich, wie diese Waffen richtig aufeinander abgestimmt dem Klimaschutz zum Durchbruch verhelfen könnten.

Jede und jeder ist aufgerufen, an diesem Kraftakt mitzuwirken.

Anja Paumen
Juni 2021

Hinweis:
Aus Gründen der besseren Lesbarkeit habe ich auf das Gendersternchen verzichtet, wechsle aber im Text immer wieder zwischen der weiblichen und männlichen Form im Singular und Plural. In jedem Fall sind Menschen aller Geschlechter angesprochen und auch diejenigen, die sich keinem Geschlecht zugehörig fühlen. Wenn die aufmerksame Leserin, der interessierte Laie oder die Fachleute Fehler entdecken sollten, Anregungen haben und den gedanklichen Austausch suchen, freue ich mich über eine Kontaktaufnahme über meine Webseite: www.anja-paumen.de.

TEIL I

Klimawissenschaft und Klimapolitik

KAPITEL 1

Die Top Ten der Klimanachrichten aus dem Jahr 2020

»Das Klimasystem ist wie ein großes Schwungrad. Es hat viel Masse. Wenn wir es einmal in Schwung gebracht haben, dann dreht es sich weiter. Das heißt, wir können bestimmte Dinge dann nicht mehr stoppen – auch nicht mit Technologie.«

Professor Detlef Stammer,
Leiter des Weltklimaforschungsprogramms (WCRP)[1]

Diese neuen Zwanziger Jahre sind das kritische Jahrzehnt für den Kampf gegen die Erderwärmung. Denn wenn wir in den nächsten zehn Jahren nicht erfolgreich Klimaschutzmaßnahmen umsetzen, wird es immer schwieriger werden, den Temperaturanstieg auf die international vereinbarten Ziele von 1,5 oder 2 Grad zu begrenzen. Dieses Kapitel bietet eine Übersicht über die neuesten wissenschaftlichen Erkenntnisse zur Klimaforschung am Anfang des zweiten Jahrzehnts des 21. Jahrhunderts.

Januar 2021:
Der Bericht *10 New Insights in Climate Science 2020*[2] mit den zehn wichtigsten Erkenntnissen der Klimawissenschaft aus dem Jahr 2020 erscheint. 57 führende Wissenschaftlerinnen und Wissenschaftler aus der ganzen Welt haben diese Höhepunkte aus dem Wissenschaftsjahr 2020 ausgewählt. Sie sollen Entscheidungsträgern in der Politik und in der Wissenschaft eine Orientierung ermöglichen. Der Katalog reicht von neuen Untersuchungen zu Treibhausgasen, über Fakten zum Zusammenhang von Klimawissenschaft und Corona-Pandemie bis hin zur Forderung,

einen neuen Welt-Vertrag für den Kampf gegen globale Krisen zu schließen.

Detlef Stammer, der Leiter des Weltklimaforschungsprogramms (WCRP), der den Bericht mit vorstellt, beschreibt, warum der Katalog eine wichtige Rolle für politische und wirtschaftliche Entscheidungen spielen sollte: »Um mit den Folgen des Klimawandels zurechtzukommen, brauchen wir genaues Wissen, wie das Klimasystem funktioniert. Wir müssen Informationen über regionales und lokales Geschehen des Klimawandels und seiner Auswirkungen bekommen, die uns dabei helfen zu handeln.«[3]

Der Bericht enthält, wie erwartet, schlechte Nachrichten. Aber er beschreibt auch überraschend hoffnungsvolle Aussichten. Fangen wir mit den schlimmen Nachrichten an, bevor wir zu den hoffnungsvollen kommen.

Top 1: Die Treibhausgasausstöße müssen schneller sinken

Der Grund dafür ist ein zentraler Zusammenhang in der Klimawissenschaft und heißt *Klimasensitivität*. Klimasensitivität bedeutet: Wenn die Menge an Kohlendioxid in der Luft ansteigt, steigt in einem fast linearen Verhältnis auch die Lufttemperatur an. Diese Erkenntnis ist über 120 Jahre alt. Denn bereits 1896 hat der schwedische Forscher Svante Arrhenius diesen Zusammenhang beschrieben und berechnet. Allerdings kann die Höhe des Temperaturanstiegs nicht exakt bestimmt werden. Der Wert wird deswegen in einem Schwankungsbereich angegeben, der bislang auch noch recht groß war. Bisher lautete die wissenschaftliche Aussage, dass bei einer Verdopplung der Kohlendioxidkonzentration in der Luft die Lufttemperatur in einem Bereich zwischen mindestens 1,5 Grad bis maximal 4,5 Grad Celsius ansteigt. Noch einmal anders formuliert: Die Klimasensitivität liegt zwischen 1,5 bis 4,5 Grad.

Um diesen Schwankungsbereich wurde und wird heftig gestritten. Welche Angabe kommt der Wirklichkeit am nächsten? Liegt der Wert nicht doch eher nur bei 1,5 Grad – dann wäre die Erwärmung nur gering. Oder liegt der Wert eher bei über 4 Grad – dann wäre sie sehr hoch. Warum dies eine Gretchenfrage ist, erklären die bekannten deutschen Klimawissenschaftler Hans Joachim Schellnhuber und Stefan Rahmstorf so: »Die Klimasensitivität sagt uns nämlich, welchen Klimawandel wir in Zukunft zu erwarten haben, wenn wir einen bestimmten Anstieg der CO_2-Konzentration verursachen.«[4] Man könnte sagen, die einen wollen abwiegeln, die anderen alarmieren. Sodass jeder gerne den Wert nimmt, der zu seiner Denkart passt. Die neuen Erkenntnisse konnten den Schwankungsbereich nun deutlich verringern. Wenn der Kohlendioxidgehalt in der Luft sich verdoppelt, dann steigt die Lufttemperatur zwischen 2,3 Grad und 4,5 Grad an. Wir wissen jetzt, dass sie sich um *mindestens* 2,3 Grad erhöht. Der untere Wert, 1,5 Grad, ist aus dem Rennen.

Die Klimasensitivität wird an anderen Stellen auch *Gleichgewichts-Klimasensitivität* genannt, um auszudrücken, dass es eine Zeit lang dauert, bis sich ein neues *Gleichgewicht* zwischen der verdoppelten Kohlendioxidkonzentration und der neuen Lufttemperatur eingestellt hat. Das kann Jahrzehnte oder Jahrhunderte dauern. Denn die Temperaturerhöhung reagiert erst mit Verzögerung auf die Kohlendioxiderhöhung.[5]

Was bedeutet das aber für die Aussage, dass die Treibhausgasausstöße noch schneller sinken müssen, um die Pariser Klimaziele zu erreichen? Aus dem neuen Schwankungsbereich für die Temperaturerhöhung ergibt sich natürlich, salopp gesagt: Es wird wärmer pro zusätzlicher Einheit CO_2 in der Luft. Die Temperaturerhöhung ist größer.

Im Umkehrschluss heißt das, dass wir weniger in die Luft entlassen dürfen als bisher gedacht, weil die »Heizwirkung« von CO_2 doch höher ist. Um eine bestimmte Temperaturerhöhung *nicht* zu überschreiten, darf nicht mehr so viel ausgestoßen werden. Anders gesagt: Sinken die Ausstöße der Treibhausgase nur mäßig, werden die Pariser Klimaziele nicht erreicht. Die Einsparungen von CO_2 müssen höher sein, um ein gegebenes Temperaturziel einzuhalten oder nicht zu übersteigen.

Die Pariser Klimaziele sind nicht nur, aber auch Temperaturziele. Die globale Erwärmung soll auf 1,5 Grad und maximal 2 Grad zum vorindustriellen Niveau, also der Zeit vor dem Beginn der Industrialisierung, begrenzt werden. Um das zu erreichen, müssen die Treibhausgase, die jedes Jahr neu in die Luft gelangen, begrenzt werden.

Das gilt für alle Treibhausgase. Aber da Kohlendioxid besonders wichtig ist, liegt das Augenmerk vor allem auf seiner Begrenzung (siehe Infobox *Kohlenstoffdioxid, Kohlendioxid, CO_2 ist ...*). Doch stattdessen ist die Entwicklung seiner Ausstöße seit 1750 global immer nur steigend.

Kohlenstoffdioxid, Kohlendioxid, CO_2 ist ...

- das wichtigste Treibhausgas für den Klimawandel,
- für rund zwei Drittel des weltweiten Temperaturanstiegs verantwortlich[6] und
- mit rund 88 Prozent das mit Abstand wichtigste Treibhausgas in Deutschland. (Weltweit verursacht CO_2 66 Prozent der Erwärmung. In Deutschland ist sein Anteil höher, weil wir als Industrieland im weltweiten Vergleich weniger Emissionen aus der Landwirtschaft haben.)

Warum ist das so?
Weil das Gasteilchen CO_2 besondere chemische und physikalische Eigenschaften hat:

- Sonnenstrahlung, die vom Weltall kommend auf die Erde fällt, wird von CO_2 »durchgelassen«. → Sie gelangt auf die Erdoberfläche und erwärmt sie.
- Wärmestrahlung, die vom Erdboden ausgehend in das Weltall zurückstrahlt, wird von CO_2 »festgehalten«. → Die Luft enthält nun mehr Wärmestrahlung als vorher und heizt sich auf.
  Das ist der Treibhauseffekt.
- CO_2 hat eine hohe Verweildauer in der Luft. → Wenn die Emissionen weitergehen, vervielfachen sich die Gasteilchen in der Luft.

Warum ist es so schwer, CO_2 zu reduzieren?
Weil bei jedem Kilogramm oder jeder Tonne Kohle, jedem Liter Öl oder Gas, das verbrannt wird, CO_2 entsteht und in der Luft *bleibt*.

- Pro Tonne Braunkohle aus Deutschland, die verbrannt wird, entsteht etwa eine Tonne Kohlendioxid.[7]
- Weltweit steigen die Emissionen pro Jahr um ein Prozent.

Im Jahr 2019 waren das:

- 42 Milliarden Tonnen (Gigatonnen) CO_2-Emissionen weltweit
- ca. 36 Gigatonnen aus der Verbrennung fossiler Brennstoffe
- ca. 6 Gigatonnen aus der Änderung der Landnutzung (u. a. Zerstörung von Wald und Naturflächen)[8]

Eine Übersicht über alle wichtigen Treibhausgase bietet die *Tabelle 3: Treibhausgase im Profil*.

Vor der Industrialisierung lag die weltweite Konzentration von CO_2 in der Luft bei knapp 280 parts per million (ppm). Das heißt, 280 Teile von 1 Million Teilen Luftgase waren CO_2 – daneben enthält die Luft auch andere Gasteilchen wie Sauerstoff oder Stickstoff. Die Menge der CO_2-Teilchen in der Luft steigt seit der Industrialisierung durch die zunehmende Verbrennung der fossilen Brennstoffe Kohle, Öl und Erdgas immer mehr an. Hinzu kommen heute auch noch das Abbrennen der Wälder und andere vom Menschen ausgelöste Prozesse. Da CO_2 eine lange Verweildauer in der Luft hat, addieren sich die Ausstöße oder Emissionen Jahr für Jahr zu einem immer höheren Wert. Zu den bereits in der Luft »wohnenden« CO_2-Teilchen kommen immer mehr »Neuankömmlinge« dazu, aber keine wandern ab. Das heißt, es wird immer enger. Die CO_2-Konzentration nimmt immer mehr zu.

Als Referenzpunkt für den CO_2-Anstieg wird der Wert aus der Zeit vor der Industrialisierung, also um 1750, genutzt. Warum? Weil nicht der natürliche CO_2-Gehalt der Luft von Interesse ist, sondern der Gehalt, der durch menschliche Aktivitäten immer größer wird! Vor 1750 gab es keinen bedeutsamen CO_2-Ausstoß durch die Menschen. Erstens hatten wir weder Kohle noch Öl noch Erdgas in den entsprechenden Mengen zur Verfügung. Zweitens waren wir viel zu wenige, als dass es ausschlaggebend gewesen wäre und drittens viel zu wenige mit einem solchen Lebensstil, also mit dem Maschinenpark und dem Konsum von heute, um hinreichend fossile Energieträger zu benötigen und zu verbrennen. Erst ab 1750 begann die Förderung von Kohle in großem Maßstab und 100 Jahre später die Förderung von Öl.

Der CO_2-Wert gilt weltweit. Denn CO_2 hängt nicht über der Südsee fest, sondern verteilt sich – wie Sauerstoff auch – gleichmäßig in der unteren Atmosphäre, das sind ungefähr die ersten 10 Kilometer vom Boden ab in die Höhe gerechnet. Interessanterweise ist das bei der wichtigsten Folge aus dem CO_2-Anstieg, der steigenden Temperatur, anders. Die globale Durchschnittstemperatur steigt zwar weltweit an. Aber manche Regionen erwärmen sich schneller als andere.

So erwärmt sich etwa die Arktis viel schneller. In manchen arktischen Regionen liegt der Temperaturanstieg mittlerweile bei zwischen plus 3 Grad bis plus 6 Grad! Der weltweite Durchschnittswert liegt im Jahr 2021 bei 1,2 Grad Temperaturanstieg gegenüber 1750 beziehungsweise 1850 (die globalen Durchschnittstemperaturen der beiden Zeiten gelten als gleich). Auch Deutschland erwärmt sich schneller als der Rest der Welt mit einem Temperaturanstieg von 1,6 Grad.[9]

Das Jahr 2021 ist in Bezug auf den CO_2-Gehalt ein ganz besonderes Datum. Zum ersten Mal ist der CO_2-Gehalt in der Luft über 50 Prozent gegenüber dem Referenzwert von 1750 angestiegen.[10] Eine Abbildung vom englischen Wetterdienst, UK Met Office, und vom amerikanischen Scripps Institut aus Kalifornien zeigt den Anstieg mit dem neuen Rekordwert (siehe *Abbildung 1: CO_2-Gehalt der Atmosphäre*). Diese Kurve ist als Keeling-Kurve in der Klimawissenschaft sehr bekannt. Sie stellt die Messungen des CO_2-Gehaltes in der Luft grafisch dar.

Abbildung 1: CO_2-Gehalt der Atmosphäre

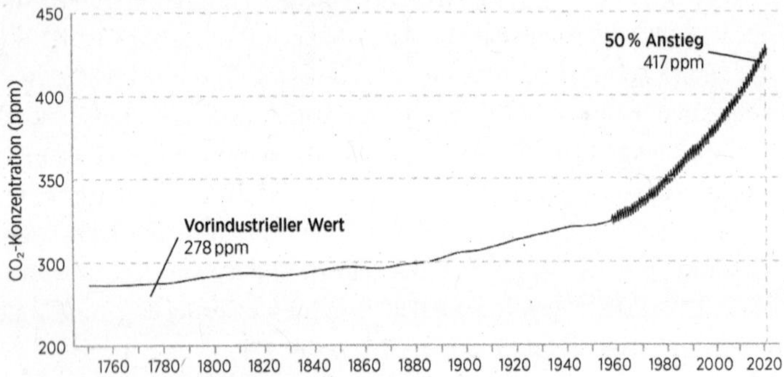

Im März 2021 steigt der CO_2-Gehalt in der Atmosphäre zum ersten Mal um 50 Prozent über den Wert vor der Industrialisierung 1750. Referenzwert von 1750 ist 278 ppm. Der Durchschnittswert für den Monat März 2021 liegt zum ersten Mal *über* 417 ppm und damit 50 Prozent über dem Referenzwert.
Quelle und Abbildung: UK Met Office, Daten aus Eiskernen von MacFarling Meure et al. (2006), Mauna Loa Daten vom Scripps CO_2-Programm.

Ein trauriger Rekord. Aber einer, der Wissenschaftsgeschichte schreibt. Denn damit ist der halbe Weg zur Verdopplung des CO_2-Gehaltes (Klimasensitivität!) schon erreicht.

Da die Erderwärmung mit Verzögerung startet und dann, einmal angestoßen, weiterläuft bis zu einem neuen, stabilen Endzustand, würde die Temperatur sogar noch steigen, auch wenn wir jetzt sofort alle Treibhausgasausstöße stoppen würden. Sie würde erst mit einer Zeitverzögerung zum Stillstand kommen. Aber auch nur dann, wenn dauerhaft die Emissionen gleich blieben, also zum Beispiel weitere Restemissionen durch CO_2-Entnahmem aus der Luft ausgeglichen würden, sich also CO_2-Ausstöße *in* die Luft und CO_2-Entnahmen *aus* der Luft langfristig die Waage hielten. Dann bliebe die Temperatur stabil. So wie es in den letzten zehntausend Jahren der Fall war.

Top 2: Permafrostböden setzen mehr Treibhausgase frei

Permafrost ist, wie der Name schon sagt, dauergefrorener Boden. Über 20 Prozent der Landfläche der nördlichen Erdhalbkugel besteht aus Permafrostboden. Eine ganze Menge Land, das zu Kanada, Grönland, Skandinavien und Russland gehört. Die Menschen, Tiere und Pflanzen leben dort an der Grenze zum »ewigen Eis« seit Jahrtausenden und haben sich an die frostigen Lebensbedingungen angepasst. Jetzt wird alles anders, denn das ewige Eis ist längst nicht mehr ewig. Es wird wärmer und taut.

In der Wissenschaft spricht man von Permafrostboden, wenn er mindestens zwei Jahre lang unter 0 Grad Celsius bleibt. Über dem Permafrost liegt eine Bodenschicht, die saisonal auftaut und wieder gefriert. Klar, im Sommer, wenn die nun intensiver wärmenden Sonnenstrahlen auf den Boden treffen, taut der gefrorene Boden und im Herbst friert er wieder zu. Diese Auftauschicht, »die wenige Zehnerzentimeter bis wenige Meter« dick sein kann, liegt über dem dauergefrorenen Permafrost.[11] Der Tau-Kreislauf war seit Menschengedenken der gleiche. Mit dem zunehmenden Klimawandel wird die Auftauschicht jetzt aber immer größer, sodass der Permafrost darunter, der früher gefroren blieb, immer mehr mit auftaut und Treibhausgase freisetzt.

Dieses Wissen ist wichtig, weil auftauender Permafrostboden die Erderwärmung vorantreibt. Denn wenn der Boden erstmalig auftaut – und das tut er immer schneller und auf einer immer größeren Fläche –, entstehen im Boden Treibhausgase, die in die Luft steigen (siehe Details in der *Infobox Tauender Permafrost entlässt Treibhausgase*). Es kommt zum Teufelskreis der Erderwärmung: Der Boden taut auf, es entweichen Treibhausgase, die Erderwärmung nimmt zu, es taut noch mehr Boden auf, es treten noch mehr Treibhausgase aus und so weiter. Dieses Auftauen lässt die Ursache zur Folge werden: die globale Erwärmung. Das ist eine positive Rückkopplung wie aus dem Bilderbuch, ein sich selbst verstärkender Prozess. Ein Prozess läuft ab, dadurch verstärkt er die Ursachen, warum er überhaupt abläuft, und läuft dann noch stärker ab. Ich nenne diese Ereignisse der Anschaulichkeit halber hier *Selbstverstärker*. Von diesen *Selbstverstärkern* gibt es viele im gesamten Geschehen, dass das Klima bestimmt, anders gesagt dem Klimasystem. Gerade weil es im Klimasystem viele selbstverstärkende Prozesse gibt, beschleunigt sich der Klimawandel in einem Maße, das schwer oder gar nicht vorher abzuschätzen ist. Das ist die zusätzliche Gefahr.

Tauender Permafrost entlässt Treibhausgase

Im gefrorenen Zustand sind chemische Reaktionen gestoppt oder verlangsamt. Kleinste Lebewesen, die dort ruhen, werden erst im warmen Boden aktiv, weil nur dort die dafür notwendigen chemischen Reaktionen ablaufen können. Sie werden wach und fangen an zu futtern.

Das sind vor allem sogenannte Mikroben, also *mikro*skopisch kleine Lebewesen. Dazu zählen so unterschiedliche wie Bakterien, Pilze, Algen und andere einzellige oder wenige Zellen große Tiere und Pflanzen. Diese fahren ihren Stoffwechsel hoch und verbrennen nun das, was da im Boden liegt und genauso auftaut wie sie selbst: Reste von Tieren und Pflanzen, also *organisches* Material, das im Boden konserviert wurde. Der wichtige Begriff ist hier *organisches* Material. Das Wort verrät schon den Ursprung aus Lebewesen, die Organe hatten oder auch Organismen genannt werden: organisch. Organisches Material ist übrigens auch der Stoff aus dem Erdöl, Erdgas und Kohle bestehen. Diese fossilen Brennstoffe stammen immer aus abgestorbenen Tier- und Pflanzenresten, die vor Jahrmillionen auf den Erdboden gesunken sind und dort von weiteren Bodenschichten überlagert wurden und daher in immer tiefere Bodenschichten absanken.

Organisches Material enthält Kohlenstoff, C. Wenn die Mikroben nun Energie brauchen, wie wir Menschen auch, und organische Vorräte verbrennen, entstehen Treibhausgase. Erfolgt diese Verbrennung in Anwesenheit von Sauerstoff, O_2, dann entsteht das Treibhausgas CO_2.

Erfolgt die Verbrennung unter Abschluss von Sauerstoff, wie bei einer Gärung oder Fäulnis, dann entsteht das Treibhausgas Methan, CH_4. Beide, CO_2 und CH_4, sind sehr wirksame Treibhausgase. Kurzum, tauender Permafrost ist eine tickende Zeitbombe. Dort lagern Millionen Tonnen an organischem Material, welches mit steigenden Temperaturen immer mehr zu den Treibhausgasen Methan und Kohlendioxid umgebaut wird und in die Luft entweicht.

Die Treibhausgasausstöße aus dem Permafrost entweichen aber nicht nur durch schrittweise, sondern auch durch *abrupte* Tauprozesse.

Allmähliches oder schrittweises Tauen wäre, wenn jedes Jahr ein paar Zentimeter mehr von dem Permafrostboden auftauen würde. Das ist auch der Fall, aber dazu kommen noch abrupte Prozesse. Diese werden durch die positiven Rückkopplungen verursacht. Die Wissenschaft beginnt erst in den letzten Jahren besser zu verstehen, was dort im Boden und vor allem auf großer Landfläche passiert. Die abrupten Prozesse führen dazu, dass der Boden viel schneller auftaut als bisher gedacht und ehemalige Eisblöcke im Boden erst Wasserpfützen bilden, die sich dann zu Seen vereinigen. Auch im Wasser finden weitere Abbauprozesse statt, die Treibhausgase freisetzen. Außerdem kommt es zu Erdrutschen, weil der Boden jetzt warm und damit beweglich ist. Gerade in Uferbereichen rutschen die Böden in Flüsse oder in die neu gebildeten Seen. All diese Vorgänge verstärken wieder den Tauvorgang und das Freisetzen von Treibhausgasen, weil nun tiefer gelegene noch gefrorene Bodenschichten wieder freigelegt werden und schneller tauen und so weiter.

Es ist klar, dass die abrupten Prozesse mehr von den Treibhausgasen in noch kürzerer Zeit in die Luft bringen als die schrittweisen Prozesse. Diese abrupten Prozesse sind erstaunlicherweise aber in den üblichen Klimamodellierungen nicht berücksichtigt. Diese Modellierungen oder Projektionen beschreiben zukünftige Entwicklungen (siehe Details Infobox *Klimamodellierung, Klimaszenarien, Klimaprojektionen*).

Viele Projektionen zeigen, die Staaten der Welt müssen bis zum Jahr 2050 die Treibhausgasausstöße auf null bringen, um noch das 2-Grad-Ziel zu erreichen. Aber in den Berechnungen fehlen die

Mengen der Treibhausgase, die aus den Permafrostböden freiwerden und das sind sehr große Mengen.

Das heißt: Die Projektionen haben einen wichtigen Risikowert gar nicht mitberechnet. Das bedeutet auch, dass die Szenarien, auf denen die heutige Klimapolitik beruht, wahrscheinlich viel zu optimistische Berechnungen enthalten. Wir müssten also noch viel schneller die Ausstöße der Treibhausgase verringern und auf null bringen!

Das ist noch nicht alles. Erst allmählich wird klar, dass im Permafrostboden viel mehr organisches Material lagert als gedacht.

Klimamodellierung, Klimaszenarien, Klimaprojektionen

Eine Klimamodellierung ist eine Berechnung von möglichen zukünftigen Klimazuständen. Am Computer werden basierend auf aktuellen Daten und mit verschiedenen möglichen Verläufen unterschiedliche Klimaszenarien oder Klimaprojektionen modelliert. Wie eine nackte Schaufensterpuppe als Modell, der man unterschiedliche Kleidungsstücke anzieht, je nachdem, was man zur Hand hat, und die ihr Aussehen entsprechend ändert. Das machen die Wissenschaftlerinnen und Wissenschaftler: Sie nehmen bestimmte Entwicklungen in der Natur und in der menschlichen Gesellschaft vorweg, sie legen sich diese Daten über mögliche Zustände in der Zukunft quasi zur Seite und bestücken mit diesen Daten das Computerprogramm. Dann modelliert oder berechnet der Computer verschiedene Klimazustände, die daraus entstehen *könnten*. Diese modellierten, unter bestimmten Bedingungen eintretenden Klimazustände der Zukunft heißen *Klimaprojektionen* oder *Klimaszenarien*. Man wirft einen Blick in die Zukunft (*projizieren* = werfen) oder entwirft eben eine *Szene* von der Zukunft.

Klimaprojektionen oder Klimaszenarien beruhen auf dem Instrument der Klimamodellierung und sind zentral für die Klimawissenschaft. Alle drei Begriffe werden auch gleichbedeutend verwendet. Ein weiterer Ausdruck in dem Zusammenhang ist *Emissionspfad*. Dabei geht es, wie der Name schon sagt, allein um die Entwicklung künftiger Emissionen. Klimamodellierungen, -szenarien oder -projektionen veranschaulichen auch Konsequenzen politischer Maßnahmen. Deswegen werden sie in Zukunft für Politikberatung immer wichtiger.

Beispiel:

Klimaszenario A: die Erde im Jahr 2050 **ohne** Klimaschutzpolitik ab 2020

→ Der Temperaturanstieg beträgt 2,2 Grad.

→ noch mehr und längere Dürren, Meeresspiegelanstieg 0,5 Meter

→ mehr Erosion fruchtbarer Böden, mehr Überschwemmungen

Klimaszenario B: die Erde im Jahr 2050 **mit wirksamer** Klimaschutzpolitik ab 2020

→ Der Temperaturanstieg beträgt nicht mehr als 1,5 Grad.

→ Anpassungsmaßnahmen schützen vor schlimmen Klimawandelfolgen.

→ Viele Felder und Siedlungen bleiben erhalten.

Da organisches Material immer Kohlenstoff enthält und Kohlenstoff der Ausgangsstoff für die Bildung der Treibhausgase Kohlendioxid und Methan ist, wird aus dem Permafrostboden viel mehr an Treibhausgasen entweichen als bisher gedacht. Heute befinden sich rund 880 Gigatonnen Kohlenstoff, C, in der Atmosphäre, vor allem in Form des Treibhausgases Kohlendioxid, CO_2. Das wird immer wieder durcheinander gebracht, deswegen ist es hier so deutlich beschrieben: x-Tonnen Kohlenstoff, C, sind nicht gleich x-Tonnen Kohlendioxid, CO_2 (dafür gibt es einen Umrechnungsfaktor von etwa 3,7: x-Tonnen $C \times 3{,}7$ = x-Tonnen CO_2). Eine fast gleich große Menge an Kohlenstoff befindet sich im Moment aber noch fest gebunden *im* dauergefrorenen Boden, rund 820 Gigatonnen Kohlenstoff, hier in Form von organischem Material. Es ist nicht auszudenken, was passieren würde, wenn zu den jetzigen Mengen von Treibhausgasen in der Luft noch einmal so viel, oder auch nur die Hälfte, durch die Tauprozesse im Permafrost dazu kämen.[12]

Auch wenn das ein paar Jahrhunderte oder Jahrtausende oder noch länger dauert. Diese sich selbst verstärkenden Prozesse bergen ein unkalkulierbares Risiko. Denn die Emissionen aus unserem Energiebedarf, also dem Bedarf an Strom, an Treib- und Heizstoffen, all diese CO_2-Emissionen *können* wir zurückfahren. Für alle diese Bereiche haben wir Ersatzstoffe oder Ersatztechnologien, die jetzt schon vorhanden sind. Sie müssen nur eingesetzt werden. Aber das, was im Permafrost steckt, das ist außerhalb unseres Einflussbereiches. Die Kohlenstoffvorräte in Form der eingefrorenen Substanz aus früheren Lebewesen müssen von uns Menschen noch nicht einmal mehr ausgebaggert oder heraufgebohrt werden. Diese Kohlenstoffvorräte legt der Klimawandel sozusagen von allein frei. Da sind wir dann nur noch Zuschauer.

Top 3: Tropische Regenwälder nehmen weniger Kohlendioxid auf

Die tropischen Regenwälder nehmen gigantische Mengen CO_2 aus der Luft auf. Durch diese Aufnahmefähigkeit haben sie verhindert, dass die Konzentration an CO_2 in der Luft (oder Atmosphäre) schon jetzt viel höher ist. Damit kühlen die Wälder die Luft! Man könnte der Anschaulichkeit halber auch sagen, die Wälder kühlen die Luft auf gleich zweifache Weise:

1. Durch direkte Kühlung: Die Kronen werfen Schatten und die Blätter verdunsten Wasser, was einen Kühlungseffekt hat. Das weiß jeder, der sich schon einmal an einem heißen Sommertag von einer aufgeheizten offenen Fläche in einen Wald flüchten konnte. Sofort ist es angenehm kühl.
2. Durch indirekte Kühlung: Sie funktioniert über den Umweg des Kohlendioxids. Wälder sind CO_2-Fänger, die auch CO_2-Senken genannt werden (siehe dazu Infobox *CO_2-Senken*). Sie senken den Kohlendioxidgehalt der Atmosphäre mithilfe der Fotosynthese. Die Fotosynthese ist eine chemische Reaktion, bei der die Pflanzen CO_2 aus der Luft aufnehmen und ihn zu Zuckerteilchen umbauen, welche sie in Blättern und Stängeln speichern. Dabei entsteht auch Sauerstoff, der in die Luft entweicht (siehe dazu Infobox *Fotosynthese und chemische Verbrennung*). Pflanzen und damit auch Wälder verringern den Treibhauseffekt, weil sie Kohlendioxid aus der Luft entfernen. In der Folge erwärmt sich die Luft weniger stark. Diese entfernte, indirekte Kühlung spüren wir nicht am eigenen Körper. Aber für die langfristige Entwicklung des Klimas ist sie sehr wichtig. Deswegen ist jeder abgeholzte Wald ein Verlust.

Regenwälder haben eine hohe Fotosyntheserate, weil sie schnell wachsen und immergrün sind. Diese Leistung der Regenwälder, über die Aufnahme von CO_2 die Luft indirekt »zu kühlen« (dem Treibhauseffekt entgegenzuwirken), kommt nun an ihre Grenze. Das liegt zum einen daran, weil andere wichtige Nährstoffe, die die Pflanzen auch noch zum Wachsen brauchen, wie Stickstoff und Phosphor, oft nicht ausreichend zur Verfügung stehen. Zum anderen, weil es immer trockener wird und Pflanzen weniger gut wachsen oder absterben.

Fotosynthese und chemische Verbrennung

Alle grünen Pflanzen nehmen CO_2 über den chemischen Vorgang der Fotosynthese aus der Luft auf. Sie nutzen CO_2 als Ausgangsstoff, um mithilfe von Wasser und Sonnenstrahlung organische Substanzen aufzubauen. Wenn die Lebewesen sterben, sind die Kohlenstoffatome in der abgestorbene Masse noch enthalten. Je nach Lebewesen und ihrer Umwelt werden die Kohlenstoffatome anders abgebaut oder umgebaut. Lagert die abgestorbene organische Masse sehr lange im Boden und sinkt mit den Jahren immer tiefer, dann entstehen daraus die fossilen Brennstoffe Kohle, Erdgas und Erdöl.

Immer gilt: Bei einem Abbau in Anwesenheit von Sauerstoff passiert der umgekehrte Vorgang der Fotosynthese. Jetzt lösen sich die C-Atome wieder aus dem organischen Material (altes = fossile Brennstoffe und junges = Nahrung) und gehen in Form von Kohlendioxid, CO_2, zurück in die Luft.

Verbrennung im Körper eines Tieres: Der Abbau von Nahrung
Ein Tier verbrennt Nahrung durch seinen Stoffwechsel. Dabei werden Zucker, Fette und Eiweiße mit ihren C-Atomen in Anwesenheit von Sauerstoff in den Zellen »verbrannt« oder verstoffwechselt. Das Tier (auch der Mensch) erhält Energie (Muskelarbeit) und atmet Kohlendioxid aus.

Verbrennung im Kraftwerk oder in Maschinen: Nutzung von fossilen Brennstoffen
Kohle verbrennt im Kraftwerk unter Anwesenheit von Sauerstoff. Dabei zerfällt die Kohle und die C-Atome darin reagieren mit Sauerstoff zu Kohlendioxid. Bei dem Vorgang wird Energie frei, die in Strom umgewandelt wird. Das Kohlendioxid geht mit den Rauchgasen in die Luft.

Auch die Waldbrände bringen große Mengen an CO_2 schnell in die Luft. Holz ist lebende Kohle oder der Ur-Ahn der Kohle.

Regenwälder nehmen drittens immer weniger CO_2 auf, weil sie verschwinden. Die Wälder werden abgeholzt oder angezündet, um Weide- und Ackerflächen zu gewinnen. Oder sie entzünden sich selbst und die Waldbrände sind aufgrund der Dürren und Hitzewellen immer schwieriger oder gar nicht mehr zu löschen. Die trockenen Bäume brennen sprichwörtlich wie Zunder. Durch die Waldbrände werden nicht nur CO_2-Fänger wie die Bäume zerstört, sondern sie bringen auch noch in kurzer Zeit große Mengen an CO_2 neu in die Luft. Das ist sozusagen eine doppelte Verschlimmerung: Erstens weniger Bäume als CO_2-Fänger und zweitens gleichzeitig zusätzliches CO_2 durch die Verbrennung von Holz! Allein die Waldbrände, die im

Jahr 2020 in Australien, Kalifornien, Brasilien und Sibirien zusammen wüteten, transportierten so viel CO_2 in die Luft wie Deutschland durch seinen Energieverbrauch im gesamten Jahr 2000.[13]

CO_2-Senken

Überall dort, wo Pflanzen Fotosynthese betreiben, wird Kohlendioxid gebunden. Das heißt, das Gas wird der Luft entzogen und in der Pflanzenmasse gelagert. Das ist der Vorteil. Das Gas wird nicht nur gefangen, sondern es wird dauerhaft aufgenommen und gelagert. So als würden wir Marmeladengläser mit Kohlendioxid füllen und in unseren Vorratsraum stellen.

Weltweit gesehen gelangt nur ein Teil der vom Menschen verursachten CO_2-Emissionen dauerhaft **in die Atmosphäre** und lässt über den Treibhauseffekt die Temperatur ansteigen (46 %). Ein anderer Teil wird **von den Meeren** aufgenommen (24 %) und wieder ein anderer Teil **von der Biomasse** an Land (Pflanzen und Tiere, 30 %).[14] Das heißt ganz einfach, immer wenn CO_2 *nicht* in der Luft ist, wird diese nicht weiter erwärmt!

Deswegen sind Grün- und Wasserflächen sogenannte *Senken* für CO_2. Die Speicherkapazität von Senken kann wachsen oder sinken. Entsprechend schwankt die Menge des gespeicherten Kohlenstoffs.[15]

Ozeane binden CO_2 nicht nur, weil dort grüne Algen Fotosynthese betreiben, sondern weil CO_2 in Wasser gelöst werden kann. In Wasser gelöstes CO_2 ist Kohlensäure.

Auch Felsen aus Kalk an Land oder unter Wasser sind bedeutende Kohlenstoffspeicher. Wird Kalk abgebaut, dann wird immer CO_2 frei. Deswegen ist die Zementindustrie ein hoher Emittent, das heißt einer, der Emissionen (Ausstöße) verursacht. Holzprodukte sind auch CO_2-Speicher. Es ist besser, Holz zu verbauen als zu verbrennen!

Die Autoren des Berichts fassen zusammen: Die Zukunft wird davon abhängen, wie wir unsere Landflächen verwalten, wie wir mit den natürlichen Böden, Wäldern, Wiesen umgehen, die wir noch haben. Jede grüne Naturfläche nimmt CO_2 auf. Doch gesunde Wälder und Moore können das am besten. Wie viel Wald werden oder wollen wir noch abholzen, um Acker- und Weideland zu gewinnen? Wie viele Wiesen müssen wir noch für Straßen und Neubaugebiete versiegeln? Welche Art von Wald wollen wir überhaupt haben? Naturwälder oder nur noch angebaute Nutzwälder, von einigen auch »Holzplantagen« genannt? All diese Fragen berühren auch den Aspekt der kostenlosen Dienstleistungen, die die Natur für uns erbringt. Man spricht in der Tat von Dienstleistungen der Natur, genauer von Ökosystemdienstleistungen, die wir allerdings so gar nicht bewusst wahrnehmen (siehe dazu Infobox *Ökosystemdienstleistungen*).

Ökosystemdienstleistungen

Manchmal auch nur Ökosystemleistungen genannt. Es sind Dienstleistungen oder Leistungen der Ökosysteme, die sich in drei Arten einteilen lassen:

1. Versorgungsleistungen, das heißt die Bereitstellung von Rohstoffen, die wir Menschen nutzen, wie Holz, Nahrungsmittel, Wasser, Fasern.
2. Regulierungsleistungen wie die Erneuerung von Niederschlägen, der Schutz vor Überschwemmungen und Bodenerosion oder der Abbau von Schadstoffen durch natürliche Filterleistungen.
3. Kulturelle Leistungen, wie Sinnstiftung und kulturelle Identität mit der Natur der Heimatregion, Freizeit- und Erholungswert und Natur als Ort der sozialen Kontakte.

Ökosystemdienstleistungen sind dann besonders ergiebig und anhaltend, wenn in der Natur ein intaktes Ökosystem vorliegt, das ist ein sich selbst erhaltender, ständig erneuernder Lebensraum mit dort natürlicherweise vorkommenden Pflanzen und Tieren.[16]

Der deutsche Klimawissenschaftler Mojib Latif hat einmal gesagt, wir können nicht die brasilianische Regierung kritisieren, wenn unsere eigene Regierung den Hambacher Forst abholzen lässt. Bevor wir also auf Brasilien zeigen, wo unter der Bolsonaro-Regierung immer schneller der Amazonas-Regenwald abgeholzt wird, sollten wir uns an die eigene Nase fassen: Jeder Wald, der abgeholzt wird, ist ein Verlust – und nicht nur im Hinblick auf ihn als CO_2-Fänger. Er ist auch Lebensraum für andere Lebewesen. *Jeder* Wald, der heute auch in Deutschland abgeholzt wird, ob für eine Autobahn oder für ein Kohleflöz, das sich darunter befindet, ist ein Riesenverlust und bedeutet eine weitere Schuldenaufnahme für unsere Kinder und Kindeskinder. Daher müsste man in Zukunft für alle Großbauprojekte, die natürliche Flächen vernichten, eine andere, neue Kosten-Nutzen-Rechnung oder Kostenberechnung aufstellen als bisher üblich. Man müsste den langfristigen Klimaschaden miteinbeziehen. Ist der (kurzfristige) Nutzen eines Autobahnteilstückes, eines neuen

Tesla Werkes bei Berlin oder der bis 2038 geplanten Kohleförderung in Deutschland höher als die Kosten, die der Gesellschaft langfristig aus diesen Maßnahmen entstehen?

Top 4: Die Wasserkrise verschärft sich

In vielen Regionen der Welt ist Süßwasser knapp. Diese Knappheit wird sich durch den Klimawandel weiter verschärfen. Die Folgen von Dürren und Überschwemmungen beeinträchtigen die verfügbaren Wassermengen und deren Güte. Zum einen schmelzen Eis- und Schneemassen, die natürliche Süßwasserspeicher sind. Das heißt, im Sommer, wenn Schmelzwasser in die Täler fließt und die Flüsse speist, versorgt dieses Wasser Bevölkerung und Natur. Wenn immer mehr Gletscher abschmelzen und infolge komplett verschwinden, versiegt diese natürliche Wasserquelle. Zum anderen steigt mit höheren Temperaturen die Verdunstung. Das heißt, Seen und Flüsse werden schneller austrocknen und teilweise ganz versiegen. Bei heftigen Regenfällen können sie sich kurzfristig wieder auffüllen, aber in der Zeit dazwischen herrscht Wassermangel.

Mit dem Klimawandel häufen sich Wetterextreme. Dazu zählen Dürren und Hitzewellen, deren Einfluss auf den Wasserhaushalt einem sofort einleuchten. Aber auch andere extreme Wetterereignisse wie Stürme, Starkregenereignisse und Überflutungen nehmen zu und verschärfen das Wasserproblem. Der viele Regen auf einmal ist nicht so gut, wie man vielleicht auf den ersten Blick meint. Wenn das Wasser auf ausgetrocknete Böden fällt, dann versickert es nicht langsam und filtriert durch die Bodenschichten ins Grundwasser. Sondern es wird weggeschwemmt und mit dem Regen häufig fruchtbarer Boden gleich mit.

Wasser gelangt durch Überflutungen in Bereiche, wo auch giftige Substanzen lagern, die dann im Wasser gelöst und mit ihm weggespült werden. Es bringt also wenig, wenn es monatelang trocken ist und dann an zwei Tagen der Regen von zwei Monaten fällt. Aber genau diese Verschiebung des Wettergeschehens gibt es weltweit durch den Klimawandel, wie wir im Juli 2021 auch in Deutschland schmerzhaft erfahren mussten, als in Nordrhein-Westfalen und Rheinland-Pfalz ganze Städte und Dörfer unterspült wurden. Hinzukommt, dass Überschwemmungen mit Meerwasser Felder versalzen, Ernten vernichten und auch Süßwasserspeicher durch den hohen Salzgehalt verunreinigen können. Dies wird durch den steigenden Meeresspiegel häufiger passieren.

Das bedeutet, dass die Versorgung der Bevölkerung mit ausreichend und hochwertigem Trinkwasser über das ganze Jahr gesehen immer unsicherer wird. Das würde, so die Autoren, besonders die Bevölkerungsgruppen und Länder treffen, die heute schon stark unter Wassermangel leiden. Es würde auch zu einer Verschärfung der Geschlechterungerechtigkeit führen, da Frauen und Mädchen immer stärker betroffen sind, wenn Wasser knapp ist oder Sanitäranlagen fehlen. Natürlich bedroht Wassermangel auch Pflanzen und Tiere.

Auch die Wälder in Deutschland sind nach drei Dürrejahren in Folge massiv geschädigt.[17] Nach einer neuen Untersuchung zum Waldzustand des Jahres 2020 sind 80 Prozent der Bäume in Deutschland krank. 80 Prozent! Nur jeder fünfte Baum ist gesund! Nun, eigentlich überrascht es nicht. Wer mit offenen Augen durch die Landschaft geht oder fährt, sieht wie viele Nadelbäume geschädigt oder abgestorben sind. Als Ursachen werden im Bericht die drei Rekordtrockenjahre 2018, 2019 und 2020 genannt. Außerdem Stürme, Waldbrände und der Befall mit Schädlingen.[18] Letztere haben natürlich bei schon geschwächten Bäumen ein leichtes Spiel.

Nach neuen Studien werden 72 Prozent der weltweiten Landflächen mit hoher Wahrscheinlichkeit in der Zukunft mehr Trockenheit erfahren. Besonders davon betroffen werden der Nahe Osten, Nordafrika, Südeuropa und Australien sein. Ein weiterer Faktor, der die Niederschlagsmuster hin zu Extremen verändert, ist die zunehmende Verstädterung der Landschaft. Das sei etwa in China der Fall, so die Autoren, wo sich in Gebieten mit großflächiger Stadtbebauung die regionalen Wettermuster verändert hätten.

In Deutschland leidet die Bevölkerung noch nicht unter Wassermangel, aber in anderen Teilen der Welt sehr stark. Forscherinnen und Forscher des Helmholtz Zentrums für Umweltforschung weisen beispielsweise auf die eskalierende Wasserkrise in Jordanien hin, die sie als Warnung an die Welt insgesamt einstufen.[19] In Jordanien drohe ein lang anhaltender Wassermangel bis zum Jahr 2100 alltäglich zu werden, wenn das Land nicht gegensteuert. Aber selbst mit konkreten Gegenmaßnahmen wäre die verfügbare Wassermenge erschreckend gering: 40 Liter pro Kopf und Tag. Zum Vergleich: In Deutschland verbrauchen wir pro Kopf und Tag zirka 120 Liter und bei uns ist es längst nicht so heiß! Die Abbildung *Bewässerungssystem in Jordanien* zeigt die teilweise absurde Situation in den heißen trockenen Ländern schon heute. Inmitten der Wüste Jordaniens sind kreisrunde Flächen mit Pflanzen bewachsen, weil sie bewässert werden. Die Frage ist, wie lange und mit wie viel Aufwand solche Maßnahmen noch möglich sind. Die Vereinten Nationen schätzen, dass »bis zum Jahr 2025 die Hälfte der Menschheit in wasserarmen Gebieten leben wird« und, »dass bis zum Jahr 2030 etwa 700 Millionen Menschen durch Wasserknappheit aus ihrer Heimat vertrieben werden könnten.«[20]

Abbildung 2: Bewässerungssystem in Jordanien

Die Kreise sind bewässerte landwirtschaftliche Flächen inmitten einer Stein- und Sandwüste.

Eine unzureichende Wasserversorgung wird immer häufiger ein Grund für Umsiedlung, Vertreibung und Auswanderung von Menschen sein. Konflikte um das knappe Gut Wasser über Landesgrenzen hinweg aber auch im eigenen Land zwischen verschiedenen gesellschaftlichen Gruppen werden zunehmen.

Interessant ist, dass diese Gefahr sich durchaus in einen Vorteil verwandeln kann. Die Autoren des Berichts nennen den Klimawandel einen »Zerstörer«. Ein zerstörerisches Ereignis kann eine Gesellschaft spalten. Ein Zerstörer kann aber auch eine positive Entwicklung in Gang setzen! Der Klimawandel könnte ein Katalysator sein, um alte Denkmuster und Werte neu zu bewerten. Konkret: Indem wir erkennen, wie wichtig Wasser für uns ist, beginnen wir über Wege nachzudenken, Klimawandel zu bekämpfen und seine Folgen zu lindern. Das kann ungeahnte positive Kreise ziehen. Etwa indem wir uns mit unseren inner- oder außerstaatlichen Nachbarn einigen, um mit dem wenigen Wasser auszukommen. So könnte eine Zusammenarbeit beginnen, die vorher nicht möglich schien.

Top 5: Der Klimawandel macht uns seelisch krank

Der Klimawandel fordert Menschenleben, erhöht die Zahl von Verletzungen und Erkrankungen und verursacht auch seelische Belastungen. Die körperlichen Schäden stehen mit den extremen Wetterereignissen in Verbindung, die an Häufigkeit, Dauer und Stärke durch den Klimawandel zunehmen. Dazu gehören wie schon erwähnt Dürren, Hitzewellen, Stürme und Überflutungen. Von den wirtschaftlichen Schäden ist hier nicht die Rede, die natürlich auch schwerwiegend sind.

Allein im Jahrhundertsommer 2003 starben in Europa zwischen 50.000 bis 70.000 Menschen durch die Hitze. Schätzungen gehen in Deutschland von 3.000 bis 7.000 Hitzetoten aus. 2005 verwüstete der Hurrikan Katrina den Süden der USA. Die Stadt New Orleans war zu großen Teilen unter Wasser gesetzt. Rund 1.800 Menschen starben. Der Hurrikan Sandy aus dem Jahr 2012 zog von der Karibik über New York bis nach Kanada. Er war mit einem Durchmesser von fast 1.800 Kilometern das größte jemals gemessene Sturmtief im Atlantischen Ozean.[21] Bildgewaltig und entsprechend einprägsam waren die Bilder der überfluteten New Yorker U-Bahn, die durch die Medien gingen.

Die Wissenschaftlerinnen und Wissenschaftler gehen in Top 5 ihres Berichtes nun auf die seelischen Verletzungen ein, die mit dem Klimawandel zusammenhängen. Dabei lassen sich zwei Ebenen unterscheiden.

Die eine Ebene sind die von Naturkatastrophen direkt Betroffenen. Sie sind selbstverständlich extrem seelisch belastet, haben möglicherweise Angehörige und ihr Hab und Gut verloren und müssen vielleicht ihre Heimat, die unbewohnbar geworden ist, verlassen. Die seelischen Belastungen, die mit Vertreibung und Aufenthalten in Flüchtlingsunterkünften in Verbindung stehen, teilen Klimaflüchtlinge mit denen, die vor Kriegen oder Verfolgung fliehen. Sie verlieren ihre vertraute Umgebung und ihr soziales Netzwerk.

Die zweite Ebene ist die der indirekt Betroffenen. Sie leiden allein durch das Wissen, was schon passiert ist oder noch passieren könnte. Die seelischen Probleme entstehen durch den Konsum von Informationen und Nachrichten zum Klimawandel. Vor allem die junge Generation reagiert teilweise sehr betroffen auf die zunehmenden Risiken und bereits eingetretenen Folgen des Klimawandels.

Auch die jungen Menschen in Deutschland sind zunehmend besorgt. Das war unter anderem ein Ergebnis der letzten Shell-Jugendstudie, in der Jugendliche im Alter von 12–25 Jahren befragt wurden: »Aktuell benennen fast drei von vier Jugendlichen die Umweltverschmutzung als das Hauptproblem, das ihnen Angst macht, gefolgt von der Angst vor Terroranschlägen (66 Prozent) sowie dem Klimawandel (65 Prozent)«.[22] Eine andere Umfrage im Auftrag des Bundesumweltministeriums aus dem gleichen Jahr 2019 unter 14- bis 22-Jährigen ergab ein ähnliches Bild. 45 Prozent der Befragten gaben an, dass Umwelt- und Klimaschutz für sie sehr wichtig seien, für 33 Prozent immerhin eher wichtig.[23] Gleichzeitig waren nur 20 Prozent der Ansicht, dass die Bundesregierung genug für die Umwelt und das Klima tut. Jeder vierte Jugendliche erklärte, schon einmal bei Fridays for Future mitgestreikt zu haben.

Die Gründerin der Fridays for Future-Bewegung ist die schwedische Umweltaktivistin Greta Thunberg. Als fünfzehnjährige Schülerin setzte sie sich im Herbst 2018 mit einem Plakat, auf dem bis heute »Schulstreik für das Klima« steht, vor das schwedische Parlamentsgebäude in Stockholm. Dies war der Beginn der weltweiten Protestbewegung. In vielen Reden und Aussagen hat sie die Sorgen und Ängste ihrer Generation zum Ausdruck gebracht. Einige Zitate der damals 16-Jährigen zur Klimakrise aus dem Jahr 2019 verdeutlichen das:[24]

> »*Ich möchte, dass ihr die Angst fühlt, die ich jeden Tag fühle.*

> »*Wenn du ein Klimaaktivist bist, ein junger Klimaaktivist, dann hast du das Gefühl, die Welt, die Zukunft der ganzen Welt liegt auf deinen Schultern.*

> »*Vor allem ist das Eines, ein Notfall. Aber nicht irgendein Notfall. Das ist die größte Krise, der die Menschheit je ins Auge gesehen hat.*

> »*Wie könnt ihr diese Zahlen sehen, ohne nicht zumindest einen leichten Anflug von Panik zu verspüren? Wie könnt ihr der Tatsache, dass im Grunde nichts dagegen getan wird, begegnen, ohne das kleinste bisschen Wut? Wie könnt ihr darüber reden, ohne alarmiert zu klingen?*

Es sind diese Ängste und Sorgen, die Menschen im Zusammenhang mit dem Klimawandel entwickeln, die auf Dauer krank machen können. Zu den Krankheitsbildern gehören allgemeine Angstzustände, Depressionen, posttraumatische Belastungsstörungen und Selbstmordgedanken. Mittlerweile gibt es in der Literatur neue Namen für seelische Probleme, die im Zusammenhang mit dem Klimawandel stehen, wie die *Klimaangst* oder *ökologische Trauer.*[25] Diese Krankheitsbilder müssten als seelische Leiden erkannt und behandelt werden, fordern die Autoren. Als Gegenstrategie oder vorbeugende Maßnahme empfehlen sie die Begegnung mit Natur. Alle Maßnahmen um Parkanlagen oder Wasserflächen in Städten zu erhalten oder zu erweitern, würden die seelische Gesundheit stärken. Am besten sei es, natürliche Lebensräume mit hoher Artenvielfalt zu schützen. Das hätte kurzfristige und langfristige positive Folgen für die seelische Gesundheit. Natur hat eine echte Schutzwirkung für unsere Seele.[26]

Eine andere Strategie gegen die *Klimaangst* ist, sich mit »Gleichgesinnten auszutauschen« und im Sinne von Klimaschutz aktiv zu werden.[27]

Ein kurzes Innehalten an dieser Stelle, nachdem die Hälfte der Top Ten behandelt sind. Die ersten fünf Punkte bezogen sich auf die naturwissenschaftliche Forschung. In den nächsten fünf Punkten geht es um wirtschafts- und sozialwissenschaftliche Erkenntnisse. Denn der Klimawandel ist kein isoliertes Umweltproblem. Er lässt sich durch Naturwissenschaft erklären, aber seine Ursachen liegen beim Menschen. Seine Folgen wiederum wirken auf beides: Natur und Gesellschaft. Deswegen ist es wichtig, wirtschaftliche, technische, soziologische und rechtliche Aspekte des Klimawandels ebenfalls in den Blick zu nehmen. Das sind die Themen der nächsten Punkte.

Top 6: Die Wiederaufbauprogramme sind nicht »grün« genug

Einige Gedanken vorweg: Die Corona-Pandemie ist ein einmaliges Geschehen in der Menschheitsgeschichte. Noch sind die Ereignisse zu nah, um einen umfassenden Blick auf sie zu werfen. Aber die Einzigartigkeit der Geschehnisse seit dem Frühjahr 2020 ist deutlich. Millionen Tote durch die Erkrankung Covid-19, Millionen Erkrankte mit möglichen Langzeitfolgen nach einer Infektion mit dem neuartigen Coronavirus Sars-Cov-2 und unzählige wirtschaftliche Existenzen und Hoffnungen, die vernichtet wurden. Aber eine Pandemie ist nicht die Zeit, um langfristige Strategien für den Klimaschutz auszuprobieren. Die Zeit dies zu tun, kommt *nach* der Pandemie, wenn die Wirtschaft und die Gesellschaft sich wieder erholen. Genau dann ist eine besonders günstige Gelegenheit zur Bekämpfung des Klimawandels gekommen. Denn eine Krise unterbricht den normalen Ablauf. Das ist die Chance über das »Normale« nachzudenken, wenn es stoppt oder ruckelt. Das Normale zu hinterfragen und dann neu und anders aus der Krise herausgehen, als man in sie hineingegangen ist. Haben wir diese einmalige Chance genutzt? Und wenn noch nicht, wie kann es uns gelingen?

Die weltweiten Maßnahmen während der Corona-Pandemie hatten im Jahr 2020 einen unerwarteten Nebeneffekt: Die Treibhausgasemissionen sanken im Jahr 2020 so stark wie noch nie. Allein im April 2020, dem Monat, in dem sich die meisten Länder in einer Art von Lockdown befanden, sanken die weltweiten Kohlendioxid-Emissionen um rund 17 Prozent. Auf das ganze Jahr 2020 bezogen sanken die CO_2-Emissionen weltweit um rund 7 Prozent gegenüber dem Vorjahr[28], in Deutschland sogar um über 9 Prozent. Es ist somit der »größte jährliche Rückgang seit dem Jahr der deutschen Einheit 1990.«[29] Diese enormen Einsparungen an Emissionen wären ohne die Pandemie nie möglich gewesen. Um die Ausbreitung des Virus in der Bevölkerung und auf der ganzen Welt einzudämmen, erließen die Regierungen verschiedene Kontaktbeschränkungen. Das führte dazu, dass manche Aktivitäten stark oder ganz zum Erliegen kamen. Die Mobilität verringerte sich enorm und so brachen Auto-, Flug- und Schiffsverkehr massiv ein. Wirtschaftsbereiche wie die Gastronomie schlossen, der Tourismus stand still und Kunst- und Sportveranstaltungen wurden abgesagt. Handels- und Lieferketten waren unterbrochen, Produktionszahlen sanken und Geschäftsreisen fielen aus. Die ganze Welt hielt für einige Momente den Atem an. Mit dem Resultat, dass sich die Luft aufklarte. Im wahrsten Sinne des Wortes: Stickoxidemissionen und Rußpartikel aus dem Autoverkehr und ungefilterte Kraftwerks- und Industrieabgase verschwanden und ließen den Blick auf die Stadt oder die Berge am Horizont wieder frei.[30]

Die positiven Wirkungen für das Klima sind allerdings doppelt teuer erkauft. Wegen der Covid-19-Toten und der gesundheitlichen Schäden einerseits und den wirtschaftlichen Schäden andererseits. Die weltweite Wirtschaftsleistung gemessen am globalen Bruttoinlandsprodukt sank im Jahr 2020 gegenüber dem Vorjahr um rund 3,5 Prozent.[31] Um die Wirtschaft nach dem erzwungenen Herunterfahren wieder anzukurbeln, beschlossen die meisten Regierungen Wiederaufbauprogramme aufzulegen (siehe Infobox *Rettungspakete und Wiederaufbaugprogramme*). Ganz konkret: Sie schrieben in diese Programme hinein, welche Wirtschaftsaktivitäten mit wie viel Geld für dieses und die nächsten Jahre gefördert werden.

An diesem Punkt kreuzen sich die Themen Corona-Pandemie und Klimaschutz erneut. Denn die Entscheidung, welche Aktivitäten in der Wirtschaft und in der Gesellschaft wie stark gefördert werden, ist auch eine Entscheidung über die künftigen Treibhausgasausstöße. Fließen die Staatsgelder in die alten Industrien, die auf der Basis von Kohle, Öl und Erdgas laufen und betrieben werden? Oder fördern die Programme Investitionen in neue Industrien, die auf erneuerbare Energien setzen? Fördern die Programme Investitionen in Energieeffizienz, also in Maßnahmen um Energie und Emissionen einzusparen? Unterstützen sie die Umstellung von Individualverkehr auf öffentlichen Nahverkehr, der auch noch elektrisch statt ölbasiert betrieben wird? Werden Forschungsprogramme für die sogenannten grünen Technologien ausgeschrieben? Solche grün ausgelegten Programme, so schreiben die Autoren, bringen viele positive Nebeneffekte mit sich wie die Verringerung von Luftschadstoffen oder eine bessere Gesundheitsvorsorge. Diese Investitionen in saubere Energien schaffen Arbeitsplätze, fördern Innovationen und für Finanzinvestoren ergeben sich neue Anlagemöglichkeiten. Diesen Punkt unterstreicht auch Claudia Kemfert im Interview.

Das wären die richtigen Schritte gewesen, um das Jahr 2020 zu einem echten Wendepunkt zu machen. Aber, so der vorläufige Schluss der Autoren, die Regierungen haben diese Chance nicht genutzt. Sie haben keine Wende eingeleitet, um neue Strukturen für eine emissionsarme Wirtschaft aufzubauen. Denn von den weltweit aufgebrachten Summen für den wirtschaftlichen Wiederaufbau haben die Länder das allermeiste Geld für die Stützung der bestehenden Strukturen vorgesehen. Das sind heute noch die Produktions- und Konsumstile, die einen hohen Treibhausgasausstoß zur Folge haben. Man nennt sie auch braune Industrien, auf fossilen Energieträgern basierende, im Gegensatz zu grünen auf erneuerbare Energien aufbauende Industrien. In diese grünen Zukunftsindustrien floss etwa nur ein Viertel der staatlichen Investitionen und Förderungen weltweit. Das führt in eine Sackgasse – auf Englisch hört es sich noch drastischer an – in einen *Lock-in*, eine Art Eingeschlossensein. Damit sind andere Bewegungsrichtungen oder gar ein Entkommen ausgeschlossen!

Das Bild des *Lock-ins*, des Unbeweglich-Seins, trifft es ganz gut. Denn jede Investition will gut überlegt sein. Sie soll sich schließlich in der Zukunft auszahlen. Weder die Industriemanager noch die Bürger und Bürgerinnen können beliebig viele Investitionen tätigen. Wenn nun in den meisten Ländern dieser Welt in neue Kohlekraftwerke investiert wird, statt in Windparks, dann laufen die Kohlekraftwerke die nächsten 30–40 Jahre und damit sind die Treibhausgasemissionen, die dabei entstehen, festgeschrieben. Wenn ein neues Stahlwerk gebaut werden soll, aber statt auf moderne, wasserstoffbasierte Verfahren zu setzen, wieder die alte Hochofentechnik zum Zuge kommt, dann ist der sprichwörtliche Zug in eine emissionsarme Stahlproduktion erst einmal abgefahren. Denn eine neue Fabrik muss laufen, muss produzieren, sonst ist das Geld in den Wind geschrieben. Schade, es wäre besser in die Windkraft gesteckt worden. Wer sich heute einen neuen Benziner oder Dieselwagen kauft, wird auch die nächsten Jahre ölbasiert fahren. Das ist kein Neuanfang.

Rettungspakete und Wiederaufbauprogramme

Die staatlichen Maßnahmen zur Unterstützung der Wirtschaft und Gesellschaft während der Pandemie sind zweigeteilt. Auf der einen Seite stehen die *Rettungspakete*, die direkte Hilfen beinhalten, um Unternehmen und Beschäftigte vor Insolvenzen und existenziellen Krisen zu bewahren. Hier greifen Maßnahmen wie steuerliche Entlastungen und Staatshilfen für Betriebe, das Kurzarbeitergeld für Beschäftigte und weitere Zuschüsse und Hilfen für Selbstständige, Kleinunternehmer oder Soloselbstständige. Dabei geht es immer um die Sicherung von Existenzen, damit die Menschen nicht in Armut geraten oder Betriebe dauerhaft schließen müssen. Auf der anderen Seite stehen die *Wiederaufbauprogramme*, die eine etwas andere Zielrichtung haben. Diese Programme greifen im Grunde erst, wenn die Pandemie ausklingt, denn sie sind dazu da, die Wirtschaft am Ende der Pandemie wieder anzukurbeln und den Bürgerinnen und Bürgern wieder Lust am Einkaufen zu bescheren, sprich den Konsum anzuregen. Die Wiederaufbauprogramme oder Konjunkturpakete sind als Starthilfe für die ersehnte Konjunktur gedacht. Das geschieht durch befristete Anreize für private und öffentliche Investitionen, die der Staat setzt, wie Kofinanzierungen von Förderungen oder Senkung von Steuern und anderen Abgaben.

Wenn einer Schiffbruch erleidet, dann will er erst einmal ans rettende Ufer kommen (Rettungspakete). Erst wenn er sicher ist, denkt der Schiffer wieder an sein neues Boot (Konjunkturpakete).

Das Wiederaufbauprogramm der EU

Das Wiederaufbauprogramm der Europäischen Union heißt *Next Generation EU.* Es gilt befristet und besteht aus Krediten und Zuschüssen für die Mitgliedsländer.[32] Das heißt, manche Hilfen werden geliehen und müssen zurückgezahlt werden, andere sind direkte Zuschüsse. Aber auch diese sind an Bedingungen geknüpft.

Das Programm umfasst 705 Milliarden Euro. Davon werden 360 Milliarden aus Krediten gespeist, rund 310 Milliarden aus Zuschüssen und der Rest aus anderen EU-Geldtöpfen wie etwa Forschungsförderungen. Um das Paket insgesamt zu finanzieren, nimmt die EU zum ersten Mal in ihrer Geschichte gemeinsame Schulden auf. Das geschieht in Form der sogenannten *Eurobonds*, also europäischer Anleihen.

Das Wiederaufbauprogramm macht den Ländern Vorgaben, wie sie das Geld nutzen können. Drei Zielbereiche sind festgelegt, der kleinste, ist der für »natürliche Ressourcen und Umwelt«, nur rund zwei Prozent der Gelder sind hierfür vorgesehen.[33] Andererseits können in den anderen zwei Zielbereichen, »Innovation, Binnenmarkt und Digitalisierung« und »Zusammenhalt, Widerstandskraft und Werte«, Projekte für grüne Aktivitäten enthalten sein. Eine grüne Technologie kann auch innovativ sein, ist sie in der Regel, und wird in den allermeisten Fällen die Widerstandskraft der Gesellschaft erhöhen. Das heißt, ob eher grüne oder braune Investitionen finanziert werden, hängt davon ab, welchen Stellenwert die jeweilige Regierung dem Klimaschutz beim Wiederaufbau einräumt. Ist langfristig angelegter Klimaschutz für die Kinder und jungen Menschen wichtiger oder schnelle wirtschaftliche Erholung mit fossiler Hilfe? An der Stelle sei noch erwähnt, dass die EU für den Zeitraum 2021 bis 2027 ihren Haushalt mit einem Umfang von rund 1.075 Milliarden Euro beschlossen hat. Davon sollen 30 Prozent in Klimaschutzmaßnahmen fließen.

Das deutsche Konjunkturpaket

Als das deutsche Konjunkturpaket im Juni 2020 von der Bundesregierung beschlossen wurde, äußerte sich die Bundeskanzlerin Angela Merkel dazu: »Sicherheit vermitteln und Anreize setzen, das ist das, was ein Konjunkturprogramm kann und dann schauen wir, wie die Bürgerinnen und Bürger reagieren.«[34] Beide Aspekte sind wesentlich für Konsum und Investitionen: Sicherheit und Anreize! Der finanziellen Sicherheit dienen im deutschen Wiederaufbaupaket die Zuschüsse für den Sozialversicherungsbeitrag und die Stromkosten, sowie die steuerlichen Erleichterungen und der Kinderbonus. Wer genug Geld hat und sich finanziell sicher fühlt, kauft und produziert. Bezüglich der Anreize, wie Fördergelder für bestimmte Projekte, gab es im Vorfeld heftige Diskussionen darüber, ob man nur grüne oder auch braune Technologien fördert. Sollen beispielsweise nur Elektroautos über eine Kaufprämie gefördert werden oder auch die Benziner und Dieselautos? Es ist genau diese Debatte, die man führen muss und die, wie die Autoren anmerken, leider oft gar nicht geführt oder zugunsten der braunen, alten Industrien entschieden wird. Deutschland hat sich für die ausschließliche Unterstützung der Elektroautos entschieden. Außerdem fließen Fördergelder in die Erforschung der Digitalisierung, der künstlichen Intelligenz und der Wasserstoffwirtschaft. Für diese Themen, die Schnittmengen mit dem Klimaschutz haben, stellte die Bundesregierung rund 40 Prozent der insgesamt 130 Milliarden Euro in Aussicht.[35]

Eine Krise ist oft eine Chance, das ist eine Binsenweisheit. Es ist schwierig auf Anhieb die Chance in der Corona-Pandemie zu sehen, wenn so viele Todesopfer zu beklagen sind und Menschen unter Langzeitfolgen leiden, körperlichen wie wirtschaftlichen. Aber wenn eine Krise kommt, kommt es auch zu einem Innehalten und nach der Krise zu einem Neuanfang. Doch diese Chance ist offensichtlich (noch) nicht genutzt worden. Die Wissenschaftler verschonen uns auch in diesem Punkt nicht. Aber es tut besonders weh, wenn es um vertane Chancen geht, die zum Greifen nah waren. Das kennt man aus eigener Erfahrung. Aber es gibt immer nur diesen einzigen Moment, diese einmalige Chance und entweder man ergreift sie beim Schopfe oder es ist vorbei. Das Gleiche gilt für Länder und Regierungen.

Top 7: Die Welt braucht einen Gesellschaftsvertrag

Die Corona-Pandemie hat Mängel in der internationalen Zusammenarbeit offengelegt. Um für zukünftige globale Krisen gewappnet zu sein, müssen wir aus der Pandemie die richtigen Lehren ziehen. Eine wesentliche ist, dass globale Krisen und Herausforderungen nur gemeinsam mit allen Ländern dieser Welt gelöst werden können. Daher, so die Autoren, brauchen wir einen neuen Gesellschaftsvertrag, und zwar nicht nur für ein einzelnes Land, sondern einen Vertrag für unser Zusammenleben in der einen Welt (siehe Infobox *Der Gesellschaftsvertrag*).

Die ursprüngliche Bedeutung des Begriffes, ein ideeller Vertrag zwischen Staat und seinem Volk, wird nun erweitert auf die Welt und ihre Nationen. Das sind die fast 200 Nationen der Welt, 190 Nationen von ihnen gehören zu den Vereinten Nationen.

Dieses Ziel scheint vom Anspruch her der Verkündigung der *Allgemeinen Erklärung der Menschenrechte* im Jahr 1948 oder der Gründung der Vereinten Nationen von 1945 selbst vergleichbar. Diese zwei Schritte waren nach zwei Weltkriegen und unvorstellbaren Kriegsverbrechen notwendig geworden.

Der Gesellschaftsvertrag

Der Begriff *Gesellschaftsvertrag* kommt aus der Philosophie und hängt mit der Rechtfertigung für politische Macht zusammen. Der französische Philosoph Jean-Jacques Rousseau führte den Begriff 1792 ein und meinte damit einen Vertrag zwischen der Staatsmacht und dem Volk.

Rousseau forderte, dass die Mächtigen im Staate durch diesen *gedachten* Vertrag verpflichtet sind, allein dem Volk und seinem Willen zu dienen. Der Einzelne wiederum, der auf seinen eigenen maximalen Nutzen und auf persönliche Freiheiten verzichtet, bekommt im Gegenzug das, was die Gemeinschaft ihm anbietet: den Schutz und die Wahrung seiner persönlichen Rechte, die im Einklang mit der Verfassung und dem Gesetz stehen. Der Gesellschaftsvertrag steht somit für eine Übereinstimmung zwischen dem Volk und den Staatsführern in ihren Werten und Zielen. Er verpflichtet alle zum Wohl der Gemeinschaft zu handeln. Einzelinteressen der Bürger, der Politiker, der Mächtigen und Entscheidungsträger, sind dem Gemeinwohl unterzuordnen.

Heute ist unsere Herausforderung, die Zerstörung unserer natürlichen Lebensgrundlagen durch die Erhitzung der Luft und der Meere mit allen Folgeerscheinungen aufzuhalten. Heute ist unser gemeinsames Haus bedroht. Der Planet Erde. Dieses Haus, um im Bild zu bleiben, droht einzubrechen. Oder wie Greta Thunberg es 2019 und 2020 auf dem World Economic Forum in Davos sagte: »*Our house is on fire.*« Deswegen brauchen wir jetzt eine gemeinsame Hausordnung wie die eines Welt-Gesellschaftsvertrages. Man könnte argumentieren, dass es schon eine Art Grundlage für das Zusammenleben eben in Form der Allgemeinen Erklärung der Menschenrechte gibt. Aber in dieser epochalen Erklärung sind die Rechte der Natur noch nicht enthalten. Das ist heute nötig geworden aus rein überlebensstrategischen Gründen. Man könnte daher sagen: Natur zu schützen, bedeutet Menschenrechte zu sichern.

Interessant ist, dass der Wissenschaftlicher Beirat der Bundesregierung Globale Umweltveränderungen (WBGU) schon 2011 in seinem Gutachten *Welt im Wandel – Gesellschaftsvertrag für eine Große Transformation* genau solch einen gedanklichen Rahmen beschrieben hat: »Die Transformation zur nachhaltigen Gesellschaft erfordert einen modernen Orientierungsrahmen für ein ›gutes Zusammenleben‹ von bald neun Milliarden Menschen mit sich und der Natur.«[36] Allerdings gehen die Autoren in Punkt 7 darüber hinaus. Es geht nicht nur um eine gemeinsame Idee für eine bessere Welt, sondern um konkrete Handlungsanweisungen, die unsere Welt koordiniert auf globale Krisen reagieren lässt. Man könnte aber den Namen vom WBGU für den neuen Weltvertrag übernehmen »Große Transformation«.

Der neue Aktionsplan für die Welt muss, so die Autoren in Punkt 7, folgende Teilaspekte berücksichtigen. Es geht um Klimagerechtigkeit (*climate justice*) – ein großes Wort. Das heißt, dass die Länder, die den Klimawandel bisher hauptsächlich zu verantworten haben, auch bei seiner Bekämpfung vorangehen müssen. Dazu gehören historisch die Industrieländer und als größter Emittent der Gegenwart natürlich auch China.

Es ist weltweit sogar so, dass die Länder, die am wenigsten zum Klimawandel beigetragen haben, die sind, die jetzt schon am stärksten darunter leiden. So betreffen Stürme, Dürren und der steigende Meeresspiegel im Moment immer noch die Länder im globalen Süden stärker als uns im reichen Norden. Deswegen müssen die reichen früh-industrialisierten Nationen finanziell, technisch und mit Know-how die Südländer dabei unterstützen, mit den Folgen des Klimawandels zurechtzukommen. Aber auch deswegen, weil die reichen Länder viele Möglichkeiten haben, die die anderen nicht haben.

Der neue Weltvertrag soll auch einen fairen Zugang zu den Rohstoffen der Erde sicherstellen. Es geht um das gleiche Recht aller Menschen und Nationen auf Gesundheit und Wohlergehen. Diese Ziele können nicht mit den alten Denkmustern erreicht werden. Sondern es geht um neue Erzählungen darüber, wie die Zukunft der Menschheit aussehen kann. Es geht um Kreislaufwirtschaften, um neue Lebens-, Konsum- und Produktionsstile, die sich fundamental von den heute gängigen Mustern unterscheiden müssen. Kreative Ideen sind notwendig und die Jugend dieser Welt muss von Anfang an eingebunden werden.

Die Corona-Pandemie hat neben all den schlimmen Folgen auch ihr Gutes, so die Autoren. Sie könne daher als letzte Chance angesehen werden, nun endlich die Weichen richtig zu stellen. Wie? Die Autoren verweisen auf positive Beispiele im Umgang mit der Corona-Pandemie. Gut ist es, wenn eine Regierung die Bevölkerung bei der Bewältigung der Krise einbindet. Als Beispiel nennen sie unter anderem das Land Taiwan, in dem die Bürgerinnen, vor allem Technikexperten, von denen es dort viele gibt, der Regierung bei der Entwicklung von Software und der Sammlung von Daten geholfen haben. Positiv bewerten sie auch die internationale Zusammenarbeit bei der Entwicklung von Impfstoffen. Dadurch sei es möglich gewesen in kurzer Zeit verschiedene Impfstoffe gegen Corona zu entwickeln und in großer Menge bereitzustellen.

Ein anderes Vorbild für internationale Zusammenarbeit sei der sogenannte *Grüne Deal* oder *Green Deal* der Europäischen Union. Das ist ein politisches Gesamtkonzept, das Ende 2019 von der neuen EU-Kommissionspräsidentin Ursula von der Leyen vorgelegt wurde, um die EU bis 2050 klimaneutral zu machen. Aber auch private oder öffentliche Organisationen gingen beim Klimaschutz voraus. Dazu zählen die Autoren einige Wirtschaftsorganisationen genauso wie traditionelle Volksgruppen, auch Indigene genannt, oder junge Klimaaktivistinnen, etwa die weltweite Bewegung Fridays for Future.

Letztere stehen für den *bottum-up* Ansatz, das Handeln *von unten nach oben*. Nicht die Regierungen müssen ihre Probleme allein lösen, sondern Hilfe kommt aus der Mitte der Gesellschaft. Etwa wenn Menschen vor Ort eigene Projekte verwirklichen, um Emissionen oder Energie einzusparen. Oder wenn Wirtschaftsunternehmen sich zu Gruppen zusammenschließen, um Modelle zu entwickeln, treibhausarm oder treibhausneutral zu produzieren wie etwa die *We Mean Business Koalition*. Oder wenn Nicht-Regierungs-Organisationen (NGOs), Menschen zusammenbringen und Kampagnen für gemeinsame Ziele durchführen wie etwa die deutsche NGO *German Zero*, die durch öffentlichen Druck die Bundesregierung dazu bringen will, das 1,5-Grad-Ziel einzuhalten.

Bis jetzt hat die globale Hausgemeinschaft mehrheitlich so gehandelt, dass jeder nur auf seinen eigenen Vorteil schaute. Dabei ist das gemeinsame Haus, der Planet Erde, heruntergewirtschaftet worden, und nur die eigenen vier Wände glänzen und sind mit dem neuesten Schnickschnack ausgeschmückt. Für das gemeinsame Fundament fühlte sich keiner zuständig, sodass es jetzt bröckelt und gewaltig knirscht im Gebälk. Das gemeinsame Fundament ist der Zustand des Planeten, seine natürlichen Rohstoffe und Selbstheilungskräfte. Die kommen an ihre Grenzen, weil jede Nation nur auf ihre eigenen Vorteile und wirtschaftliche Entwicklung schaut. Dadurch sind die Eingriffe durch den Menschen in die Natur so massiv geworden, dass die natürlichen Kreisläufe gestört sind und eine Selbsterneuerung der Natur teilweise nicht mehr möglich ist. In der Folge brechen die Ökosysteme, also die Lebensgemeinschaft aus Tieren und Pflanzen, zusammen. Tier- und Pflanzenarten wandern ab oder verschwinden für immer, Seen und Flüsse trocknen aus, Wälder brennen, Meere vermüllen und versauern, Böden und mit ihnen ganze Landstrichen werden immer unfruchtbarer. Dann hat kein Staat, hat kein Volk mehr etwas vom Leben auf diesem Planeten.

Die Forderung nach einem neuen Gesellschaftsvertrag bedeutet also: Wir können heute unseren Horizont erweitern, Konsequenzen ziehen und einen »Welt«-Maßnahmenkatalog für den nächsten Ernstfall aufstellen.

Top 8: Wirtschaftswachstum allein ist unvereinbar mit den Klimazielen

Wirtschaftswachstum ist bisher das unwidersprochene Ziel aller Regierungen. Die Wirtschaft muss wachsen, damit der Wohlstand der Bürger und Bürgerinnen wächst. Aber diese einseitige Betrachtung geht schon seit einigen Jahren nicht mehr auf, erst recht nicht in hoch entwickelten Ländern und schon gar nicht in Zeiten der Klimakrise. Denn jedes Wachstum der Wirtschaft ist mit einem Wachstum der Emissionen verbunden. So ist es noch in den meisten Ländern. Daher muss Wirtschaftswachstum immer auch mit Maßnahmen verknüpft sein, um die Emissionen zu senken. Aber das ist eben sehr schwierig. Daher fordern die Autoren, nach alternativen Konzepten zu suchen oder sie zu entwickeln, sodass Wirtschaftswachstum nicht mehr der heilige Gral der Politik ist.

Das Wirtschaftswachstum wird allein am Bruttoinlandsprodukt (BIP) festgemacht. Das ist der Wert in Euro ausgedrückt aller in einem Jahr (oder Vierteljahr) produzierten Waren und Dienstleistungen innerhalb eines Landes. Das BIP ist die Summe aller Produkte oder Dienstleistungen, die innerhalb eines Jahres zu einem bestimmten Preis hergestellt oder bereitgestellt worden sind. In Deutschland betrug das BIP im Jahr 2020 rund 3,3 Billionen Euro und war aufgrund der Corona-Pandemie zum ersten Mal seit der Finanzkrise 2009 wieder gefallen.[37]

Aber die Zahl allein weist nicht aus, ob die Einkommensunterschiede zu- oder abgenommen haben, oder wie teuer die Schäden an der Umwelt waren, die während oder infolge der Produktion entstanden sind.

In Deutschland und anderen Ländern gibt es seit Langem die Debatte, ob Wirtschaftswachstum allein ein ausreichendes Kriterium ist, um den Wohlstand einer Gesellschaft darzustellen. Ökonomen und Ökonominnen beteuern zwar immer wieder, dass es nicht so gemeint sei, aber in der öffentlichen Wahrnehmung und vor allem in der politischen Zielsetzung ist Wirtschaftswachstum immer noch das Maß aller Dinge. Im Jahr 2013 legte die Enquete-Kommission *Wachstum, Wohlstand und Lebensqualität*, eine aus allen Fraktionen besetzte Arbeitsgruppe des deutschen Bundestages, ihren Abschlussbericht vor, in dem sie ein neues Wohlstands- und Fortschrittmaß vorschlug. Es sollte über die Zahl des Bruttoinlandsprodukts hinausgehen und weitere Faktoren einbeziehen wie Einkommensverteilung, Höhe der Staatsschulden, Bildungsstand, Beschäftigungsgrad und sogar ökologische Faktoren wie Treibhausgasemissionen und den Zustand der Artenvielfalt. Auch die Vereinten Nationen benutzen einen weitergehenden Wohlfahrtsindex, den *Human Development Index* (HDI). Beim HDI werden neben dem Einkommen auch die Lebenserwartung und das Bildungsniveau der Bürger berücksichtigt. Die Rangliste der Länder mit dem höchsten BIP-Wert und dem höchsten HDI unterscheiden sich entsprechend. So waren die Länder mit dem größten Bruttoinlandsprodukt, also die größten Volkswirtschaften, im Jahr 2019 die USA, gefolgt von China, Japan und Deutschland. Auf der Stufenleiter des HDI lag China auf Rang 85 von fast 190 Ländern, die USA auf Rang 17, Deutschland auf Rang 6 und ganz oben stand Norwegen gefolgt von Irland und der Schweiz.[38] Geld ist nicht alles, aber es zählt sich so leicht. Deswegen ist das BIP-Wachstum als Wohlstandsmaß immer noch so beliebt. Die Zahlen lassen sich leicht aus den Statistiken der Wirtschaftssektoren herauslesen. Während Faktoren wie Gesundheit oder Zufriedenheit der Bürgerinnen und Bürger schwer zu erfassen sind. Aber nur weil etwas bequem und gewohnt ist, wie das BIP als Wohlstandsmarke, ist das kein Grund, es nicht zu ändern. Zumal diese Marke bis heute den Blick verzerrt – mit schwerwiegenden Folgen.

In Top 8 ihres Berichts machen die Autoren klar, dass die Pariser Klimaziele nicht erreicht werden, wenn die Länder ausschließlich auf Wirtschaftswachstum setzen, ohne gleichzeitig ihre Emissionen zu senken. Computerberechnungen belegen, dass eine Welt, die die Pariser Klimaziele einhält, auch wirtschaftlich erfolgreicher ist.[39] Bisher hatten viele Wirtschaftsvertreterinnen immer argumentiert, dass man sich Klimaschutz nicht leisten kann. Er wäre zu teuer und würde wirtschaftliche Entwicklung abwürgen. Die neuesten Modelle zeigen andere Ergebnisse. Rechnet man die Kosten durch die Folgen des Klimawandels mit den Kosten für Klimaschutzmaßnahmen auf, dann zeigt sich, dass Investitionen in den Klimaschutz sich mehr als auszahlen. Ja, je länger man mit den notwendigen Investitionen in Klimaschutz wartet, desto teurer wird es. Die wirtschaftlichen Gewinne werden hingegen immer geringer, weil sie immer mehr durch die Folgekosten des Klimawandels aufgezehrt werden.

Eine andere Studie hat die Folgen des Klimawandels für die Wirtschaftsleistung auf der Ebene von Regionen statt von Nationen untersucht.[40] Es zeigte sich, dass manche US-Bundesstaaten, chinesische Provinzen oder französische Départments im Durchschnitt fast 10 Prozent ihrer Wirtschaftsleistung verlieren, wenn die globale Erwärmung fortschreitet und bis zum Jahr 2100 um 4 Grad Celsius ansteigt. Manche Regionen in den Tropen könnten sogar 20 Prozent ihrer Wirtschaftsleistung einbüßen. Die Temperaturen sind dann so hoch, dass sie für im Freien arbeitende Menschen, wie etwa in der Bau- oder in der Landwirtschaft, unerträglich werden. Die Ergebnisse lauten, dass die Kosten jeder Tonne Kohlenstoff, die an die Gesellschaft abgegeben wird, zwei- bis viermal höher sind als in früheren Berechnungen. Warum? Weil jetzt die neuen Modelle die Schäden genauer berechnen und miteinkalkulieren. Daraus folgt eine spannende Frage. Nämlich wie teuer der Ausstoß einer Tonne Kohlenstoffdioxid auf dem Markt sein muss, um den Schaden, den dieser Ausstoß verursacht, wieder ausgleichen zu können. Das ist dann die Diskussion um den richtigen CO_2-Preis und die ist heftig umstritten. Aber es ist klar, dass der Preis pro Tonne CO_2 in der Regel viel höher sein muss, als er heute schon ist. Die Autoren der Studie weisen darauf hin, dass nach ihren Berechnungen pro Tonne CO_2, die ab dem Jahr 2020 emittiert wird, ein wirtschaftlicher Schaden zwischen 73 und 142 US-Dollar entsteht (ca. 60–116 Euro). Daraus folgend müssten dann die Preise für eine Tonne CO_2 auch in diesem Preiskorridor (60–120 Euro) liegen.[41] Noch einmal, weil es wichtig und zentral ist: Die Schäden, die etwa durch die Kohleverstromung entstehen, gehen zulasten der Allgemeinheit, also der Gesellschaft als Ganzes. Beispiele sind gesundheitliche Risiken durch Rußpartikel und Quecksilberverunreinigungen der Luft, Schäden an der Umwelt durch den Verlust von fruchtbarem Boden und durch säurehaltige

Flüsse und Seen und natürlich wirtschaftliche und kulturelle Schäden durch die Umsiedlung ganzer Dörfer. Das heißt, die Gesellschaft hat den Schaden, aber nur wenige haben ihn verursacht und damit zu verantworten. Genauso wie nicht alle Bürgerinnen und Wirtschaftsvertreter gleich viel CO_2 in die Luft bringen. Deswegen gibt es das Verursacherprinzip, das besagt, dass »die volkswirtschaftlichen (sozialen) Kosten einer wirtschaftlichen Aktivität von demjenigen zu tragen sind, der sie verursacht hat.«[42] Kohlekraftwerksbetreiber müssen daher heute schon CO_2-Rechte kaufen. In Zukunft müssten aber auch andere Produkte und Tätigkeiten, wie Flugtickets und Autofahren, teurer werden. Wenn es einen CO_2-Preis gibt, dann werden die Emissionen, die durch ein Produkt oder eine Dienstleistung entstehen, als Kosten sichtbar und dem zugerechnet, der es oder sie herstellt, benutzt oder kauft.

Obwohl der Zusammenhang zwischen immer stärkeren Klimaschäden und immer höheren Kosten, die dadurch entstehen, einleuchtend ist, ist er deutschen Unternehmen offensichtlich noch nicht ausreichend bewusst. Eine Untersuchung des Umweltbundesamtes hat gezeigt, dass viele DAX-Unternehmen die Risiken des Klimawandels unterschätzen. Hingegen überschätzen sie die Risiken für ihr Geschäft infolge einer wirksamen Klimaschutzpolitik.[43]

Punkt 8 beleuchtet auch die Rolle der Technologie im Klimaschutz. Technologischer Wandel allein sei nicht hinreichend, um die Treibhausgasausstöße dauerhaft zu senken. Es habe in der Vergangenheit zwar große Fortschritte durch neue Technologien gegeben, weil Produkte mit weniger Ressourcenverbrauch und weniger Emissionen hergestellt werden konnten. Aber in der Summe seien die Emissionen nicht gesunken. Ganz einfach, weil zwar pro Produkt weniger Rohstoffe verbraucht und weniger Emissionen ausgestoßen werden, aber in der gleichen Zeit viel mehr von diesen Produkten auf den Markt gekommen sind. Damit sind die sogenannten Effizienzgewinne, also die Gewinne durch effizienteren Energieeinsatz pro Stück, pro Produkt allein durch die hohe Stückzahl wieder wettgemacht. In der Fachsprache nennt man das den *Rebound-Effekt*. Kurz gesagt: Es hat nichts gebracht. Spritsparende Autos bringen dem Klimaschutz nichts, wenn dann doppelt so viele davon auf den Straßen fahren wie vorher. Deswegen ist technischer Fortschritt allein nicht hinreichend, so die Autoren. Sondern es sei auch ein dramatischer Wechsel im Verhalten erforderlich. Bei diesem Verhaltenswechsel sollten die Länder mit hohem Einkommen vorangehen. Womit wir wieder beim Anfang wären. Es ist Zeit für neue Wirtschafts- und Wohlstandskonzepte, die ohne die Bedingungen eines permanenten Wirtschaftswachstums auskommen. So etwas beginnt immer im Kopf!

Top 9: Städte müssen elektrifiziert werden

Strom ist die Energieart der Zukunft. Denn Strom kann erzeugt werden, ohne dass neue Treibhausgase entstehen. Wo man früher Straßen baute, um Regionen zu »erschließen«, legt man heute Kabelleitungen. Früher begann wirtschaftliche Entwicklung mit Planierraupen, heute mit Übertragungsmasten. Elektrizität ist zentral für eine klimafreundliche Energieversorgung.

In Punkt 9 verknüpfen die Autoren die Bekämpfung des Klimawandels mit den *Nachhaltigkeitszielen* der Vereinten Nationen. Diese *Sustainable Development Goals* (SDGs) beschreiben seit 2015 die globale Vision der Vereinten Nationen für eine bessere Zukunft.[44] Sie bestehen aus 17 konkreten Einzelzielen. Darunter unter anderem »Keine Armut«, »Kein Hunger«, »Gesundheit und Wohlergehen«, »Hochwertige Bildung«, »Geschlechtergleichheit« und so weiter. Ziel Nr. 13 heißt »Maßnahmen zum Klimaschutz«. Durch die Versorgung der Städte mit Strom aus erneuerbaren Energien sei die Chance gegeben, gleich mehrere UN-Nachhaltigkeitsziele auf einmal zu erreichen, heißt es in Punkt 9 des Berichts. Denn bis heute sind rund eine Milliarde Menschen in den Städten ohne Strom. Durch eine dezentrale, saubere Energieversorgung hätten diese Menschen nicht nur elektrische Energie, sondern gleichermaßen mit dieser auch Zugang zu Bildung, Beruf und einem besseren Leben.

Die Autoren werfen den Blick besonders auf die Städte im globalen Süden, die schnell wachsen. Durch ausreichend Strom könnte der Verkehr batteriebetrieben laufen, die Öfen zum Kochen elektrisch betrieben werden und Wärmepumpen die Gebäude mit Strom heizen. In der Summe würde das eine riesige Einsparung an Emissionen bewirken, denn Öl, Gas und Kohle würden nicht mehr benötigt. Gleichzeitig würde sich die Umwelt erholen und die Gesundheit der Menschen sich verbessern, da die Abgase, die Verunreinigungen und der Abbau und Transport der Energieträger wegfielen. Strom in den Städten würde daher weitere Nachhaltigkeitsziele wie »Keine Armut«, »Gesundheit und Wohlergehen« und auch »Hochwertige Bildung« erreichen helfen. Voraussetzung sei, so die Autoren, dass die Bürger dezentrale Energiesysteme nutzen können. Das würde ihre Abhängigkeit von großen zentralen meist privaten Energieversorgern, die oft global tätige Unternehmen sind, beenden.

Allerdings, das betonen auch die Wissenschaftlerinnen, benötigt eine weitgehend vollständige Umstellung der Energieversorgung der Städte auf Strom eine ganz neue Denk- und Planweise. Denn man braucht nicht nur genügend Windparks und Fotovoltaikanlagen, die natürlich alle auch dezentral in kleineren Einheiten errichtet werden könnten. Sondern man braucht ein einheitliches Design. Einen gesamten Entwurf für die Städte der Zukunft, der alle Einzelteile dieser Umstellung mitberücksichtigt. Dazu sind einmal die intelligenten Stromnetze, die *Smart-Grids,* unerlässlich. Sie transportieren Energie und Daten, werden zentral gesteuert, durch Informations- und Kommunikationstechnologien aufeinander abgestimmt und können Stromspitzen abfangen oder noch besser, Schwankungen in der Verfügbarkeit des erneuerbar erzeugten Stroms ausgleichen. »Durch intelligente Vernetzung, [Energie-]Lastmanagement und Nachfrageflexibilisierung können somit eine effiziente Nutzung und Integration der erneuerbaren Energien sowie eine Optimierung der Netzauslastung erreicht werden.«[45] Denn erneuerbare Energien unterliegen Schwankungen: ohne Wind und Sonnenschein wenig erneuerbarer Strom.

Smart-Grids steuern etwa in Dunkelflauten den Strom und können einen sparsamen Einsatz bewirken. Denn ohne einen effizienten Einsatz des Stroms wird es nicht gehen. Wir können nicht beliebig viel Strom produzieren. Auch wenn die Sonne natürlich beliebig viel Energie auf die Erde schickt. Wind ist auch Sonnenenergie, er entsteht durch Temperaturunterschiede in der Luft. Allerdings haben wir nur begrenzte Flächen zur Verfügung. »Bei der Windenergie reichen die heute verfügbaren Flächen nicht aus, um den zukünftigen

Bedarf zu decken«, so eine Studie vom Herbst 2019 über die Situation in Deutschland.[46] Für Fotovoltaik, also Strom aus Sonnenenergie, so die Studie, stehe hingegen grundsätzlich mehr Fläche als benötigt zur Verfügung. Aber auch die Aufstellung der Solaranlagen muss gut überlegt sein. Wir dürfen nicht freie Grünflächen damit belegen, denn diese werden für die Ökosystemdienstleistungen gebraucht. Wir müssen die Solaranlagen auf bebauten Flächen installieren, auf Dächern, Parkplätzen und öffentlichen Gebäuden. Auch das gehört zum klugen Planen: Flächen schonen für die Natur und bebaute Flächen doppelt nutzen! Außerdem bietet sich die dezentrale Versorgung an. Statt riesengroße Parks von Solar- und Windkraftanlagen, sollte es immer mehr kleinere Windräder geben, die sich Eigentümer oder Vermieter auf das Dach setzen lassen, wie es jetzt schon bei Solaranlagen üblich ist.

Die Nachfrage nach Strom muss also auch durch unser Verhalten, durch eine kluge Planung und auch ökonomisch, durch entsprechende Preissignale, gesteuert werden. Da sind wir wieder beim CO_2-Preis. Denn es muss sich eben lohnen, in neue Strukturen zu investieren. Die fallen nicht vom Himmel und investiert wird nur da, wo es auch Geld zu verdienen gibt. Durch den CO_2-Preis werden Investitionen in erneuerbare Energien im Vergleich zu solchen in fossile Energien gewinnbringend. Die Bundesregierung hat verschiedene Politikmaßnahmen und Förderprogramme aufgelegt, um die Entwicklung hin zu mehr erneuerbarer Energie in unserer gesamten Energieversorgung voranzutreiben. Hier ein paar Beispiele wie deutsche Politik die Elektrifizierung voranbringt:

Das Erneuerbare-Energien-Gesetz (EEG), aus dem Jahr 2000 ist als Markteinführungshilfe gedacht. Es löste das seit 1991 geltende Stromeinspeisungsgesetz ab. Förderungsfähig sind Anlagen zur Gewinnung von Windenergie, Solarenergie, Erdwärme und bis zu einer gewissen Größe der Anlage auch Biomasse. Die Förderdauer beträgt in der Regel 20 Jahre. Zu einem Zeitpunkt als die erneuerbaren Energien noch nicht konkurrenzfähig am Markt waren, weil zu teuer, wurden sie durch eine feste Vergütung, also Bezahlung bei Einspeisung ins Netz, für die Erzeuger gefördert. Das Geld bekamen Großerzeuger, wie Windanlagenbetreiber, genauso wie Kleinerzeuger, etwa Bürgerparks oder Hausbesitzer mit eigener Fotovoltaik-Anlage. Das EEG wurde seitdem immer wieder vom Gesetzgeber angepasst. Die erneuerbaren Energien haben heute einen Anteil von 45 Prozent am deutschen Stromverbrauch. Durch den weltweiten Ausbau der Solarenergie sind die Kosten für Solarmodule in den letzten zehn Jahren im globalen Durchschnitt um 80 Prozent gefallen. Das ist, darin sind sich die Wissenschaftlerinnen einig, ein Verdienst des deutschen EEG, das in vielen Ländern kopiert wurde.

Deutschland will seine Energieversorgung soweit es geht von fossilen Energieträgern wie Kohle, Gas und Öl unabhängig machen. Es will die Energieversorgung *dekarbonisieren* oder auch *»ent-kohlenstoff-isieren«*. Das heißt, von Kohlenstoff, der in den fossilen Energieträgern enthalten ist und bei der Verbrennung zu Kohlendioxid wird, völlig zu befreien. Dekarbonisierung ist daher die Umstellung auf eine von fossilen Brennstoffen unabhängige Wirtschaft, Gesellschaft oder Energieversorgung. Dafür spielt die elektrische Energie eine absolute Schlüsselrolle. Sie soll Wärmeenergie (Heizstoffe) und Treibstoffe ersetzen. Die Bundesregierung bezeichnet die Vernetzung des Stromsektors (einem Teil der Energiewirtschaft) mit den Sektoren Industrie, Verkehr und Gebäude auch als *Sektorkopplung*. Um diese Vernetzung zu ermöglichen, fördert die Bundesregierung die sogenannten *Power-to-X*-Technologien. Dabei spielt Wasserstoff eine Hauptrolle (für mehr Details siehe dazu Infobox *Power-to-X-Technologien*).

Power-to-X-Technologien (PtX)

Die PtX-Technologien machen aus erneuerbar erzeugtem Strom erst Wasserstoff und dann weitere Treib-, Kraft- und Grundstoffe.

- *Power* = grüner Strom
- *to* = mithilfe von Wasserstoff
- *X* = verschiedene gasförmige und flüssige Stoffe, die beim Einsatz CO_2 einsparen oder ganz vermeiden helfen

Schritt 1: Wasserstoff wird mithilfe erneuerbarer Energie durch die Spaltung von Wasser hergestellt (Elektrolyse). Ergebnis → *grüner* Wasserstoff

Heute wird Wasserstoff vielfach noch durch die Spaltung von Erdgas erzeugt. Dabei wird aber CO_2 frei. Ergebnis → *brauner* Wasserstoff

Schritt 2: Grüner Wasserstoff, H_2, reagiert mit CO_2 und weiteren Ausgangsstoffen zu neuen Produkten (X).

Dazu zählen die synthetischen Kraftstoffe, *E-Fuels* genannt. Sie stammen nicht aus Erdöl, können aber wie ölbasierte Treibstoffe, etwa Benzin und Diesel, in Verbrennungsmotoren verwendet werden.

Die Versuchung ist groß, Verbrennungsmotoren und alte Industrien »grün anzumalen«, indem sie *E-Fuels* benutzen. Aber die Herstellung dieser Kraftstoffe ist sehr energieaufwendig und kostspielig. Die Bundesregierung spricht sich dafür aus, sie nur dort einzusetzen, wo es keine emissionsarmen Alternativen gibt.

Das gleiche gilt für die Verwendung von Wasserstoff. Auch er ist nur kostspielig herzustellen, da bisher nicht genügend erneuerbare Energiequellen verfügbar sind. Er ist aber unerlässlich, um etwa die Stahlindustrie zu *dekarbonisieren*.

Power-to-X-Technologien sollen helfen, die Klimaziele zu erreichen. Sie sollen dort CO_2 einsparen, wo es heute noch besonders schwierig ist.

- See-, Luft-, und Lkw-Verkehr
- Stahl-, Zement-, Grundstoffindustrie

Um diese PtX-Technologien ausreichend nutzen zu können, ist sehr viel erneuerbar erzeugter Strom und Wasserstoff notwendig!

Eine stark diskutierte Frage in diesem Zusammenhang: Sollen auch Pkw mit Wasserstoff, H_2, fahren (Brennstoffzellenantrieb)? Für Pkw gibt es den alternativen Antrieb mit Batterien (Elektroautos), der aber für Lkw nicht geeignet ist. Daher möchte die Bundesregierung H_2 bevorzugt dort (Lkw, Schiffe) einsetzen, wo es sonst keine Alternativen gibt.

Top 10: Klimaschützer ziehen immer öfter vor Gericht

Immer häufiger gehen Menschen vor Gericht, um Klimaschutz einzufordern. Dabei können die Kläger entweder als Einzelperson auftreten oder auch gemeinsam mit Umweltschutzorganisationen, die entweder die Kläger beraten oder gleich mitklagen. Die Angeklagten sind entweder Regierungen oder auch Unternehmen, die hohe CO_2-Emissionen verursachen. In den letzten Jahren sind solche Klagen immer häufiger erfolgreich gewesen und haben die Regierungen dazu »verdonnert« ihre nationale Klimaschutzpolitik nachzubessern. So reichte die niederländische Umweltstiftung *Urgenda* Klage gegen die niederländische Regierung ein, weil diese nicht genügend für den Klimaschutz tue und daher die Bevölkerung gefährde. Wenn man bedenkt, dass die Niederlande mit einem Viertel ihres Landes unterhalb des Meeresspiegels liegen und mit einer Hälfte nur knapp darüber, ist die Erwärmung und der daraus folgende steigende Meeresspiegel eine direkte Lebensgefahr. Im Jahr 2015 entschied ein Den Haager Gericht, dass der Staat künftig seine Emissionen stärker senken muss.

Im Jahr 2019 hat Greta Thunberg mit 15 anderen Kindern und Jugendlichen eine offizielle Beschwerde beim Kinderrechtsausschuss der Vereinten Nationen eingereicht. Sie werfen Staaten, darunter auch Deutschland, vor, zu wenig gegen den Klimawandel zu tun, und damit gegen die UN-Kinderrechtskonvention zu verstoßen. Denn der fortschreitende Klimawandel werde verheerende Auswirkungen auf ihre Zukunft und die aller anderen Kinder haben. Die Klage wurde während des UN-Klimagipfels 2019 in New York bekannt gegeben und die Bilder der Pressekonferenz der jungen Klägerinnen und Kläger wurden weltweit gezeigt und in den Nachrichten erwähnt. Das allein wäre ein Erfolg für die Sache des Klimaschutzes, selbst wenn diese Klagen letzten Endes keine direkten rechtlichen Konsequenzen haben würden. Das Bild von David gegen Goliath drängt sich auf und führt der Weltöffentlichkeit einen ganz neuen Aspekt der Klimakrise vor Augen: den Aspekt der Generationengerechtigkeit.

Wie es in der Rechtsprechung üblich ist, beziehen sich Urteile und auch Klageschriften aufeinander. Das heißt, dass ein erfolgreiches Urteil für den Klimaschutz zur Begründung in anderen Fällen herangezogen werden kann. Die Autoren gehen davon aus, dass das in Zukunft zu einer kritischen Masse im Kampf gegen den Klimawandel werden könnte. Was Regierungen und Parlamente versäumen, würden immer mehr Gerichte erledigen. Wenn zwei versagen, muss es einer richten: die Gerichte. Das ist der Sinn von Gewaltenteilung.

In Demokratien hat sich die Teilung der drei Gewalten Rechtsprechung (Gerichte, Judikative, in Deutschland gehört dazu auch das Bundesverfassungsgericht), Gesetzgebung (Parlament, Legislative, in Deutschland Bundestag und Bundesrat) und vollziehende Gewalt (Regierung, Exekutive, in Deutschland die Regierung und ihre Behörden) sehr bewährt. So wird Machtkonzentration und Missbrauch vorgebeugt. In der Vergangenheit haben Regierungen zwar viele Absichtserklärungen zur Emissionsminderung und Klimaschutzpläne vorgelegt, sie aber immer wieder anderen kurzfristigen Politikzielen geopfert. Auch Parlamente haben versagt, wenn sie nicht auf gute Klimaschutzpolitik achteten. Denn ihre Aufgabe ist es, die Regierung zu kontrollieren. So konnten Gerichte zu einer Speerspitze für den Klimaschutz werden, weil die anderen »Werkzeuge« einfach zu stumpf waren, auch in Deutschland.

Hier verkündete das Bundesverfassungsgericht im März 2021 ein historisches Urteil, das die künftige Ausrichtung der deutschen Klimapolitik mitbestimmen wird. Ein Urteil, das sich in den Jahren zuvor bereits angedeutet hatte.

Herbst 2019 bis Frühjahr 2021:
Im Jahr 2019 weist das Verwaltungsgericht in Berlin eine Klage dreier Bio-Landwirte ab. Die drei Familien aus der Lausitz, Niedersachsen und von der Insel Pellworm haben gegen die Bundesregierung geklagt. Ihre Argumentation ist, dass durch die mit dem Klimawandel einhergehenden Wetterveränderungen ihre bäuerlichen Existenzen zunehmend gefährdet seien. Die Regierung aber zu wenig tue, um den Klimawandel abzuschwächen. Das Gericht sieht zu dem Zeitpunkt jedoch noch keine »Grundlage, aus der sich eine Pflicht der Bundesregierung zum geforderten Handeln ergebe«.[47]
Nur zwei Monate später tritt das neue Bundes-Klimaschutzgesetz (KSG) in Kraft. Ab dem Zeitpunkt ist das nationale Klimaziel Deutschlands in ein Gesetz gegossen und konkrete Maßnahmen sind vorgeschrieben. Jetzt gibt es also eine Grundlage, aus der sich die Pflicht der Bundesregierung zum Handeln ergibt. Darauf können sich die Klägerinnen und Kläger und auch die Gerichte künftig beziehen. Ein Eigentor für die Bundesregierung oder ein Elfmeter für die nächste Generation?

Kurz darauf reichen neun junge Menschen, darunter wieder Angehörige der gleichen Bio-Landwirte, eine Klage vor dem Bundesverfassungsgericht ein. Sie sehen ihre Grundrechte durch das aus ihren Augen unzureichende Bundes-Klimaschutzgesetz verletzt. Für Grundrechtsklagen ist das Bundesverfassungsgericht zuständig.

Im März 2021 ergeht dann ein historisches Urteil, das diesen Namen wirklich verdient![48] Die Verfassungsbeschwerden haben in Teilen Erfolg (nur in Teilen, weil die Anklageschrift aus vielen Unterpunkten bestand).

Historisch ist es zum einen, weil die Bundesregierung vom eigenen obersten Gericht aufgefordert wird, mehr für den Klimaschutz zu tun. Historisch ist aber auch die Begründung des Gerichts. Die Grundrechte der Klägerinnen seien verletzt, weil deren grundrechtlich geschützte Freiheit gefährdet ist! Die Argumentation ist folgende: Die Bundesregierung gefährdet die Freiheit der vor allem sehr jungen Beschwerdeführer, weil die Regierung es versäumt, die Treibhausgase schnell genug zu senken. Dadurch wird der kommenden Generation in besonderem Maße aber auch allen anderen Menschen ab dem Jahr 2030 eine so hohe Last aufgebürdet, die Emissionen drastisch zu senken (weil nur noch so wenig Zeit bleibt), dass die Freiheitsrechte eingeschränkt werden müssten. Zitat aus der Begründung: »Der Gesetzgeber hätte Vorkehrungen zur Gewährleistung eines freiheitsschonenden Übergangs in die Klimaneutralität treffen müssen, an denen es bislang fehlt.«[49] Das ist eine schallende Ohrfeige für die deutsche Klimapolitik der letzten Jahre und Jahrzehnte.

Das ist genau der Punkt, den die jungen Menschen von Fridays for Future betonen: Das heutige Abwiegeln und Abwarten verkleinert ihren zukünftigen Gestaltungsspielraum. Später müssten die Emissionen so schnell sinken, dass sie, die jungen Menschen, weniger Alternativen und weniger Freiheitsgrade hätten als die heutige Generation. Oder die Treibhausgase müssten mit Entnahmetechnologien aktiv aus der Luft herausgeholt werden, deren langfristige Nebenwirkungen noch unbekannt sind. Im Frühjahr 2021 kam schließlich noch Verstärkung aus den Niederlanden. Ein Gericht in Den Haag verkündete, dass der britisch-niederländische Ölkonzern Shell seinen CO_2-Ausstoß bis 2030 deutlich reduzieren muss – um 45 Prozent im Vergleich zu 1990. Dieses Urteil gegen einen globalen Energieriesen wird sicherlich weitere nach sich ziehen. Eine Klageflut gegen Klimasünder aus der Wirtschaft könnte anrollen. Das würde ebenfalls zum Erreichen der kritischen Masse beitragen, um Klimaschutz weltweit voranzubringen. Das ist eine der guten Nachrichten!

Das sind die Top Ten der Klimawissenschaft, die die Spitze der internationalen Klimaforschung zu Beginn 2021 vorgestellt hat. Peter Schlosser, Co-Vorsitzender der *Earth-League*, einer der drei am Bericht beteiligten Forschungsverbünde, stellt darin außerdem fest: »Angesichts der Dringlichkeit Emissionen zu reduzieren und unsere Atmosphäre vor einer Überhitzung zu bewahren, ist es unabdingbar, dass die neuesten Erkenntnisse aus der Forschung in die Entscheidungsprozesse miteinbezogen werden.«[50] Ich gehe davon aus, dass er die Entscheidungsprozesse auf der politischen und wirtschaftlichen Ebene meint. Aber was ist mit den vielen Entscheidungsprozessen, die Sie und ich im täglichen Leben führen? Das ist das Anliegen dieses Buches. Es geht nicht um die Politiker oder Managerinnen, die sich mit diesen Themen sowieso von Berufs wegen auseinandersetzen. Es geht um alle anderen. Nur wenn wir alle verstehen, was hier gerade passiert und wie wir das abwenden können, und noch besser, wie wir daraus etwas Positives entwickeln können, dann klappt das auch. Nur dann gelingt Klimaschutz.

KAPITEL 2

Europäische Klimapolitik

»Den europäischen Grünen Deal schulden wir unseren Kindern, davon bin ich überzeugt. Denn wir besitzen diesen Planeten nicht. Wir haben nur für eine bestimmte Zeit die Verantwortung und nun ist es Zeit zu handeln.«

EU-Kommissionspräsidentin Ursula von der Leyen[51]

Europas großer Bruder: die USA

Beginnen wir mit einem Blick über den großen Teich. Warum? Weil mehr für Klimaschutz erreicht wird, wenn europäische und US-Klimapolitik zusammenpassen. Im Jahr 2021, dem Beginn des entscheidenden Jahrzehnts, sieht es ganz danach aus. Denn die Amerikaner sind auf dem Weg einen echten Richtungswechsel zu vollziehen.

20. Januar 2021:
Der neue US-Präsident Joe Biden wird um 12 Uhr mittags vor der Kulisse des Kapitols in Washington D.C. in sein Amt eingeführt.

Wenige Stunden später sitzt er im berühmten Amtszimmer des US-Präsidenten, dem *Oval Office*, an seinem Schreibtisch und unterzeichnet ein Schreiben, mit dem er die Rückkehr der USA zum Pariser Klimaabkommen bestätigt. Außerdem setzt er Projekte zur Gas- und Ölerschließung in einem Naturschutzgebiet in Alaska aus.

Die Botschaft ist klar: Klimapolitik steht künftig und ehrlicherweise zum ersten Mal in der US-Geschichte ganz oben auf der Agenda. Die USA möchten außerdem den Kampf gegen den Klimawandel international abgestimmt führen.

Im Corona-Jahr 2020 hat auch die US-Wirtschaft Federn gelassen, um es einmal weich zu formulieren. Laut OECD Statistik brach die Wirtschaftsleistung gemessen am Bruttoinlandsprodukt um 3,5 Prozent ein.[52] Wie für Deutschland auch ist es das erste Minus im jährlichen Wirtschaftswachstum seit der Finanzkrise 2008.

Die Politik des Demokraten Biden unterscheidet sich äußerlich wie innerlich von der seines Amtsvorgängers Donald Trump. Biden ist höflich im Auftreten und bereit zum Austausch. Er möchte mehr staatliche Investitionen und damit politische Planung für das Land. Das ist ein gewaltiger Schritt weg von der fast zur Staatsdoktrin erklärten Politik, alles der Privatwirtschaft zu überlassen. Die soll es angeblich besser können. Das ist zumindest das Glaubensbekenntnis der republikanischen und neoliberalen Wirtschaftstheorie. Privat vor Staat.

Biden als Demokrat rückt so entschieden wie noch nie davon ab. Er nimmt viel Geld in die Hand, um öffentliche Projekte zu finanzieren. Dabei wird ein Teil dieser Investitionen bereitgestellt, um die amerikanische Wirtschaft zu einer emissionsarmen, klimaneutralen umzubauen. Im Frühjahr 2021 legte er drei Finanzpakete vor, die insgesamt eine unfassbare Summe von knapp 6 Billionen US-Dollar umfassen: Das erste Paket ist das Corona-Wiederaufbauprogramm mit einem Volumen von 1,9 Billionen US-Dollar, das zweite das Infrastrukturprogramm mit einem Volumen von 2,2 Billionen US-Dollar, und das dritte ein Familienpaket mit einem Volumen von 1,8 Billionen US-Dollar. An den drei Paketen wird deutlich, wie die US-Regierung künftig Wirtschafts-, Umwelt- und Sozialpolitik miteinander verknüpfen möchte.

Das Corona-Wiederaufbauprogramm, *American Rescue Plan*[53], hat eine andere Aufgabe als das Corona-Hilfsprogramm, das schon ein Jahr zuvor unter US-Präsident Trump verabschiedet wurde. Beim Wiederaufbau geht es darum, Kräfte zu mobilisieren, die mit Unterstützung, einer Art Starthilfe, dann selbst in Fahrt kommen. Die Hilfen sollen die Schwächeren erreichen oder die, die sonst gerne mal übersehen werden: Vor allem kleine Betriebe und Bürger und Bürgerinnen mit kleinen und mittleren Einkommen profitieren davon. Der Mindestlohn erhöht sich deutlich auf 15 US-Dollar pro Stunde – das sind umgerechnet 12,50 Euro – und es gibt mehr Geld für Schulen, Kindergärten und Kommunen.

Das zweite Paket, der *American Jobs Plan*[54], sieht Investitionen in die Infrastruktur des Landes vor. Mit diesem Aufbauprogramm will die Regierung Millionen neuer Jobs schaffen und das Land für den Wettbewerb mit China stark machen. China ist die Messlatte, die übersprungen werden muss. »Der Plan des Präsidenten wird das Land einigen und mobilisieren, um die großen Herausforderungen unserer Zeit anzugehen: die Klimakrise und die Ambitionen eines autokratischen Chinas.«[55]

Amerikaner lieben Wettbewerb. Wenn dieser Wettbewerb dem Klimaschutz zugutekäme, hätte die ganze Welt etwas davon. Neben diesem typisch amerikanischen Anreiz sind die genannten Einzelmaßnahmen teilweise überraschend unamerikanisch. Die Infrastruktur soll auf den neuesten Stand gebracht werden. Aber jetzt geht es um das Schienennetz und den öffentliche Personennahverkehr, also nicht mehr um den Individualverkehr, sondern um Verkehrsmittel, die auch gut für den Klimaschutz sind. Das passt nicht zum Turboindividualismus à la USA. Auch an anderer Stelle kommen nun andere Werte zutage. Die Wasser- und Bodenressourcen sollen geschützt werden: »Präsident Bidens Plan wird die naturbasierte Infrastruktur – das sind unsere Böden, unsere Wälder, Moore und Sümpfe und unsere Küsten und Wasservorräte – schützen und wo nötig wiederherstellen.«[56]

Nicht mehr nur ausbeuten, ausbaggern, in Besitz nehmen, erobern, gegen die Natur kämpfen, sondern das Gegenteil! *Wiederherstellen*! Sich etwa zurückziehen? Natur wieder mehr Raum geben? Wir lesen das mit Erstaunen. Das könnte zweierlei bedeuten: Die US-Regierung hat verstanden, dass der sich verschärfende Klimawandel letzten Endes auch schlecht für ihr Land ist. Sie hat zweitens verstanden, dass Klimaschutz ein neues Wirtschaftsfeld ist, in dem viel Geld zu verdienen ist und durch das viele neue Jobs entstehen können. Jobs, die in den alten Branchen wegfallen. So zielen andere Punkte des Pakets auf den Ausbau der Elektromobilität samt Ladestationen, sowie die saubere Stromerzeugung mit erneuerbaren Energien, Wasserstoff und auch Atomkraft.

Bleibt noch das dritte Paket, der *Plan for American Families*[57]. Er richtet sich, wie der Namen schon sagt, vor allem an Familien mit

Kindern und niedrigem Einkommen. Die weiterführende Bildung soll für alle erschwinglich sein und die Angebote in der Kranken- und Arbeitslosenversicherung sollen verbessert werden.

Biden greift tief in den staatlichen Geldbeutel. Ganz untypisch amerikanisch geht es um öffentliche Daseinsvorsorge und darum, Gemeingüter und Infrastrukturen zu finanzieren, die alle benutzen, unabhängig vom Geldbeutel. Das ist eine Abkehr von der Erzählung vom amerikanischen Traum und der *Do-it-yourself*-Mentalität. Sind das Hinweise dafür, dass man Klimaschutz nicht nur mit Wirtschafts- sondern auch mit Sozialpolitik zusammendenken muss? Da das alles eine neue Erzählung über und für Amerika ist, muss Biden es besonders gut verkaufen.

Die Amerikaner haben ein Händchen fürs Verkaufen und Geschichtenerzählen, das kann man von ihnen lernen. In seiner ersten Rede vor dem Kongress am 29.4.2021, dem Vorabend vor seinem 100. Tag im Amt, sprach Biden davon, dass Amerika bereit sei »zum Abheben« und dass die Billionenausgaben wichtig seien, um »den Wettbewerb um die Zukunft zu gewinnen«.[58] Da ist sie wieder die Bildersprache des amerikanischen Traums. Nur etwas umgedeutet: Nicht allein kommt man an die Spitze, sondern mit der Geldspritze.

Interessant ist auch die Zielsetzung, die in den Mitteilungen des Weißen Hauses genannt wird. Tatsächlich heißt es im Vorwort zum Familienplan: »*We need to build a stronger economy that does not leave anyone behind – we need to build back better.*«[59] Übersetzt: Wir brauchen eine starke Wirtschaft, die niemanden zurücklässt – wir müssen besser werden, als wir vorher waren. Der Slogan »*leaving no one behind*« ist genau die Sprache der Europäischen Kommission, wenn es um den Umbau der Gesellschaften hin zu einer emissionsarmen Lebens- und Wirtschaftsweise geht. Haben die US-Amerikaner dieses Mal von den Europäern abgekupfert? Haben sie wieder zurück über den Teich zu uns geschaut, weil wir Europäer Klimaschutz schon länger auf dem Schirm haben? Es wäre möglich. Es wäre außerdem sinnvoll, diesen europäischen Vorsprung im Klimaschutz gegenüber der Welt noch auszubauen. Wir sind im Moment auf einem guten Weg, genau das zu tun.

Der europäische Weg

Im Sommer 2019 stellte sich eine Frau zum ersten Mal in der Geschichte der Europäischen Kommission als deren Präsidentin zur Wahl. Es ist die deutsche CDU-Politikerin Ursula von der Leyen.

Juli 2019:
»*We have to do it the European way*«, sagt Ursula von der Leyen, in ihrer erstaunlichen Bewerbungsrede im europäischen Parlament in Straßburg.[60] Erstaunlich deshalb, weil sie als Vertreterin der europäischen Fraktion der Christdemokraten (Fraktion der Europäischen Volkspartei, EVP) eine Rede wie eine grüne Revolutionärin hält. Ich bezweifle, dass Politikerinnen der grünen Parteien mehr für Klimaschutz gefordert hätten als von der Leyen.

Schon in den ersten Minuten ihrer Rede kommt sie auf den Klimawandel zu sprechen. Die dringendste Aufgabe sei es, unseren Planeten gesund zu halten, dass sei Verantwortung und Chance gleichermaßen. »Ich möchte, dass Europa der erste klimaneutrale Kontinent der Welt im Jahr 2050 sein wird.«[61] In diesem Takt geht es weiter. Sie verspricht einen *Green Deal* für Europa, einen grünen Vertrag, ein erstes europäisches Klimagesetz und nachhaltige Finanzierungsmöglichkeiten, also Geldanlagen, die mit Klimaschutz vereinbar sind. Sie möchte, dass Emissionen einen Preis bekommen, hoch genug, damit wir unser Verhalten verändern und künftig Treibhausgase einsparen wollen.

Sie erhält gleich im ersten Wahlgang knapp die absolute Mehrheit und ist für die nächsten fünf Jahre an die Spitze der Europäischen Union gewählt.

Auf die Worte folgen Taten. Am 11. Dezember 2019, nur wenige Tage nach der Übernahme ihrer Präsidentschaft, verkündete sie in Brüssel den europäischen *Green Deal*, der Vision, Fahrplan und Konzept zugleich ist. Er beinhaltet die Vision von einem klimaneutralen Kontinent Europa im Jahr 2050. Er ist ein Fahrplan hin zu diesem Ziel, mit Meilensteinen und Zwischenzielen, die auf dem Weg dorthin erreicht werden sollen. Zum Beispiel das Europäische Klimagesetz und das neue 2030-Klimaziel der Europäischen Union. Bisher galt ein EU-weites Reduktionsziel von 40 Prozent weniger Treibhausausstoß bis 2030 gegenüber dem Referenzjahr 1990. Ende 2020 wurde es angehoben auf mindestens 55 Prozent weniger.

Allein diese Anhebung des Reduktionsziels wird weitere gesetzgeberische Maßnahmen in der EU-Klimapolitik nach sich ziehen. Die Vorschriften im europäischen *Green Deal* betreffen Regeln für ganze Wirtschaftsbereiche oder einzelne Produktionsprozesse. So geht es um eine neue Strategie, um die Artenvielfalt zu schützen, die Entwaldung zu stoppen, den Pestizideinsatz in der Landwirtschaft zu verringern, Abfälle zu vermeiden, die Wiederverwertbarkeitsquote von Rohstoffen und seltenen Metallen zu erhöhen, Regelungen für die Aufstellung von Windanlagen im Meer oder die klimaneutrale Stahlerzeugung zu fördern und so weiter und so fort. Alle diese Themen gehören zum Klimaschutz, denn sie alle helfen, Treibhausgase einzusparen, Natur zu erhalten und neue emissionsarme Verfahren, Technologien und Lebensweisen einzuführen.

Zum Schluss ist der europäische *Green Deal* auch ein Konzept für eine Wirtschaft, die zwar weiterhin Wohlstand schafft, aber ohne die Lebensgrundlagen zu zerstören. Frau von der Leyen drückte es höflicher aus. Ziel sei es, die Wirtschaft mit dem Planeten zu versöhnen. Dazu sind neue Konzepte nötig. Denn bisher ist Wirtschaftswachstum immer auf Kosten der natürlichen Ressourcen entstanden. Nun brauchen wir neue Konzepte für die Wirtschaft, wie etwa die Kreislaufwirtschaft, die Rohstoffe wiederverwertet, Abfall vermeidet und somit die Umwelt schont.

Ein weiterer Punkt kann den europäischen *Green Deal* zu einem Fahrplan in eine bessere Zukunft machen. Denn von der Leyen hat von Anfang an ihre Vision vom klimaneutralen Planeten mit Sozialpolitik verknüpft. »Was gut ist für unsere Planeten muss auch gut für die Menschen und die Regionen sein.«[62] Sie sprach damals wie heute von einem gerechten Übergang (*just transition*) hin zu einer klimaneutralen oder klimafreundlichen Wirtschaftsweise. Gerecht, in dem Sinne, dass alle Menschen in Europa davon nutznießen können. Dass es keine Regionen gibt, die abgehängt werden, weil sie dieses Tempo der Umstellung nicht mitgehen können. Und sie wählte dafür genau die Worte, die fast zwei Jahre später vom neuen US-Präsident Biden übernommen werden würden, als sie forderte, dass Europa zielstrebig darin sein muss, diesen Übergang zu schaffen und niemanden dabei zurücklassen darf, »*we leave nobody behind*«. Im April 2021 sprach dann US-Präsident Biden ebenfalls von einer »*stronger economy – that does not leave anyone behind.*«[63] Schön, dass sich Europa und die USA wieder einig sind – zumindest in diesem Punkt.

Die EU-Kommission treibt die Umsetzung des *Green Deals* trotz des Corona-Jahrs 2020 und danach weiter voran. Sie setzte den Fonds für einen gerechten Übergang ein, den *Just Transition Fund.* Er soll genau das sicherstellen: dass keine Region in Europa zurückgelassen wird. Aus diesem Geldtopf der EU sollen von 2021 bis 2027 100 Milliarden Euro in die vom Strukturwandel besonders betroffenen Regionen fließen – auch in die deutschen Kohleregionen. Heute gibt es in Deutschland noch drei aktive Kohlereviere: das »Rheinische Revier« westlich von Köln (drei Tagebaue), das »Lausitzer Revier« in Südbrandenburg und Ostsachsen (vier Tagebaue) und das »Mitteldeutsche Revier« im südlichen Sachsen-Anhalt und Nordsachsen (drei Tagebaue).[64]

Die Regionen, die noch einen weiteren Weg zu einer emissionsarmen Wirtschaft gehen müssen als andere, weil sie heute noch von Kohle oder CO_2-intenisven Industrien abhängig sind, dürfen nicht die Verlierer dieses Wandels werden. Das ist die Erzählung, die alle Menschen in Europa erreichen soll: Wir brauchen eine klimaneutrale Wirtschaft, eine energiesparende Lebensweise und emissionsarmes Reiseverhalten. Dieser Wandel erfordert Investitionen in neue Technologien, in neue Strukturen und er erfordert vor allem, dass die Menschen bereit sind, diese Veränderungen mitzugehen und mitzugestalten.

Hier vereinen sich europäische und US-amerikanische Klimapolitik seit Biden: Klimapolitik braucht Vorfahrt und gehört in den Rang von Wirtschaftspolitik. Ihre Maßnahmen müssen sozial ausgewogen sein. Nur so gelingt Klimaschutz.

Ein Meilenstein: das Europäische Klimagesetz

Den *Green Deal* hat Ursula von der Leyen am 11. Dezember 2019 vorgestellt. Genau ein Jahr später am 11. Dezember 2020 einigte sich der Europäische Rat, also die europäischen Staats- und Regierungschefs, auf ihrem EU-Gipfel auf ein neues europäisches Reduktionsziel: mindestens 55 Prozent weniger Treibhausgase im Jahr 2030 als im Vergleichsjahr 1990. Dieses 2030-Zwischenziel auf dem Weg zur Klimaneutralität soll Europa auf Kurs bringen. Der 11. Dezember scheint ein guter Tag zu sein, um Klimapolitik voranzubringen. Mal sehen was am 11. Dezember 2021 passieren wird.

Das neue europäische Reduktionsziel ist für das Übereinkommen von Paris wichtig (siehe Infobox *Das Pariser Übereinkommen*). Denn darin steht, dass im Jahr 2020 alle Staaten den Vereinten Nationen ein neues, höheres Reduktionsziel melden müssen. Die EU hat diesen Zeitplan trotz des Corona-Jahres 2020 knapp eingehalten. Das alte Ziel sah Reduktionen um 40 Prozent bis 2030 vor. Mit diesem europäischen Beitrag wäre das 2-Grad-Ziel des Pariser Übereinkommens nicht zu schaffen gewesen. Das Gleiche gilt für die Klimaziele der anderen Staaten. Auch diese müssen nachgeschärft werden.

Das Pariser Übereinkommen (PÜ)

Pariser Klimaschutzabkommen, Pariser Übereinkunft, Pariser Abkommen:

Es ist das erste globale Abkommen, dass Reduktionen der Treibhausgasausstöße für alle Länder vorschreibt. Das Kyoto-Protokoll, der Vorläufer, galt nur für Industrieländer.

Es wurde 2015 auf der Weltklimakonferenz in Paris, COP21, beschlossen und trat ein Jahr später in Kraft. So gut wie alle Länder der Welt, ca. 190, haben es bestätigt (ratifiziert).

Das Pariser Übereinkommen bezieht sich, wie auch das Kyoto-Protokoll, auf einen Rahmenvertrag, der im Jahre 1992 den Beginn der internationalen Anstrengungen zur Bekämpfung der Klimakrise markierte, die *Klimarahmenkonvention der Vereinten Nationen* (UNFCCC). Sie ist die Grundlage auch für das Pariser Übereinkommen, sodass ihre Beschlüsse auch dort weitergelten. Dazu gehört das oberste Ziel, die Treibhausgaskonzentration in der Atmosphäre auf einem Niveau zu stabilisieren, auf dem »eine gefährliche vom Menschen verursachte Störung des Klimasystems verhindert wird.«[65]

Das heißt, auch das Pariser Übereinkommen will die Treibhausgaskonzentration in der Luft stabilisieren. Aber welches Niveau soll es sein? Diese Frage, die in der UNFCCC offen geblieben war, beantwortet nun das Pariser Übereinkommen, indem es Temperaturziele vorschreibt:

»Der Anstieg der durchschnittlichen Erdtemperatur [soll] deutlich unter 2 Grad über dem vorindustriellen Niveau gehalten [werden] ... und [es sollen] Anstrengungen unternommen werden, um den Temperaturanstieg auf 1,5 Grad über dem vorindustriellen Niveau zu begrenzen, da erkannt wurde, dass dies die Risiken und Auswirkungen der Klimaänderungen erheblich verringert.« [66]

Wieso kann man Temperaturziele benennen?
Weil es eine Beziehung gibt zwischen der Menge an Treibhausgasen in der Luft (Konzentration) und der Höhe der Temperatur (Anstieg im Vergleich zu einem Anfangswert). Der Wert der schon angesprochenen *Klimasensitivität* drückt dieses proportionale Verhältnis aus.

Würde die Welt weiter so emittieren, wie sie es im Jahre 2021 tut, dann wäre bei dieser aktuellen Menge an jährlichen Emissionen im Jahr 2045 eine so hohe Gesamtkonzentration an Treibhausgasen in der Luft erreicht, dass die Temperatur um 2 Grad gestiegen sein wird. [67]

Wieso das 2-Grad und 1,5-Grad-Ziel?
Weil Tausende von Studien bereits zeigen konnten und dies immer wieder bestätigen, dass bei einer Temperaturerhöhung ab 1,5 Grad Teile des Klimasystems so destabilisiert werden, dass Ökosysteme zusammenbrechen und die Welt in einen Teufelskreis einer weiteren Erhitzung geraten kann. Das liegt auch an den schon angesprochenen Selbstverstärkern oder positiven Rückkopplungen. Diese Entwicklung gilt es unbedingt zu verhindern.

Welche Instrumente hat das PÜ?
Alle Staaten sind verpflichtet nationale Klimapläne (NDCs) dem UNFCCC-Klimasekretariat der Vereinten Nationen vorzulegen. Sie müssen alle fünf Jahre erneuert werden und dann schärfere Reduktionsziele haben als zuvor. Die Staaten sind auch verpflichtet, ihre jährlichen Emissionen zu messen und der UN zu melden. Dazu gibt es Standards.

Allerdings entscheiden die Staaten *selbst*, wie viel sie bis wann reduzieren wollen. Es wird erwartet, dass die reichen Industrieländer stärker und schneller ihre Emissionen reduzieren. Das wird im PÜ umschrieben mit den »gemeinsamen, aber unterschiedlichen Verantwortlichkeiten«.[68]

Nationale Klimapläne, Reduktionspläne oder Selbstverpflichtungen
- in der Fachliteratur: *nationally determined contribution* (NDCs)
- Aktualisierungsjahre: 2020–2025–2030
- enthalten Jahreszahlen mit konkrete Reduktionsmengen

Deutschland hat mit den anderen 26 EU-Ländern einen gemeinsamen europäischen Klimaplan, den EU NDC. Er hat zwei Zeitziele: 2030 und 2050.
- EU NDC 2030-Ziel: 55 Prozent Emissionsreduktion gegenüber 1990
- EU NDC 2050-Ziel: Klimaneutralität

Auch in der EU gilt, dass die Last der Reduktion je nach Wirtschaftskraft aufgeteilt wird. Daher hat Deutschland schärfere Reduktionsziele als etwa Bulgarien. Jedes EU-Land hat eigene, nationale Klimaziele, die zum EU NDC passen müssen.

Deutschlands Klimaziele:

- 2030-Ziel: 65 Prozent Emissionsreduktion gegenüber 1990
- 2045-Ziel: Treibhausgasneutralität

Wegen der Corona-Pandemie haben viele Länder die Aktualisierung ihrer NDCs von 2020 auf 2021 verschoben. Bis zur COP26 im November 2021 in Glasgow müssen alle vorliegen.

Eine Auswertung der bis Ende 2020 eingereichten neuen NDCs ergab, dass die eingesparten Emissionen in allen NDCs nur 1 Prozent Reduktion für den Zeitraum von 2010 bis 2030 bedeuten, notwendig wäre aber eine Reduktion von 45 Prozent, um das 1,5-Grad-Ziel zu erreichen.[69]

Mit diesen zwei Klimazielen, erstens minus 55 Prozent Ausstöße im Jahr 2030 im Vergleich zu 1990 und zweitens Klimaneutralität im Jahr 2050, wurde das erste Europäische Klimagesetz im Sommer 2021 beschlossen.[70] Es ist eine Sammlung an verbindlichen Rechtsvorschriften, »die uns in den nächsten 30 Jahren als Richtschnur für unsere Politik dienen werden«, wie es der EU-Kommissar für den *Green Deal*, Frans Timmermans, sagte.[71] Kommende Regierungen müssen sich daran halten. Auf dieser Grundlage stellte die Europäische Kommission im Juli 2021 ihr *Fit for 55-Paket* vor. Eine Sammlung von Vorschlägen für neue Gesetze, um die Wirtschaftssektoren innerhalb der EU in die Lage zu versetzen, bis zum Jahr 2030 insgesamt 55 Prozent weniger Treibhausgase auszustoßen.

Zwei Reisewege zum Klimaziel

Welche Mittel stehen in der EU zur Verfügung, um die Treibhausgase in den 27 EU-Ländern zu senken?

Der Fahrplan ist der *Green Deal*, die Reiseziele sind die EU-Klimaziele: das 2050-Klimaziel und das 2030-Klimaziel. Bleibt die Frage: Wie reist man? Es sind zwei wesentliche Instrumente, die sich grundlegend voneinander unterscheiden. Ich nenne sie »die zwei Reisewege zum EU-Klimaziel«. Der eine nimmt den Weg über den Emissionshandel, der andere über die Lastenteilungsverordnung oder neuerdings auch

Klimaschutzverordnung genannt (siehe *Tabelle 1: Europäischer Fahrplan zur Klimaneutralität*). Diese beiden Wege unterscheiden sich in vielen Punkten. Auf dem einen Weg liegen Lizenzen zum Verschmutzen, auf dem anderen steht ein Lastentier zum Beladen.

Tabelle 1: Europäischer Fahrplan zur Klimaneutralität

	Reisewege	Klimaziel 2030	Klimaziel 2050
EU	*Emissionshandel*	-55 % Emissionen im Vergleich zu 1990	Klimaneutralität
	Lastenteilung		

Emissionshandel: die Lizenz zum Verschmutzen

Der Emissionshandel hat, wie fast alles in der Klimapolitik, viele Namen – nicht gerade hilfreich. Formal heißt das Instrument: Europäisches Emissionshandelssystem, EU-EHS oder auf Englisch, *European Emissions-Trading-System*, EU-ETS oder auch nur ETS abgekürzt. Das Emmissionshandelssystem wird außerdem Zertifikatehandel oder kurz Emissionshandel genannt. Auch in deutschsprachigen Quellen werden meist die englischen Abkürzungen verwendet, deswegen sind sie hier immer mitaufgeführt.

Was ist das?

Der Handel mit Emissionen ist in Wirklichkeit der Handel mit den *Rechten* an diesen Emissionen.

Was sind Emissionsrechte?

Das sind Rechte, Emissionen – vor allem CO_2-Emissionen – zu *verursachen*. Es werden nur bestimmte Treibhausgase im EU-ETS gehandelt. Das sind neben Kohlendioxid, CO_2, auch Distickstoffoxid, N_2O, und perfluorierte Kohlenwasserstoffe, PFKW (siehe dazu auch *Tabelle 3: Treibhausgase im Profil*).

Da es nicht nur CO_2-Emissionen sind, werden sie in CO_2-Äquivalenten, CO_2e oder CO_2-Äq., gerechnet. Diese Rechte heißen auch Lizenzen und werden in Form von Zertifikaten, Emissionszertifikaten, verliehen. Alle drei Begriffe werden oft gleichbedeutend verwendet.

Emissionsrecht = Lizenz = Emissionszertifikat

»Eine Berechtigung erlaubt den Ausstoß einer Tonne Kohlendioxid-Äquivalent – CO_2-Äq.«[72] Man kann diese Berechtigung, also das Emissionsrecht, auch eine Lizenz zum Verschmutzen nennen.

Wer braucht diese Rechte?

Unternehmen in der EU, die jedes Jahr sehr viel CO_2 oder die anderen EU-ETS-Treibhausgase emittieren. Das sind die Unternehmen der Energiewirtschaft, die etwa Kohle- oder Gaskraftwerke betreiben. Oder Unternehmen der Industrie, die aufgrund ihrer Produkte sehr hohe Emissionen pro Jahr verursachen. Dazu zählen etwa Unternehmen der Zement-, Stahl-, Aluminium- und Chemieindustrie. Diese Unternehmen müssen am Emissionsrechtehandel teilnehmen. Die Zertifikate werden elektronisch gehandelt, also gekauft und verkauft.

Wer handelt damit?

Die Zertifikate werden an von der EU beauftragten Energiebörsen gehandelt. Die Firmen kaufen sie dort oder, genauer gesagt, ersteigern sie. Denn je nach Angebot und Nachfrage fällt oder steigt der Preis der Zertifikate. Der Preis ändert sich also täglich. Die Firmen können die Rechte auch untereinander direkt handeln. Das heißt Firma A kauft von Firma B. Wer am Ende eines Jahres zu viele Rechte hat, weil er gar nicht so viel CO_2e ausgestoßen hat, der kann seine Rechte an andere verkaufen, die umgekehrt, zu wenige Rechte haben, weil sie doch mehr emittierten als geplant. Je mehr Emissionsrechte gebraucht werden, je mehr die Nachfrage danach steigt, desto höher ist auch ihr Preis. Seit Januar 2021 kletterte der Preis für ein Zertifikat in noch nie dagewesene Höhen. Im Juli 2021 lag der Preis bei über 50 Euro pro Tonne CO_2.[73] Das ist gut für den Klimaschutz.

Wie kann die EU über diesen Handel ihre Emissionen zielgenau senken?

Die Emissionen in der EU für alle Treibhausgase betrugen für das Jahr 2019 etwa 3,5 Milliarden Tonnen CO_2-Äquivalente.[74] Das sind fast 6 Prozent der weltweiten Treibhausgasemissionen aus diesem Jahr.[75] Weniger als die Hälfte (ca. 40 Prozent) der europäischen Emissionen fallen unter die Regeln des EU-ETS. Von diesem Anteil muss nun bis zum Jahr 2030 so viel eingespart werden, dass die EU für alle Treibhausgase eine Reduktion von 55 Prozent erreicht. Nun legt die EU fest, wie viele Tonnen an Treibhausgasemissionen über den Emissionshandel bis 2030 eingespart werden müssen, um das Ziel zu erreichen. Aufgrund dieser Berechnungen wird eine jährliche Obergrenze an Emissionszertifikaten festgelegt, die so stark sinkt, dass im Zieljahr 2030 genau die nötigen Mengen eingespart wurden. Diese Obergrenze wird auch Deckel genannt, auf Englisch *Cap*, daher auch der englische Name *Cap and Trade*, Deckel und Handel, für den Mechanismus des Emissionshandels. Die Obergrenze an Emissionen wird jedes Jahr kleiner. Das ist der Mechanismus, um die Treibhausgase zu reduzieren. Seit 2021 sinkt die jährliche Obergrenze der Reduktionsmenge im Emissionshandel um 2,2 Prozent.

Jetzt beginnt der Wettbewerb am Markt. Jedes Unternehmen mit einem CO_2e-Ausstoß braucht Zertifikate. Wenn die immer weniger werden, weil jedes Jahr die Obergrenze kleiner wird, dann werden die Zertifikate immer begehrter. Denn bei gleicher Nachfrage, also etwa bei der gleichen Anzahl an Unternehmen mit gleich hohem CO_2e-Ausstoß wie im Jahr zuvor, gibt es nur noch weniger Rechte. Wird ein Gut, wie ein Emissionsrecht, knapp bei gleicher Nachfrage, wird es teurer. Der Preis der Zertifikate steigt. Dadurch steigen die Kosten der Unternehmen, wenn sie einen gleichbleibenden Bedarf haben. Das schmälert bei gleich hohen Erlösen ihren Gewinn. Ausweg? Kosten senken durch das Einsparen der Emissionen!

Nicht nur das. Die Unternehmen können sogar Erlöse erzielen. Diejenigen Unternehmen, die Emissionsrechte übrighaben, verdienen jetzt nicht nur an ihrem eigentlichen Geschäftsmodell, etwa der Strom- oder Stahlherstellung. Sondern sie verdienen auch daran, Zertifikate zu verkaufen, wenn sie es geschafft haben, CO_2e-Emissionen einzusparen. Die anderen Unternehmen sind die »Dummen«, die ihre CO_2e-Emissionen noch nicht senken konnten oder nicht wollten. Weil es für sie noch billiger war Zertifikate zuzukaufen, als ihre Produktionsstraße unter hohen Investitionskosten zu modernisieren, um CO_2e einzusparen. Klimaschutz beginnt, wenn der Zertifikatspreis hoch genug ist, das heißt bei einem Preis von rund 50 Euro pro Tonne CO_2. Der Zertifikatspreis lag aber zeitweise bei 5 Euro pro Tonne CO_2. Der Preis wird immer in Euro pro Tonne alleinige CO_2-Emissionen angegeben und wird dann auf die Mengen der anderen EU-ETS Treibhausgase (CO_2e) umgerechnet.[76]

Der Gedanke beim Emissionshandel ist marktwirtschaftlicher Natur. Anstatt ein Verbot einzuführen, sendet die EU dieses Signal an die Unternehmen: Wir verbieten nichts. Wir begrenzen nur die Mengen an Lizenzen. Die werden jedes Jahr knapper. Ihr Unternehmen könnt euch jetzt darauf einstellen. Wie ihr das macht, bleibt eure freie Entscheidung.

Der europäische Emissionsrechtehandel ist also ein marktbasiertes Instrument.

Es ist ein Weg für die europäische Klimapolitik, um die europäischen Emissionen zu senken. Die Wirtschaftsbereiche, deren Emissionen hiermit reguliert werden, nennt man die ETS-Sektoren (siehe dazu *Tabelle 2: Wege zum EU-Klimaziel*). Das Instrument des Emissionshandels funktioniert über eine Mengensteuerung. Die maximale Menge wird festgelegt, den Rest überlässt man dem freien Markt.

Lastenteilung: das Lastentier zum Beladen

Der Emissionshandel ist nur der eine Weg zu den beiden EU-Klimazielen. Denn die andere Hälfte der jährlichen EU-Emissionen entsteht in anderen Wirtschaftsbereichen. Diese unterliegen der Lastenteilungsverordnung, dem anderen »Reiseweg« in der EU.

Dieser zweite Weg zu den EU-Klimazielen führt über Rechtsvorschriften. Die EU erließ dazu die Verordnung zur »Festlegung verbindlicher nationaler Jahresziele«.[77] Es ist die sogenannte Lastenteilungsverordnung (dieser Name galt bis 2020) oder Klimaschutzverordnung (dieser Name gilt seit 2021). Da aber der englische Begriff, *effort sharing regulation* (ESR) auch in der deutschen Literatur vor allem in seiner Abkürzung ESR verwendet wird, wird hier der Name *Lastenteilung* weiter benutzt (siehe auch *Tabelle 2: Wege zum EU-Klimaziel*).

Tabelle 2: Wege zum EU-Klimaziel

	Emissionshandel (EU-ETS): die Lizenz zum Verschmutzen	Lastenteilung (ESR): das Lastentier zum Beladen
Anderer Name	ETS-Sektoren	Non-ETS-Sektoren oder ESR-Sektoren
Mittel zur Reduktion	◆ marktbasiert ◆ Handel ◆ Obergrenze an Zertifikaten	◆ rechtsverbindlich ◆ Verordnung ◆ Reduktionsziele für jedes EU-Land
Bereiche der Wirtschaft (Sektoren)	Energiewirtschaft z. B. Kohle-, Gaskraftwerke, Ölraffinerien	kleinere Energieerzeuger
	Energiereiche Industrien z. B. Stahl, Zement, Chemie, Papier u. a.	alle anderen Industrien z. B. Auto, Maschinenbau, Elektro, Abfall u. a.
	Flugverkehr europäisch	Verkehr (Pkw, Last)
		Gebäude (Heizen)
		Landwirtschaft
Anteil aller EU-Treibhausgase	≈ 40 %	≈ 58 %*

Fast die gesamten EU-Emissionen werden durch diese zwei Wege, den Emissionshandel (EU-ETS) und die Lastenteilungsverordnung (ESR) reguliert. Beide Wege müssen zum übergeordneten EU-Klimaziel, EU-NDC passen. Die erforderlichen Einsparmengen bis 2030 werden anhand des 2030-Klimaziels berechnet und auf beide Wege aufgeteilt. *Der Rest gehört zur Landnutzungsverordnung.[78]

Unter diese Lastenteilung(sverordnung) fallen die Emissionen, die durch das Heizen entstehen, sowohl im privaten wie im Industriebereich, im Verkehrssektor und der Landwirtschaft. Das Entscheidende bei der Lastenverteilungsverordnung ist, dass die Lasten auf die EU-Mitgliedsstaaten verteilt werden, und zwar unterschiedlich: ein bewährtes EU-Prinzip. Jeder soll seinen Beitrag leisten, damit die EU ihre Klimaziele erfüllt. Die 27 Länder sind aber alle verschieden: in ihrer Wirtschaftskraft, ihrer Bevölkerungszahl und der Höhe ihrer Emissionen. Wie nun die Last der Reduktion fair verteilen?

»Die Ziele von weniger wohlhabenden Ländern sind weniger ehrgeizig, da es wahrscheinlich ist, dass ihr verhältnismäßig hohes Wirtschaftswachstum auch zu höheren Emissionen führt. Zudem sind ihre Investitionsmöglichkeiten entsprechend kleiner.«[79] Das schreibt die EU-Kommission als Begründung für die unterschiedliche Lastenverteilung. Wobei die Logik die ist: Länder, die zurzeit weniger wohlhabend sind, werden noch wirtschaftlich aufholen müssen, deswegen noch stärker wachsen und dabei noch mehr emittieren als die reicheren EU-Länder. Das wird anerkannt.

Die Lastenteilung geht nach Wirtschaftskraft der Länder. Je wirtschaftsstärker ein Land, desto stärker muss es seine Treibhausgase senken und damit mehr Last übernehmen. Ein Maßstab für die nationale Wirtschaftskraft ist das Bruttoinlandsprodukt pro Kopf in einem Land. Deutschland mit einem hohen BIP pro Kopf muss daher viel reduzieren (38 %), aber Polen (7 %) und Rumänien (2 %) beispielsweise eher wenig. Jedes EU-Land bekommt sein 2030-Reduktionsziel zugewiesen, das in jährliche Einsparschritte unterteilt ist. Die Einsparung soll eben nicht auf den Sankt-Nimmerleins-Tag verschoben werden. Die Staaten müssen nachbessern, wenn sie regelmäßig ihre jährlichen Einsparziele überschreiten. Säumige Staaten können noch Gutschriften von anderen Staaten dazukaufen. Aber wenn auch das nicht zur Zielerfüllung reicht, müssen sie Strafen zahlen.

Das europäische Lastentier wird mit 27 Paketen beladen. Alle sind unterschiedlich schwer. Aber jedes Paket leistet einen Beitrag zur Reduktion der Treibhausgase in der EU. Obwohl der (Lasten-)Esel häufig noch als dumm bezeichnet wird, wissen wir mittlerweile, dass er es nicht ist. Er ist nur etwas störrisch! Auch wenn es unter den 27 EU-Mitgliedern immer wieder hakt und manchmal langsam vorangeht, könnte es doch sein, dass diese Lastenteilung ein Königsweg im Klimaschutz ist. Eine EU für alle, alle für eine.

Zusammenfassend lässt sich Folgendes sagen: Die EU-Klimapolitik besteht aus einer Mischung aus Instrumenten, die einerseits auf den Regeln des freien Marktes und andererseits auf Rechtsverordnungen beruhen. Die »Strafen« bei Nichteinhaltung der Einsparziele sind immer teuer. Beim Emissionshandel muss ein Unternehmen viele

Zertifikate dazukaufen, was dazu führen kann, dass seine Produkte am Markt teurer werden. Bei der Lastenteilung leitet die EU gegen säumige Staaten Strafmaßnahmen ein, die Geld kosten, oder es wird deshalb teuer, weil der säumige Staat Gutschriften von anderen Staaten, die ihre Einsparziele übererfüllten, dazukaufen muss.

Nur beide Reisewege führen gemeinsam zum 2030-Ziel. Ende 2020 wurde das alte EU-2030-Ziel nachgeschärft, weil es das Pariser Übereinkommen so vorsieht. Das bedeutet logischerweise, dass sowohl die Obergrenzen im Emissionshandel als auch die jährlichen Reduktionsziele für die Staaten in der Lastenteilung verschärft werden müssen.

Für beide Reisewege müssen neue Minderungsmengen berechnet werden. Das macht die EU. Was bedeutet das für die Regierungen in den 27 Staaten? Einmal können sie die Hände in den Schoß legen, einmal müssen sie nacharbeiten. Wieso? Weil im Emissionshandel der Markt entscheidet. Die neuen weiter geschrumpften Obergrenzen müssen die Unternehmen selbst »ausbaden«. In der Lastenteilung sind die Regierungen dafür verantwortlich, die schärferen Reduktionsziele bis 2030 umzusetzen. Wie Deutschland sein Päckchen schultert und seine Reduktionsziele erfüllen will, ist Gegenstand des nächsten Kapitels.

KAPITEL 3

Deutsche Klimapolitik

»Unsere Bemühungen um eine friedliche Zukunft der Menschheit dürfen nicht bei der Verhinderung bewaffneter Konflikte enden. Umweltschutz dient daher auch der Sicherung des Friedens. Er ist, wenn man so will, verlängerte Friedenspolitik.«

Friedensnobelpreisträger Willy Brandt[80]

Der romantische Vogel

Deutschland kann schon ein bisschen stolz auf seine Rolle beim Klimaschutz sein. Warum? Zum Beispiel fand die erste Welt-Klimakonferenz, die COP1, die sich auf die Klimarahmenkonvention (UNFCCC), bezog, 1995 in Berlin statt. Das Klimasekretariat der Vereinten Nationen sitzt in Bonn. In den letzten Jahren leiteten zwei Deutsche die Umweltbehörde der Vereinten Nationen (UNEP), die viel für den Klimaschutz tut: Klaus Töpfer, ehemaliger Bundesumweltminister (1998–2006), und der Deutsch-Brasilianer Achim Steiner (2006–2016). Nicht zuletzt legte die rot-grüne Bundesregierung von 1998–2005 Maßnahmen im Klimaschutz auf, die bis heute nachwirken und international nachgeahmt werden, dazu gehört auch das Erneuerbare-Energien-Gesetz. Deutschland hatte einen besonders hohen Reduktionsbeitrag im Kyoto-Protokoll (21 % von 2008 bis 2012 im Vergleich zum Jahr 1990) und erfüllte ihn (23,6 %). Auf der Pariser Klimakonferenz COP21 setzte sich die deutsche Delegation unter der Leitung der damaligen Bundesumweltministerin Barbara Hendricks (SPD) für ein Temperaturziel ein, das noch unterhalb der 2-Grad-Grenze liegt. So kam es *auch* durch den engen Zusammenschluss Deutschlands und der EU mit den besonders vom Klimawandel bedrohten Inselstaaten zur Aufnahme der 1,5 Grad als weiteres Temperaturziel im Pariser Übereinkommen.

Es gibt viele mögliche Gründe dafür, dass Deutschland für den Klimaschutz schon mehr erreicht hat als andere Länder. Abgesehen vom wirtschaftlichen Vorsprung, der uns mehr Freiraum gab und gibt Neues auszuprobieren, sind das auch gesellschaftliche Gründe.

Ich möchte Sie, liebe Leserin und lieber Leser, in den nächsten Absätzen auf eine kleine Zeitreise mitnehmen. Diese Reise führt von heute zurück bis in die Romantik. Dabei sehen wir Persönlichkeiten und Ereignisse, die es gewollt oder ungewollt möglich gemacht haben, dass Klimaschutz in Deutschland heute noch akzeptierter ist als in anderen Ländern. In der deutschen Kultur ist die Liebe zur Natur stark verankert und die deutsche Öffentlichkeit ist schon seit fast 20 Jahren mit Klimaschutzthemen vertraut. Das ist wieder ein Vorsprung – ein gesellschaftlicher Vorsprung. Auch diesen sollten wir weiter ausbauen.

Der Physiker **Hartmut Graßl** hat bereits Ende der 1980er-Jahre vor der Klimaänderung, wie er den Klimawandel vorzugsweise nennt, gewarnt. Der Meteorologe war von 1994 bis 1999 Direktor des Weltklimaforschungsgrogramms, *World Climate Research Programm* (WCRP). Eine Position, die jetzt der deutsche Klimaforscher Detlef Stammer innehat. Hartmut Graßl beeinflusste früh die deutsche Wissenschaftsgemeinde, den Klimawandel intensiv zu erforschen. Er war an der Gründung des Potsdam-Instituts für Klimafolgenforschung (PIK) im Jahr 1991 beratend beteiligt. Eine öffentliche Forschungseinrichtung, die seit 20 Jahren zu einer der führendsten der Welt im Bereich Klimawissenschaft gehört. Wissenschaftler des Instituts beraten nationale und internationale Politik, Wirtschaftsverbände und auch schon mal den Vatikan. Damit war in Deutschland früh eine Verzahnung von Politik und Klimawissenschaft gewährleistet. Etwas, das sich auch in der Einrichtung des wissenschaftlichen Beirats der Bundesregierung für Globale Umweltveränderungen (WBGU) widerspiegelt. Der WBGU berät seit rund 20 Jahren die Bundesregierung und hat in dieser Zeit wegweisende Gutachten zu unterschiedlichsten Teilthemen des Klimawandels herausgebracht, die auch internationale Politik beeinflussten.[81] Dieser enge Austausch zwischen Klimaexpertinnen und Politikern im Land hat auch dazu beigetragen, dass Deutschland international bei Klimaverhandlungen eine große Rolle gespielt hat und bis heute noch spielt. Einfach weil die Bundesregierung aktuell und umfassend informiert ist. So entstand Vorsprung durch Wissen, was natürlich auch zu Hause Vorteile bringt.

Der Politiker **Willy Brandt** war von 1969 bis 1974 deutscher Bundeskanzler und ein politisches SPD-Schwergewicht, national wie international. Bekannt war er für seine sogenannte Ostpolitik. Eine Politik, die darauf abzielte, die Bundesrepublik (West) mit ihren östlichen Nachbarländern zu versöhnen. Dafür bekam er den Friedenspreisnobelpreis. Als Kanzler förderte und begründete er die Umweltpolitik in Deutschland. Mit dem FDP-Koalitionspartner beschloss er ein Umwelt-Sofortprogramm und richtete einen Sachverständigenrat für Umweltfragen (SRU) ein, der bis heute Gutachten für die Politik erstellt. Unter seinem Nachfolger SPD-Kanzler Helmut Schmidt erlahmte die Umweltpolitik vorerst in Deutschland. Aber die Impulse durch Willy Brandt waren gesetzt. Übrigens einer, der seiner Partei immer wieder die Leviten liest, auch in Fragen ihrer unzureichenden Umweltpolitik ist der SPD-Politiker, Physiker und Vordenker unserer Zeit Ernst-Ulrich von Weizsäcker.

Die deutschen Romantiker hätten der deutschen Nation die Wertschätzung für die Natur eingepflanzt. So argumentiert der französische Künstler Emmanuel Henninger im Interview. Die Romantik war eine Kunstepoche von etwa 1790 bis 1850, die ausgehend von Deutschland auch die Nachbarländer beeinflusste. Im Zentrum stand die Hinwendung zur Natur, zum Gefühl und zur Fantasie. Ein bekannter Vertreter dieser Naturpoesie ist der Dichter **Joseph von Eichendorff**. Die Romantik war eine Gegenbewegung zur Industrialisierung, die zur gleichen Zeit an Fahrt aufnahm und ihren Siegeszug durch Europa antrat. Denn während die Menschen in die Städte zogen, um in den Fabriken zu arbeiten, waren da die Idealisten, die Romantiker, die Märchen schrieben, deutsche Berge und Wälder malten und von Wanderungen durch die Natur sangen.

In diese romantische Zeit fällt auch das Leben und Wirken der **Brüder Grimm**. Ihre Märchen prägten und prägen Kindheiten bis heute. Auch das hinterlässt Spuren. Manche sehen in den Märchen der Brüder Grimm auch einen Ursprung für die besondere Bedeutung des Waldes in der deutschen Kultur.[82] Auch die Bewegung *Wandervogel* hat in Deutschland zur Naturliebe beigetragen und die Ideen der Romantik wieder aufgegriffen. Der in Berlin gegründete Verein veranstaltete ab 1900 deutschlandweit Ausflüge für Schülerinnen und Studenten in die Natur. Der Wandervogel entwickelte sich zu einer Pfadfinderbewegung mit deutscher Note. Viele deutsche Wander- und Volkslieder handeln von der Schönheit der Natur, vor allem des deutschen Waldes und feiern Natur als Kraftquelle für den Menschen.

Und nicht zuletzt muss der Oberbergmann **Hans Carl von Carlowitz** genannt werden. Er hatte eine aus heutiger Sicht besondere Biografie. Aufgewachsen in einer Familie von Forst- und Jagdbeamten studierte er Naturwissenschaften und Sprachen, Jura und Staatswissenschaft. Als junger Mann bereiste er fast ganz Europa und begann in der sächsischen Verwaltung zu arbeiten, wo er sich forstliche Kenntnisse erwarb. Entgegen seiner Berufsbezeichnung »Oberbergmann« war er nicht im Berg- oder Hüttenwesen ausgebildet, sorgte aber für deren Weiterentwicklung im Erzgebirge und war für die Waldbewirtschaftung zuständig. Hans Carl von Carlowitz liebte den Wald und wollte ihn erhalten. Nicht nur für sein Vergnügen, sondern er dachte dabei an die Menschen und die Wirtschaft! Schließlich wäre eine *Holznot*, wie er es nannte, ein Mangel an Holz, schlimm für die Bevölkerung, die Holz für alles Mögliche brauche: fürs Bauen, Backen und Befeuern. Aber er dachte noch weiter. Schließlich hatte er die Verantwortung für den Bergbau und wusste, dass Holz für den Betrieb der Bergwerke unverzichtbar ist. Sein Argument: Wenn zu viel Holz auf einmal geschlagen wird und nicht genug in gleicher Zeit nachwachsen kann, dann hat man bald zu wenig Holz – auch für den Bergbau. Deswegen schrieb er in seinem legendär gewordenen Lehrbuch zur Forstwirtschaft im Jahr 1713 folgende Sätze: »*Wird derhalben die gröste Kunst/Wissenschaft/Fleiß/ und Einrichtung hiesiger Lande darinnen beruhen/ wie eine sothane Conservation und Anbau des Holtzes anzustellen/ daß es eine continuirliche beständige und nachhaltende Nutzung gebe/ weiln es eine unentbehrliche Sache ist/ ohne welche das Land in seinem Esse [Existenz] nicht bleiben mag.*«[83] Dieser Satz ist legendär, weil die »*nachhaltende Nutzung*« die der sächsische Bergmann hier für die Bewirtschaftung des Waldes fordert, in der Tat als die erste Nennung des Begriffes »nachhaltig« gelesen werden kann. Im gleichen Text benutzt Carlowitz auch den Begriff »sustentation«, der die gleichen Wurzeln wie das englische Worte *sustainability* hat.[84] Ein Bergmann als Schöpfer des Begriffs und der Bedeutung von »nachhaltig« und »Nachhaltigkeit«. Welch Ironie des Schicksals! Man denke an die harten Auseinandersetzungen zwischen Kohlelobby und Klimaschützern. Wobei die Klimaschützerinnen genau mit dem Argument der Nachhaltigkeit gegen den Kohlebergbau argumentieren. Auf welche Seite hätte sich wohl von Carlowitz gestellt – auf die der Kohlekumpels oder der Klimakinder?

Vor allem international hat Deutschland Maßstäbe gesetzt. Auf nationaler Ebene war der Anfang mit dem EEG und dem Ziel der Energiewende verheißungsvoll, aber dann erlahmte die deutsche Kraft im Inland. Dabei wäre auch aufgrund der Aspekte, die unsere kleine

Zeitreise zu Tage gebracht hat, durchaus mehr drin. Es ist der deutschen Gesellschaft mehr zuzumuten, wenn man die Maßnahmen zum Klimaschutz entsprechend begründet. Mehr dazu in Teil III.

Deutschland: ein Klimamärchen

Die Brüder Grimm hätten das Märchen von der Klimarettung anders geschrieben. Es wäre auf jeden Fall gelungen. Aber bei uns ist das noch nicht entschieden. Politik ist eben im Hier und Jetzt verhaftet. Dennoch scheint sie manchmal die Zeichen der Zeit nicht zu verstehen. Diesen Eindruck kann man gewinnen, wenn man zurückblickt auf den Tag im Jahr 2019, an dem die Bundesregierung ihr neues Klimapaket für das kommende und entscheidende Jahrzehnt vorstellte.

September 2019:
Es ist Freitag, der 20. September. Endlich, so kündigen es die Medien aber auch die Regierungsvertreter seit Tagen und Wochen an, will die Bundesregierung zeigen, dass sie es kann. Dass Deutschland nicht nur international ein guter Anwalt für den Klimaschutz ist. Jetzt wird Deutschland der Welt zeigen, wie man national die Gesellschaft und die Wirtschaft klar auf Klimakurs bringt. Denn schon ihr Erneuerbare-Energien-Gesetz von 2000 war ein Exportschlager ohnegleichen. Seitdem ist Windkraft und Fotovoltaik auf diesem Planeten auf dem Vormarsch. Dank der Deutschen, die es wagten mit mutigen Schritten voranzugehen. An diesem Septembermorgen wird die Bundesregierung nun ihr Klimapaket präsentieren. Trommelwirbel – Vorhang auf. Das Klimapaket!

Zeitgleich sind auf den Straßen Berlins mindestens eine Viertel Millionen Menschen unterwegs und demonstrieren mit Fridays for Future für einen ambitionierten Klimaschutz. Weltweit sind es an diesem Tag rund vier Millionen Menschen. Sie demonstrieren in London, Paris, im australischen Sydney, in Tokio oder Hongkong. In Deutschland sind 1,4 Millionen auf den Beinen. Sie alle haben Angst um diesen Planeten, Angst um ihre eigene Zukunft, Angst vor der Klimakrise. In wenigen Tagen wird in New York auf Einladung des UN-Generalsekretärs António Guterres der UN-Klimagipfel stattfinden, auf dem auch die schwedische Aktivistin und Symbolfigur Greta Thunberg sprechen wird. Kein Teppich könnte röter und länger sein, um unbequeme Maßnahmen zu präsentieren.

Was dann aber tatsächlich kommt, ist so, als hätte man einen Boxkampf mit einem der Brüder Klitschko angekündigt und dann wäre eine Feldmaus durch den Ring gelaufen.

Alles wäre möglich gewesen – damals. Die Welt war bereit für die Botschaft aus Berlin à la: Es wird unbequem, aber anders ist es nicht zu schaffen. Wir müssen jetzt alle einen Beitrag leisten, um endlich und gründlich die Treibhausgasausstöße zu senken. Die Hoffnung einer ganzen Generation und aller Menschen, die wissen, was auf dem Spiel steht, ruhten auf diesem Klimapaket. Deutschland würde ernst machen und andere Länder seinem Beispiel folgen. Und dann das:

Eine Feldmaus erscheint kurz im Scheinwerferlicht und verschwindet wieder.

Das zentrale Element des Klimapakets ist die Einführung eines CO_2-Preises. Ab dem Jahr 2021 soll er mit einem Betrag von 10 Euro pro Tonne CO_2 starten und dann in den nächsten Jahren auf 35 Euro im Jahr 2025 steigen. Die Bundeskanzlerin spricht bei der Vorstellung von nötigen Kompromissen, weswegen der Einstiegspreis mit 10 Euro auch gering ausgefallen sei, und ergänzt: »Dass wir jetzt ganz bewusst in den Weg der Bepreisung gehen, das ist für uns auch schon ein Paradigmenwechsel.« Also eine Umkehr der bisherigen Politik. Sie nennt das einen großen Schritt!

Dieser CO_2-Preispfad war nicht vereinbar mit den Klimazielen des Pariser Übereinkommens und auch nicht mit den nationalen Klimazielen Deutschlands. Das war und ist übereinstimmend das Ergebnis vieler Studien. Aber genau der CO_2-Preis soll das Verhalten der Menschen in Wirtschaft und Gesellschaf so lenken, dass sie CO_2 einsparen. Diese Lenkungswirkung entfaltet sich nicht bei einem Preis von 10 Euro für die Tonne CO_2 und auch nicht bei 35 Euro. Warum nicht?

Weil die Produktion von Konsumgütern und Dienstleistungen, die mit einem hohen CO_2-Ausstoß verbunden sind, wie Autofahrten, Flugreisen, hoher Fleisch- und Milchkonsum, neue elektronische Geräte, hoher Strom- und Wärmeverbrauch allgemein, alle noch nicht teuer genug werden. Wir konsumieren weiterhin zu viel. Ein sinnvoller Einstiegspreis liegt laut dem Potsdamer Institut für Klimafolgenforschung bei 50 Euro und der muss dann in den nächsten zehn Jahren auf 130 Euro ansteigen. Das Umweltbundesamt nennt sogar den Preis von 180 Euro pro Tonne CO_2. Erst dann würden die Kosten, die durch die Treibhausgase der Gesellschaft entstehen, tatsächlich dem Käufer durch den Produktpreis in Rechnung gestellt werden. Der Preis wäre dann hoch genug, um die Schäden finanziell auszugleichen; theoretisch. Sie wären auf jeden Fall erst einmal im Preis sichtbar. Aber 10 Euro?

Der Direktor des oben erwähnten Potsdam-Instituts für Klimafolgenforschung, Ottmar Edenhofer, nannte das Klimapaket ein »Dokument der politischen Mutlosigkeit.« Der bekannte Klimaforscher Mojib Latif sah in dem Maßnahmenbündel sogar eine »Sterbehilfe für das Weltklima«.[85] Claudia Kemfert vom Deutschen Institut für Wirtschaftsforschung beschrieb es so: »Der homöopathische CO_2-Preis ist ein Witz«, und Clemens Fuest, Präsident des ifo-Instituts, sagte später rückblickend: »Man war bei der Preisgestaltung für den CO_2-Ausstoß nicht ehrgeizig genug.«[86] Das war noch sehr zurückhaltend formuliert. Andere Äußerungen zum Klimapaket klangen so, wie man es von Vorneherein erwartet hatte – je nach Interessenslage des Sprechers. Es ist klar, dass die Interessensvertreter der Sozialverbände nach mehr sozialem Ausgleich riefen, die der Industrieverbände einen wirksameren ökonomischen Anreiz für die Wirtschaft verlangten. Es ist vorhersehbar, dass die Gewerkschaften vor Jobverlusten warnten und die Umweltschützer von einer Kapitulation vor der Menschheitsaufgabe Klimawandel sprachen. Erstaunlich ist eben nicht, dass Sprecherinnen bestimmter Gruppen ausschließlich aus Sicht der Gruppe sprechen, für die sie stehen und dabei natürlich einseitig argumentieren. Erstaunlich ist aber, dass die Bundesregierung etwas als wirksam im Kampf gegen die Klimakrise anpries, was es nicht war. Es ist erstaunlich, dass sie nicht berücksichtigte, was in den ihr bekannten Studien des Weltklimarates hinreichend beschrieben ist und was die beiden Rekordhitzesommer 2018 und 2019 in Deutschland angekündigt hatten. Der Klimawandel ist eine ernste Gefahr nicht nur für den Süden unseres Planeten und nicht nur für die Entwicklungsländer. Er ist eine Bedrohung für den Wohlstand in Deutschland und die Entwicklung und den Frieden in der Welt. Es ist auch erstaunlich, dass die Bundesregierung nicht registrierte oder in ihren Entscheidungen außen vor ließ, was draußen auf den Straßen los war. Diese Welt (minus der Trump-USA) war im Frühherbst 2019 bereit, jetzt etwas dagegen zu tun. Diese Zeichen der Zeit wurden von der politischen Führung der viertgrößten Volkswirtschaft der Welt nicht erkannt.

Vielleicht ist die Jugend tatsächlich so etwas wie das Gewissen der Welt. Die Jungen sind immer mutiger und entschlossener. Beim Thema Klimawandel scheinen sie auch informierter zu sein.

September 2019:
Drei Tage nach der Präsentation des »Klimapäckchens«, wie es manche Kritiker spöttisch nennen, spricht Greta Thunberg in New York. Auf dem UN-Gipfel sind die Staats- und Regierungschefs versammelt, einschließlich der Bundeskanzlerin. Die sechzehnjährige Greta Thunberg spricht vor laufenden Kameras den anwesenden Vertretern der internationalen Politik ins Gewissen. Stechend und präzise in ihren Sätzen wie immer, doch deutlich emotionaler als üblich. Es wird eine ihrer berühmtesten Ansprachen bisher werden mit den einprägsamen Worten: »*How dare you*? Wie könnt ihr es wagen?« und »Menschen leiden. Menschen sterben. Ganze Ökosysteme kollabieren. Wir stehen am Anfang eines Massenaussterbens. Aber alles, über das ihr redet, ist Geld und das Märchen über ewiges Wirtschaftswachstum. Wie könnt ihr es wagen!«[87]

Viele werden diese Aufregung als kindliche Überdrehtheit abtun. Viele werden die Argumente gar nicht verstehen. In den Köpfen der Beobachter und der Anwesenden laufen zwei verschiedene Filme ab: Die einen sehen eine Jugendliche, die vom drohenden Weltuntergang faselt, die anderen die Mächtigsten der Welt, die sich in der Klimakrise wegducken. Wie in zwei Parallelwelten bewegen sich manche Menschen, treffen sich kurz auf dem Flur und streben wieder auseinander.

So gibt es das Foto von Angela Merkel und Greta Thunberg im UN-Gebäude kurz nach der Rede der Schwedin. Zu sehen sind die beiden Frauen, die freundlich zugewandt miteinander reden. Danach tauchte jede wieder ein in ihre eigene Welt, die der anderen völlig fremd ist. Merkel wunderte sich wahrscheinlich über die pochende Betroffenheit Thunbergs, diese wiederum über die abgestumpfte Abgeklärtheit der deutschen Kanzlerin.

Die Herausforderung in der einen Welt

Politik gibt mit Gesetzen und Anreizen für Verhaltensänderungen den Rahmen für die Handlungen der Bürgerinnen und Bürger vor. Was dann die Menschen daraus machen, wie streng sie Regeln und Empfehlungen umsetzen, ist nicht vorhersagbar. Zumindest nicht in demokratischen Ländern. Das gilt natürlich auch in die andere Richtung: Das Volk kann auf die Straße gehen und demonstrieren. Ob die Politik sich davon beeindrucken lässt, bleibt ihr überlassen.

Was ist eigentlich die Herausforderung für die Klimapolitik? Es geht nicht darum, ein paar neue Verkehrsschilder aufzustellen, sondern es geht um eine Umwandlung unserer Gesellschaft hier und überall auf der Welt – auch Transformation genannt.

Klimaschutz ist extrem vielfältig und vielschichtig. Es geht in erster Linie darum, Treibhausgase zu vermeiden. Genauer gesagt, den Ausstoß von Treibhausgasen durch menschliche Aktivitäten zu verringern. Noch genauer darum, alle Prozesse, bei denen fossile Brennstoffe (Kohle, Öl, Erdgas) und Holz verbrannt werden, einzuschränken. Das sind Prozesse der Strom -und Wärmeerzeugung, im Haushalt, im Verkehr und der industriellen Produktion. Es geht weiter darum, alle Prozesse bei denen Kohlendioxid auch ohne Verbrennung dieser Energieträger entsteht, einzuschränken, wie bei der Stahl- und Zementherstellung und vielen Verfahren der chemischen Industrie. Das heißt, hier entsteht CO_2 nicht durch eine Energiebereitstellung, sondern durch chemische Prozesse. Diese CO_2-Emissionen sind schwieriger zu ersetzen. Erneuerbare Energien nützen hier nichts. Daher sind die sogenannten Prozessemissionen eine echt harte Nuss. Auch deswegen investiert die Bundesregierung so viel in die Forschung und Entwicklung von Wasserstoff. Einmal für die Energiebereitstellung, zum zweiten für die Speicherung und den Transport von Energie und zum dritten als Ausgangsstoff für neue Reaktionen, bei denen keine Prozessemissionen mehr anfallen (vergleiche dazu Infobox *Power-to-X-Technologien*).

Es geht weiter darum, den Ausstoß der anderen Treibhausgase zu verringern, etwa von Methan, CH_4, also Erdgas. Methan entsteht natürlicherweise immer dann, wenn organisches Material vergärt und so ohne die Anwesenheit von Luftsauerstoff in seine einzelnen Bestandteile zerlegt wird. Das geschieht in Wiederkäuermägen, auch in Klärwerken oder Mülldeponien. Methan hat also zwei Rollen: Wenn der fossile Energieträger Methan, Erdgas, für die Bereitstellung von Wärme oder Strom verbrannt wird, entsteht CO_2. Methan selbst ist aber auch ein Treibhausgas, das durch Gärung entsteht und in die Luft entweicht, ohne verbrannt zu werden. Auch Methan erwärmt die Luft wie Kohlendioxid direkt über den Treibhauseffekt. Deswegen ist die Förderung von Erdgas aus seinen geologischen Lagerstätten und dessen Transport ein großes Problem. Denn es gibt sehr viele Lecks, auch unter Wasser, in Leitungen und an den Quellen. Ein Teil kommt gar nicht in den Erdgastanks oder in den Gaskraftwerken an, sondern strömt durch Löcher und undichte Leitungen in die Luft.

Dann kommen wir noch zu Distickstoffoxid, N_2O, auch Lachgas genannt, das durch Düngung und die Massentierhaltung in die Luft entlassen wird. Es enthält das Element Stickstoff, N. Lachgas entsteht wenn Mikroben, kleinste Organismen, chemische Verbindungen, die Stickstoff enthalten, wie Dünger, abbauen. Auch die chemische Industrie setzt bei Syntheseverfahren Lachgas frei.

Schließlich die Gruppe der Gase, die Fluor, F, enthalten. Fluor-Gase, kurz F-Gase, sind richtig »fiese« Treibhausgase. In ihrer Wirkung auf den Temperaturanstieg sind sie viel stärker als Kohlendioxid, Lachgas oder Methan. Das sieht man an den hohen Werten für die sogenannten CO_2-Äquivalente (siehe *Tabelle 3: Treibhausgase im Profil*). Denn je höher dieser Wert, desto höher ihre Treibhauswirkung im Vergleich zu Kohlendioxid. F-Gase bleiben auch noch länger in der Luft, werden also nur ganz langsam wieder abgebaut. Dass sie sich so lange halten, liegt auch daran, weil sie nicht den natürlichen Stoffkreisläufen unterliegen. Denn sie sind künstlich von uns Menschen hergestellt worden, um in verschiedenen technischen Anwendungen oder Produkten eingesetzt zu werden, wie als Kühl- und Löschmittel oder Treibmittel in Dämmstoffen. Die Hoffnung ist, dass es immer mehr Ersatzstoffe gibt, die den Einsatz der Fluor-Gase überflüssig machen.

Tabelle 3: Treibhausgase im Profil

	CO_2	CH_4	N_2O	F-Gase
	Kohlendioxid	Methan	Distickstoffoxid	Fluorierte Gase
CO_2e	1	≈25	≈300	≈100–24.000
Ursachen	Verbrennung von Erdöl, Erdgas, Kohle, Biomasse	Tierhaltung, Mülldeponien, Erdgaslecks	Düngung, Tierhaltung	Industrielle Prozesse
Wirtschaftssektoren (Quellen)	Energie, Industrie, Gebäude, Verkehr, Landwirtschaft, Abfall	Landwirtschaft, Abfall	Landwirtschaft, Industrie	Industrie
% in Dtld. 2020*	87	6	5	2
Kategorie	Stoff	Stoff	Stoff	Stoffklasse

Treibhausgase (THG) in CO_2-Äquivalenten, CO_2e oder auch CO_2eq von Englisch *equivalent*, Werte gerundet. Ein CO_2-Äquivalent, CO_2e, ist die Treibhauswirkung eines Treibhausgases im Vergleich zum Referenzgas Kohlendioxid. Je höher der Wert, desto höher ist die Treibhauswirkung, desto stärker erwärmt das Gas die Luft. CO_2, N_2O und CH_4 sind einzelne Stoffe, die F-Gase sind eine Stoffklasse, die verschiedene HFKW und FKW beinhaltet, sowie Schwefelhexafluorid, SF_6, und Stickstofftrifluorid, NF_3. *Anteil in Prozent an den Gesamtemissionen aller THG in Deutschland im Jahr 2020, vorläufige Schätzung. Quelle: Umweltbundesamt.

Beim Klimaschutz geht es also in erster Linie darum, diese gesamten Treibhausgase nicht mehr in die Luft zu entlassen. Das geht natürlich nicht von heute auf morgen, sondern braucht eine Zeit der Veränderung oder Transformation. Wichtig ist, die Menge, die entlassen wird, ständig weiter zu reduzieren, und zwar schnell. Dafür setzt die Bundesregierung nach eigenen Angaben im Wesentlichen auf zwei Strategien: erneuerbare Energien und Energieeffizienz.

Es geht aber um noch mehr beim Klimaschutz und der Klimaschutzpolitik. Es geht um Anpassung. Darunter versteht man Maßnahmen, die darauf ausgerichtet sind, die Folgen des Klimawandels aufzufangen oder abzufedern (mehr dazu im Interview mit Daniela Jacob). Anpassung an den Klimawandel heißt zum einen auf die Folgen zu reagieren, die schon da sind, und zum anderen die Gefahren abzuwenden oder ihnen vorzubeugen, die noch kommen werden. Ein klassisches Beispiel für eine Anpassungsmaßnahme ist, Deiche höher zu bauen, um den höheren Meeresspiegel aufzufangen. Da es immer häufiger zu extremen Wetterereignissen kommen wird, bei denen es entweder mit einem Mal sehr heftig oder lange Zeit gar nicht mehr regnet, gilt es, den Folgen, die daraus entstehen, entgegenzuwirken. Beispiele dafür wären Wasserauffang- oder Rückhaltebecken zu bauen, die Kanalisation entsprechend anzupassen und natürliche Versickerungsflächen zu erhalten, wie Wiesen, Felder und generell unversiegeltes und unbebautes Land. Um die Folgen von Dürren und Hitzewellen zu mindern, helfen grüne Flächen vor allem in den Städten, die sich durch den vielen Asphalt und das Glas schnell aufheizen. Dort brauchen wir mehr Parks und begrünte Dächer, Alleen und Bäume, wo immer es möglich ist. Allgemein ist Aufforstung und Anpflanzung sowieso wichtig, um CO_2 aus der Luft zu binden. Als Anpassungsmaßnahmen sind sie lokal geeignet, die unvermeidbaren Folgen der heutigen Erwärmung besser zu ertragen. Ein anderes Beispiel wäre, andere Getreide- und Obstsorten oder auch neue Baumarten anzupflanzen, die besser mit Hitze und Trockenheit zurechtkommen. Für mich ist außerdem eine der wichtigsten Anpassungsmaßnahmen eine gute Kommunikation zum Klimaschutz. Mehr dazu in Teil III dieses Buches.

Ein weiteres wichtiges Element beim Klimaschutz ist die Lenkung der Geldströme. Das Stichwort heißt »Klimafinanzierung«. Mittlerweile ist klar, dass ohne eine Umlenkung der weltweiten Geldströme in neue, sogenannte grüne, umwelt- und klimafreundliche Investitionen und Geldanlagen eine Emissionsreduktion nicht zu schaffen ist. Um dies voranzutreiben, gibt es auf europäischer Ebene ein neues Orientierungssystem für Geldanlagen. Mit der sogenannten *EU-Taxonomie* sollen künftig Investitionen in Finanzprodukte oder in realwirtschaftliche Unternehmen nach Umweltkriterien bewertet werden. Diese Taxonomie oder Klassifizierung macht deutlich, ob Geld in grüne oder braune Aktien und Aktienfonds fließt. Also in Geldanlagen, die emissionsarme Produkte und Dienste finanzieren oder die fossile Industrie unterstützen.

Zur Klimafinanzierung gehört in der internationalen Politik aber auch die Finanzierung von Klimaschutz in ärmeren Ländern. Minderung der Emissionen und Anpassung an die Folgen des Klimawandels, beides muss dort vor Ort finanziert werden. Das gilt vor allem für die Länder, die heute schon stark von den Folgen des Klimawandels betroffen sind, aber weder genug Geld noch das Wissen oder die Technik haben, widerstandsfähige Infrastrukturen aufzubauen.

Minderung der Emissionen, Maßnahmen zur Anpassung und Umlenkung der Geldströme. Diese drei Themengebiete sind die tragenden Säulen der Klimapolitik: auf kommunaler, regionaler, nationaler oder staatlicher und internationaler Ebene. Das wären auf Deutschland bezogen die Ebenen der Städte und Kommunen, dann die der Bundesländer, dann die Ebene des Bundes, die der EU und schließlich die der Weltgemeinschaft über die Organisation der Vereinten Nationen. Alle drei Säulen sind wichtig und beeinflussen sich gegenseitig. Wenn nur eine oder nur zwei Säulen mitgedacht und umgesetzt werden, ist der Klimaschutz nur halb so stabil, sprich wirksam (siehe *Abbildung 3: Die drei Säulen der Klimaschutzpolitik*).

Diese drei Säulen sind die Grundlage für einen Wandel der Gesellschaft, aller Gesellschaften, zu einer postfossilen. Dieser Prozess ist Teil dessen, was der WBGU als *Große Transformation* bezeichnet hat. Dabei geht der WBGU aber noch weiter. Er spricht hier, wie schon erwähnt, von einem neuen Gesellschaftsvertrag, der festschreibt, von fossilen zu erneuerbaren Energien zu wechseln und gleichzeitg fordert, die natürlichen Ressourcen zu schützen.[88] Die Transformation muss viel schneller gehen, als es in den letzten 30 und auch 10 Jahren passiert ist! Denn die Zeit wird immer knapper, um das zu erhalten, was wiederum uns am Leben erhält.

Abbildung 3: Die drei Säulen der Klimaschutzpolitik

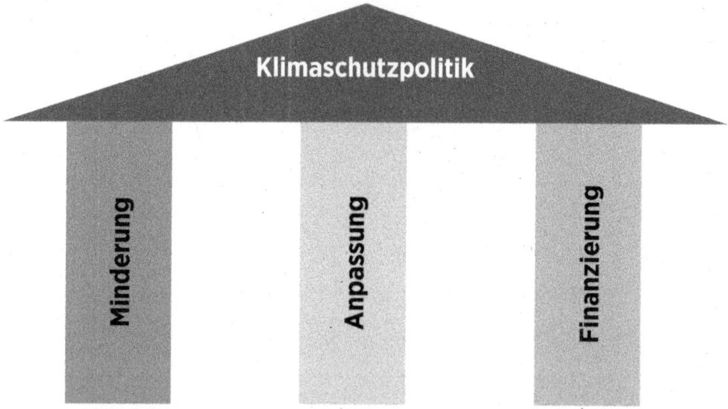

Klimaschutzpolitik steht national und international auf drei Säulen. Jede ist unerlässlich, um Klimaschutz schnell und zielgerichtet umzusetzen.

Der CO_2-Preis

Deutschland kann und muss mehr in der Klimapolitik leisten, denn der heutige Stand unserer Klimaschutzanstrengungen ist bei Weitem nicht ausreichend.

Im Herbst 2019 präsentierte die Bundesregierung ein Klimapaket, das in der ersten Runde aus Sicht des Klimaschutzes durchfiel. Um im Bild des Boxkampfes zu bleiben: Die erste Runde ging kampflos an den Gegner. Der Klimawandel stand als Gegner angriffslustig im Ring, aber die Bundesregierung kam nicht aus ihrer neutralen Ecke heraus. Doch es ging noch in die nächste Runde. Was heißt das? Die Bundesregierung hatte den nationalen CO_2-Preis viel zu niedrig angesetzt. Aber es wurde nachgebessert. Außerdem gibt es noch weitere Maßnahmen neben dem Preissignal. Denn das umgangssprachlich als Klimapaket bezeichnete *Klimaschutzprogramm 2030* besteht aus verschiedenen Elementen, die im Folgenden näher vorgestellt werden. Die wichtigsten sind ein nationaler CO_2-Preis, Förderprogramme, finanzielle Entlastungen sowie festgelegte Minderungsziele für alle Wirtschaftsbereiche, die Sektorziele. Mit ihrem Klimaschutzprogramm 2030 verfolgt die Bundesregierung nach eigenen Worten dieses Ziel: »Deutschland und die EU müssen auch in Zukunft als erfolgreiche Wirtschaftsstandorte erhalten bleiben. Dabei muss Klimaschutz mit wirtschaftlichem Erfolg und sozialem Ausgleich in Einklang gebracht werden.«[89]

Die wichtigste Maßnahme ist dabei, wie schon erwähnt, ein CO_2-Preis in Deutschland. Warum schlagen hier die Wellen so hoch? Zunächst einmal gibt es schon einen CO_2-Preis auf europäischer Ebene. Dieser bildet sich selbst am Markt über das beschriebene Emissionshandelssystem (EU-ETS). Neben dem EU-ETS steht der EU-Klimapolitik als zweiter Weg die Lastenteilungsverordnung (ESR) zur Verfügung (vergleiche dazu *Tabelle 2: Wege zum EU-Klimaziel*).

Genau diese EU-Verordnung zwingt Deutschland dazu, in den Wirtschaftsbereichen, deren Emissionen nicht vom EU-ETS gedeckelt werden, eigene Maßnahmen zu ergreifen. Dafür hat Deutschland wie alle EU-Länder Reduktionsziele von der EU zugeteilt bekommen und muss bis 2030 liefern.

Hier hat jedes Land die Freiheit, zu entscheiden, wie es seiner EU-Verpflichtung nachkommen will. Wirtschaftsexperten und -beraterinnen der Bundesregierung waren sich da einig: Man braucht *auch* auf nationaler Ebene einen CO_2-Preis. So weit so gut. Jetzt stellte sich die Gretchenfrage: Wie soll der CO_2-Preis entstehen? Frei über den Markt und über einen zweiten, dieses Mal nationalen Emissionshandel oder per Gesetzgeber vorgegeben über eine nationale Steuer?

Ein Preis auf CO_2 ist der Klima-Ökonominnen liebstes Kind. Er ist der Dreh- und Angelpunkt heftiger volkswirtschaftlicher Debatten, wie in den Interviews mit Claudia Kemfert und Sabine Fuss zu erkennen ist. Die zwei Alternativen für den CO_2-Preis sind aber nur der eine Streitpunkt. Eine weitere Frage ist, ob ein CO_2-Preis als alleiniges Mittel ausreicht, um Klimaschutz zu betreiben. Muss dieses Instrument vielleicht doch ergänzt werden? Unterstützende Maßnahmen könnten zum Beispiel Verbote von bestimmten klimaschädlichen Aktivitäten sein, wie man auch andere Dinge, die für die Allgemeinheit schädlich sind, verbietet. Etwa illegale Müllentsorgung, Störung der Nachtruhe, Tierquälerei, aber auch Betrug, Geldwäsche und so weiter und so fort. Im Sinne des Klimaschutzes könnte man Kurzstreckenflüge verbieten, wenn innerhalb Deutschlands für diese Entfernung auch gut ausgebaute Fernbahnverbindungen vorhanden sind. Oder man verbietet gesetzlich die Neuzulassung von Verbrennungsmotoren ab einem bestimmten Jahr, was etwa die EU-Kommission in ihrem *Fit for 55-Paket* im Juli 2021 vorgeschlagen hat. Bei diesem Thema erhitzen sich schnell die Gemüter, weil wir Bürgerinnen und Bürger eine ganz unterschiedliche Vorstellung von Freiheit haben. Was bedeutet individuelle Freiheit für mich? Bedeutet sie, dass ich auf den Autobahnen so schnell fahren kann, wie ich will? Dass ich möglichst wenig Steuern zahle? Oder sehe ich es als wichtigste Freiheit an, dass ich meine Meinung frei äußern, meinen Bildungsweg und Beruf frei wählen kann? Jeder definiert Freiheit für sich anders. Jeder sieht sich auch anders in der Pflicht, für andere zu sorgen. Muss ich hohe Steuern zahlen, mögen sich manche fragen, nur damit der Staat für »Faulenzer« oder »Wirtschaftsflüchtlinge« sorgen kann? Jeder und jede von uns hat einen anderen Standpunkt dazu. Klimaschutz berührt die Frage, inwieweit sich der und die Einzelne verantwortlich sieht für die Gesellschaft mit zu sorgen und/oder für die kommende Generation vorzusorgen. Muss ich heute mehr für Benzin oder meine Heizkosten zahlen für eine Zukunft, die mich gar nicht mehr betrifft?

Klimaschutzpolitik wird daher oft emotional diskutiert. Auch die Frage »Emissionshandel oder CO_2-Steuer?« hat für viele damit zu tun, wie stark sie den Staat in ihr Leben hineinregieren lassen wollen. So sehen es zumindest die Ökonomen und viele andere Menschen, die in dem Zusammenhang diskutieren, wie viel Staat sein muss und wie viel Bürger und Bürgerinnen selbst entscheiden sollen. Denn der Emissionshandel ist nur ein indirekter Preis für CO_2. Indirekt durch eine Mengenbegrenzung der CO_2-Zertifikate. Die Steuer ist hingegen ein direkter Preis für CO_2, weil ich pro Ausstoß einen Anteil von einem bestimmten Betrag an X Euro direkt an den Staat zahle. Ein indirekter Preis hat für viele den Beigeschmack von mehr Freiheit, ein direkter von mehr Bevormundung. Der Effekt ist jedoch der gleiche: CO_2-Emissionen sollen teuer sein und immer teurer werden, damit Industrie und Verbraucher sie vermeiden. Die Steuer kann pro Jahr verschärft werden, also ansteigen, so wie auch der Emissionshandel verschärft wird, indem die Menge der verfügbaren CO_2-Zertifikate jedes Jahr verringert wird. Damit ist immer ein wichtiges Signal gesetzt: Die Preissteigerung für Emissionen geht in Zukunft weiter. Darauf können sich alle einstellen.

Das nationale Emissionshandelssystem (nEHS)

Nach vielen Debatten entschied sich die Bundesregierung im Sommer 2019 für den Emissionshandel und damit gegen die Steuer. Sie nennt es *nationales Emissionshandelssystem* (nEHS), um es vom dem europäischen EU-ETS abzugrenzen. Der Preispfad wurde mit den Stimmen der Opposition Ende 2019 im Bundestag und Bundesrat nachgebessert. Interessant ist, dass es überhaupt einen Preispfad gibt. Denn beim Emissionshandel soll sich der Preis von selbst bilden. Der nEHS ist einer, bei dem der Preis in den ersten fünf Jahren festgelegt ist. Man könnte ihn daher als Emissionshandel *light* oder als eine CO_2-Steuer unter dem Deckmäntelchen des freien Handels bezeichnen.

Der endgültige Einstiegspreis liegt nach dem Kompromiss im Bundesrat bei 25 Euro pro Tonne CO_2, statt ursprünglich 10 Euro. Der 25-Euro-Preis steigt in den ersten beiden Jahren in 5-Euro-Schritten und in den zweiten beiden in 10-Euroschritten und landet so im Jahr 2025 bei 55 Euro. Ab dem Jahr 2026 darf der Preis sich am Markt bilden, also nach Angebot und Nachfrage einpendeln, aber nur zwischen 55 Euro und 65 Euro (siehe *Abbildung 4: Preispfad im nationalen Emissionshandelssystem*). »Über die Fortführung eines Preiskorridors für die Zeit ab 2027 wird im Jahr 2025 entschieden.«[90]

Wir haben also in Deutschland seit 2021 einen CO_2-Preis. Dieser gilt *nur* für die Sektoren Wärme (Gebäude) und Verkehr. Das sind zwei wesentliche Sektoren, die zur Lastenteilung gehören, weil sie nicht im EU-ETS geregelt sind. Was bedeutet das für die Bürger und die Industrie? Muss man jetzt, bevor man seine Heizung aufdreht, ein CO_2-Zertifikat kaufen? Nein, natürlich nicht. Auch beim Tanken bleibt der Ablauf der gleiche, aber hier sieht man den Preisaufschlag gleich an der Zapfsäule. Diejenigen, die CO_2-Rechte in Form von Zertifikaten für Heiz- und Kraftstoffe kaufen müssen, sind die sogenannten »Inverkehrbringer«. Das sind beispielsweise die Lieferanten von Benzin und Heizöl. Sie müssen zu einem bestimmten Datum nachweisen, dass für die Mengen an Öl oder Gas, die sie ausgeliefert haben, also in Verkehr gebracht haben, auch die erforderlichen Mengen an Emissionszertifikaten vorliegen. Dadurch wird Heizen und Tanken für Bürgerinnen und Bürger und die Industrie teurer. Denn die zusätzlichen Kosten werden natürlich auf die Preise für den Endkunden aufgeschlagen.

Deswegen sind Entlastungs- und Fördermaßnahmen ein weiteres wesentliches Element des Klimaschutzprogramms 2030. Denn, so heißt es ausdrücklich, die Bepreisung von CO_2 »hat nicht das Ziel, Einnahmen für den Staat für andere Zwecke zu erzielen«.[91] Die Einnahmen aus dem nEHS durch den Verkauf der CO_2-Zertifikate sollen also an anderer Stelle an die Bürgerinnen und Bürger zurückgegeben werden. Außerdem werden Anreize gesetzt, um unser Verhalten in Richtung emissionsarmer Aktivitäten umzulenken.

Abbildung 4: Preispfad im nationalen Emissionshandelssystem

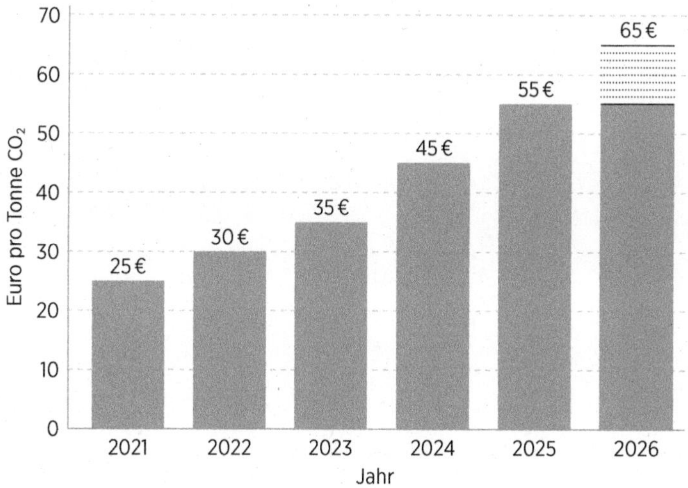

Der nationale CO_2-Preis steigt ab 2021 in festgelegten Schritten bis 2025 an und pendelt sich ab 2026 innerhalb eines festgelegten Unter- und Oberpreises ein. Quelle: nach BMU, 2020.

Fordern und Fördern

Die Anreize sind vielfältig und lassen sich in drei Bereiche einteilen: Entlastungen, Förderprogramme und Vorschriften (siehe dazu *Tabelle 4: Maßnahmen des Klimaschutzprogramms 2030*).

Tabelle 4: Maßnahmen des Klimaschutzprogramms 2030

Bereich	Beispielmaßnahmen	Ziel
Entlasten	Senkung der EEG-Umlage um 0,25 Cent ab 2021	Kosten für Stromkunden senken
	Erhöhung der Pendlerpauschale ab dem 21. Kilometer auf 35 Cent	Kosten für Langstreckenfahrten senken
Fördern	Wärmenetze, Wärmespeicher auf EE umstellen u. intelligent steuern	Fossile Energie ersetzen, Wärmeverluste reduzieren
	Steueranreize, um Gebäude energetisch zu sanieren	Wärmeverluste und Heizenergiebedarf reduzieren
	Ausbau des ÖPNV u. Radwegenetzes	Individual- u. motorisierten Verkehr reduzieren
	Energie- und Ressourceneffizienz erhöhen	Industrie technologisch umbauen
	Batteriezellfertigung	Elektromobilität
	Erhalt von Dauergrünland	CO_2-Senken erhalten
	Schutz von Moorböden, Reduzierung der Torfverwendung	CO_2-Senken erhalten
Vorschreiben	Ende der Kohleverstromung bis 2038	CO_2-Emissionen und Kohlefolgeschäden senken
	Ausbau EE auf 65 % am Stromverbrauch bis 2030	Fossile Brennstoffe ersetzen

Die Maßnahmen aus dem Klimaschutzprogramm 2030 sind aufeinander abgestimmt und sollen sich gegenseitig verstärken.

Das Klimaschutzprogramm 2030 schreibt etwa vor, dass der Anteil der erneuerbaren Energien am Stromverbrauch bis 2030 auf 65 Prozent ansteigen soll. Der Mindestabstand von neuen Windkraftanlagen zu Wohngebieten muss außerdem künftig 1.000 Meter betragen. Diese beiden Ziele stehen sich laut Studien im Weg. Denn dann bliebe im dicht besiedelten Deutschland nicht genügend Platz für neue Windräder. Um hier mehr Spielraum zu lassen, erhalten »Kommunen unbefristet die Möglichkeit geringere Mindestabstände festzulegen«.[92] Auch soll der Kohleausstieg bis 2038 abgeschlossen sein. Dabei will der Staat negativen sozialen Folgen wie Arbeitslosigkeit und Perspektivlosigkeit vorbeugen. Dafür hat der Bund 40 Milliarden Euro an Investition (Strukturhilfen) vorgesehen, die bis 2038 in die deutschen Kohleregionen fließen sollen.

Die Maßnahmen im Klimaschutzprogramm 2030 sollen *alle* Emissionen begrenzen. Die deutschen Emissionen sind wie bereits ausführlich erläutert unterschiedlich reguliert: einmal durch den europäischen Emissionshandel EU-ETS (Europarecht) und jetzt neu durch den deutschen Emissionshandel nEHS (deutsches Recht). Dabei sind die Emissionen aus weniger energieintensiven Industrien, aus der Abfallwirtschaft und der Landwirtschaft noch nicht oder wenig reguliert. Hier setzen nun andere Instrumente an: Effizienzprogramme für die Industrie, Förderprogramme für den Ökolandbau oder Anreize, weniger Stickstoff aus Dünger und Gülle auszubringen, denn aus letzteren entsteht das Treibhausgas Distickstoffmonoxid (Lachgas). Wer aus der Massentierhaltung aussteigt, verringert auch den Stickstoffeintrag auf unsere Felder und in unsere Gewässer. Seit Jahrzehnten überschreitet Deutschland immer wieder die EU-weiten Stickstoffgrenzwerte. Nicht nur bei diesem Punkt ist Klimaschutz auch Tier- und Pflanzenschutz und umgekehrt.

Sektorziele: die Emissionslast verteilen

Ein weiteres wesentliches Element im Klimaschutzprogramm 2030 sind die Reduktionsziele für die Wirtschafts*sektoren*, deswegen heißen sie auch *Sektorziele*. Die deutsche Wirtschaft ist in sechs Sektoren eingeteilt (siehe dazu die *Abbildung 5: Deutsche Emissionen nach Sektoren*).

Die höchsten Emissionswerte liegen im Bereich des Energiesektors. »Der Sektor Energiewirtschaft umfasst im Wesentlichen alle Emissionen aus der Verbrennung fossiler Rohstoffe in Kraftwerken der öffentlichen Strom- und Wärmebereitstellung.«[93] Auch der Strom in den privaten Haushalten wird zum Energiesektor gezählt. Mehr als zwei Drittel der Emissionen stammen aus Kohlekraftwerken. Das macht deutlich, wie wichtig ein Ausstieg aus der Kohleförderung für die Minderung der Treibhausgasemissionen in Deutschland ist.

Abbildung 5: Deutsche Emissionen nach Sektoren

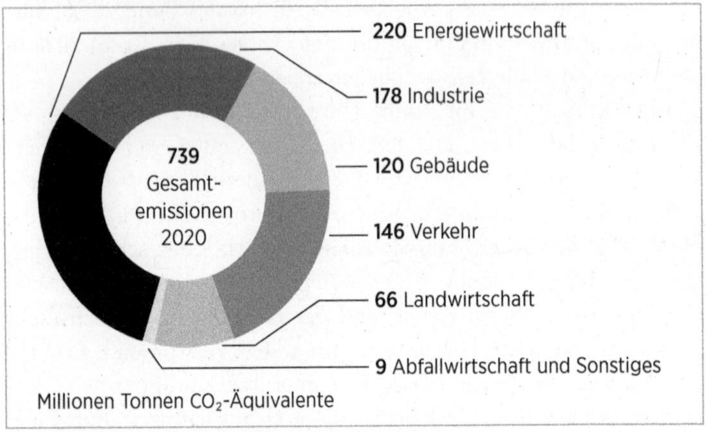

Die gesamten Treibhausgasemissionen Deutschlands im Jahr 2020 beliefen sich auf 739 Millionen CO_2-Äquivalente, CO_2e. Sie lassen sich sechs Wirtschaftssektoren zuordnen. Für jeden Sektor sind jährliche Reduktionsziele bis zum Jahr 2030 gesetzlich festgelegt. Hinweis: Bei der Zahl 739 sind *alle* Treibhausgase berücksichtigt. Daher ist der Wert in CO_2e angegeben worden. Darunter fallen 644 Millionen Tonnen reine CO_2-Emissionen. Quelle: Umweltbundesamt.

Der Sektor Industrie umfasst die Emissionen aus der Industrieproduktion, die auf zwei Arten entstehen können: Es sind die Emissionen durch die Verbrennung der fossilen Brennstoffe und die Restemissionen aus den chemischen Industrieprozessen. Zum Verkehrssektor zählen alle Emissionen aus dem Straßen-, Schienen- und Schiffsverkehr und dem nationalen Luftverkehr. In Deutschland sind fast 60 Prozent der Pkw und rund 35 Prozent der Nutzfahrzeuge für diese Emissionen verantwortlich. Nach der Energiewirtschaft und der Industrie erzeugt allein der deutsche Straßenverkehr die dritthöchste

Menge an Emissionen. Hier macht sich der sogenannte Rebound-Effekt stark bemerkbar. Einsparungen durch spritsparendere Motoren werden durch die Massen an Autos und mehr Fahrten wieder »aufgefressen«. Der Sektor Gebäude umfasst die Emissionen, die entstehen, wenn im Bereich der privaten Haushalte und im Bereich Handel und Dienstleistungen geheizt wird. Es gilt das Schornsteinprinzip: Dort, wo der Schornstein steht und die Emissionen entstehen, werden sie hinzugezählt. Im Sektor Landwirtschaft entstehen hauptsächlich die Treibhausgase Methan und Lachgas. Im Sektor Abfallwirtschaft sind zum Beispiel Abfalldeponien die Hauptquelle für Emissionen.

Alle diese Wirtschaftssektoren bekommen durch das Klimaschutzprogramm 2030 verbindliche Obergrenzen für Jahresemissionsmengen zugeteilt, die von Jahr zu Jahr schrumpfen. Anhand dieser Sektorziele überprüft ein Expertenrat für Klimafragen, ob im abgelaufenen Jahr ausreichend reduziert wurde. Jedes Bundesministerium ist für die Minderung der Emissionen, die in seinen Zuständigkeitsbereich fallen, verantwortlich. Erreicht ein Sektor nicht sein Ziel, muss das zuständige Ministerium ein Sofortprogramm auflegen, um die Einsparungen künftig zu erreichen.

Damit ist nicht mehr nur das Umweltministerium allein, sondern sind auch das Wirtschafts-, das Verkehrs, das Bau- (Innen-) und Landwirtschaftsministerium für die Minderung der Emissionen verantwortlich. Klimaschutz ist jetzt kein Umweltministerthema mehr, sondern eines für alle Ministerinnen und Minister der Regierung.

Warum ist das so ein großer Vorteil? Der frühere Bundeswirtschaftsminister Sigmar Gabriel (SPD) äußerte einmal, dass deswegen die Klimapolitik bisher gescheitert sei, weil »die falschen Leute miteinander verhandeln. Statt dass die Umweltminister miteinander reden, müssen die Wirtschaftsminister miteinander reden!«[94] Der Bundesminister bezog sich damals vor allem auf den internationalen Klimaschutz. Die Aussage stimmt aber auch für das einzelne Land. Die Politiker, die immer noch meinen, Klimaschutz sei im Umweltministerium allein am besten aufgehoben, sind im letzten Jahrtausend stehengeblieben. Klimaschutz ist ein Querschnittsthema. Es gehört zu den wichtigsten Politikthemen national und international. Wenn das erkannt wird, kann er auch nicht mehr kurzfristigen anderen Zielen geopfert werden. Was langfristig eine völlig falsche Strategie wäre, weil Klimaschutz auch Gesundheitspolitik, Ernährungspolitik, Friedenspolitik, Einwanderungspolitik und natürlich Wirtschaftspolitik ist.

Das Bundes-Klimaschutzgesetz (KSG)

Um diesen Erfolg sicherzustellen und die Politik stärker an ihre Verpflichtung zum Klimaschutz zu binden, verabschiedete die Bundesregierung Ende des Jahres 2019 das erste deutsche Klimaschutzgesetz. Mit dem Klimaschutzgesetz, so schreibt es die Bundesregierung, »werden die nationalen Klimaziele zum ersten Mal rechtsverbindlich – und zwar für jeden einzelnen Wirtschaftsbereich bis 2030, sowohl für diese als auch für künftige Bundesregierungen.«[95] Damit können sich die nächsten Regierungen beim Klimaschutz nicht wegducken, egal aus welchen Koalitionen sie bestehen. Es liegt aber auch im finanziellen Interesse Deutschlands, seine nationalen Reduktionsziele zu erreichen.

Im ersten Paragrafen des Klimaschutzgesetzes wird noch einmal der überstaatliche Rahmen genannt:

> §1 KSG, Zweck des Gesetzes
> Zweck dieses Gesetzes ist es, zum Schutz vor den Auswirkungen des weltweiten Klimawandels die Erfüllung der nationalen Klimaschutzziele sowie die Einhaltung der europäischen Zielvorgaben zu gewährleisten. Die ökologischen, sozialen und ökonomischen Folgen werden berücksichtigt. Grundlage bildet die Verpflichtung nach dem Übereinkommen von Paris aufgrund der Klimarahmenkonvention der Vereinten Nationen, wonach der Anstieg der globalen Durchschnittstemperatur auf deutlich unter 2 Grad Celsius und möglichst auf 1,5 Grad Celsius gegenüber dem vorindustriellen Niveau zu begrenzen ist, um die Auswirkungen des weltweiten Klimawandels so gering wie möglich zu halten, sowie das Bekenntnis der Bundesrepublik Deutschland auf dem Klimagipfel der Vereinten Nationen am 23. September 2019 in New York, Treibhausgasneutralität bis 2050 als langfristiges Ziel zu verfolgen.[96]

Tatsächlich hat Deutschland sein lange gültiges 2020-Ziel nur ganz knapp erreicht. Jetzt rückt das nächste Ziel ins Visier: das 2030-Ziel. Das wurde im Frühsommer 2021 erhöht. Aus zwei Gründen: Weil die EU den gemeinsamen europäischen Klimaplan, EU NDC, nachgeschärft hat, und weil das Bundesverfassungsgericht ein wegweisendes Urteil gefällt hat. Mehr Details zu dem Urteil in Teil III. Seit dem Pariser Übereinkommen ist die deutsche Klimapolitik noch enger an die Klimapolitik der EU gebunden.

Ende 2020 hob die EU ihr Ziel an, von 40 auf jetzt mindestens 55 Prozent Minderung bis 2030. Das hat natürlich Folgen für alle 27 EU-Mitgliedsstaaten. Alle 27 Länder sind mit ihren Klimazielen Teil des gemeinsamen europäischen Klimaziels. Deutschland reagierte als erstes EU-Land, weil ein Urteil des Bundesverfassungsgerichts erging, dass die deutsche Klimaschutzpolitik als nicht ausreichend bezeichnete. Da bot es sich für die Bundesregierung an, erst einmal mit einer Erhöhung der deutschen 2030-Klimaziele nachzubessern.

Tabelle 5: Neue Klimaziele der EU und Deutschlands

	EU	Deutschland
Zieljahre: Reduktion immer im Vergleich zu 1990	Neu – seit Ende 2020	Neu – seit Mai 2021
2030	55 %	65 %
2045		treibhausgasneutral
2050	klimaneutral[97]	

Deutschland hat schärfere Klimaziele als die EU. So will es fünf Jahre eher als die EU klima- oder treibhausgasneutral werden, schon im Jahr 2045. Es will auch bis zum Jahr 2030 nicht nur um 55 Prozent, sondern sogar um 65 Prozent seine THG-Emissionen im Vergleich zu 1990 mindern. Deutschland muss als starke EU-Volkswirtschaft aber sowieso höhere Reduktionsziele schultern.

Zusammenfassend bedeutet das neue höhere Reduktionsziel für Deutschland mehr Anstrengungen auf zwei Ebenen. Auf EU-Ebene müssen alle Mitgliedsstaaten gemeinsam aushandeln, wie das Emissionshandelssystem (EU-ETS) verschärft wird, etwa indem die Obergrenze jährlich stärker sinkt, um im Zeitraum bis 2030 mehr

Emissionen einzusparen als bisher geplant war. Auf nationaler Ebene muss Deutschland schauen, ob die Maßnahmen im Klimaschutzprogramm 2030 für die Zielerreichung der höheren eigenen Reduktionsziele ausreichen. Ziele, die Deutschland sich quasi wie in vorauseilendem Gehorsam schon selbst strenger gesetzt hat, die ihm aber in ähnlicher Höhe sowieso von der EU noch zugewiesen worden wären – wahrscheinlich im Laufe des Jahres 2021.

Die EU gibt hier den Takt vor, aber eigentlich auch wieder nicht. Denn der wahre Taktgeber sind die internationalen Vereinbarungen. Denn auch die EU ist an das Pariser Übereinkommen gebunden. Wobei wie Stefan Aykut im Interview erklärt, ein internationaler Vertrag nur das wert ist, was die Länder daraus machen. Bisher reichen die Anstrengungen der rund 190 Länder nicht aus, um die Temperaturziele des Pariser Übereinkommens einzuhalten. Mit den jetzt vorliegenden nationalen Klimaplänen aller Länder wird es deutlich wärmer, mindestens 3 Grad, statt nur 2 oder gar nur 1,5 Grad. Genau deswegen hat die EU ein ehrgeizigeres Ziel beschlossen, um die Chancen zu erhöhen, die Pariser Ziele zu erreichen und um die Welt mitzuziehen. Deutschland kann sich in der EU-Partnerschaft nicht nur die Rosinen herauspicken. Deutschland muss seine Verpflichtung einhalten. Eine für alle, alle für eine. Das gilt nicht nur für die EU, das gilt auch für die ganze Welt. Eine Welt für alle, alle für die eine Welt.

Deutschland: beinahe ein Musterschüler

Deutschland galt seit den 1990er-Jahren lange Zeit als Musterschüler im Klimaschutz. Den Ruf hatte es vor allem im Ausland. Die Erfolge im Klimaschutz wurden im Inland nicht so wahrgenommen. Vielleicht traute man seinen eigenen Erfolgen nicht, oder ließ sich von äußeren Ereignissen zu stark ablenken oder von Unkenrufen aus den eigenen Reihen zu sehr beeindrucken. Denn spätestens ab den 2010er-Jahren wirkte Deutschland nach den ersten Riesenschritten fortan mutlos. Die Erzählung, das Narrativ, hatte sich verändert. Der Klimawandel war nicht mehr Motivation, um Lösungen zu finden, sondern nur noch ein Risiko, Geld zu verlieren. Deutschland steuerte durch sein Verharren und sogar Blockieren beim Klimaschutz auf etwas zu, was man in der klassischen Tragödie den Wendepunkt nennen würde. Das Drama war drauf und dran ein katastrophales Ende zu nehmen.

Mit dem ersten deutschen Klimaschutzgesetz könnte nun eine Wende zum Guten gekommen sein, nämlich zurück auf den Weg einer ehrgeizigen Klimapolitik. Dabei half das Urteil des Bundesverfassungsgerichts, das sich wiederum nur so äußern konnte, weil es das neue Klimaschutzgesetz gibt. Die Bundesregierung muss nun, neben den erhöhten Klimazielen, auch für die Zeit zwischen den Jahren 2030 und 2040 einzelne Jahresobergrenzen für die Emissionsreduktion vorgeben. Das hat das Gericht so entschieden. Die Richter argumentierten, die Menschen müssten sich früher darauf einstellen können, was auf sie zukommt. Genau das ist Klimapolitik in ihrem besten Sinne: den Menschen klar sagen, was kommt, warum es kommt, und wie wir uns am besten daran beteiligen können. Daniela Jacob sagt im Interview, dass es Deutschland an Mut und Enthusiasmus fehlt, um wieder ganz vorne beim Klimaschutz mitzumachen. Vielleicht kommt das jetzt wieder. Ist aus der Feldmaus, dem deutschen Klimapaket im ersten Entwurf, am Ende doch noch ein echter Gegner im Kampf gegen den Klimawandel geworden?

Nur wenn alle Länder das Übereinkommen von Paris als Zielmarke nehmen und ihre nationalen Anstrengungen darauf ausrichten, gelingt Klimaschutz. Deutschland hat sich mit dem nachgebesserten Klimaschutzprogramm 2030 wieder auf den Weg gemacht.

TEIL II

Interviews

Politik und Soziologie: Prof. Dr. Stefan C. Aykut

Prof. Dr. Stefan C. Aykut, Politologe und Soziologe

- Professor für Soziologie an der Universität Hamburg.
- Preisträger 2019: Heinz Maier-Leibnitz Preis für Nachwuchsforscher der Deutschen Forschungsgemeinschaft (DFG).
- Geboren 1980 in Filderstadt, Studium der Sozial- und Politikwissenschaften sowie Wissenschaftsgeschichte an der FU Berlin, der Sabanci University Istanbul und der Ecole des Hautes Etudes en Sciences Sociales Paris. Stationen als Postdoktorand am LATTS und LISIS (beide Université Paris-Est MLV) und Aufenthalte als Gastforscher am Institut für Soziologie der TU-Berlin und am Centre Marc Bloch der HU Berlin.
- In seinen Forschungen untersucht er unter anderem, wie Gesellschaften auf ökologische Krisen, insbesondere den Klimawandel, reagieren und welche Konflikte und Chancen dabei entstehen. Weiter beschäftigt er sich mit den Entwicklungen im Energiesektor in Europa und hier vor allem in den Ländern Deutschland und Frankreich.

Herr Aykut, Sie sind Politologe und Soziologe und beschäftigen sich mit dem Klimathema. Wie kam es dazu?

AYKUT: Ich habe im Prinzip drei Fächer studiert: klassische Politikwissenschaften, Soziologie, und Wissenschafts- und Technikgeschichte. Während meiner Masterarbeit in Frankreich habe ich nach einem Thema gesucht, in dem ich diese drei Interessen verknüpfen konnte. Ökologische Fragen bieten sich da naturgemäß an. Natürlich kam auch mein persönliches Interesse für das Klimathema an sich hinzu. Dann konnte ich mit einer Gruppe von unserem Institut in Paris das erste Mal eine Weltklimakonferenz besuchen: ein internationales Treffen mit Diplomaten, Klimaaktivisten und Unternehmen. Das war für mich sofort ein spannendes Forschungsfeld.

Gab es für Ihr Interesse an Politik und den Sozialwissenschaften einen besonderen Auslöser?

AYKUT: Was politisch eine Rolle gespielt hat, war die Wahl von Georg W. Bush in den USA 2001 und dann der 11. September. Ich erinnere mich, dass ich damals krank zu Hause bei meinen Eltern war und dann sah ich immer wieder diese Flugzeuge, die in das World Trade Center krachten. Danach begann der Krieg gegen den Terror. Ich glaube das war sicherlich ein Moment, wo ich dachte, ich möchte besser verstehen, wie Politik funktioniert und wie man Krisen international kooperativ und nicht kriegerisch lösen kann.

Eine andere Frage, die mich seit Längerem beschäftigt, ist der Ländervergleich Frankreich und Deutschland. Ich war während der Schulzeit viel in Frankreich und fand es faszinierend, wie unterschiedlich die Dinge kulturell und politisch sind, trotz der Tatsache, dass wir uns in vielen Dingen wieder sehr nahe sind. Diese Unterschiede wollte ich verstehen, wie sich soziale Bewegungen entwickelt und wie sie historische Veränderungen herbeigeführt haben.

Der Vergleich zwischen der Klima- und der Corona-Krise ist oft gezogen worden. Wo sehen Sie hier wesentliche Verknüpfungen?

AYKUT: Eine Frage ist, wie Corona die internationale Energieproduktion beeinflussen wird. Die internationale Energieagentur zum Beispiel hat versucht, das in verschiedenen Szenarien zu berechnen. Ich finde es sehr aufschlussreich, dass dort davon ausgegangen wird, dass die Emissionsreduktionen des Jahres 2020 schon im nächsten Jahr durch einen Aufschwung kompensiert werden könnten. Ich denke, dass diese Diskussion, ob Corona gut fürs Klima ist, verfehlt ist. Man weiß, dass nach großen Krisen oft Boomjahre kommen und die Wirtschaft wieder angekurbelt wird. Die Emissionen, die jetzt ausbleiben, werden dann in den nächsten Jahren kompensiert oder sogar überkompensiert.

Die Weltklimakonferenz COP26, die eigentlich im Dezember 2020 in Glasgow stattfinden sollte, wurde auf das Jahr 2021 verschoben. Was hat das Ihrer Meinung nach für Konsequenzen?

AYKUT: Es ist natürlich erstmal verständlich, dass die COP26 verschoben wurde. Aber sobald sich das ein bisschen gelegt hat mit Corona, wird man wirklich sehr genau schauen müssen, was mit der globalen Klimapolitik passiert. Vor allem vor dem Hintergrund, dass 2020 ein ganz wichtiges Jahr sein sollte. 2020 ist die erste Revisionsrunde der Pariser Übereinkunft von 2015. Das heißt die Staaten sind zum ersten Mal aufgerufen ihre nationalen Selbstverpflichtungen, ihre Emissionsreduktionsverpflichtungen, zu überdenken und neue zu unterbreiten. Also 2020, vor der regulären COP26, wäre ein wichtiger Gradmesser gewesen, wie ernst es den Staaten mit dem Klimaschutz ist. Das fällt jetzt ins Wasser. Deswegen ist es umso wichtiger zu schauen, welche Staaten es gibt, die trotzdem neue Selbstverpflichtungen vorlegen, und wie ambitioniert diese sind.

Dann schauen wir uns die Pariser Übereinkunft genauer an. Wie Sie sagen, steht in der Vereinbarung, dass alle fünf Jahre, zum ersten Mal 2020, die Staaten ihre Emissionsreduktionsverpflichtungen neu vorlegen müssen. Sie müssen außerdem ehrgeiziger sein als die vorherigen. Angenommen, die Staten machen das nicht. Sie legen keine vor, oder die, die sie vorlegen, sind nicht besser als die früheren. Passiert dann irgendetwas?

AYKUT: Nein. Das ist ja genau das Prinzip der Pariser Übereinkunft, das Prinzip der Freiwilligkeit, in dem Sinne, dass die Selbstverpflichtungen von den Staaten *bottom-up* bestimmt werden. Jeder Staat, jede Regierung kann von sich aussagen, was für sie angemessen ist und was sie umsetzen möchte. Was natürlich mit dem Ansatz bricht, der seit Kyoto der dominierende Ansatz der globalen Klimapolitik war. Denn dort wurden Reduktionsverpflichtungen für Industriestaaten verhandelt und

> » *Jeder Staat, jede Regierung kann von sich aussagen, was für sie angemessen ist und was sie umsetzen möchte.*

dann verbindlich festgelegt. Das ist in der Pariser Übereinkunft nicht so. Staaten entscheiden selbst, was sie machen wollen, legen ihre Klimapläne vor und es gibt keine Sanktionsmechanismen, wenn sie sie nicht erreichen.

Das Einzige, was es gibt, ist eine Verpflichtung zur Berichterstattung. Das heißt, Staaten müssen Daten über ihre Treibhausgasausstöße liefern und somit offenlegen, ob sie auf einem guten Weg sind, ihre Reduktionsziele zu erreichen.

Das kann natürlich nur funktionieren, wenn die Regierungen international, aber auch national unter Druck stehen. International wird auf den Klimakonferenzen, den COPs, diskutiert was für dieses oder jenes Land an Emissionsreduktion angemessen ist. Das ist der Ansatz der Pariser Übereinkunft, dass die Reduktionsziele öffentlich diskutiert werden. National müssen die Zivilgesellschaften, also die Vereine und andere nichtstaatliche Interessensgruppen, Druck auf ihre Regierung im eigenen Land ausüben.

Die fehlenden Verbindlichkeiten werden also durch politischen Druck zu Hause und auf globaler Bühne ersetzt. Auffällig finde ich, dass im Text der Pariser Übereinkunft viele Formulierungen stehen, die nach Poesie-Album klingen, wie »wir hoffen« und »wünschen« und »würden uns sehr freuen«. Es gibt wenige konkrete Zahlen außer den beiden Temperaturangaben 1,5 Grad und 2 Grad Celsius.

AYKUT: Da legen Sie den Finger in die Wunde. Es ist ein Abkommen, das sehr stark auf sogenanntem *soft law* basiert, das heißt, dass die Übereinkünfte nicht verbindlich festgeschrieben werden, sondern sehr viel, was Sie Poesie-Album genannt haben, weiche Formulierungen haben, sehr viel *good will* steckt darin. Jetzt kann man natürlich kurz einen Schritt zurückgehen und sich noch einmal das Kyoto-Protokoll von 1997 anschauen. Kyoto war anders formuliert. Es gab sehr viel mehr verbindliche Regeln und Textstellen wie »die Vertragsstaaten sollen«, oder »die Vertragsstaaten machen dies und das«, also Formulierungen, die auch rechtlich bindend sind. Hingegen stehen in der Pariser Übereinkunft viele Sätze mit »sollten«, die rechtlich nicht bindend sind. Rechtlich verbindliche Formulierungen gibt es auch, diese beschreiben aber vor allem Berichts -und Transparenzpflichten.

Dennoch muss man sich etwas klarmachen: Wenn man sich die Geschichte des Kyoto-Protokolls anschaut, fehlen in der Praxis die Sanktionen, die Strafen. Denn es gibt durchaus einige Länder, die ihre Kyoto-Ziele nicht erreicht haben, wie zum Beispiel Kanada. Kanada hat irgendwann gemerkt, wir haben das Kyoto-Protokoll unterschrieben, wir haben es auch ratifiziert, wir erreichen unsere Ziele aber nicht! Was machen wir? Wir steigen aus. Das haben sie gemacht und es ist nie irgendetwas passiert. Also es ist nie sanktioniert worden, obwohl das Kyoto-Protokoll Sanktionsmöglichkeiten vorsieht. Kanada wurde auch nicht international geächtet. Das heißt im Endeffekt sind auch verbindliche Abkommen nur so stark, wie die Staaten wollen, dass sie stark sind. Manchmal konzentrieren wir uns vielleicht zu sehr auf den genauen Wortlaut solcher Abkommen. Im Endeffekt kommt es aber darauf an, was Staaten daraus machen. Also »Sanktionen oder keine?« ist nicht die einzig entscheidende Frage.

Keine Verbindlichkeiten, außer Berichtspflichten über die Treibhausgasausstöße. Das ist etwas enttäuschend für einen Vertrag, der zum Ziel hat, die Emissionen weltweit deutlich und schnell zu senken. Der eigentlich die Hoffnung einer ganzen Generation ist.

AYKUT: Man muss die Pariser Übereinkunft aus ihrer Entstehung heraus verstehen. 2009 war die Klimakonferenz in Kopenhagen, also die COP15, auf der eigentlich ein Nachfolgeabkommen zum Kyoto-Protokoll gefunden werden sollte. Die Kopenhagen Konferenz ist damals krachend gescheitert, es wurde kein Nachfolgeabkommen gefunden. Dann in Paris 2015, sechs Jahre später die Verabschiedung der Pariser Übereinkunft. Das war eine Rückkehr zu einer Form von globaler Zusammenarbeit in dem Sinne, dass man gesagt hat, die Klimakrise ist eine globale Krise und wir wollen sie gemeinsam bekämpfen. Das war die positive Botschaft. Das was erreicht wurde, die Kombination von Verbindlichkeit bezogen auf die Transparenzpflichten und Unverbindlichkeit bezogen auf die Festlegung der nationalen Klimapläne, ist wiederum dem geschuldet, was damals politisch möglich war. Schon im Jahr 2014, also kurz vorher, hatten die größten Verschmutzer, die USA und China, ihren Standpunkt klargemacht. Für sie käme es nicht infrage in irgendeiner Weise verbindliche Reduktionsverpflichtungen einzugehen. Von daher lag es gar nicht mehr auf dem Verhandlungstisch in Paris, verbindliche Reduktionsverpflichtungen zentral festzulegen.

Was ist denn nun das Gute am Pariser Klimavertrag?

AYKUT: Die Chance, das Gute der Pariser Übereinkunft liegt nicht im Text selbst. Sondern es kommt sehr stark darauf an, was die Staaten aus diesem Vertragswerk machen. Ob die Staaten zum Beispiel 2020 tatsächlich neue Klimapläne vorlegen werden. Das ist so wichtig, weil dann klar wäre, dass einige, wahrscheinlich nicht alle, aber einige der wichtigen Staaten bei den globalen Reduktionsanstrengungen ernst machen. Oder es kommt zum Gegenteil: Die wichtigsten Staaten machen nicht mit und es funktioniert nicht. Das heißt, das Pariser Übereinkommen ist wie eine Plattform oder ein Raum, der von den Staaten zu füllen ist und auch, und das ist der zweite Punkt, von nichtstaatlichen Akteuren.

> »*Das Pariser Übereinkommen ist wie eine Plattform oder ein Raum, der von den Staaten zu füllen ist.*

Durch die Pariser Übereinkunft werden zum ersten Mal ausdrücklich nicht nur Staaten, sondern auch nicht-staatliche Akteure wie Unternehmen, Städte, Bundesstaaten und so weiter aufgefordert eigene Klimapläne vorzulegen. Man möchte eine Bewegung hin zum Klimawandel auslösen, die auch von der Basis ausgeht und die vielerorts schon begonnen hat. Es gibt zum Beispiel Städtenetzwerke, die sich global organisieren und sich eigene Reduktionsziele vornehmen.

Der dritte Punkt ist, dass die Pariser Übereinkunft nur eines von vielen Instrumenten der globalen Klimapolitik sein kann. Das ist mir sehr wichtig zu sagen. Also ich teile die Skepsis, die Sie zeigen, ob das denn überhaupt funktionieren kann. Ich denke, dass es funktionieren kann, wenn gleichzeitig einige Länder deutlich weitergehen, vorangehen und sagen: Paris ist schön und gut, aber wir alle wollen verbindlich und unwiderruflich aus der Kohle aussteigen. Deswegen gehen wir voran und vereinbaren jetzt einen Vertrag über den weltweiten Kohlehandel, der legt fest, dass wir Kohleförderung progressiv besteuern und einen Handel mit der Kohle unter uns verbieten. Das heißt, die Tatsache, dass es Paris gibt, heißt nicht, dass nicht einige Staaten vorausgehen und ambitioniertere Regelwerke verabschieden können, Regelwerke etwa für bestimmte Sektoren oder für bestimmte Prozesse oder Energieträger.

Sie haben gesagt die Privatwirtschaft und die Zivilgesellschaft, also die Bürger in ihren Vereinen oder in ihrem Engagement, werden im Übereinkommen von Paris ausdrücklich aufgerufen sich zu beteiligen. Sie haben in dem Zusammenhang einmal von der selbsterfüllenden Prophezeiung der Pariser Übereinkunft gesprochen. Können Sie diese beiden Punkte noch einmal näher erläutern?

AYKUT: Um das ein bisschen zuzuspitzen könnte man sagen, das Kyoto-Protokoll ist ein Regelwerk, das Staaten vorschreibt bis wann sie etwas zu erreichen haben. Dagegen ist Paris vor allem eine Erzählung. Es ist ein Bekenntnis der Staaten dieser Welt, wenn sie sagen: »Wir nehmen Klimaschutz ernst und wir glauben daran, dass wir in der Mitte des Jahrhunderts die Emissionen so stark gesenkt haben, dass wir insgesamt eine Erwärmung von 2 Grad und am besten von 1,5 Grad nicht überschreiten.« Anders gesagt: »Wir glauben an die Dekarbonisierung der Weltwirtschaft in einer absehbaren Zeit und wir schaffen einen Prozess, um diese voranzutreiben.«

Gerade weil die Pariser Übereinkunft so eine Erzählung ist, steht und fällt sie mit den Momenten, in denen konkret auf den Tisch gelegt wird, was passieren soll. Deswegen sind die nationalen Klimapläne einer der Dreh- und Angelpunkte. Vor allem immer dann, wenn es an der Zeit ist, neue, strengere Klimapläne vorzulegen wie 2020 oder dann wieder 2025 in der nächsten Revisionsrunde.

Weil es eine Erzählung ist, steht und fällt Paris auch mit den Nachrichten, die uns täglich erreichen. Etwa solche über große Finanzinvestoren, die aus der Kohle aussteigen, Unternehmen, die sagen, bis zu einem bestimmten Datum kohlenstoffneutral sein zu wollen,

Staaten die Null-Emissionsziele verkünden. Das sind alles Teile dieser Erzählung. Ich denke, die Architekten der Pariser Übereinkunft sind sehr bewusst darin gewesen, zu sagen, im Prinzip ist Klimapolitik heute ein so gewaltiges Unternehmen und ein so großer gesellschaftlicher Wandelprozess, dass er nicht von oben herab verordnet werden kann, sondern er muss aus vielen verschiedenen Orten Impulse erhalten. Staaten wie auch Unternehmen, Städte und andere zivilgesellschaftliche Akteure müssen von sich aus aktiv werden und denken: Das ist die Zukunft, da wollen wir hin.

» *Es geht eigentlich darum, was die Menschen glauben.*

Genau deswegen ist die Pariser Übereinkunft auch eine sich selbst erfüllende Prophezeiung. Wenn alle Investoren daran glauben, dass tatsächlich in absehbarer Zeit die Weltwirtschaft dekarbonisiert wird, dann werden sie anfangen aus Kohlebeteiligungen auszusteigen. Sie werden anfangen ihr Geld so anzulegen, dass es langfristig einhergeht mit dieser 1,5-Grad- oder 2-Grad-Welt, in der eben bestimmte Prozesse und Industrien überleben werden und andere nicht. Damit befeuern sie diesen Wandel selber. Die Architektinnen der Pariser Übereinkunft – es waren tatsächlich vor allem Frauen – sagen: Es geht eigentlich darum, was die Menschen glauben. Glauben wir wirklich, dass wir in Richtung einer dekarbonisierten Weltwirtschaft gehen? Und wenn wir das glauben, was folgt daraus? Was muss ich als Staat machen? Welche Industrien fördere ich? Was muss ich als Investor machen, wo lege ich mein Geld an? Was als Industriekapitän, wie richte ich mein Unternehmen aus? Also glaube ich an diese Erzählung, oder glaube ich nicht daran? Das, was nach Paris begonnen hat, ist ein Kampf um die Deutungshoheit in der globalen Klimapolitik.

Mittlerweile gehen immer mehr Klimawissenschaftler davon aus, dass das 1,5-Grad- Ziel außer Reichweite ist. Aber sie sagen es nicht laut ins Mikrofon. Ist das Teil der Psychologie der Pariser Übereinkunft, dass man an der Erzählung so lange festhält, auch wenn es nicht mehr realistisch ist?

Aykut: Ja, ich denke auch, dass das 1,5-Grad-Ziel nicht mehr zu schaffen ist. Auch das 2-Grad-Ziel ist inzwischen nur sehr schwierig einzuhalten. Vor allem ist die Frage, wie würde die Welt aussehen oder wäre die Welt wirklich so viel besser, in der man auf Teufel komm raus versucht, dass 1,5-Grad-Ziel noch einzuhalten? Schließlich müsste man dann massiv die sogenannten negativen Emissionstechnologien einsetzen, also zum Beispiel Bioenergie kombiniert mit *Carbon Capture and Storage*-Technologien (CCS) oder anderen Formen von Geo-Engineering.

Ich denke, dass es natürlich in diesem Ansatz, der sehr stark auf der Selbstwirksamkeit der eigenen Erzählung beruht, schwierig ist, zuzugeben, dass etwas nicht mehr in Reichweite ist. Niemand möchte der Überbringer der schlechten Botschaft sein.

Etwas, was jetzt versucht wird von einigen Mitgliedern des Weltklimarats ist, diese Botschaft zu verbreiten, dass jedes Zehntel-Grad zählt. Es geht jetzt nicht mehr darum, unter allen Umständen das 1,5-Grad-Ziel anzupeilen, sondern darum, dass es einen großen Unterschied macht, ob es 1,5 Grad oder 2 Grad sind. Dass es einen sehr großen Unterschied macht, ob es 2 Grad oder 2,5 Grad oder ob es 2,5 Grad oder 3 Grad sind. Das heißt, dass jedes halbe Grad, auch jedes Zehntel-Grad zählt. Dass es im Grunde genommen egal ist, wo wir uns gerade befinden, aber dass es sehr wichtig ist, dass wir uns weiter anstrengen.

» *Niemand möchte der Überbringer der schlechten Botschaft sein.*

Was ist aus Ihrer Sicht entscheidend, damit Klimapolitik erfolgreich sein wird?

Aykut: Erstens, inwiefern die Investitionen, die in den nächsten Jahren getätigt werden, und die Infrastrukturen, die gebaut werden, mit einem Pfad vereinbar sind, der überhaupt noch einigermaßen in Richtung von 2 Grad oder 2,5 Grad geht oder nicht. Das gilt für Europa, aber ganz zentral auch für Länder des globalen Südens, wo viel mehr neue Infrastrukturen gebaut werden, die dann für die nächsten 40 bis 50 Jahre bestehen werden. Also inwiefern kann diese positive Erzählung eines globalen ökologischen Wandels hinreichend gefestigt werden, etwa indem immer mehr Städte, Unternehmen, Investoren und auch Staaten neue, ambitionierte Klimaziele verabschieden und umsetzen.

Zweitens wichtig ist eine eher technische Frage, die der Transparenz und der Berichtspflichten. Denn neben der positiven Zukunftserzählung braucht es auch konkrete Instrumente, um die Ziele in den nationalen Klimaplänen zu überprüfen. Es muss neue Regeln für die Rechenschaftsberichte geben, um von unabhängiger Seite transparent überprüfen zu können, ob die Dekarbonisierung stattfindet. Denn erst wenn wir vergleichbare und verlässliche Zahlen haben, werden Städte und Unternehmen nachhaltige Investitionen tätigen. Zugleich brauchen auch die Regierungen verlässliche Zahlen, um zu wissen, wo sie nachsteuern müssen.

Ein dritter und letzter Punkt, der für die Klimadiplomatie entscheidend ist, ist die Zukunft des Multilateralismus, der globalen Zusammenarbeit. Ich denke, dass Klimapolitik in dem Maße und in der Geschwindigkeit, in der wir sie brauchen, ohne weitergehende globale Kooperation nahezu undenkbar ist. Das heißt, es geht auch um multilaterale Initiativen, die die Pariser Übereinkunft flankieren, in bestimmten Punkten sehr viel weiter gehen und damit auch eine Vorreiterrolle spielen.

Kommen wir auf den Weltklimarat, den *Intergovernmental Panel on Climate Change* (IPCC) zu sprechen. Er gilt ja unter anderem als Kronzeuge für die wissenschaftlichen Erkenntnisse zum Klimawandel und das Aufzeigen von Lösungen. Wie sehen Sie die Rolle des IPCC?

AYKUT: In den ersten Jahren, den 1990ern ging es beim Weltklimarat darum, tatsächlich festzustellen, ob es den Klimawandel gibt und der Mensch daran schuld ist. Und darum, das zweifelsfrei zu beweisen auf eine Art und Weise, die die Staaten auch überzeugt. Das ist im Großen und Ganzen sehr überzeugend gelungen. Inzwischen gibt es kaum einen Staat mehr, der offiziell bezweifelt, dass der Klimawandel real ist und vom Menschen verursacht wird.

»*Ganz generell muss man sich fragen, wie mache ich Klimapolitik nicht gegen die Bevölkerung, sondern mit ihr.*

Was jetzt seit den 2000er sehr viel mehr in den Vordergrund gerückt ist, ist die Frage von Anpassung und Dekarbonisierung und damit zwangsläufig auch die Frage nach den Wegen und Instrumenten hin zu einer CO_2-freien, dekarbonisierten Wirtschaft. Das hat Konsequenzen. Man kann natürlich auf verschiedene Arten nach Lösungen suchen. Die eine ist die klassisch ökonomische Suche, die auch den IPCC lange dominiert hat. Das geht so: Wir haben ein Ziel, wir wollen die CO_2-Emissionen bis zu einem bestimmten Zeitpunkt um eine gewisse Menge reduzieren. Welches ist nun das beste Politikinstrument, um das umzusetzen? Da kann man Computermodellierungen machen und guckt, ist nun ein CO_2-Preis besser oder ist es besser bestimmte Wirtschaftsaktivitäten direkt im Einzelnen zu fördern, also zu subventionieren. Kurzum: Welche Instrumente haben die beste Wirkung bei den niedrigsten Kosten. Das ist normalerweise die Frage, die gestellt wird.

Ich denke, dass sich in den letzten Jahren immer mehr die Erkenntnis durchsetzt, dass Klimapolitik nicht allein reduzierbar ist auf Fragen nach den optimalen Pfaden der Dekarbonisierung und den kosteneffizientesten, ökonomischen Instrumenten. Hingegen muss man sehr viel genauer verstehen, welches die sozialen und politischen Prozesse sind, die sich dabei abspielen.

Ein Beispiel: Wenn ich einen CO_2-Preis einführe, das ist normalerweise das bevorzugte Instrument der Ökonomen, dann kann es eben sein, dass der CO_2-Preis zwar das allerbeste ökonomische Instrument der Welt ist, ich aber Gelbwestenproteste habe, weil ich folgende Fragen nicht bedacht habe: Wie kann man den CO_2-Preis sozial abfedern und inwieweit hat der auch eine Symbolwirkung für bestimmte Bevölkerungsschichten, die sich benachteiligt fühlen? Also inwieweit hat ein ökonomisches Instrument überhaupt eine Lenkungswirkung, wenn gleichzeitig gesellschaftliche Nebeneffekte entstehen, die problematisch sind. Ganz generell muss man sich fragen, wie mache ich Klimapolitik nicht gegen die Bevölkerung, sondern mit ihr.

Es ist für uns als Sozialwissenschaftler unbedingt nötig, sich in dieser Debatte zu engagieren. Klimapolitik bringt einfach einen so tiefgreifenden Wandel unserer Gesellschaften mit sich. Für diesen tiefen Wandelprozess muss ich die Gesellschaft in irgendeiner Weise aktivieren, statt sie nur das passiv hinnehmen zu lassen, was ich als Gesetzgeber mir an Klimapolitik ausgedacht habe. Das heißt, in der Phase der Klimapolitik, in der wir jetzt sind, ist es unumgänglich stärker sozialwissenschaftliche Forschungserkenntnisse in die Politikgestaltung miteinzubringen.

Liegt der mangelnde Erfolg im Kampf gegen die Klimakrise auch darin begründet, dass die Bevölkerung keinen Handlungsbedarf sieht? Sodass stärkere Maßnahmen der Politik gar nicht möglich sind, weil die Bevölkerung nicht mitgehen würde?

AYKUT: Man sieht schon in Umfragen, dass Klimawandel regelmäßig als eines der Probleme genannt wird, welches die Bürgerinnen und Bürger am stärksten umtreibt. Das geht mal ein bisschen hoch mal ein bisschen runter, aber es ist in Deutschland wie in Frankreich relativ stabil ganz oben mit dabei. Das heißt, das Problembewusstsein ist da und auch der Wille, das was passieren soll.

Das Problem, das ich sehe, ist, dass vielen nicht klar ist, was denn die Möglichkeiten sind. Es ist ja ein sehr unübersichtliches und komplexes Problem. Auch eines, bei dem es sehr unterschiedliche Stimmen gibt, die bestimmte Dinge vorschlagen oder nicht. Natürlich kann man jetzt gegen Kohle mobilisieren, das ist was Konkretes. Aber die Frage wie man den Transportsektor dekarbonisiert, ist ein sehr komplexes, technisches Problem. Da sehe ich schon die Politik in der Pflicht, bestimmte Lösungsvorschläge zu machen und dann auch umzusetzen.

Ich habe das Gefühl, dass in der Klimadebatte Politik oft sehr ängstlich und reaktiv ist. Das sieht man auch bei der Fridays for Future-Bewegung. Da gab es wieder ein politisches Abwiegeln, anstatt zu sagen, okay wir machen jetzt mal einen Vorschlag, der dann durchaus auch ambitioniert ist, der durchaus Debatten auslöst, aber in dem es erst einmal darum geht, politisch zu sagen, das ist unser Weg und darüber lässt sich jetzt streiten. Das vermisse ich in der Klimapolitik ganz besonders.

Wie wichtig ist Fridays for Future im Kampf gegen den Klimawandel?

AYKUT: Unglaublich wichtig. Allgemein denke ich hat Fridays for Future für eine Verbreitung des Umweltthemas innerhalb der Gesellschaft gesorgt. Ich denke, diese Methode des Schulstreiks ist genial, weil von Schülerinnen und Schülern plötzlich eine gesellschaftliche Debatte losgetreten wurde, ob ein Schulstreik in dem Zusammenhang angemessen ist oder nicht.

Die Fridays for Future-Bewegung ist auch deswegen wichtig, weil sie eine neue Aktionsform der Klimabewegung darstellt und dadurch eine globale Bewegung für Klimaschutz entstanden ist. Das war vorher nicht der Fall. Da waren Aktivisten und Aktivistinnen in Netzwerken organisiert, etwa bei Demonstrationen gegen Kohle, oder in Deutschland von *Ende-Gelände*, und die waren wieder mit globalen Bewegungen und NGOs vernetzt. Aber als weltweite Massenbewegung gab es das für das Klima nicht. Das ist aber sehr wichtig, weil das Klimathema kein deutsches Thema ist. Deswegen ist es wichtig, dass die Klimabewegung sich nicht auf nationale Themen beschränkt, sondern auch internationale Aspekte aufgreift.

» *Ich denke, diese Methode des Schulstreiks ist genial.*

Sie haben lange in Frankreich gelebt und gearbeitet und vergleichen auch beruflich deutsche und französische Klimapolitik. Wie wird das Thema Klimawandel in Frankreich im Unterschied zu Deutschland wahrgenommen?

AYKUT: Ungefähr seit 2007, 2008 ist das Thema in Frankreich angekommen und allerspätestens 2015 als die Weltklimakonferenz, COP21, in Paris organisiert wurde. Das war ein riesiges politisches und mediales Ereignis und hat die Breite der Bevölkerung erreicht. Grundsätzlich ist es in Deutschland wie in Frankreich mittlerweile ein sehr bestimmendes Thema.

Ähnlich in beiden Ländern ist die Ölabhängigkeit vor allem im Transportsektor. Unterschiedlich ist hingegen die Zusammensetzung des Elektrizitätsmix. Das hat Auswirkungen darauf wie das Thema diskutiert wird. Frankreich führt an, dass die Emissionen pro Kopf im europäischen Vergleich relativ niedrig sind. Deutschland führt an, dass die Reduktionen absolut gesehen seit 1990 unter den höchsten waren, also Deutschland zu den Ländern gehört, die tatsächlich am meisten ihre Emissionen reduziert haben. Frankreich hat dagegen einen viel niedrigeren Ausstoß pro Kopf, was insbesondere an den relativ niedrigen Emissionen im Elektrizitätssektor liegt.

Inzwischen wird das Klimathema in Frankreich, insbesondere in Teilen der Zivilgesellschaft, stärker als Teil einer größeren ökologischen Wende diskutiert. Während diese Diskussion in Deutschland in den 1990er-Jahren gegenwärtiger war, ist sie im Moment nicht mehr so hörbar. Das hat vielleicht mit der Wende der Grünen zur weniger ideologisch orientierten und wirtschaftsfreundlichen Partei zu tun. Zu den Themen Postwachstumsgesellschaft, auf Französisch *décroissance*, gibt es in Frankreich inzwischen eine sehr lebendige Szene. In Deutschland sind diese Themen zwar am Kommen, aber ich denke, dass Frankreich hier inzwischen aufgeholt, wenn nicht sogar Deutschland überholt hat.

Zuletzt wurde das Thema dann noch einmal im Rahmen der Bürgerdialoge breiter diskutiert. In Frankreich geschah das im Rahmen eines extra dafür einberufenen Bürgerrates für Klimafragen, auf Französisch *Convention Citoyenne pour le Climat* genannt. Dabei wurden 149 konkrete Vorschläge für eine ökologische Wende gemacht. Hinzu kommt eine starke Dynamik ökologischer Fragen auf lokaler Ebene. In den letzten Kommunalwahlen haben die französischen Grünen viele Bürgermeisterposten erobert, und dort passieren jetzt sehr interessante Dinge, viele Projekte, die die ökologische Wende lokal vorantreiben sollen.

> *Was in Frankreich generell nach wie vor ein ungelöstes Problem ist, ist der hohe Atomstromanteil.*

Was in Frankreich generell nach wie vor ein ungelöstes Problem ist, ist der hohe Atomstromanteil. Es geht jetzt nicht darum, ob das gut oder schlecht ist. Es geht eher darum zu sagen, dass das eine gesellschaftliche Bruchlinie ist, die nach wie vor nicht befriedet ist. Das bricht bei den Energiedebatten immer wieder auf. Denn die offiziellen Ziele der französischen Energiepolitik sind eigentlich eine gleichzeitige Reduktion des Nuklearstromanteils und der Treibhausgasemissionen durch den Ausbau der Erneuerbaren. Aber seit Jahren sieht man, dass der Atomstromanteil kaum reduziert wird. Die Schließung des Kernkraftwerks Fessenheim hat sich extrem verzögert und das blockiert auch den Ausbau von Erneuerbaren, der in Deutschland viel stärker und schneller vorangeht.

Das ist interessant. Der Atomstrom führt zu einer Verlangsamung des Ausbaus der Erneuerbaren, weil da weniger Druck zur notwendigen Umstellung gegeben ist. Wo sehen Sie die Chancen und Risiken der französischen Energiepolitik insgesamt? Was würden Sie dem Land raten?

AYKUT: In Frankreich kommen immer noch 75 Prozent der Elektrizität aus Atomstrom. Das kann man nicht einfach so von einem Tag auf den anderen ersetzen. Deswegen wird die Debatte in Frankreich um Reduktion und nicht um Ausstieg geführt. Der gesellschaftliche Konsens war lange Zeit und ist es noch, dass der Strommix diversifiziert, also vielgestaltiger werden soll. Diversifikation heißt konkret, der Nuklearstrom soll reduziert und durch Erneuerbare ersetzt werden. Allerdings steht seit 2012 das Ziel, den Anteil des Atomstroms auf 50 Prozent zu reduzieren, und passiert ist wenig. Das hängt nicht daran, dass es technisch so schwierig wäre, sondern weil die Umsetzung von Teilen der Eliten blockiert wird. Das Problem ist also, dass es eine extrem starke Konzentration auf Atomstrom über Jahrzehnte gegeben hat und dadurch auch Teile der Intelligenz, der Staatsingenieure mit der Atomenergie sehr verwoben sind. Das führt dazu, dass regelmäßig Entscheidungen zu Reduktionen des Atomstromanteils von der eigenen Verwaltung unterlaufen werden.

» *Frankreich hat was erneuerbare Energien angeht unheimlich viel Potenzial, viel mehr als Deutschland.*

Das ist für Frankreich insofern problematisch, jetzt weniger aus Klimagesichtspunkten, sondern weil Frankreich was erneuerbare Energien angeht unheimlich viel Potenzial hat, viel mehr als Deutschland. Es hat sowohl mehr Sonneneinstrahlung als auch mehr Wind und es kann verschiedene Formen von Meeresenergie nutzen, weil es extrem viel Küste hat. Frankreich könnte heute Marktführer in vielen Technologien sein. Ist es aber nicht, weil es den Fokus ausschließlich auf Atomenergie legt, mit dem Ausgang, den man kennt. Atomenergie ist ein riesiges Subventionsgeschäft in Frankreich. Die großen Atomriesen stehen auf extrem hölzernen Beinen, müssen ständig durch Staatsanleihen wieder gerettet werden. Die neue Generation von Reaktoren ist ein absolutes Desaster. Aus purem Eigeninteresse würde ich tatsächlich Frankreich raten, den Umstieg auf Erneuerbare stärker voranzutreiben.

Students for Future: Sarah Mielke

Sarah Mielke, Aktivistin

- Geboren 1998 in Waren (Müritz). 2016–2017 Auslandsjahr als Au-Pair in Seattle, USA. Sie studiert Architektur und Städtebau an der Fachhochschule Potsdam und ist Tutorin für Architektur und Stadtbaugeschichte.
- Sie interessiert sich außerdem für konsumarme, nachhaltige Lebensstile.

Sarah, was ist dir persönlich wichtig im Leben?

MIELKE: Gerade in den letzten Monaten ist mir aufgefallen, wie das Thema Geld, das uns meiner Meinung nach ziemlich regiert, Menschen zu schrecklichen Kreaturen macht. Ich meine, ich bin auch Studentin und ich habe auch nicht Unmengen davon, aber trotzdem bin ich es einfach Leid, ständig darüber zu diskutieren. Ständig zu hören, das war jetzt im Angebot, das war so günstig oder das ist mir zu teuer. Klar gibt es Dinge, die einfach zu teuer sind, und man freut sich, wenn man ein Schnäppchen gemacht hat. Aber das ist eine Sache, die einen Menschen schnell ekelhaft machen kann. Mein Bruder zum Beispiel wurde in der Schule gefragt, wie teuer sein Outfit ist. Ich bin aus allen Wolken gefallen.

> *Wenn man seinen Konsum ein bisschen reduziert, ist es auch überhaupt nicht mehr so wichtig, wie viel Geld man eigentlich hat.*

So weit ist es schon gekommen und das ist einfach krass. Ich habe das Gefühl, dass vor allem Menschen, die nicht so viel haben, sich genötigt fühlen, zu zeigen, sie hätten es. Das ist ein schwieriges Thema, weil man da nicht offen drüber redet, aber indirekt schon.

Die ganze Zeit und gefühlt auf jeder Familienfeier oder wo man auch hingeht ist Geld immer ein Thema. Ich finde, dass wir einfach mehr Dinge tun sollten, ohne zwingend Geld dafür zu nehmen, sondern es einfach machen, weil wir es gern machen. Wenn man seinen Konsum ein bisschen reduziert, ist es auch überhaupt nicht mehr so wichtig, wie viel Geld man eigentlich hat. So ist zum Beispiel vielen das Reisen mit der Bahn »zu teuer«. Klar ist es teuer, ja es ist schade. Aber wenn man etwas bewusstere Entscheidungen trifft, dann ist das auch kein Problem.

Was mir noch sehr wichtig ist, das hat jetzt nicht direkt mit der Umwelt zu tun, aber was ich unter den Menschen viel wichtiger finde, ist, dass man einfach mal Sachen macht aus dem Herzen heraus. Dass wir einfach generell einander mit mehr Respekt gegenübertreten sollten, mehr Liebe zeigen sollten, offene Gefühle. Ich finde, das ist sehr wichtig. Aber das ist etwas, was in unserer Welt ziemlich unterdrückt wird, was sehr schade ist. Was mir außerdem noch aufgefallen ist, ist, wenn es hier in Deutschland ein Problem gibt, dann hat man direkt schlechte Laune. Dann sind alle Leute irgendwie schuld. Das ist ganz schlimm, und ich weiß nicht, woran das liegt.

Was motiviert dich zu deinem Engagement bei der Studentenbewegung von Fridays for Future?

MIELKE: Meine Motivation, na ja, dass es ziemlich schlimm um unseren Planeten steht. Das ist auf jeden Fall eine große Motivation und was mich immer wieder motiviert ist, zu sehen, dass man Menschen erreicht. Es passiert jetzt vielleicht nicht so viel, wie wir uns erhoffen, aber es passiert wenigstens ein bisschen was und einige Menschen verstehen, was wir sagen wollen. Man merkt, dass sie darüber reden und das ist ja immerhin ein erster Schritt, wenn auch ein sehr kleiner und langsamer.

Wie und wann war dein erster Kontakt zu Students for Future?

MIELKE: Das war im Sommer 2019, weil sich da bei uns an der Fachhochschule Potsdam die Students for Future der Potsdamer Universitäten gegründet haben. Das habe ich erst einmal nur am Rande mitbekommen, weil ich dachte, dass ich das mit dem Studium nicht unter einen Hut bekomme, da auch noch etwas mit zu organisieren. Dann kam die Klimastreikwoche und das war bei uns ganz kurzfristig, dass wir uns dafür entschieden haben, etwas zu organisieren. Da habe ich dann eine kleine Aufgabe übernommen und dann ging alles ganz schnell.

Wie klappt das jetzt zeitlich mit deinem Studium?

MIELKE: Ich war eigentlich bis kurz vor meinen Prüfungen zu jedem Treffen immer dabei und dann hatten wir spontan Workshops, das war dann alles ein bisschen viel und ich bin nicht mehr hingegangen. Aber jetzt in den Ferien haben wir uns wieder getroffen. Im Moment arbeite ich an einem Projekt, bei dem wir ein Ampelsystem in der Mensa einführen wollen, um Reste zu minimieren und darauf aufmerksam zu machen, wie viel Essen weggeschmissen wird. Wir wollen auch, dass es möglich ist, ein Fleischmenü ohne die Portion Fleisch zu kaufen und dass es mehr vegane und vegetarische Optionen gibt.

Habt ihr Unterstützung auch außerhalb der Gruppe?

MIELKE: Keine finanzielle Unterstützung. Wir haben in der Klimastreikwoche eine einzige Spende bekommen, fünf Euro, und wir waren ein bisschen überfordert, weil wir gar nicht wussten, ob wir das einfach so nehmen durften (lacht).

Aber es gibt viele Leute, die uns anderweitig unterstützen. In der Klimastreikwoche ist uns die Mensaleitung entgegengekommen und wir durften dort einen Film zeigen. Ein Copyshop hat uns angeboten, Flyer und Plakate kostenlos zu drucken. Dann habe ich bei der Tram in Potsdam angefragt, ob man Werbung in der Straßenbahn veröffentlichen kann. Leider war ich für die Klimastreikwoche zu spät dran, aber wenn ich das richtig verstanden habe, wäre es möglich gewesen, dort kostenlos zu werben.

> » *Ich habe die Erfahrung gemacht, dass man einfach fragen muss.*

Ich habe die Erfahrung gemacht, dass man einfach fragen muss. Dass man gar nicht so viel Angst haben sollte, sondern dass man einfach anruft, fragt und dann sind die Leute relativ offen. Ich glaube, die freuen sich, dass sich junge Leute für etwas engagieren und wollen dann auch helfen. Wenn es dann noch ein Thema ist, für das sie selbst auch brennen, dann erst recht.

Wie arbeitet ihr in Potsdam bei Students for Future?

MIELKE: Wir von Students for Future treffen uns jede Woche oder auch alle zwei Wochen. Manchmal ist es schwer, das einzuhalten, etwa in der Prüfungsphase. Wir haben mehrere Projekte, an denen wir arbeiten und die wir aufteilen. Wir sind hier an der Hochschule vielleicht 10 bis 15 Studentinnen und Studenten, die sich wirklich engagieren.

Was waren für dich Erfolge und Misserfolge der Bewegung Students for Future bisher?

MIELKE: Also das, was man jetzt erreicht hat, ist leider noch nicht so viel. Manchmal ist es auch schwer, alle wieder zu motivieren. Nach der Klimastreikwoche waren wir ziemlich enttäuscht, dass nur so wenige Leute sich dafür interessiert haben. Freunde von mir, die auch auf einen nachhaltigen Lebensstil achten, sind trotzdem nicht zu den Veranstaltungen gekommen und dann fragt man sich, woran liegt das?[98] Wissen die schon alles, wollen die das nicht mehr hören? Ich persönlich denke, dass das Streiken total wichtig ist, um mehr Leute und die Politik darauf aufmerksam zu machen. Aber ich glaube, dass es genauso wichtig ist, dass wir für uns selbst das eben auch leben. Dass wir also nicht bei Fridays for Future streiken gehen und dann nachher doch wieder das Steak essen und mit dem SUV nach Hause fahren. Das passt nicht zusammen, zumindest nicht für den nachhaltigen echten Lebensstil.

Diesen Zusammenhang hast du für dich sehr ernst genommen. Denn seit dem du dich bei Students for Future engagierst, hast du angefan-

gen deinen eigenen Lebensstil unter die Lupe zu nehmen. Wie kam es dazu und was hast du gemacht?

MIELKE: Als ich vor zweieinhalb Jahren nach Potsdam gekommen bin, weil ich angefangen habe zu studieren, da war das überhaupt nicht präsent in meinem Kopf. Man wusste, dass der Klimawandel existiert, aber das war gefühlt nicht mein Problem. Die ersten zwei Jahre im Studium habe ich eigentlich nur studiert und ansonsten alles andere stark vernachlässigt. Dann hat es mir gereicht und ich habe gedacht, ich muss mich mal wieder ein bisschen mit Politik beschäftigen. Ich habe angefangen zu lesen, mir Dokus anzuschauen und dann hat sich das immer mehr aufgebaut. Wenn man erst damit anfängt, dann hinterfragt man immer mehr. Ich persönlich bin der Meinung, dass unser Konsum das *allergrößte* Problem ist, das wir in der heutigen Gesellschaft haben. Dass wir immer mehr haben wollen, dass es immer besser sein muss. Wenn wir diese Entwicklung nicht aufhalten können, wird es so, wie es momentan ist, auch nicht bleiben. Der Konsum wird immer mehr und immer schlimmer. Man kann immer mehr und immer billiger kaufen. Als ich das verstanden hatte, war für mich die logische Konsequenz, dass ich auch meinen eigenen Lebensstil ändern muss. Ich wollte gleich alles auf einmal ändern und ich habe angefangen alles zu hinterfragen, was ich mache. Es ist echt verrückt, wie damals alles so neu war und so aufregend und manchmal mir auch ein bisschen zu viel.

> » *Als ich verstanden hatte, dass Konsum unser Problem ist, war für mich die logische Konsequenz, dass ich auch meinen eigenen Lebensstil ändern muss.*

Das machst du jetzt über ein halbes Jahr so konsequent. Was hast du genau geändert?

MIELKE: Als erstes habe ich mich dazu entschieden, einfach nichts mehr zu kaufen, weil ich genug habe und weil wir alle in Deutschland genug haben. Keine Klamotten, keine Konsumgüter – überhaupt nichts.

Ich habe meiner Familie gesagt, dass ich keine Weihnachtsgeschenke haben möchte, und auf gar keinen Fall will ich irgendwelche Kleinigkeiten bekommen, die total lieb gemeint sind, die man aber eigentlich nicht braucht. Ich habe angefangen unverpackt einzukaufen und das ist tatsächlich immer noch der größte Kampf. Ich kaufe im Bioladen ein, aber man kann nicht alles dort unverpackt einkaufen und der Unverpackt-Laden liegt am anderen Ende der Stadt und hat für mich als Studentin doofe Öffnungszeiten. Das ist allerdings auch ein Punkt, wo ich mir sage, das sind alles Ausreden. Wenn man das wirklich will, dann kann man das auch. Ich habe auch gedacht, Mist, das ist so teuer, ich kann mir das alles gar nicht leisten. Aber das ist echt ein totales Klischee, eine überkommene Vorstellung, denn das stimmt überhaupt nicht. Vor allem dadurch, dass ich ja nichts Unnötiges mehr kaufe, sondern eigentlich nur noch Essen, ist es überhaupt kein Problem. Ich habe sogar viel mehr Geld übrig als vorher, obwohl ich nur Bio kaufe und versuche immer unverpackt zu kaufen.

» *Ich habe auch angefangen Produkte zu hinterfragen, die ich benutze.*

Ich habe auch angefangen Produkte zu hinterfragen, die ich benutze. Seife kaufe ich jetzt nur noch am Stück und nicht mehr flüssig und im Plastikbehälter. Ich wollte alles auf einmal verändern und habe die ganzen Baustellen gesehen und bei jedem Gegenstand dachte ich: Den kannst du nicht mehr kaufen. Das ist echt ein Prozess, sich da so durchzuschlagen, bis man für sich selbst einen Weg gefunden hat, der funktioniert. Dann liest man etwas, unterhält sich mit Freunden und dann hat man diesen Moment, Mist! Backpapier! Backpapier kaufe ich und es ist ja auch ein Produkt, was ich einfach nutze und dann wegschmeiße. Dann fängt man an zu überlegen, okay es gibt ja auch eine Silikonmatte, die ich statt des Backpapiers benutzen kann. Vielleicht wäre das mal eine Möglichkeit. Das sind Erkenntnisse, die man dann immer wieder hat und die mir auch jetzt immer wieder kommen.

Bist du auf Widerstände in deiner Umgebung gestoßen, als du deinen Lebensstil so drastisch verändert hast?

MIELKE: Tatsächlich habe ich mir selbst eher Steine in den Weg gelegt. Ich hatte ein bisschen Angst als ich damit angefangen habe, dass Leute mich bewerten und verurteilen für die Dinge, die ich noch nicht geändert habe. Ich bin jetzt bei Students for Future, ich engagiere mich da, aber ich bin nicht perfekt was meinen ganzen Lebensstil angeht. Ich dachte, Mist, ich kann und ich will nicht mit Leuten darüber reden, damit sie nicht sehen, was bei mir noch nicht richtig klappt. Das war ein innerer Konflikt, den ich hatte.

Verstehe ich das richtig? Du hattest Angst zu sagen, was du gerade veränderst, weil du dachtest, andere die schon viel mehr verändert haben, würden dich verurteilen, weil du noch nicht so weit bist?

> *Ich glaube, für uns junge Menschen ist es einfacher, unser Leben mal komplett umzukrempeln.*

MIELKE: Ja genau. Es gibt ja auch bei mir an der Uni viele Leute, die sich schon viel früher damit auseinandergesetzt haben. Das hat sich ein bisschen falsch angefühlt, dass ich direkt in der Bewegung also bei Students for Future bin, obwohl ich meinen Lebensstil noch gar nicht so komplett in die Richtung geändert habe. Es kommt unterschwellig oft rüber, finde ich, dieses Bewerten. Ich glaube, viele Leute hemmt das auch wirklich, was zu ändern, weil man viele Dinge nicht perfekt macht. Aber eigentlich haben das alle total gut aufgenommen und ich selbst hatte einfach nur diese Angst davor.

Aber wie ist es denn umgekehrt? Wenn du jemanden triffst, der nicht oder nicht in dem Maße wie du auf eine nachhaltige Lebensweise achtet, verurteilst du ihn dann?

MIELKE: Ich finde das einfach menschlich. Ich glaube, für uns junge Menschen ist es einfacher, unser Leben mal komplett umzukrempeln. Aber für ältere Leute, die vielleicht auch Familie haben, oder andere

Menschen haben, die sich auf sie stützen, für die ist es noch mal einen Zacken schwerer, alles von heute auf morgen zu ändern. Das ist ein Prozess und das kommt dann Stück für Stück, bis es normal ist.
Also ich kann nur sagen, dass das okay ist, auch wenn man sich mal denkt: »Heute schaffe ich es einfach nicht zum Unverpackt-Laden, ich habe noch so viel anderes um die Ohren.« Solange man dieses Bewusstsein hat und sich sagt, »Aber ich arbeite daran, ich gebe jeden Tag mein Bestes.« Ich meine, das ist doch alles was wir können, oder? Unser Bestes geben, jeden Tag.

Die Klimakrise wird die jungen Menschen mehr beeinträchtigen als die älteren. Doch selbst viele der Studierenden zeigen wenig Interesse etwa an den Veranstaltungen, die ihr organisiert. Warum ist das so?

MIELKE: Ich glaube, das ist die Angst, dass man da jetzt auch noch Zeit reininvestieren muss. Ich kenne einige vom Studierendenrat oder bei uns Architekten im Plotter-Team, einer studentischen Arbeitsgruppe, die sagen: »Es reicht mir mit der Verantwortung.« Die haben noch einen Job nebenbei, dann das Studium und dann noch Fridays for Future, das ist schon echt viel. Ich verstehe, dass viele Angst haben, dass es ihnen zu viel wird. Einige, die sich dafür interessieren, wären möglicherweise zu den Veranstaltungen in der Streikwoche gegangen. Aber das ist auch eine Hemmschwelle, weil man nicht alleine hingehen will.

Wo steckt das Potenzial von Fridays for Future?

MIELKE: Worauf man stolz sein kann ist, dass so viele Menschen so regelmäßig auf die Straße gehen. Ich weiß nicht, wann das das letzte Mal in Deutschland der Fall war. Auch dass es so viele Menschen gibt, auch Erwachsene, die sich dem anschließen, das freut mich immer wieder. Das ist schon echt eine krasse Leistung, dass das von Schülern auf die Beine gestellt wurde und die dann jeden Freitag nicht zur Schule gehen. Klar, das klingt erst mal so, na ja, die schwänzen eh nur den Unterricht, aber das hat enorme Konsequenzen auf deren Leistung.

Aber die politischen Entscheidungen für Klimaschutz sind unzureichend. Also gibt es immer wieder Grund auf die Straße zu gehen. Ich denke, so lange das der Fall ist, werden wir das auch tun.

Gibt es ein Zeichen aus der Politik, wo du denken würdest, da haben sie jetzt mal das Richtige gemacht und da könnten wir jetzt eine Pause beim Streiken einlegen?

MIELKE: Pause machen fände ich generell nicht gut. Ich finde es gibt viele Baustellen wie etwa den CO_2-Ausstoß von Autos. Aber ich sehe in der Fleischindustrie oder der Milch-Käse-Industrie das viel größere Problem. Da müsste mal eine Entscheidung getroffen werden.

Was wäre das für eine Entscheidung?

MIELKE: Also ich bin ja noch jung, ich träum' ja noch groß (lacht)! Ich fände es sehr wichtig, eine radikale Entscheidung bezüglich der Fleischindustrie zu treffen und zu sagen: »Massentierhaltung, das ist etwas, das geht überhaupt nicht.« Dass das erst einmal abgeschafft wird. Das wäre mal ein richtiger Schritt. Dieser ganze Fleischkonsum und dass es immer billiger sein muss, dem muss ein Ende gesetzt werden. Das klingt nach einem großen Schritt gerade für Deutschland, weil ich ziemlich sicher bin, dass das in näherer Zukunft nicht passieren wird.

» *Also ich bin ja noch jung, ich träum' ja noch groß!*

Ich glaube, dass es viele Punkte gibt, wo wir unser komplettes Denken umstellen müssen, und das wird nicht einfach von heute auf morgen passieren. Deswegen kann ich mir momentan auch nicht vorstellen, dass es in näherer Zukunft einen Moment gibt, an dem man sagt: »Okay jetzt reicht's, wir streiken erst einmal nicht mehr.«

Was bedeutet Greta für die Bewegung, für euch alle?

MIELKE: Gerade am Anfang ist sie schon sehr wichtig gewesen, weil durch sie das alles erst ins Rollen gekommen ist. Sie ist ein Symbol für die Bewegung geworden. Aber jetzt liegt es eben an uns, da weiter zu machen und das groß zu machen. Es ist ganz wichtig, dass viele Menschen viele kleine Dinge tun, die dann zum großen Ganzen führen.

Obwohl das etwas ist, was viele bezweifeln, wenn sie etwa sagen: »Ach, was kann ich allein schon bewirken!«

MIELKE: Ich glaube, das ist das Tolle, dass wir noch so jung sind. Wir haben noch nicht so viele negative Erfahrungen gemacht und weniger Rückschläge erlebt. Ich habe die Erfahrung gemacht, dass, wenn ich für Students for Future etwas plane und irgendwo um etwas anfrage, dann wird mir in 90 Prozent der Fälle auch geholfen. Ich glaube, wenn mehr Menschen irgendwo hingehen und ein Projekt umsetzen oder selbst im Freundeskreis einfach mal davon erzählen, dass man die Menschen wirklich auch erreicht. Politische Entscheidungen sind auch wichtig, weil man nicht alle Menschen direkt erreichen wird. Dann müssen irgendwelche Regeln gesetzt werden. Aber ich glaube, dass es total wichtig ist, die Menschen zu erreichen und zu überzeugen, weil ansonsten wird es Gegenbewegungen geben, die sich dann wieder gegen die richtigen Maßnahmen wenden.

» *Ich glaube, dass es total wichtig ist, die Menschen zu erreichen und zu überzeugen.*

Wie erreicht man denn andere Menschen?

MIELKE: Also mir ist da etwas aufgefallen, als ich mir sehr viele Interviews mit Aktivisten von Fridays for Future angeschaut habe. Ich habe da eine Wut bei denen entdeckt, und auch bei mir habe ich am Anfang diese Wut festgestellt. Denn wenn man mitbekommt, wie ignorant einige Menschen sind, dann macht einen das sehr wütend. Wenn man sieht, dass die Politik redet und redet und doch nichts sagt und nichts macht und das alles nur so Larifari ist,

» *Wut schreckt die anderen ab und das ist toxisch für diese Bewegung.*

das macht einen schon sauer. Daher kommt diese Wut. Für Außenstehende kann das aber vielleicht abschreckend wirken.

Ich war selbst mal eine von den Unwissenden (lacht) und viele, die jetzt bei Fridays for Future sind, bei denen war das genauso. Manchmal weiß man Dinge einfach nicht und das ist okay. Wir sind halt so aufgewachsen, das ist nicht unsere Schuld. Ich glaube, es ist viel wichtiger, die Menschen zu informieren und aufzuklären, als sie durch unsere eigene Wut abzuschrecken. Wir sollten sie mit offenen Armen empfangen und sagen: »Hey schaut doch mal rein, guckt doch mal, wie wir es hier machen, wie es auch funktionieren kann.« Anstatt zu sagen: »Du machst alles falsch, dein ganzer Lebensstil ist Mist!« Das holt niemanden mit ins Boot, das schreckt nur ab.

Wut schreckt die anderen ab und das ist toxisch für diese Bewegung. Ich versuche ruhig mit den Leuten zu reden, denn wenn man denen direkt aggressiv gegenübertritt, dann wird da niemals irgendetwas im Kopf passieren. Die gehen dann direkt auf Abwehrhaltung. Das ist normal, das ist menschlich. Das würde ich auch machen. Es ist wichtig, dass man den Menschen so respektiert wie er ist, auch wenn es schwerfällt.

Vielleicht ist der bessere Weg, anderen zu zeigen, wie es gehen könnte. Du hast deinen Lebensstil drastisch geändert und es geht. Vielleicht kannst du anderen mit deinen Erfahrungen Mut machen.

MIELKE: Ja, ich hoffe. Es gibt immer wieder Themen, an denen man arbeiten kann, von denen man noch keine Ahnung hat, aber die man vielleicht ändern möchte, ändern sollte, wie auch immer. Ich glaube einfach, dass es dann nach einer gewissen Zeit zur Normalität wird. So war es bei mir. Ich denke, es ist schon schön, wenn man sich manchmal ins Gedächtnis ruft, was habe ich alles geschafft und wie weit habe ich mich entwickelt. Das ist ein ganz schönes Stück, das merkt man so gar nicht, weil es schon alltäglich geworden ist. Das ist wie ein Kind, das aufwächst. Wenn es mein eigener Bruder ist, dann sehe ich nicht, dass der sich verändert hat, aber wenn dann ein Verwandter kommt, der denkt sich: »Wow, der ist ja echt groß geworden.« So, gefühlt, ist das jetzt auch.

Wirst du dich weiter engagieren?

MIELKE: Ich will auf jeden Fall in der Bewegung weitermachen und schauen, was da noch so kommt. Ich habe zwar gedacht, dass das Studium darunter leiden würde, aber jetzt kann ich direkt allen Leuten Hoffnung machen: Es hat nicht darunter gelitten. Es war super dieses Semester. Ich glaube, wenn man mit sich selbst glücklicher ist, dann schafft man Dinge auch. Es kam der Punkt, wo ich anfing, mich zu fragen, warum ich, obwohl ich alles habe, nicht so richtig glücklich bin. Wie kann das sein, dass ich ständig das Bedürfnis habe, etwas Neues kaufen zu müssen, etwas Neues haben zu müssen, das Beste haben zu müssen? Und dann habe ich es und bin trotzdem nicht glücklich? Das kann doch nicht sein! Ich glaube, wenn man mit sich selbst im Reinen ist, mit sich glücklicher ist oder einen anderen Blick auf die Welt hat, dann funktionieren Dinge einfach besser.

» *Ich glaube, wenn man mit sich selbst im Reinen ist, mit sich glücklicher ist oder einen anderen Blick auf die Welt hat, dann funktionieren Dinge einfach besser.*

Psychologie und Geldsystem: Prof. Dr. Dr. Stefan Brunnhuber

Prof. Dr. Dr. Stefan Brunnhuber,
Psychiater und Wirtschaftssoziologe

- Ärztlicher Direktor der Diakonie Klinik für Integrative Psychiatrie in Zschadraß (Sachsen). Professor für Psychologie und Nachhaltigkeit an der Hochschule Mittweida.
- Mitglied des Club of Rome, der Weltakademie für Kunst und Wissenschaft (WAAS) und der Europäischen Akademie der Wissenschaften und Künste (EASA).
- Auszeichnungen u. a. »International Scientist of the Year 2003«, »Living Science Award 2004« und »International Peace Prize 2004«.
- Geboren 1962 in Augsburg. Studium der Medizin in Ulm und der Wirtschaftssoziologie bei Lord Dahrendorf in Konstanz. Mehrere Forschungsaufenthalte und Gastprofessuren im Ausland u. a. in China, Ungarn und den USA.
- Als Psychiater kümmert er sich um Patienten mit einer Suchtproblematik wie Alkohol- und Drogenabhängigkeit und um Menschen mit Persönlichkeitsstörungen oder Depressionen. Als Wirtschaftssoziologe beschäftigt er sich mit der Frage, wie der Umstieg zu einer nachhaltigen Gesellschaft gelingen kann. In dem Zusammenhang entwarf er mit Kollegen das Konzept eines neuen Geldsystems, welches das bestehende ergänzen soll.

Herr Brunnhuber, Sie behandeln in Ihrer Klinik psychisch erkrankte Menschen, Sie schreiben Bücher über Wege in eine nachhaltige Gesellschaft und entwerfen ein Geldsystem, das uns auf den Weg zur Nachhaltigkeit bringen soll. Wie kommen Sie zu diesem Spagat?

BRUNNHUBER: Es geht mir um das Individuelle und das Allgemeine gleichermaßen. Die Tätigkeit als Arzt und Psychiater ist sehr erfüllend, wenn ich mit einzelnen Patienten spreche. Gleichzeitig sehe ich aber auch die Begrenzungen einer individuellen Betrachtung. Es reicht nicht aus, Menschen nur individuell gesund zu machen, wenn das System selbst krank ist. Es gibt eigentlich keinen Beruf, der diese Unterscheidungsfähigkeit so sehr einfordert und trainiert wie die Medizin. Sie lernen von Anfang an zu unterscheiden, was pathologisch ist und was eher gesund ist, was in der Balance und was aus der Balance ist.

Wie kam es dann zur konkreten Beschäftigung mit unserem Geld- und Finanzsystem?

BRUNNHUBER: Natürlich haben mich auch meine Mentoren aus den letzten 25 Jahren auf dieses Thema gestoßen. Wir haben etwa im Club of Rome gesehen, dass in dem Buch von Dennis Meadows über die Grenzen des Wachstums[99] über alle Variablen der Nachhaltigkeitsforschung gesprochen wurde, nur über eine nicht: das Geld- und Finanzsystem. Warum wurde das vergessen?

Weil es ein Tabu ist?

BRUNNHUBER: Ja, weil es ein Tabu ist. Tabus sind eine psychologische Kategorie und dann trifft die Frage der Psychologie auf die Frage der Finanzökonomie.

» *Tabus sind eine psychologische Kategorie und dann trifft die Frage der Psychologie auf die Frage der Finanzökonomie.*

Gab es möglicherweise ein Schlüsselerlebnis, das Sie dazu gebracht hat, sich mit diesen Fragen auseinanderzusetzen?

BRUNNHUBER: Das werden Sie mir jetzt nicht glauben, aber ich erzähle Ihnen eine kleine Geschichte. 1972, 1973 sitze ich bei mir in Augsburg im Gymnasium im Wirtschaftsunterricht. Der Wirtschaftslehrer kommt herein und sagt: »Kinder, gerade haben 100 bekannte Menschen auf der Welt einen Club of Rome Bericht geschrieben, der heißt *Grenzen des Wachstums*.« Ich hatte keine Ahnung was das ist. Ich gehe nach Hause, kaufe mir das Buch und ich wusste, ja, ich wusste, dass ich in diesem Club einmal Mitglied werden würde. Deshalb bin ich auch so engagiert bei der Sache. Ich wusste auch, dass es irgendetwas mit dem Thema Finanzen und Geld zu tun haben wird – als Zehnjähriger.

Es ist viel über den Vergleich zwischen Corona-Pandemie und dem Klimawandel gesprochen worden. Was können wir aus den Erfahrungen mit der Corona-Pandemie für die Bekämpfung des Klimawandels lernen?

BRUNNHUBER: Bei der Corona-Krise passiert in unserer Gesellschaft etwas, was man einen asymmetrischen Schock nennt. Unsere Gesellschaft wird mit etwas konfrontiert, was aus wissenschaftlicher Sicht zwar prinzipiell zu erwarten war, aber es war nicht konkret vorhersehbar, wann und wie es passiert.

Solche asymmetrischen Schocks passieren in komplexen und vernetzten Gesellschaften immer häufiger. Sie können auch im Zusammenhang mit dem Biodiversitätsverlust und dem Klimawandel auftreten.

Wenn solche asymmetrischen Schocks immer wieder passieren und jetzt, wie in der Corona-Krise, eine weltpolitische Ausnahmesituation auslösen, können wir daran mehrere Dinge studieren. Wir können verstehen, was asymmetrische Schocks mit uns Menschen machen und was notwendig ist, damit wir unser Verhalten in die richtige Richtung verändern.

Was wir bei der Corona-Pandemie sehen ist Folgendes: Ein Virologe tritt an die Presse und sagt: »Wenn wir jetzt unser Verhalten nicht ändern, dann wird es zu massiven Verlusten von Menschenleben kommen.« Daraufhin verändern 7,5 Milliarden Menschen ihr Verhalten – mehr oder weniger. Anders gesagt: 7,5 Milliarden Menschen synchronisieren ihre innere Bereitschaft zu reagieren. Das gab es in der Geschichte der Menschheit so noch nicht. Was steckt hinter dem? Dahinter steckt im Grunde genommen ein Bild im Kopf. Das Narrativ ist von dem Virologen umgeschrieben worden. Bisher hörten wir die Erzählung, das wird schon nicht so schlimm, das macht nichts. Aber auf einmal erzählt uns ein Experte etwas anderes und der *frame*, der Bedeutungsrahmen, in unserem Kopf ändert sich.

Was sich genau ändert ist die Risikoeinschätzung von 7,5 Milliarden Menschen über ein konkretes Ereignis. Aus dieser neuen Risikoeinschätzung folgen dann Veränderungen im Verhalten und in der Governance.[100]

Das Coronavirus wurde von der Bundeskanzlerin im Frühjahr 2020 zur größten Bedrohung seit dem Ende des Zweiten Weltkrieges erklärt. Was ist für Sie der größte Unterschied in der Risikoeinschätzung zwischen Corona und dem Klimawandel? Denn beides sind doch akute, weltweite Krisen, die uns auch noch lange begleiten werden.

BRUNNHUBER: Der Unterschied liegt im zeitlichen Ablauf der Ereignisse. Wir sehen die Bilder aus Italien, wo innerhalb von Tagen Tausende von Menschen sterben. Auf der anderen Seite sehen wir die Geschwindigkeit des Klimawandels. Der wird irgendwann ebenfalls einen Kipppunkt[101] erreichen. Einen Punkt, an dem sozusagen die Dinge von selber und automatisch ablaufen und dann nicht mehr veränderbar sind.

» *Wir laufen Gefahr, dass wir bei globalen und systemischen Risiken, die nur allmählich und langsam sichtbar werden, zu spät reagieren.*

Wir laufen Gefahr, dass wir bei globalen und systemischen Risiken, die nur allmählich und langsam sichtbar werden wie etwa die globale Erwärmung oder der Biodiversitätsverlust, zu spät reagieren. Wenn Sie bei 3,5 Grad oder 4 Grad Temperaturanstieg angelangt sind, dann können manche Entwicklungen eben auf mehrere 100 Jahre nicht mehr repariert und kontrolliert werden. Wenn der Verlust von Tier- und Pflanzenarten exponentiell ansteigt, sind zahlreiche Arten nicht mehr auf der Erde vorhanden. Das kann man nicht mehr korrigieren.

Globale Risiken, die nur allmählich ihre Auswirkungen zeigen, wie der Klimawandel, werden offensichtlich in ihrem Risiko unterschätzt. Angenommen wir schaffen es, das Risiko deutlich zu machen, so wie bei Corona. Die Risikobewertung, wie Sie sagen, ist jetzt eine andere. Was folgt dann psychologisch gesehen daraus?

BRUNNHUBER: Menschen haben dann eine innere Bereitschaft, man nennt das in der Psychologie, die *mental preparedness,* zur Veränderung. Diese innere Bereitschaft ist dann da, aber sie wissen noch nicht in welche Richtung die Veränderung gehen soll. Deshalb ist unsere Zeit weltgeschichtlich so wichtig.

Dieser Zusammenhang zwischen innerer Bereitschaft und tatsächlichem Handeln ist in der Suchtforschung seit 50 Jahren bekannt. Deswegen können wir Erkenntnisse aus der Suchtforschung hier hinzuziehen. So ist zuerst die innere Bereitschaft notwendig, etwas zu verändern. Aber dann müssen auch klare Handlungsalternativen erkannt werden.

Aus der Psychologie kennen wir etwa folgende Gegensatzbeziehungen, die als Handlungsalternativen erkennbar sein müssen: Du bleibst im Bett liegen oder du machst einen Dauerlauf. Du trinkst Alkohol oder bleibst abstinent. Wenn zum alten Muster, zum *business as usual* aber keine Alternativen vorliegen, wenn folglich der Suchtkranke die Möglichkeiten des Für und Wider für sich nicht abwägen kann, wird der Alkoholiker weitertrinken. Der Patient muss eine klare Alternative haben, und die muss er gedanklich abspeichern und überlegen, was ist der Mehrwert der einen Alternative gegenüber der anderen. Diese gegensätzlichen Möglichkeiten werden nur im Zustand der inneren Bereitschaft wahrgenommen. Sind diese Wahlmöglichkeiten vorhanden, braucht der Suchtkranke noch die Einsicht, dass das, was er tut, sinnvoll ist. Dazu braucht er eine Erzählung im Kopf. Er braucht Menschen, die emotional überzeugend sind und ihm klarmachen, warum er sich für die bessere Wahl entscheiden soll. Da spielen Experten eine Rolle, die Medien und eben Vorbilder, die diesen Weg gehen – auch gegen den Strom.

» *Der Suchtkranke braucht Menschen, die emotional überzeugend sind und ihm klarmachen, warum er sich für die bessere Wahl entscheiden soll.*

Da fällt mir gleich Greta Thunberg, die junge Klimaaktivistin aus Schweden, ein. Sie ist so ein Vorbild für Millionen von jungen Menschen

geworden. Das wird einem Virologen mit seiner Aussage, wie gefährlich ein Virus ist, nicht so leicht gelingen. Aber auch wenn es Vorbilder gibt, die emotional überzeugen können: Manche Menschen überzeugt das, andere nicht. Menschen reagieren auf Risiken unterschiedlich. Woran liegt es noch, wenn wir nicht ins Handeln kommen, nicht unser Verhalten anpassen?

BRUNNHUBER: Die Psychologie hat mehrere Mechanismen beschrieben, die dafür verantwortlich sind, dass wir nicht ins Handeln kommen. Wir sehen ein Risiko, wir können das wissenschaftlich auch benennen, wie bei der globalen Erwärmung, dennoch passiert nichts. Da haben Sie recht. Dafür gibt es mehrere Gründe.

Ein Mechanismus beruht darauf, dass die Auswirkungen des Problems für uns nicht mit unseren Sinnen erfassbar sind. Wir sehen, riechen oder fühlen die möglichen Folgen nicht. Wir haben deswegen eine emotionale Distanz zum Geschehen.

Ein Beispiel dazu: Wenn Sie sich heute eine Plastiktüte kaufen, obwohl Sie wissen, dass Sie keine Plastiktüte kaufen sollten, sind die Auswirkungen nicht unmittelbar für Sie sichtbar. Sondern die Effekte finden für die Sinne wahrnehmbar vielleicht irgendwo in Südostasien statt. Das Gleiche passiert beim Erwerb ständig neuer Digitalprodukte, die dann beispielsweise in Afrika entsorgt werden. Oder, wenn Sie sich dieses Gerät hier (zeigt aufs Handy) kaufen, dann ist das auf weiten Strecken durch Kinderarbeit im Kongo entstanden. Aber dadurch, dass Sie die negativen Auswirkungen nicht direkt wahrnehmen, passen Sie Ihr Verhalten nicht in die richtige Richtung an.

Ein anderer Mechanismus, der erklärt, warum wir nicht ins Handeln kommen, ist die Dissoziation, also dass wir unangenehme Gefühle abspalten. Wir verschieben das Verhältnis zwischen dem Gefühl und unseren Gedanken zugunsten unserer Gedanken. So verhindern wir, dass wir uns über etwas aufregen.

Noch ein anderer klassischer Mechanismus ist der, dass, wenn wir ein Problem in seiner kompletten Komplexität nicht mehr fassen, wir Teilaspekte des Problems einfach ausblenden: die kognitive Dissonanz.

Schließlich ist ein weiterer Aspekt, warum wir nicht ins Handeln kommen, folgender: Selbst, wenn wir die Komplexität erfassen, also sie im Bewusstsein halten, und selbst wenn wir die Auswirkungen im Hier und Jetzt wahrnehmen und auch negative Gefühle nicht abspalten, fehlen uns häufig die richtigen Rezepte.

> » *Wir ahnen, dass all die Rezepte, die wir derzeit diskutieren, für die Lösung des Klimawandels nicht ausreichen werden.*

Genau das sehen wir etwa beim Thema globale Erwärmung. Wir ahnen, dass all die Rezepte, die wir derzeit diskutieren, für die Lösung des Klimawandels nicht ausreichen werden. Wir fragen die gesellschaftlichen Eliten in Wissenschaft, Politik, Wirtschaft, in den Medien und Kirchen und bekommen eine Antwort, von der die Bevölkerung einschließlich der Eliten selbst sagen, das kann gar nicht funktionieren.

Zum Beispiel?

BRUNNHUBER: Nehmen Sie die Energiewende und die Elektromobilität. Wir brauchen eine Verringerung des CO_2-Gehalts in der Atmosphäre. Das bedeutet, dass unsere Volkswirtschaften mit weniger bis gar keinen fossilen Energieträgern auskommen sollten. Das ist eigentlich unstrittig. Eine Antwort darauf ist eine Energiewende und eine andere Form von Mobilität. Dennoch wissen wir, wenn Sie sich die Daten ansehen, dass diese Form der Elektromobilität so viele Kosten und Nebenwirkungen mit sich bringt und in anderen Bereichen so viele zusätzliche Ressourcen benötigt, dass das gar nicht die alleinige Lösung sein kann. Das kann nur ein ganz schmaler Ausschnitt der Lösungen sein. Dennoch werden die Energiewende und die Elektromobilität überproportional als Problemlösungen diskutiert. Das heißt, wir sehen die Komplexität im Ganzen, aber wir verlieren die Kontrolle darüber, was wir eigentlich machen sollen. Man spricht dann vom Verlust an Selbstwirksamkeit.

Man glaubt nicht an die Wirksamkeit des eigenen Handelns. In dem Falle käme sicherlich so ein klassisches Argument wie: »Sollen doch die Chinesen erst einmal ihre Kohlekraftwerke abschalten!« Schließlich ist Deutschland nur für weniger als zwei Prozent der globalen Treibhausgasemissionen verantwortlich. Möglichweise hat die Politik oder die Wissenschaft hier auch ein Glaubwürdigkeitsproblem. Wenn ich das zusammenfasse, was Sie sagen, dann scheint der Klimawandel für viele noch nicht konkret genug zu sein. Das Thema ist möglicherweise immer noch zu abstrakt. Aber wie reagieren wir richtig auf eine Bedrohung, die uns noch abstrakt erscheint?

BRUNNHUBER: Ich bin nicht sicher, ob Menschen auf abstrakte Bedrohungen überhaupt reagieren. Sie können nur auf Bedrohungen reagieren, welche hinreichend emotional verhaltensrelevant sind. Wenn wir von 400 ppm Kohlenstoffdioxidgehalt der Luft sprechen oder von CO_2-Belastungen, die zu mehr als 2 Grad Erwärmung führen, was löst das dann in Ihrem Kopf aus? Gar nichts. Im schlimmsten Fall diffuse Ängste, Alarmismus und Untergangsfantasien. Aber sicherlich keine nützlichen Verhaltensänderungen.

» *Ich bin nicht sicher, ob Menschen auf abstrakte Bedrohungen überhaupt reagieren.*

Ich würde sogar noch weitergehen. Wenn wir von Erwärmung sprechen, löst dies im Kopf eine Vorstellung aus, die sagt, dann kaufe ich mir ein T-Shirt. Das heißt, solche abstrakten Zahlen lösen bei einigen wenigen Wissenschaftlern vielleicht ein Verhalten in die richtige Richtung aus. Aber auf weiten Strecken der Bevölkerung eben nicht, oder es entsteht Hilflosigkeit und in manchen Fällen sogar Panik.

Wenn wir aber wollen, dass der notwendige Veränderungsprozess sich nicht zerstörerisch und in Panik vollzieht, sondern mehr oder weniger kontrolliert und konstruktiv sein soll, dann sind wir bei einem ganz anderen Thema. Dann sehen wir, dass sich das Problem der globalen Erwärmung durch bloßes Regierungs- und Verwaltungshandeln, durch Änderungen in unserem Konsumverhalten und/oder durch Technologie allein nicht lösen lässt.

Sie meinen damit, dass wir uns dem Thema des Aufbaus unseres Geld- und Finanzsystems widmen müssen? Dazu haben Sie mit Ihren Kollegen aus der Weltakademie der Künste und Wissenschaften ein neues Geldkonzept vorgestellt. Wie kamen Sie dazu, die Lösung in diesem Bereich zu suchen?

BRUNNHUBER: Schauen wir uns die heutige Weltwirtschaft einmal grob an. Die normalen Wertschöpfungsketten der Weltwirtschaft verlaufen entlang eines sich ausdehnenden oder expansiven Wachstums. Wir produzieren immer mehr Waren und Dienstleistungen. Dieses Wachstum ist ein Vorgang, den man nicht so ohne Weiteres abstellen kann, ohne dabei massive Wohlfahrtsverluste zu erzeugen. Wir müssen also wachsen, damit das System nicht kollabiert. Das ist das eine.

Das andere ist die Frage, welche Faktoren ein Wachstum überhaupt auslösen. Diese Debatte ist 75 Jahre alt ist. Dafür gab es mehrere Nobelpreise. Die Diskussion aus 75 Jahren Spitzenforschung darüber kommt zu dem Ergebnis, dass ungefähr 14 bis 15 Prozent des wirtschaftlichen Wachstums durch Erziehung, Bildung und Forschung entsteht und ungefähr 15 bis 18 Prozent durch Technologietransfer, das heißt durch die Umsetzung von Forschungsergebnissen in konkrete wirtschaftliche Aktivitäten. Wenn Sie die beiden Zahlen addieren, kommen Sie auf den Betrag von ungefähr 30 Prozent.

> » *Wir müssen wachsen, damit das System nicht kollabiert.*

Das heißt im Umkehrschluss: Für die restlichen zwei Drittel des Wachstums, also für zwei Drittel dessen, weshalb eine Volkswirtschaft wächst, haben wir keine Erklärungen. Wir unterliegen einem Wachstumszwang und können gleichzeitig einen Großteil der Faktoren, welche dafür verantwortlich sind, gar nicht benennen. Wir produzieren aber durch das Wachstum zahlreiche ungewollte Effekte, wie etwa Artensterben und Erderwärmung. Im Gesamten haben wir also die Kontrolle verloren. Die Probleme bleiben aber bestehen.

Sie sagen, das Wachstum erzeugt viele ungewollte schädliche Nebeneffekte. Das Argument ist häufig genau das umgekehrte. Ohne genü-

gend Wachstum können wir die Lösung globaler Probleme nicht finanzieren.

BRUNNHUBER: Ja, aber diese Sichtweise ist leider falsch und sehr teuer. Dann sind wir genau in dieser Debatte: Welches Geld- und Finanzsystem benötigen wir, um genau solche oder ähnliche asymmetrische Schocks, die in den nächsten Jahren zunehmen werden, zu finanzieren. Geldsysteme folgen nicht einem Naturgesetz, sondern sind eine Übereinkunft, vielleicht sogar die größte Erfindung der Menschheit. Wir können das Design auch ändern zugunsten von mehr Nachhaltigkeit.

» *Geldsysteme folgen nicht einem Naturgesetz, sondern sind eine Übereinkunft, vielleicht sogar die größte Erfindung der Menschheit.*

Wie sieht denn nun das Geldkonzept zur Lösung der globalen Probleme wie der Klimakrise aus?

BRUNNHUBER: Das Geld- und Finanzsystem ist heute ganz grob so organisiert: An der Spitze stehen die Zentralbanken, darunter die Geschäftsbanken, dann kommen Industrie, Güter und Serviceleistungen und am Ende wird diese reale Wertschöpfungskette besteuert. Von diesen Steuereinnahmen entnehmen wir ein Teil des Geldes und finanzieren unsere Zukunft. Das ist die Erzählung unseres Wohlstands. Sie folgt dem linearen Denken. Nämlich zuerst wachsen, dann umverteilen. Wir können aber lernen, nicht nur linear, sondern auch parallel zu denken. Das ändert dann fast alles.

Das wäre schön.

BRUNNHUBER: Jeder Mensch ist hierzu grundsätzlich in der Lage. Mehr noch: Die meisten Vorgänge im Gehirn sind parallel verschaltet. Es entspricht gewissermaßen unserer Natur, parallel zu denken und so Probleme zu lösen. Wir tun aber in unserem Wachbewusstsein so, als ob das lineare, analytische Denken dem parallelen überlegen wäre.

Wir können mit unserer Arbeitsgruppe zeigen, dass das Problem der Wachstumsabhängigkeiten sich über ein anderes Finanzsystem lösen lässt.[102] Dann genau, wenn es uns gelänge in unserem Geld- und Finanzsystem ebenfalls parallel zu denken. Das hieße nämlich, dass es auf einmal vernünftig wird, Parallelwährungen einzuführen: zentralbankgesteuert, reguliert und mithilfe der richtigen Technologie, in dem Fall der Blockchain-Technologie.[103] Man spricht dann von einem digitalen parallelen grünen Euro oder Dollar. Die Parallelwährung gibt uns die Möglichkeit, Probleme unabhängig vom Wachstumsparadigma unmittelbar zu lösen. Ob wir dann mehr oder weniger stark gewachsen sind, kann man im Nachhinein feststellen. Spielt aber keine Rolle, weil, wie gesagt das Problem gelöst ist.

» *Wir tun in unserem Wachbewusstsein so, als ob das lineare, analytische Denken dem parallelen überlegen wäre.*

Das Problem ist deswegen gelöst, weil wir künftig selbst entscheiden können, wann wir mit einem grünen Euro, also der Parallelwährung, bezahlen und wann mit der bisher üblichen Währung?

BRUNNHUBER: Die digitale Parallelwährung macht einen Unterschied, weil wir im gegebenen, also konventionellen Finanzsystem umverteilen und warten und hoffen, dass sich die Probleme gleichsam von selber lösen. Das tun sie aber nicht und haben dies auch in der Vergangenheit nur eingeschränkt getan. Hinzu kommt, dass der Umverteilungsmechanismus relativ ineffizient ist, langsam und wenig zielgenau. Währenddessen werden wir mit einer Parallelwährung Teile der Gelder und damit Teile der Kaufkraft und Teile der Liquidität, also Zahlungsfähigkeit, von Anfang an zielgenau, schnell und sicher dort hinbekommen, wo sie den größten Wohlfahrtseffekt haben. Ein paralleles Währungssystem verteilt Gelder nicht erst am Ende der Wertschöpfungskette, sondern an deren Anfang.

Zugegeben: Wir werden weiterhin auch den Mechanismus der Umverteilung brauchen. Also erst Steuereinnahmen erzeugen und diese dann ausgeben, um Zukunftsprojekte zu finanzieren. Aber wir werden auch den Mechanismus brauchen, der Gelder gleich von

Anfang an in die Projekte zur Lösung der globalen Probleme oder der UN-Nachhaltigkeitsziele steckt. Das geht nur mit einer digitalen Parallelwährung.

> *Ein paralleles Währungssystem verteilt Gelder nicht erst am Ende der Wertschöpfungskette, sondern an deren Anfang.*

Wenn Sie sich das herkömmliche konventionelle Finanzsystem ansehen, dann bleibt am Ende immer nur ganz wenig Geld zum Umverteilen übrig. So haben wir das jetzt 200 bis 300 Jahre gemacht und dies hat uns die Finanzierung der Lösungen für die Probleme nicht wirklich garantiert. Wenn wir jetzt noch berücksichtigen, dass wir für die Finanzierung unserer Zukunft global 12 bis 15 Jahre Zeit haben, dann müssen wir über die Art und Weise der Finanzierung grundlegend neu nachdenken. Wir haben eben keine 100 Jahre.

Das heißt grüne Euros aus der digitalen Parallelwährung fließen direkt in die Projekte zur Lösung der globalen Probleme. Ich kann diese Währung nur für bestimmte Transaktionen nutzen, die etwa mit Nachhaltigkeitszielen im Einklang sind. Das wird über den eingebauten Mechanismus gewährleistet. Aber dann müssen Sie die Geldströme total kontrollieren.

BRUNNHUBER: Da sprechen Sie einen wichtigen Punkt an, den der Kontrolle und damit gleichzeitig die besondere Bedeutung der Anonymität von Bargeld. Hier gibt es berechtigte Bedenken. Technisch kann man über eine aufladbare grüne Kreditkarte sicherstellen, dass die Ausgabe des Geldes völlig anonymisiert ist. Auf der anderen Seite hat die digitale Kontrolle einen wichtigen positiven Effekt, vor allem dann, wenn sie von öffentlichen und demokratisch legitimierten Stellen ausgeht und nicht etwa durch ein Privatunternehmen. Eine kontrollierte digitale Parallelwährung verhindert oder erschwert Korruption und Geldwäsche. Gleichzeitig liefert

> *Eine kontrollierte digitale Parallelwährung verhindert oder erschwert Korruption und Geldwäsche.*

sie den Regulierern und Zentralbanken ein zusätzliches geldpolitisches Steuerungsinstrument an die Hand. Beides stabilisiert unser Finanzsystem und macht es robuster und nachhaltiger.

Was ist, wenn große Teile der Bevölkerung dieser Digitalwährung nicht trauen und das nicht mitmachen?

BRUNNHUBER: Was würde es denn bei einem durchschnittlichen Lohnempfänger für einen Unterschied machen, ob er nun mit 10 oder 15 Prozent in grünen Euros also über die Digitalwährung bezahlt wird oder mit konventionellem Geld? Wahrscheinlich ist es egal, solange der Konsum gesichert ist. Wenn dann noch über grüne Euros Steuern und Löhne gezahlt werden können, dann bedeutet das doch einen Zuwachs an qualitativem Wachstum und Wohlstand, weil damit globale nachhaltige Probleme direkt mitfinanziert werden.

Sie haben am Anfang gesagt, Menschen brauchen eine innere Bereitschaft, um ihr Verhalten zu ändern und sie müssen dann zwischen verschiedenen Alternativen wählen können. Somit wäre eine digitale Parallelwährung ein alternatives Angebot. Wir könnten uns entscheiden, diese grüne Währung zu benutzen, weil wir wissen, mit dem Geld werden sinnvolle Projekt finanziert. Daran könnte sich jeder beteiligen. Meinten Sie das, als Sie vorhin sagten, unsere Zeit sei weltgeschichtlich so wichtig? Wichtig, in dem Sinne, weil wir jetzt über solche grundsätzlichen neuen Wege wie etwa eine digitale Parallelwährung diskutieren können?

BRUNNHUBER: Genau. Denn wenn wir über Nachhaltigkeit und Systemwechsel reden, ist durch die Corona-Krise trotz der Dramatik, die ich an keiner Stelle verharmlosen will, eines der größten und bedeutendsten *windows of opportunities*, also Gelegenheiten, gegeben, um über etwas ganz Grundsätzlicheres nachzudenken. Nämlich über die Frage: Können wir eigentlich nach Corona so weiter machen wie bisher? Können wir danach in unsere alten Gewohnheiten zurückfallen? Oder müssen wir viel grundsätzlicher fragen: Wie wollen wir eigentlich nach Corona zusammenleben? Wie wollen wir eigentlich wirtschaften, wie wollen wir wachsen und was soll wachsen? Wie wollen wir unser Gemeinwesen organisieren, wie wollen wir Medizin machen, die Digitalisierung und Globalisierung gestalten? Ja, wie wollen wir Nachhaltigkeit leben? Die Corona-Pandemie ist somit nicht nur ein Brennglas, welches die Probleme deutlicher macht, sondern auch ein Beschleuniger, der das Potenzial in sich trägt, den notwendigen gesellschaftlichen Wandel voranzutreiben.

Ökonomie: Prof. Dr. Claudia Kemfert

Prof. Dr. Claudia Kemfert, Ökonomin

- Leiterin der Abteilung »Energie, Verkehr, Umwelt« am Deutschen Institut für Wirtschaftsforschung (DIW) Berlin. Professorin für Energiewirtschaft und Energiepolitik an der Leuphana Universität Lüneburg.
- Mitglied im Sachverständigenrat für Umweltfragen, der die Bundesregierung berät. Mitglied im Club of Rome.
- Auszeichnungen u.a. 2020 Vordenker-Award, 2016 Adam-Smith-Preis für marktwirtschaftliche Umweltpolitik, 2011 Urania Medaille und 2006 »Elf der Wissenschaft«, in der Auswahl der besten Jungforscherinnen und Jungforscher in Deutschland.
- Geboren 1968 in Delmenhorst. Studium der Wirtschaftswissenschaften in Bielefeld, Oldenburg und Stanford (USA). Forschungsaufenthalte und Gastprofessuren u.a. in Mailand, St. Petersburg und Moskau. 2004 Juniorprofessorin an der Universität Oldenburg. Ab 2004 am Deutschen Institut für Wirtschaftsforschung, Berlin. Von 2004 bis 2009 Professorin für Umweltökonomie an der Humboldt-Universität Berlin und von 2009 bis 2012 Professorin für Energieökonomie und Nachhaltigkeit an der Hertie School in Berlin. Politikberaterin und Publizistin zu Themen Energiewende und Klimawandel.

Frau Kemfert, Sie haben Wirtschaftswissenschaften in Bielefeld, Oldenburg und Stanford studiert. Heute gelten Sie als Kritikerin Ihres eigenen Berufstandes. So kritisieren Sie etwa, dass die Mehrheit der Ökonomen sich zu einseitig an eine vorherrschende Schule in den Wirtschaftswissenschaften orientiere, in dem Fall der neoliberalen Schule. Hatten Sie von Anfang an diesen kritischen Blick auf Ihr Studienfach?

KEMFERT: Nein, gar nicht. Ich bin einfach Wissenschaftlerin mit Leib und Seele. Anfangs interessierte ich mich noch für Betriebswirtschaftslehre, fand aber dann die Volkswirtschaftslehre viel spannender. Dort faszinierte mich besonders die Verhaltensökonomie von

Reinhard Selten. Da geht es um Märkte, die sich verändern, weil sich einzelne Spieler strategisch neu aufstellen. Das finde ich hochinteressant, wie Strukturen dazu führen, dass bestimmte Bewegungen in die eine oder andere Richtung passieren. Später im Studium bin ich dann an eine Universität gegangen, die damals bundesweit den ersten Studiengang zur Energiewende angeboten hat. Das heißt, erst kam mein Forschungsinteresse und darauf aufbauend kam das Interesse an Umwelt- und Klimathemen.

Seit ich jetzt am DIW bin, geht es verstärkt darum, Forschungserkenntnisse auch der Öffentlichkeit zu erläutern. Das war an den Universitäten kein zentraler Aspekt. So kamen also in den letzten 15 Jahren am DIW immer mehr Fragen hinzu, wie Klimaschutz und die Energiewende umgesetzt werden können. Insgesamt sehe ich es als ein großes Glück an, genau die Forschungsthemen, die mich am meisten interessieren, mein Leben lang behandeln zu können.

Sie erläutern Ihre Forschungen in der Öffentlichkeit, beraten die Politik und stellen sich kritischen Diskussionen. So kommt es, dass Sie selbst auch ins öffentliche Kreuzfeuer geraten. Hinzu kommt, dass Sie als Frau in der Branche immer noch zu einer Minderheit gehören. Wie gehen Sie mit öffentlicher Kritik um?

KEMFERT: Ich komme aus dem Nordwesten Deutschlands, da ist Gegenwind Energie. Es gehört für mich in einer Demokratie mit dazu, dass man Widersprüche hervorruft. Aber man muss zwei Dinge unterscheiden. Geht es hier wirklich um Sachargumente oder geht es nur darum, persönlich zu werden? Bei Letzterem lehne ich einen Dialog ab und sehe das als Teil einer Kampagne, die ganz unterschiedliche Ursachen haben kann. Wir wissen aus der Forschung, dass diese PR-Kampagnen und mitunter auch die rechten Netzwerke nur das Ziel haben, und da bin ich nicht die Einzige, Einzelpersonen in Verruf zu bringen, um sie mundtot zu machen.

» *Als Teil der Kampagne ist manchmal sogar ein Handlungsablauf für Männer hinterlegt, um gegen Frauen zu agieren, insbesondere gegen grüne Frauen.*

Das hat seine Begründung in den USA, und zwar schon in den letzten Jahrzehnten, wo einzelne Klimawissenschaftler bis in den Selbstmord gemobbt wurden.

Das ist dann eine strukturierte Kampagne mit dem Ziel, Zweifel und Fehlinformationen zu streuen und wissenschaftliches Ansehen zu zerstören. Das betrifft ganz viele Klimawissenschaftler und das würde ich ganz unabhängig vom Geschlecht sehen. Andererseits ist manchmal als Teil der Kampagne sogar ein Handlungsablauf für Männer hinterlegt, um gegen Frauen zu agieren, insbesondere gegen grüne Frauen. Da komme ich automatisch ins Kreuzfeuer.

Die geringen Fortschritte beim Klimaschutz weltweit können einen mutlos machen. Was gibt Ihnen in dieser Situation Zuversicht und Hoffnung?

KEMFERT: Ich bin Wissenschaftlerin und gucke immer mit dem Forschungsblick auf die Themen. Was Sie jetzt möglicherweise über mich denken, das ist überhaupt nicht der Fall. Ich war eben nicht als junges Mädchen schon eine Grüne oder Vegetarierin. Überhaupt nicht. Meine Schwester würde sich totlachen, wenn sie das hört, was für ein Bild von mir gezeichnet wird. Nein, es ist wirklich der Wissensdurst, der mich antreibt. Es ist für mich natürlich wichtig, auf falsche Entwicklungen hinzuweisen, wenn ich sie sehe. So geht es beim Klima- und Umweltschutz letzten Endes um uns Menschen. Das wird oft vergessen. Doch die Beharrungskräfte gegen die notwendigen Veränderungen sind weiterhin sehr stark, da gebe ich Ihnen recht. Da muss man sich nichts vormachen.

Wir führen das Interview immer noch unter dem Eindruck der Corona-Pandemie. Interessant ist doch, dass es im Großen und Ganzen möglich ist, in kurzer Zeit die Bevölkerung in Deutschland, und nicht nur hier, zu einer radikalen Verhaltensänderung zu bewegen, etwa was Lockdown-Vorschriften oder Hygieneregeln angeht. Welche Erfahrungen nehmen Sie daraus mit und was könnte man davon für die Bewältigung der Klimakrise nutzen?

KEMFERT: Ich denke, dass man durch diese Verhaltensänderung viele positive Erfahrungen gemacht hat und auch weiter macht. Es ist in der Tat etwas völlig Neues, dass man in kürzester Zeit, wie in einem Zeitraffer, bestimmte Veränderungen sieht, für die wir normalerweise sehr lange Zeit bräuchten. Durch diesen Lockdown ist in so kurzer Zeit die Luft sauberer geworden. Ich als Radfahrerin habe wieder eine ganze Fahrradstraße für mich ohne Autos, die dort sonst auch fahren.

» *Da ist eine gewisse Standhaftigkeit gefragt und eine Solidarität, die wir brauchen, um diese Veränderungen durchzuführen.*

Ich sehe auch, dass eine starke Gesellschaft sehr gut durch eine Krise kommen kann. Eine starke Gesellschaft ist die Antwort auf jegliche Krise und das ist etwas, was wir für die Bewältigung der Klimakrise mitnehmen können.

Während der Corona-Pandemie sind im Wochenrhythmus bestimmte Entscheidungen getroffen worden, für die wir bei der Klimakrise Jahre gebraucht hätten. Das liegt natürlich an den Diskussionsniveaus, die wir in der Demokratie haben müssen und die ihre Zeit brauchen. Das ist in Ordnung, wenn wir am Ende bei einem Ziel ankommen, das uns wirklich dauerhaft Klimaschutz und Umweltschutz bringt. Da ist eine gewisse Standhaftigkeit gefragt und eine Solidarität, die wir brauchen, um diese Veränderungen durchzuführen.

Auf der anderen Seite sehen wir auch die Corona-Gegendemonstrationen. Es werden Falschnachrichten und Verschwörungstheorien verbreitet. Müssen wir das als Gesellschaft in Kauf nehmen?

KEMFERT: Wir wissen aus der Forschung sehr genau, dass es ungefähr fünf Prozent der Menschen sind, die diesen Theorien anhängen. Das kennen wir auch aus der Klimakrise, als die Klimaskeptiker plötzlich auf der Bildfläche erschienen. Deren Auftauchen war im Übrigen auch von PR-Agenturen und Kampagnen gestützt. Das darf man nicht vergessen. Das ist auch nicht neu, das kennt man von anderen kontrovers diskutierten Themen und den dazugehörenden

Kampagnen wie etwa denen der Tabakindustrie, um von der Schädlichkeit des Rauchens abzulenken.

Aber im Moment sind wir in einer Phase, wo die Medien aus meiner Sicht wieder den üblichen Fehler machen, diese Randgruppen hochzustilisieren. Die Medien stellen diese Einzelstimmen als repräsentativen Teil der Bevölkerung dar. Das ist hochproblematisch und eine Ursache ist, dass auch die Medien im Wettbewerb um Aufmerksamkeit stehen. Wir wissen zum Beispiel aus Umfragen, dass über 80 Prozent der Menschen in Deutschland für die Energiewende sind, manchmal auch über 90 Prozent. Aber die Kameras werden auf die gehalten, die dagegen sind. Was in der Landschaft der Medien, so ist zumindest meine Wahrnehmung, so ist, weil man eher über die Dinge berichtet, die negativ sind, als über die, die positiv sind. Das ist der typische Reflex der Medien, den wir bei Corona wieder beobachten und der dann zu einer falschen Wahrnehmung von Mehrheiten führt.

Die Corona-Pandemie und ihre Folgen werden uns noch eine Weile begleiten. Die Bundesregierung hat im Sommer 2020 neben anderen Hilfsmaßnahmen auch ein milliardenschweres Konjunkturprogramm beschlossen. Sie waren eine der ersten Ökonominnen, die davor warnten, alte Strukturen und Technologien zu unterstützen. So sprachen Sie sich gegen eine Kaufprämie für Verbrennungsmotoren aus. Allerdings macht die deutsche Autoindustrie mit Verbrennungsmotoren immer noch die meisten Gewinne. Sind das nicht zwei Ziele, die auseinanderstreben? Entweder Arbeitsplätze in der Automobilindustrie retten oder klimafreundliche Elektroautos fördern. Wie gehen Sie mit diesem Konflikt um?

KEMFERT: Nein, die Ziele streben nicht auseinander, sondern sie gehören zusammen. Sie sind zwei Seiten ein und derselben Medaille. Hier geht es um eine Verkehrswende, die in die Zukunft führt. Individuelle Mobilität heißt in der Zukunft etwas anderes als wir heute darunter verstehen. Es bedeutet nicht, dass ich automatisch ein eigenes Fahrzeug habe, welches ich selbst oder ausschließlich selbst fahre. Sondern für die Zukunft brauchen wir eine Mobilitäts- und Verkehrswende, die ganz vieles miteinschließt. Im Einzelnen wären das:

Stärkung des Schienenverkehrs, auch des ÖPNV, also Bus und Regionalbahn und schließlich die Elektromobilität. Das alles muss durch die Digitalisierung zu einer ganz neuen Form von Dienstleistungen rund um das Thema Mobilität führen. Wir brauchen dazu Apps, also Anwendungssoftware, die mir sagen, wie ich am besten von A nach B komme, welches zum Beispiel die schnellsten oder die umweltschonendsten Varianten dafür sind. Diese Lösungen bekomme ich dann auf meinem Handy angezeigt. Es kann sein, dass ich mir dann ein Fahrzeug teile oder einen elektrischen Rufbus wähle, der auch autonom fährt oder noch etwas anderes.

Die klassische Kaufprämie für Autos war und ist ökonomisch und ökologisch unsinnig. Sie ist auch sozial ungerecht, weil ein Großteil der Menschen sich überhaupt kein neues Fahrzeug leisten kann und schon gar nicht in der Krise. Hingegen muss es darum gehen, dass man die Mobilitätsveränderung mit begleitet, und da kann man zwei Fliegen mit einer Klappe schlagen. Etwa indem man Gelder für eine sogenannte Umstiegsprämie einsetzt und damit auch neue Jobs schafft.

Mit der Umstiegsprämie meinen Sie, dass der Staat den Umstieg vom eigenen Auto hin zu anderen Mobilitätsangeboten fördert.

KEMFERT: Die Umstiegsprämie ist der Gegenentwurf zu einer Kaufprämie für Autos. Die Umstiegsprämie würde man entweder für den Kauf eines Fahrrads, eines Elektrofahrrads, eines Lastenbikes oder für den Kauf einer Bahncard oder einer ÖPNV Jahreskarte nutzen.

Und in der Autobranche fallen erst einmal Arbeitsplätze weg.

KEMFERT: Dieses Argument gab es jahrzehntelang auch gegen die Energiewende. Richtig ist aber, dass die Energiewende in Richtung dezentraler erneuerbare Energien jobintensiver ist als die zentrale Energieversorgung von heute durch wenige große Energieversorgungsunternehmen. Das gleiche gilt auch für die Verkehrswende, wo wir einen Strukturwandel brauchen. Das zu lange Festhalten an der Vergangenheit gefährdet gerade Jobs. Wenn man jetzt Investitionen

> *Das zu lange Festhalten an der Vergangenheit gefährdet gerade Jobs.*

in Zukunftstechnologien oder Zukunftsdienstleistungen tätigt, dann verschafft man den Beschäftigten neue Perspektiven. Hier entstehen die Jobs der Zukunft. Deswegen erinnert mich diese Diskussion in der Autoindustrie sehr stark an die Diskussion in der Energiewirtschaft von vor 20 Jahren. Dort gab es auch ein sehr langes Festhalten an der Vergangenheit immer mit dem Jobargument und am Ende hat man dadurch mehr Jobs verloren als gehalten.

Sie sagen, die Wirtschaft und auch die Politik halten zu lange an alten Strukturen fest. Sind die kurzfristigen Erfolge für Entscheidungsträger immer wichtiger als langfristige zukunftsorientierte Strategien? Oder noch anders gefragt: Hält man Rezessionen oder Arbeitsplatzverluste heute einfach nicht mehr aus, obwohl sie für eine Übergangszeit auch dazugehören?

KEMFERT: Ich würde die Diagnose nicht teilen, dass das kurzfristige Aushalten von Rezessionen und Jobverlusten unbedingt eintreten muss, wenn man denn klug investiert. Aber diesen Investitionsstau, den schieben die Autoindustrie und auch die klassische Industrie seit Jahrzehnten vor sich her. Das kann gerade in der jetzigen Krise behoben werden. Denn zum einen werden Staatsgelder gezahlt, Finanzhilfen sind beschlossen und zum anderen ist es jetzt über die Finanzmärkte leicht möglich, mit Krediten solche Investitionen zu stemmen. Man sollte durchaus auch über Investitionsallianzen von Seiten des Staates helfen, in die neuesten Techniken zu investieren, die heute noch teurer sind, aber in der Zukunft eben nicht mehr. Investitionen in der Industrie und im Verkehr sind Entscheidungen, die über mehrere Jahrzehnte wirken. Deswegen muss diese mittel- bis längerfristige Perspektive immer mitgedacht werden.

Am Ende entstehen dann mehr Jobs durch Digitalisierung, Mobilitätsdienstleistungen, Lastenfahrräderproduktion, ÖPNV, Schienenverkehr und die innovativen Techniken, die damit verbunden sind wie klimaschonende Antriebe. Dazu gehören auch die *Power-to-Gas*-Treibstoffe, die wir etwa für den Schwerlastverkehr brauchen.

Das sind synthetische Kraftstoffe, die aus mit Ökostrom gewonnenem Wasserstoff entstehen, der methanisiert wird. Das sind ganze Industriezweige, die daran hängen und für die sich enorme Chancen bieten. Insofern ist dieses reflexhafte Festhalten an der Vergangenheit für mich wirklich unverständlich.

Wenn es so unverständlich und gegen die Zukunftsfähigkeit der Industrie gerichtet ist, wie kommt es dann zu solchen Fehlentscheidungen?

KEMFERT: Es ist dieses trügerische Gefühl der Unangreifbarkeit, das gerade auch in der Autobranche sehr lange bestand. So wurde das eigene Handeln immer nur bestätigt, mit dem Ergebnis, dass man die Innovationen, die für die Zukunft notwendig sind, nicht mehr im Blick hatte. Solche Managemententscheidungen, die zu wenig Mut beweisen und zu wenig auf Veränderungen ausgerichtet sind, sind ein sehr deutsches Problem. Das hängt damit zusammen, dass viele Unternehmen in ihrem Management sehr klassisch und einseitig aufgestellt sind und im Zweifel die Vergangenheit höher bewerten als die Zukunft.

Da muss sich im Denken einiges ändern, etwa was die Zusammensetzung der Gremien angeht, in denen die wichtigen Entscheidungen getroffen werden. Diese Gremien müssen vielfältiger zusammengesetzt sein. Das heißt neben Alt und Jung, Frauen und Männern wäre es gut, internationale Kulturen miteinzuschließen. Schließlich sind die Unternehmen auch global tätig. Insofern gibt es da heute noch viele Barrieren, die einerseits durch die Unternehmen selbst entstehen und die andererseits durch starke Lobbyarbeit in Richtung Politik verfestigt werden. Möglichst die Vergangenheit zu konservieren, nur um die Quartalsberichte zu verbessern, hinterlässt den Nachfolgern keine rosige Zukunft. Auch die Managementgehälter müssten so ausgerichtet sein, dass Unternehmensentscheidungen in Richtung Nachhaltigkeit und Zukunftsinvestitionen belohnt werden. Das wäre genau das Gegenteil

» *Es ist dieses trügerische Gefühl der Unangreifbarkeit, das gerade auch in der Autobranche sehr lange bestand.*

von einer heute noch vorherrschenden einseitigen Ausrichtung auf die kurzen Quartalsberichte.

Ist es nicht Aufgabe der Politik, eine Balance zwischen den Lobbyisten der verschiedenen Gruppen herzustellen und das große Ganze im Blick zu haben? Warum lässt sich der Staat immer wieder einseitig vereinnahmen?

KEMFERT: Die Lobbyisten der Vergangenheit sind stärker als die Lobbyisten der Zukunft oder noch drastischer ausgedrückt, die Lobbyisten der Zukunft sitzen nicht mit am Tisch. Die Jugend hat keine Lobby. Allein schon bei einem Autogipfel müsste die zukünftige Generation mit am Tisch sitzen.

Außerdem haben wir internationale Vereinbarungen, das vergisst man immer. Wir haben Nachhaltigkeitsziele ratifiziert, die für alle Nationen gelten. Da gehören Ziele wie saubere Energie, saubere Luft und Klimaschutz mit dazu. Entscheidungen mit einer großen Tragweite für die heutige und vor allem künftige Gesellschaft müssten auf die Vereinbarkeit mit diesen Zielen abgeklopft werden. Deswegen haben wir im Rahmen des Sachverständigenrats für Umweltfragen einen sogenannten Rat der Generationengerechtigkeit vorgeschlagen. Der hat jetzt kein Vetorecht im klassischen Sinne, der ist auch nicht mit im Parlament. Aber er hat ein aufschiebendes Vetorecht, das heißt, er kann noch einmal auf Entscheidungen gucken und die in die Parlamente und die Entscheidungsgremien zurückgeben, wenn festgestellt wird, dass an vielen Punkten solche Nachhaltigkeits-, Umwelt- und Klimaziele nicht berücksichtigt werden. Dann müsste so lange verhandelt werden, bis auch dieser Aspekt miteinfließt. Da das aber heute nicht der Fall ist, sehe ich hier eine Erklärung, warum immer sehr einstig auf die Konservierung der Vergangenheit geschaut wird.

» *Die Jugend hat keine Lobby.*

Beim Punkt Lobbyarbeit möchte ich noch einmal nachhaken. Sie haben in Ihrem Buch *Das fossile Imperium schlägt zurück* beschrieben,

dass die Energiewende und deren wichtigstes Instrument, das Erneuerbare-Energien-Gesetz, durch erfolgreiche Lobbyarbeit zu Tode reformiert wurden. Da frage ich mich, wie kann das sein, dass die Politiker Erfolge opfern, wie den Ausbau der erneuerbaren Energien, nur um Argumenten von Vertretern der fossilen Energiewirtschaft zu folgen? War dieses Kaputtreformieren des EEG nicht durch eigene Fehleinschätzungen der Politiker verursacht oder tatsächlich durch erfolgreiche Arbeit von Lobbyisten?

KEMFERT: Ich würde sagen tatsächlich durch sehr erfolgreiche Arbeit von Lobbyisten. Deswegen habe ich auch das Buch geschrieben, um dort die Mythenargumente aufzuzählen, die in der damaligen Regierung sehr stark verfingen. Man wollte keine erneuerbaren Energien im System haben. Kurioserweise ist die Energiewirtschaft mittlerweile viel weiter. Die wollen das jetzt anders, aber da ist man politisch wieder nicht so schnell, um das anzupassen.

Aber die Arbeit der fossilen Lobbyisten hat ganze Wirkung gezeigt. Da haben sich diese Erzählungen so fest in den Köpfen eingebrannt, dass das niemand mehr hinterfragt, wie etwa das falsche Argument von den erneuerbaren Energien als Kostentreiber. Das geht auch weiter so mit anderen Negativ-Framings, die der Energiewende immer angehängt werden. Diese Milliarden an PR-Geldern, die da weltweit ausgegeben werden, sind im Sinne der Verhinderung hin zu mehr nachhaltiger Entwicklung wirklich sehr erfolgreich. Da kann man als Einzelstimme wirklich nicht viel ausrichten.

Wenn wir von Gegenargumenten zum Ausbau der erneuerbaren Energien reden, mal abgesehen von den klassischen wie den Kosten oder der Diskussion um die Abstandsregeln für Windparks, findet sich ein Argument, das vor allem in der Fachliteratur stark diskutiert wird: Die Förderung der erneuerbaren Energien durch das EEG würde für den Klimaschutz nichts bringen, zumindest nicht in Bezug auf Reduktion der Emissionen. Das werde schon mit dem europäischen Emissionsrechtehandel erreicht, der für weite Teile der europäischen Industrie regelt, wie viele Treibhausgase pro Jahr europaweit ausgestoßen werden dürfen. Die Menge sei also schon fix, sodass andere Länder in Europa die Treibhausgase ausstoßen, die wir in Deutschland einsparen würden. Was sagen Sie zu diesem Argument?

KEMFERT: Das stimmt ja nicht, dass es für den Klimaschutz nichts bringt. Das ist das typische Argument der Anhänger des Marktes nach der neoklassischen Ökonomie[104], die behaupten, wenn wir einen Emissionsrechtehandel haben, ist das ein sogenanntes Nullsummenspiel, was in Europa dazu führt, dass Emissionen nur verlagert werden. Ich nenne hier drei wesentliche Gründe, warum das nicht stimmt. Man kann das auch alles in meinem Buch nachlesen, wo ich die Studien dazu verlinkt habe.[105] Der erste Grund ist, dass wir in Europa ein System haben, welches dynamische Emissionsminderungen und nicht statische vorsieht. Das heißt, in dem Moment, in dem die Staaten eine geringere Nachfrage nach den Emissionsrechten haben, aus welchen Gründen auch immer – das kann eine Rezession sein, das können Förderungen für energetische Gebäudesanierungen sein und so weiter – also wo es zu einer Situation kommt, dass einfach weniger Emissionszertifikate notwendig sind, werden diese zusätzlichen Zertifikate gelöscht. Dann haben wir genau das nicht, was Sie eben beschrieben haben und was in der Literatur der Wasserbetteffekt genannt wird.

Wasserbetteffekt wird das genannt, weil dort, wo eingespart wird, das Wasserbett sozusagen eingedrückt wird, das Wasser dann woanders hinfließt, die eingesparten Emissionen also woanders freigesetzt werden.

KEMFERT: Ja, aber diesen Effekt, der in der Theorie und in der Literatur beschrieben ist, den gibt es so in der Praxis eben nicht.

Der zweite Grund gegen das Argument, die erneuerbaren Energien brächten nichts für den Klimaschutz, sind die wesentlichen CO_2-Vermeidungskosten, die man sich anschauen muss. Das heißt, um in der Energiewirtschaft einen Umstieg von fossilen Kraftwerken hin zu erneuerbaren Energien und klimaschonenden Technologien rentabel zu machen, müsste der CO_2-Preis sehr viel höher sein, als er sich von allein im System des Emissionsrechtehandels einstellt.

Das liegt auch an der Fehlentwicklung dieses Instruments. Der Emissionsrechtehandel wurde eben nicht so eingeführt, wie er einmal ursprünglich in der umweltökonomischen Lehrbuchtheorie entwickelt wurde, sondern es kam wieder aufgrund von Lobbyinteressen zu viel zu vielen kostenlosen Zuteilungen von Zertifikaten an Unternehmen. Das führte dazu, dass wir die ersten zehn Jahre an diesem Emissionshandelssystem ein wirkungsloses Instrument hatten. Ganz egal, was man wo getan hat, um nachträglich Details im System zu korrigieren. Denn der CO_2-Preis war aufgrund dieser Überallokation, Überverteilung, immer mehr oder weniger bei fast null.

> » *Diesen Wasserbetteffekt, der in der Theorie und in der Literatur beschrieben ist, den gibt es so in der Praxis eben nicht.*

Der dritte Grund schließlich ist, dass es leider, so sehr ich mir das auch wünschen würde, dieses *one-instrument-fits-all* nicht gibt. Das ist eine Wunschvorstellung der neoklassischen Ökonomen, dass man da ein Instrument hat, wie etwa den Emissionsrechtehandel, und damit automatisch alles abgedeckt ist, um die Emissionen zu deckeln, und die Welt entwickele sich so, wie man es sich in der Theorie wünscht. Das ist so nicht umsetzbar, was auch an der Konstruktion des Emissionshandels selbst liegt. Es gibt zahlreiche empirische Studien, die belegen, dass es sinnvoll ist, neue Technologien am Anfang durch gezielte Förderung in den Markt zu bekommen. Im Endeffekt genauso wie wir es bei der Energiewende durch eine Kombination an Instrumenten gemacht haben. Dazu gehören die gezielte Förderung durch die Einspeisetarife des EEG und eine Innovationsförderung durch Gelder für Forschung und Entwicklung der Technologien. Das macht man, um neue Techniken in den Markt zu bekommen, die anfangs sehr teuer sind und mit der

> » *Es gibt zahlreiche empirische Studien, die belegen, dass es sinnvoll ist, neue Technologien am Anfang durch gezielte Förderung in den Markt zu bekommen.*

Zeit billiger werden, wie jetzt auch bei den Erneuerbaren. Ohne diese Förderungen hätten sich die erneuerbaren Energien allein durch das System des Emissionsrechtehandels nie am Markt behauptet.

Einfach deswegen, weil der Preis für die Zertifikate im Emissionshandel, also für den Ausstoß einer Tonne CO_2 ständig zu niedrig war, um die erneuerbaren Energien wettbewerbsfähig zu machen?

KEMFERT: Genau diesen Zusammenhang werden wir jetzt wieder beobachten können, und zwar bei dem neuen Emissionsrechtehandel in Deutschland, der ab dem Jahr 2021 für die Sektoren Gebäude und Verkehr bestehen wird. Im Gebäude- und Verkehrssektor haben wir sehr viel höhere CO_2-Vermeidungskosten. Das heißt, es ist viel teurer im Verkehr und im Gebäudesektor CO_2 zu vermeiden als etwa im Energiesektor. Wir bräuchten CO_2-Preise von 480 Euro pro Tonne CO_2 aufwärts, damit sich diese Investitionen und Umrüstungen im Gebäude- und Verkehrssektor lohnen würden.

Das heißt, allein über den Zertifikatspreis im Emissionshandel wird es nicht funktionieren, dass sich der Umstieg auf erneuerbare Energien im Verkehr und Gebäudebereich, also beim Heizen, rechnet?

KEMFERT: Es wird nicht funktionieren, weil wir bei einem Preis von 25 Euro pro Tonne CO_2 ab 2021 im nationalen Emissionsrechtehandel starten und dann in vorher festgelegten Fünf- und Zehn-Euro-Schritten in den nächsten Jahren hochgehen. Dies bedeutet, dass der Preis noch lange nicht hoch genug ist, um Marktentscheidungen zugunsten der erneuerbaren Energien im Gebäude- und Verkehrssektor auszulösen. Das ist etwas, was die Anhänger der Marktlösung lieber vermeiden, zu sagen, was denn der Mechanismus über das alleinige Preissignal eigentlich bedeuten würde. Ein strenger Emissionsrechtehandel, der wirklich die Pariser Klimaziele umsetzen würde, ganz eng so konstruiert wäre, wie die Umweltökonomen das vorschlagen, hätte von Anfang an einen CO_2-Preis von über 1.000 bis 1.500 Euro pro Tonne CO_2 hervorgebracht. Das ist und wäre politisch niemals durchsetzbar gewesen. Deswegen hat man hier einen ganz starken Lobbyeinfluss gesehen, der dieses Instrument des Emissionshandels stark verwässert hat.

Sie sagen also, sowohl der europäische Emissionsrechtehandel als auch der ab 2021 in Deutschland eingeführte nationale Emissionsrechtehandel für die deutschen Emissionen im Verkehrs- und Gebäudesektor sind als marktwirtschaftliches Instrument ungeeignet, um für hinreichende Emissionsreduktionen zu sorgen?

KEMFERT: Der Emissionsrechtehandel wird das als alleiniges Instrument aus verschiedenen Gründen nicht leisten können. Der Emissionsrechtehandel ist ein Instrument des Stärkeren. Es ist ein Instrument, das seit den 1980er-Jahren von den neoklassischen Ökonomen gefordert wird, weil dort immer das Gesetz des Stärkeren herrscht. Denn eine Annahme in der neoklassischen Theorie ist, dass alle Anbieter und alle Verbraucher auf jedem Markt immer ihre eigenen Interessen zu ihrem größtmöglichen Nutzen durchsetzen werden. Es geht um die eigene größtmögliche Nutzenmaximierung. Nach den Vorstellungen der Neoklassik wird außerdem niemals von unten angesetzt, das heißt, die Sichtweise ist immer die von der Angebotsseite, also der Seite der Produzenten, der Unternehmen, aber nicht die der Nachfrageseite, also der Verbraucher. Schließlich werden auch nicht verschiedene Wege gewählt, um sich in Richtung Klimaschutz zu bewegen. Sondern die Vertreter der Neoklassik bevorzugen die *one-instrument-fits-all*-Lösung. Aber andere Ökonomen, insbesondere solche, die nicht aus der gleichen Schule wie die Neoklassik kommen, sondern plurale Ansätze verfolgen, sehen das anders.[106] Für die gibt es durchaus immer auch eine *second* oder *third best world*. Das heißt, es gibt immer mehrere Lösungen und Wege. Aber die neoklassischen Ökonomen klammern sich an diese eine *first best world*, an dieses eine Instrument des Emissionsrechtehandels, das aber ein reines Theoriekonstrukt ist. Eines, welches sich die neoklas-

» *Aber die neoklassischen Ökonomen klammern sich an dieses eine Instrument des Emissionsrechtehandels, das aber ein reines Theoriekonstrukt ist.*

sischen Ökonomen quasi am Reißbrett überlegt haben, das es aber in der Realität so nie gibt und nie geben wird. Ganz abgesehen davon, dass das Instrument in der Praxis sowieso noch verwässert wurde.

Da der europäische Emissionsrechtehandel bisher keine ausreichende Lenkungswirkung für Investitionen in klimaschonende Technologien bewirkt hat, schlagen Sie und das DIW zusammen mit anderen Forschungsinstituten ein zusätzliches Instrument vor. Welches?

KEMFERT: Das Instrument nennt sich CO_2-Differenzverträge oder auf Englisch *carbon contracts for difference*. Damit soll genau das Problem behoben werden, das entsteht, wenn durch die niedrigen Preise für eine Tonne CO_2 keine ausreichenden Anreize für Investitionen in klimaschonende Technologien gesetzt werden.

Die Idee hinter den CO_2-Differenzverträgen ist folgende: Wenn ein Investor oder ein Unternehmen sich entscheidet in grünen Stahl zu investieren, dann sind enorme Investitionssummen notwendig. Um dieses Geld in die Hand zu nehmen, bekommt das Unternehmen vom Staat eine Art Ausfallgarantie. Da der CO_2-Preis bisher immer zu niedrig war, überbrückt der Staat diese Zeit des niedrigen CO_2-Preises mit Zahlungen an das Unternehmen, damit dieses jetzt investiert, etwa in eine Produktionsanlage für grünen Stahl, obwohl es die Kosten im Moment nicht erwirtschaften kann. Denn die Einsparung der CO_2-Emissionen durch die klimaschonende Produktion würde sich erst auszahlen, wenn der CO_2-Preis sehr hoch ist und das Unternehmen dadurch einen Vorteil gegenüber anderen hat, die noch immer herkömmlich produzieren und viel CO_2 ausstoßen.

> »*Das Instrument des Emissionsrechtehandels ist das größte wirkungslose Instrument, was wir weltweit haben: teuer und ineffizient.*

Allein an dieser Idee der CO_2-Differenzverträge erkennt man doch wieder, wie kompliziert dieser Emissionsrechtehandel ist. Da muss man sich schon fragen, wieso man sich für so etwas überhaupt einmal entschieden hat. Aus meiner Sicht war das wirklich eine grandiose Fehlentscheidung, weil man an allen Ecken und Enden nachsteuern muss und weil der Markt eben nicht so funktioniert, wie das die Umweltökonomen sich in der Theorie wünschen. Das Instrument des Emissionsrechtehandels ist das größte wirkungslose Instrument, was wir weltweit haben: teuer und ineffizient. Aber man behilft sich dann mit allen möglichen Konstrukten und dazu gehören auch solche Differenzverträge. Wir schlagen das für die Industrie vor, einfach weil es dort einen erheblichen Investitionsstau für klimaschonende Technologien gibt und wir das beheben wollen. Diese Investitionszurückhaltung ist genau darin begründet, weil man eben keine ausreichenden Marktsignale wie etwa hohe Preise für CO_2 hat.

Es gibt zwei Königswege CO_2 einen Preis zu geben. Neben dem Emissionsrechtehandel, der über den Handel mit den Zertifikaten einen Preis für CO_2 durch Angebot und Nachfrage entstehen lässt, gibt es noch den Weg über eine Steuer auf CO_2-Emissionen. In Ihrem neuen Buch *Mondays for Future*[107] beschreiben Sie im Detail, warum Sie eine Verfechterin einer Steuerlösung sind. Abgesehen von den Argumenten, die aus Ihrer Sicht für eine Steuer sprechen, musste es nicht zwangsläufig auf europäischer Ebene der Emissionsrechtehandel sein, weil man sich nie auf eine gemeinsame europäische Steuer geeinigt hätte?

KEMFERT: Ja das ist richtig. Steuern unterliegen dem Nationalrecht und können nicht auf europäischer Ebene vereinbart werden. Nur deswegen hat man diesen unsinnigen Emissionsrechtehandel eingeführt, weil man eben eine europäische Lösung haben wollte. Das ist schlicht und einfach die Erklärung aus meiner Sicht, warum man damals nicht die Steuerlösung gewählt hat. Eben weil das nicht mit Europarecht vereinbar gewesen wäre. Sie können europäisch keine Steuern dominieren, aber der Emissionsrechtehandel kann auf nationaler Ebene durchgreifen.

Weltweit steigen die Emissionen pro Jahr immer weiter an, fast jedes Jahr sind es ein Prozent mehr Emissionen als im Jahr zuvor. Warum ist noch nichts Wesentliches passiert, um die steigende Kurve der weltweiten Emissionen abzusenken?

KEMFERT: Ganz allgemein gesprochen ist es so, dass wir unsere Wirtschaft auch die Weltwirtschaft auf ein fossiles Kapital aufgebaut haben und das mittlerweile schon seit zwei, drei Jahrhunderten. Das fing mit der Kohle an und später kamen dann Öl und fossiles Erdgas dazu.

Das ist immer noch in unserem Wirtschaftssystem fundamental verankert, weil viele Produktionsprozesse auf fossilen Energien basieren. Der Wohlstand, den wir da erarbeitet und in den letzten Jahrzehnten weiter ausgebaut haben, baut darauf auf, dass wir fossile Energien verbrennen und das noch umsonst. Umsonst in dem Sinne, dass wir für die Schäden, die durch das frei werdende Kohlenstoffdioxid der Allgemeinheit entstehen, nicht aufkommen. Bezahlen müssen die Jüngeren. Das heißt wir geben die Rechnung an die Zukunft. Diejenigen, die aktuell Klima und Umwelt mit ihrer Wirtschaftsweise schädigen, sind eben nicht die, die das auch bezahlen müssen. Solange das möglich ist und durch die Staaten subventioniert wird, wird sich daran auch nichts ändern. So bestimmen Technologien, die auf fossilen Brennstoffen basieren, weiterhin unsere Produktionsprozesse. Es hängt auch mit der Struktur der Wirtschaft zusammen. Unsere Wirtschaft ist sehr auf Technologie ausgerichtet und der Mensch hat irgendwo darin zu funktionieren. Es müsste umgekehrt sein.

» *Diejenigen, die aktuell Klima und Umwelt mit ihrer Wirtschaftsweise schädigen, sind eben nicht die, die das auch bezahlen müssen.*

Um Emissionen einzusparen, müssten sich grundlegende Strukturen in unserer Wirtschaft ändern. Allerdings werden immer noch die alten Schulen der Wirtschaftslehre zitiert, um die bestehenden Strukturen zu rechtfertigen. Die etwa besagen, dass nur ein weitgehend unregulierter Markt und noch mehr Freihandel zu immer mehr Wohlstand führen würden. Diese Lehren etwa von Adam Smith oder David Ricardo entstanden vor 200 Jahren, zu einer Zeit, als die Welt noch komplett anders aussah. Aber heute kann die Idee eines permanenten Wirtschaftswachstums gar nicht mehr funktionieren. Wieso gibt es in Richtung alternativer Wirtschaftskonzepte so wenig Forschung und praktische Ansätze?

KEMFERT: Es gibt viel Forschung in Richtung einer Postwachstumsökonomie. Es gibt auch alternative Konzepte von Ökonomen wie man die Wirtschaft in Richtung Dekarbonisierung, Klimaschutz und Nachhaltigkeit ausrichten kann. Aber ich gebe Ihnen recht, dass gerade in den letzten Jahrzehnten, und das fing in den 1980er-Jahren des letzten Jahrhunderts an, als man die Märkte liberalisiert und privatisiert hat, andere gesellschaftliche Ziele dem Wachstumsziel nachgeordnet wurden. Mit der Folge, dass wir seitdem ein tatsächlich uneingeschränktes Wirtschaftswachstum fordern, welches in der Konsequenz die Umwelt schädigt, nicht nachhaltig ist, dem Menschen mehr schadet als ihm nützt und insgesamt in vielerlei Hinsicht immer mehr zum Problem wird statt zur Lösung.

Aber wenn man einmal zurückschaut, David Ricardo oder Adam Smith haben diese Dinge überhaupt nicht gefordert, die später daraus gemacht wurden. Wenn man ihre Schriften liest, findet man genügend Aussagen, dass der Mensch im Vordergrund stehen und die Umwelt geschont werden muss. Insofern gibt es da auch eine Missinterpretation der ursprünglichen Theorien.

Es geht stattdessen um nachhaltiges Wirtschaften, das eben nicht zulasten der künftigen Generationen geht. Dafür brauchen wir etwa eine Kreislaufwirtschaft, Recycling und ein Rückbesinnen auf die klassisch sozial-ökologische Marktwirtschaft, die wir einmal in den 1970er-Jahren des letzten Jahrhunderts entwickelt haben. Auch die Vollversorgung mit erneuerbaren Energien ist wohlstandssteigernd, weil man vor Ort die Energie herstellt und eine regionale Wertschöpfung schafft. So reduzieren wir Emissionen und gleichzeitig verringern wir unsere Abhängigkeit von Kohle-, Öl- und Gasimporten und damit von geopolitischen Risiken, die wir weltweit haben.

» *Die Vollversorgung mit erneuerbaren Energien ist wohlstandssteigernd.*

Auf der anderen Seite gehöre ich jetzt nicht zu den ganz starken Verfechtern einer Postwachstumsökonomie. Von denen einige denken, wir müssten alle wieder zurück zu Pferd und Wagen, sage ich jetzt einmal ganz platt, häkeln unsere Pullis zu Hause selbst und essen unsere selbst angebauten Tomaten. Da wäre ich nicht dabei. Ich bevorzuge da eher ein gesundes Verhältnis von Nachhaltigkeit wie es in einer modernen sozial-ökologischen Marktwirtschaft durchaus möglich ist.

Der Klimawandel ist kein isoliertes Umweltproblem, wie etwa saurer Regen, das man durch eine Technologie oder eine schärfere Umweltvorschrift lösen könnte. Sondern die Erderwärmung ist die Folge unserer Art zu Wirtschaften. Müssten wir nicht doch über eine ganz neue Art nachdenken, wie wir künftig Wirtschaft betreiben wollen? Doch die jetzt diskutierten Lösungen sind immer Teil unseres herrschenden Wirtschaftssystems.

KEMFERT: Wir sind die Wirtschaft, das darf man nicht vergessen. Die Wirtschaft ist eine Vereinbarung zwischen uns Menschen insgesamt, den Städten, den Ländern weltweit, darüber, wie wir unser Leben organisieren wollen. Es ist ein Missverständnis, wenn man sagt, die Wirtschaft macht etwas mit uns, was wir gar nicht wollen. Aber in den letzten Jahrzehnten ist tatsächlich etwas aus dem Gleichgewicht gekommen. Das liegt auch an dem Ansatz, der von der vorherrschenden Wirtschaftslehre seit den 1980er-Jahren gefordert wird. Die Folge ist, dass das heutige Wirtschaften zulasten der Menschen, der Umwelt und der zukünftigen Generationen geht. Wir haben auch eine Wirtschaft, die sehr von Technik und Technologie getrieben ist. Dazu gibt es im Übrigen sehr interessante Studien. Das ist eine sehr männliche Sichtweise, die hier dominiert. Es ist typisch männlich, immer nur von Technologien zu reden. Nach dem Motto: Ich baue da etwas und dann ist die Welt wieder in Ordnung. Oder ich entwickle eine Technologie und dann haben wir das Problem gelöst. Aber diese Sichtweise geht nicht von den Menschen aus, sondern setzt die Technik an den Anfang. Das ist eine männlich-technische Sichtweise. Frauen haben diese Sichtweise nicht, wie Studien belegen. Wir müssen sehr viel stärker auf alle gesellschaftlichen Gruppen schauen, auf Frauen und Männer gleichermaßen, um Lösungen zu finden.

» *Es ist typisch männlich, immer nur von Technologien zu reden.*

Da wir aber diese, sage ich einmal, sehr männlich-fossil-kapital-dominierte Wirtschaftswelt haben oder uns zumindest in den letzten Jahrzehnten immer stärker in diese Richtung bewegt haben, müssen wir schrittweise da wieder herauskommen. Es geht nicht darum, die Vergangenheit komplett abzuschneiden, sondern sie in eine Zukunft zu überführen, wo der Mensch im Vordergrund steht, und zwar alle, nicht nur die Hälfte der Menschheit.

Interessant finde ich in diesem Zusammenhang, dass rund 75 Prozent der Aktivistinnen bei Fridays for Future Frauen sind. Wie können Frauen eine stärkere Verantwortung in unserer Gesellschaft übernehmen?

KEMFERT: Zunächst einmal müssen Frauen als Teil der Gesellschaft bei allen wichtigen Entscheidungsprozessen wahrgenommen werden. Man hat auch in der Corona-Pandemie gesehen, dass die Männer eine starke Lobby haben. Denn es ging immer wieder um Auto-Arbeitsplätze, wo vor allem Männer arbeiten. Was ist aber mit den Frauen-Arbeitsplätzen, die vor allem in den Pflegeberufen liegen? Sie haben offensichtlich keine derartige Lobby, denn von Pflegegipfeln oder Ähnlichem hört man nichts, aber immer wieder von Autogipfeln im Kanzleramt. Wir haben Kolleginnen hier im Haus beim Deutschen Institut für Wirtschaft, die diese Zusammenhänge immer wieder offenlegen, dass Frauen nicht gleich bezahlt werden, nicht gleichberechtigt einbezogen werden, wenn es etwa darum geht, Führungspositionen zu besetzen.

Es ist schon bemerkenswert, dass bei Fridays for Future in erster Linie junge Frauen aktiv sind. Wir müssen mehr auf diese Frauen hören, damit sie aktiv die Zukunft mitgestalten können.

Fridays for Future: Lukas Mielczarek

Lukas Mielczarek, Aktivist

- Seit September 2020 Abgeordneter für die Grünen im Stadtrat Düsseldorf und stellvertretender Vorsitzender des Umweltausschusses, seit 2016 Mitglied im Düsseldorfer Jugendrat.
- Mitglied im Allgemeinen Deutschen Fahrradclub, LEBENSzeichenAfrika e. V. und bei den Mundartfreunden Düsseldorf.
- Geboren 2000 in Düsseldorf. Er studiert Computerlinguistik an der Heinrich-Heine-Universität Düsseldorf und ist Stipendiat der Heinrich-Böll-Stiftung.
- 2016–2017 war er Leiter der Marketing-Abteilung einer Schülerfirma, die nachhaltige Plakathalterungen aus Holz hergestellt hat. 2015–2017 Chefredakteur und Gründer einer SchülerInnenzeitung.
- Außer für Klima- und Umweltschutz und eine Verkehrswende interessiert er sich für Minderheitensprachen und *Natural Language Processing*.

Lukas, gibt es ein Schlüsselerlebnis für dich, das dazu beigetragen hat, dass du dich bei Fridays for Future engagierst?

MIELCZAREK: Also was mich ziemlich geprägt hat war die Zeit, die ich im Rahmen der Schülervertretung aktiv war. Es hat mich geärgert, dass das Engagement von uns Schülerinnen und Schülern nicht sehr hochgehalten wurde, sondern dass es sogar von manchen Lehrerinnen und Lehrern und von der Schulleitung als störend wahrgenommen wurde. Doch das Schulgesetz ist so, dass in der Schulkonferenz die Schülerinnen und Schüler nur ein Drittel der Stimmen haben. So bin ich bedingt durch die Rahmenbedingungen an meine Grenzen gestoßen. Gleichzeitig habe ich mich gefragt, wie kannst du denn die Energie, die du hast, und die Lust auf Veränderung irgendwie nutzen? Dann bin ich relativ schnell auf den Jugendrat gestoßen und habe mich bei der nächsten Wahl dafür aufstellen lassen.

Das war Ende 2016. 2019 bist du dann erneut in den Jugendrat der Stadt Düsseldorf gewählt worden.

MIELCZAREK: Ja, ein Jahr lang war ich auch Jugendratssprecher der Stadt. Wir wählen jedes Jahr neu das SprecherInnenteam und jetzt bin ich wieder stellvertretender Sprecher. Der Jugendrat ist die offizielle Vertretung der Kinder und Jugendlichen in Düsseldorf und wird direkt alle drei Jahre gewählt. Er hat tatsächlich Antragsrecht und Anfragerecht beim Stadtrat und bei den Ausschüssen und darüber war es dann möglich, den Klimanotstandsantrag einzubringen, der dann positiv im Sommer 2019 vom Stadtrat angenommen wurde.

Seit der Kommunalwahl im September 2020 bist du jetzt gewählter Abgeordneter der Grünen im Stadtrat von Düsseldorf.

MIELCZAREK: Als stellvertretender Vorsitzender des Umweltausschusses und umweltpolitischer Sprecher meiner Fraktion kämpfe ich jetzt weiter dafür, das in die Tat umzusetzen, wofür ich mit Fridays for Future über anderthalb Jahre lang auf die Straße gegangen bin. Ich kann allerdings nicht mehr den freien Aktivisten spielen, wenn ich für die Grünen im Rathaus sitze. Aber meine Unterstützung für Fridays for Future besteht weiterhin und wenn da Kapazitäten oder Organisatoren gebraucht werden, dann bin ich immer dabei. Aber ich werde mehr im Hintergrund sein.

Was bei Fridays for Future immer so eine Sache war, ist, dass wir überparteilich sind und ich glaube, das muss erhalten bleiben. Ich glaube, sonst kann man den Druck nicht effektiv ausüben. Wir haben bei Fridays for Future Menschen, die sich nicht parteilich gebunden fühlen. Wir haben welche, die sind bei der SPD, den Grünen oder den Linken. Generell sagen wir nicht, wählt die oder wählt jene Partei. Sondern es ist so, dass wir die Parteien dazu treiben, bessere Forderungen für das Klima aufzustellen und diese umzusetzen.

Was ist dir generell wichtig im Leben?

MIELCZAREK: Huh (lacht), das ist aber breit gefächert.

Suche dir was aus.

MIELCZAREK: Ich glaube, was mir sehr wichtig ist, ist der Respekt gegenüber der Natur. Einfach, dass wir gut mit unserer Umwelt umgehen. So wurde ich auch erzogen. Wenn meine Mutter mit mir spazieren gegangen ist, hat sie mir die schönen Blümchen gezeigt und gesagt: »Guck mal wie fantastisch und vielfältig die Natur ist und was der liebe Gott geschaffen hat.« Ich liebe begrünte Straßen, grüne Städte, Gärten und ich finde es unglaublich wichtig, dass wir die Artenvielfalt erhalten. Ich glaube ohne viel Grün um mich herum, wird es schwierig in meinem Leben (lacht).

> *Ich glaube, was mir sehr wichtig ist, ist der Respekt gegenüber der Natur.*

Das kann ich gut nachvollziehen. Wie erlebst du es, wenn Natur zerstört wird?

MIELCZAREK: Ich bin viel in Polen unterwegs, weil meine Mutter aus Polen kommt. In den letzten Jahren wurden dort viele Autobahnen und Straßen gebaut und genau das ist es, diese Schneisen oder Freiflächen, die jetzt für Gewerbegebiete zur Verfügung stehen und aus dem Wald gehauen wurden, das tut irgendwie weh. Ich trauere um jeden Baum.

Auch hier in der Stadt tut es immer wieder weh, wenn Bäume gefällt werden. Ich saß für den Jugendrat in der Bezirksvertretung und ich habe immer und immer wieder gefragt: »Können wir nicht bei diesem oder jenem Neubau mehr Bäume erhalten?« Und immer und immer wieder kam die gleiche Antwort: »Nee, geht nicht.« Ich weiß nicht, woran es liegt. Natur und Bauen wird einfach nicht zusammen betrachtet. Ich meine, wenn man in ein neues Haus zieht, ist man doch auch traurig, wenn alles um einen herum abgeholzt ist. Ich glaube, da müssen wir wieder hinkommen, dass wir das auch sehen und nicht nur bauen, bauen, bauen. Ich wohne im Düsseldorfer Norden und hier ist es noch recht

> *Natur und Bauen wird einfach nicht zusammen betrachtet.*

grün und wir haben große Parks. Das ist doch schön, das steigert die Lebensqualität.

Wie kam es dazu, dass du dich bei Fridays for Future engagierst?

MIELCZAREK: Ich habe das im Herbst 2018 in den Medien mitbekommen, dass Greta Thunberg die ganze Bewegung ausgelöst hat, und dass auch in Deutschland, in Berlin, Leute angefangen haben freitags auf die Straße statt in die Schule zu gehen. Ich war damals tatsächlich selbst kein Schüler mehr, sondern Student, fand das aber unglaublich stark und habe mir direkt gedacht: »Okay das ist richtig, das muss man machen und das müsste es eigentlich auch in Düsseldorf geben.«

Was hast du dann gemacht?

MIELCZAREK: Da ich schon ein Student war, habe ich mich irgendwie nicht getraut oder mich nicht in dieser Position gesehen, Schülerinnen und Schüler dazu aufzurufen, freitags nicht zur Schule zu gehen. Das hat so einen eigenartigen Beigeschmack. Also habe ich mir gesagt, okay, wartest du mal ab und falls sich eine Gruppe selbstständig gründet also tatsächlich durch Schülerinnen und Schüler in Düsseldorf, dann bist du auf jeden Fall dabei und hilfst aus. Ich war zu der Zeit schon Jugendratsmitglied in der Stadt Düsseldorf und habe das als meine Aufgabe gesehen, andere Jugendliche zu unterstützen, die politisch aktiv sind und sich einsetzen wollen.

Wie waren dann die ersten Demonstrationen?

MIELCZAREK: Dann kam der Dezember 2018. Da waren dann zunächst mal, ich glaube, elf Leute in Düsseldorf vor dem Landtag auf der Straße und haben demonstriert. Es gab eine WhatsApp-Gruppe, die verlinkt war auf einen Instagram-Account, und darüber habe ich mich mit den Leuten in Düsseldorf vernetzt, die das organisiert haben. Ich habe meine Hilfe angeboten und ein bisschen was übernommen. Am 18. Januar 2019 war dann die erste Demo, bei der ich dabei war, und das war dann die dritte Demo insgesamt in Düsseldorf und die erste tatsächlich mit über 100 Teilnehmenden.

Du bist schnell in eine verantwortungsvolle Rolle gekommen. Wie kam es dazu?

MIELCZAREK: Am Anfang haben wir vom Jugendrat mit Material ausgeholfen. Wir hatten schon Megafone und auch Schilder zu dem Thema »saubere Luft«. Aber mein Engagement ging dann viel weiter. Ich habe Pressemitteilungen für Fridays for Future geschrieben und war über ein halbes Jahr lang dafür verantwortlich. Ich habe auch Entschuldigungs-Musterschreiben verfasst, die Demos organisiert und vor Ort moderiert, Reden gehalten und Sprüche angestimmt. Vor allen Dingen hat meine Aufgabe umfasst, die Leute zusammenzubringen, um auf den Vollversammlungen Aufgaben zu verteilen. Da haben wir uns organisiert, freitags nach der Demo auf den Vollversammlungen, die gibt es auch weiterhin.

Dann kamen wir zu dem Schluss, dass es sinnvoll wäre, Delegierte zu wählen. Die sollten die Ortsgruppe in Düsseldorf vertreten, einmal gegenüber der Bundesebene von Fridays for Future aber auch gegenüber der Öffentlichkeit. Ich war da schon mit anderen als Mitglied in der Presse-AG aktiv und bin dann Anfang 2019 auch zum Delegierten gewählt worden. Das habe ich ein Jahr lang gemacht. Mittlerweile bin ich nicht mehr Delegierter. Das machen jetzt andere Leute.

Ja, dein Name und dein Bild waren häufig in den Medien, wenn über Fridays for Future Düsseldorf berichtet wurde. Wie ist die interne Organisationsstruktur von Fridays for Future?

MIELCZAREK: Es gibt Ortsgruppen in ganz vielen Orten in Deutschland. Ortsgruppe, das ist einfach, wenn mehrere Menschen sich zusammenfinden an einem Ort und sagen: »Wir wollen hier Fridays for Future organisieren.« Ob das nun eine einzige Demo ist oder dann jeden Freitag, das ist erst einmal egal. Diese Ortsgruppen wählen Delegierte. Das sind keine Chefs, sondern Menschen, die für eine bestimmte Zeit diese Ortsgruppe zur Bundesebene vernetzen. Die

Bundesebene ist der Verbund aller Ortsgruppen in Deutschland und diese besteht aus der Delegiertenkonferenz. Das sind regelmäßige Telefonkonferenzen zwischen den Delegierten.

Dann gibt es noch die ArbeitsgruppensprecherInnen-Konferenz, abgekürzt AGSK. Das sind die ArbeitsgruppensprecherInnen, die in der Konferenz zusammensitzen und sich auch noch einmal koordinieren. Außerdem gibt es bundesweite Arbeitsgruppen, wie die Presse-AG, Social-Media-AG und andere.

Es gibt auf Bundesebene noch eine *Communication Task Force*, das ist sozusagen wie eine Geschäftsstelle, die Informationen weiterleitet von A nach B und die Telefonkonferenzen, die eingerichtet werden, organisiert. Die hat aber keine, ich sage mal legislative Macht. Die entscheidet nichts. Das ist so das Wesentliche. In manchen Bundesländern gibt es dann auch noch mal eine Landesebene, die ähnlich aufgebaut ist wie die Bundesebene.

Wer kann mitmachen?

MIELCZAREK: Alle Menschen, die Lust haben vorbeizukommen und zu diskutieren, sind eingeladen. Da gibt es kein Alterslimit. Wir wollen das ziemlich transparent und flach gestalten, damit auch die, die nur beobachten wollen, vorbeikommen können. Die Arbeitsgruppen sind auch offen für alle, die mitarbeiten wollen. Die müssen sich dann lokal einfach an die Delegierten wenden und die vermitteln dann, dass diese Person dann auch in die Arbeitsgruppen kommt.

> » *Alle Menschen, die Lust haben vorbeizukommen und zu diskutieren, sind eingeladen. Da gibt es kein Alterslimit.*

Die Vollversammlungen waren vor der Corona-Pandemie bei uns in Düsseldorf jeden Freitag. Seit der Pandemie sprechen wir uns immer noch wöchentlich, aber digital über den Dienst *Discord*. Wir in Düsseldorf haben außerdem noch eigene Arbeitsgruppen, das ist parallel wie auch auf Bundesebene.

Manchmal veranstaltet Fridays for Future auch Kongresse, wie etwa das Sommercamp 2019 in Dortmund. Wie kommt das zustande?

MIELCZAREK: Das wird in der Regel von der Bundesebene organisiert. Zum Beispiel wurde eine Arbeitsgemeinschaft zur Ausrichtung des Sommerkongresses 2019 gegründet. Das war der Kongress im Sommer in Dortmund, wo Aktivistinnen und Aktivisten aus ganz Deutschland, teilweise auch aus der Schweiz, dabei waren. So was wird in der Regel vorher in der Delegiertenkonferenz als Idee oder als Vorschlag besprochen. Dann wird eine Arbeitsgruppe legitimiert, das zu planen. Für den Sommerkongress war es zusätzlich noch ein Verein, weil natürlich finanzielle Dinge auch geklärt werden mussten. Der wurde auch gegründet für diesen Anlass. Das sind die Abläufe auf Bundesebene.

Ich sage mal, wenn sich eine Gruppe von Menschen findet, die irgendetwas veranstalten, gründen et cetera wollen, und die Mehrheit der Ortsgruppe das für gut befindet, dann kann das gemacht werden.

So entstehen dann auch große grenzüberschreitende Demonstrationen mit internationalen Teilnehmern wie in Aachen im Juni 2019?

MIELCZAREK: Das war erst einmal nur eine Idee der Ortsgruppe Aachen und das war gar nicht *top-to-bottom* aufgesetzt worden. Dann haben die Leute in Aachen Unterstützter und Unterstützerinnen gesucht und haben das auf Bundesebene getragen und alle fanden das toll, oder die meisten. Dann gab es eine Abstimmung darüber, ob wir das deutschlandweit mobilisieren wollen. Jede Ortsgruppe hat selbst die Hoheit darüber, ob man hinfährt oder nicht. Die Ortsgruppen sind im Allgemeinen ziemlich unabhängig was solche Aktionen oder die inhaltliche Ausrichtung angeht. Wir haben Ortsgruppen, die sind sehr antikapitalistisch eingestellt. Aber es gibt auch Ortsgruppen, die sagen, okay wir lassen das erst mal offen. Das ist eine generelle Debatte, die immer wieder diskutiert wird.

> *» Die Ortsgruppen sind ziemlich unabhängig was Aktionen oder die inhaltliche Ausrichtung angeht.*

Es gibt noch eine internationale oder eine europäische Koordination. Da gab es mal eine Veranstaltung im Europaparlament und das in Lausanne[108] war auch, glaube ich, über die internationale Koordination veranstaltet. Das läuft im Wesentlichen so ab, dass jedes Land internationale Delegierte oder Vertreter entsendet, die sich dann in Telefonkonferenzen absprechen. Da haben wir auch in Deutschland eine eigene Arbeitsgruppenvertretung.

Wie finanziert ihr euch?

MIELCZAREK: Durch Spenden. Wenn man auf unsere Seite, also www.fridaysforfuture.de, geht, ist dort ein Konto angegeben, das von *Plant-for-the-planet*. Dieses Konto liegt bei der GLS-Bank. Das war in der Gründungsphase organisatorisch einfacher, unser Konto dort gleich mitanzulegen. Mein Kenntnisstand ist, dass wir keinen allgemeinen Fridays for Future-Verein haben, sondern für einzelne Zwecke einzelne Vereine gegründet wurden, wie etwa für den Sommerkongress in Dortmund. Die Ausgaben dieser speziellen Vereine sind dann zweckgebunden, etwa für den Aufbau der Zelte, der Bühne und so weiter.

Auch Ortsgruppen haben teilweise ihre eigenen Vereine und Konten, Hamburg zum Beispiel. Viele bundesweite Kampagnen laufen über Hamburg. Wir in der Ortsgruppe Düsseldorf haben beispielsweise ein Finanzkonzept. Wenn eine Ortsgruppe Geld benötigt, um Flyer zu drucken oder so, da gibt es monatliche Freibeträge, die genutzt werden können. Dann gehen einzelne Mitglieder der Ortsgruppe zur Druckerei, geben das in Auftrag und reichen die Rechnung bei unserer Finanz-AG ein und *Plant-for-the-Planet* überweist dann das Geld zurück an die einzelnen Menschen in den Ortsgruppen, die das Geld ausgegeben haben.

Du hast gesagt, jede Ortsgruppe kann eigene Akzente setzen. Gibt es inhaltliche Schwerpunkte für die Fridays for Future-Gruppe in Düsseldorf?

MIELCZAREK: Wir sind natürlich sehr geprägt vom Braunkohle-Revier, wir sind da direkt in der Nähe. Viele Leute von uns waren auch schon bei den Protesten im Hambacher Wald[109] aktiv. Also die Energieerzeugung ist ein Schwerpunkt und der andere ist die Verkehrswende, was für uns als große Stadt kein kleiner Punkt ist. Förderung von Radverkehr und ÖPNV – diese Themen wurden gerade durch die Kooperation mit Verdi und der Rheinbahn in letzter Zeit ziemlich bespielt.

Was ist dein Antrieb, dich da so einzubringen?

MIELCZAREK: Ich finde, es ist sowas von an der Zeit, dass sich fundamental etwas ändert. Dann hat, glaube ich, Greta Thunberg unglaublich viel Energie freigesetzt. Das war sozusagen die Aktivierungsenergie, die dafür notwendig war, dass so viele Menschen ihre eigenen Aktivitäten gefunden haben bei Fridays for Future, aber auch, um bei anderen Bewegungen aktiv zu sein. Ich finde, wir brauchen vor allem eine Verjüngung in vielen Bereichen wie der Politik. Das heißt jetzt nicht, dass wir in unserer Generation die Alten ablösen, sondern das heißt, dass wir zusammenarbeiten. Vor Fridays for Future war das Thema Klimawandel oder Klimakrise ja nicht etwas Unbekanntes. Aber ich glaube viele junge Menschen hatten den Eindruck, so zumindest mein Bild, dass sie ohnehin keinen Einfluss auf die Politik oder auf diese Vorgänge hätten. Dass die großen Dinge überhaupt nicht verändert werden können. Aber Fridays for Future hat gezeigt, das stimmt nicht. Wir können was bewegen. Ich glaube, was wichtig ist, ist, dass man jungen Menschen sagt: »Eure Stimme zählt, ihr habt etwas zu sagen und ihr könnt etwas ändern.« Ob das jetzt das Klimathema ist oder andere Themen. Weil die Einmischung einfach notwendig ist. Wenn es keine Einmischung gibt und keiner die Stimme ergreift, dann stagnieren wir und bleiben auf einer Stelle und alle sind unzufrieden und trotzdem tut keiner was.

» *Ich glaube, wichtig ist, dass man jungen Menschen sagt: Eure Stimme zählt, ihr habt etwas zu sagen und ihr könnt etwas ändern.*

Was bedeutet Greta für euch?

MIELCZAREK: Greta ist ein ziemliches Symbol. Wenn man die Bilder von ihr vor dem Parlament in Schweden sieht, wo sie alleine mit ihrem Schild ist, dann zeigt das so ein bisschen wie wir uns oder viele von uns sich auch gefühlt haben, bevor es Fridays for Future gab.

Das Klima-Thema war für viele von uns schon davor präsent. Aber wenn man in einer Klasse oder in seinem Bekanntenkreis die einzige Person ist, oder zumindest glaubt, die einzige Person zu sein, die sich mit diesem Thema beschäftigt, dann fühlt man sich ziemlich allein. Aber dass Greta dann so viele Menschen zusammengebracht hat oder dass sich so viele um sie gesammelt haben und ihrem Beispiel gefolgt sind, zeigt, dass wir alle, egal wie klein wir sind oder wie allein wir mit einer Sache zu sein scheinen, Großes bewirken können. Ich glaube, das hat viele von uns ermutigt, aktiv zu sein und selbst etwas zu tun bei Fridays for Future. Das andere ist der starke Kontrast, hier die 16-Jährige und dort die alten Politiker. Dass so ein kleines Mädchen auf irgendwelchen Klimakonferenzen oder Wirtschaftskonferenzen am Rednerpult stehen kann und ganz einfach die Wahrheit sagt. Das ist ein starkes Symbol. Etwas mit dem sich viele von uns identifizieren können. Denn es ist oft so, wenn wir irgendwie in Massen von Erwachsenen etwas sagen, dann fühlen wir uns nicht ernst genommen, nicht für voll genommen, egal ob wir recht haben oder nicht. Es gibt überhaupt einen allgemeinen Widerstand, zuzuhören. Jetzt sieht man, wie Greta den Staatsoberhäuptern die Leviten lesen kann.

Was ist für dich außerdem noch das Besondere an Fridays for Future?

MIELCZAREK: Eine besondere Sache ist, dass das Ganze von vielen jungen Menschen ausging. Es war nicht so, dass jemand gesagt hat: »Okay seid mal aktiv und engagiert euch«, sondern es ist tatsächlich von jungen Menschen initiiert worden, die sich zusammengefunden haben. Menschen, die noch zur Schule gegangen sind, die 12 bis 19 Jahre alt waren. Die teilweise am Anfang noch nicht gewusst haben, wie das Ganze funktioniert, wie man überhaupt eine Demo anmeldet und so weiter. Ich finde, das ist etwas Besonderes, dass diese eine Person, Greta Thunberg und dann noch viele andere, am Anfang in ihren eigenen Städten ganz alleine waren und dann hat das zu Protesten geführt, die an Tagen wie dem 20.9.2019 mehrere Millionen Menschen weltweit auf die Straße gebracht haben. Gleichzeitig ist es auch beeindruckend, welche Diskussionen und Kontroversen bei vielen Mitbürgerinnen und Mitbürgern das ausgelöst hat, wie etwa diese ganze SchulschwänzerInnen-Debatte: »Also geht zur Schule, anstatt zu demonstrieren und zu schwänzen.« Wo sich plötzlich alle in der Bevölkerung persönlich beleidigt gefühlt haben, als ob das ein Angriff auf sie gewesen wäre, dass junge Menschen sagen, also jetzt mal überspitzt formuliert: »Wozu soll ich in die Schule, wenn es die Welt eh bald nicht mehr gibt?« Das ist jetzt sehr kurzgefasst. Aber im Grundsatz ist es so, dass das Fernbleiben von der Schule am Freitag das stärkste, wirkungsvollste und in gewisser Weise das einzige Mittel gewesen ist, um so eine große Aufmerksamkeit auf das Thema zu lenken. Ich finde es auch beeindruckend, dass trotz der riesengroßen Hasskommentare und der vielen Politikerinnen und Politikern, die da von oben herablassend darauf geblickt haben, dass trotz der Menschen, die am Anfang gesagt haben, das verläuft sich ohnehin bald, es gleichzeitig auch so viel Unterstützung aus der Bevölkerung gibt. Das merke ich, wenn ich mit der Demo durch die Straßen laufe. Wir als Fridays for Future sind auch beim Rosenmontagszug mitgelaufen und da haben ganz viele Menschen geklatscht und gesagt »Weiter so Leute!« Es ist wirklich unglaublich. Damit haben wir bewiesen, die, die meckern, und die Ewiggestrigen, die sind in der Minderzahl, die zählen überhaupt nicht.

> »*Es ist tatsächlich von jungen Menschen initiiert worden, die sich zusammengefunden haben.*

Was waren die größten Erfolge für Fridays for Future bisher?

MIELCZAREK: Das ist schwierig, weil auf Bundesebene wenig passiert ist. Ich finde ein großer Erfolg war der 20.9.2019, dass wir es geschafft haben in Deutschland so viele tausend Menschen auf die

Straße zu bringen.[110] Wir gucken viel auf die Bundesebene, aber was in den Städten und Kommunen gemacht wird, ist noch einmal etwas komplett anderes. Auf lokaler Ebene wurde viel Energie freigesetzt. Wir wären in Düsseldorf nicht an dem Punkt, dass wir eine Klimakommission haben und dass wir Netto-Null-2035 (Anm. d. Autorin: netto null Emissionen 2035) als Ziel haben. Das wäre alles nicht gewesen, wenn wir nicht 20.000 Menschen auf die Wiese vor dem Düsseldorfer Landtag geholt hätten. Das muss man einfach anerkennen und ich glaube, dass die größten Erfolge von Fridays for Future noch kommen werden.

» *Ich glaube, dass die größten Erfolge von Fridays for Future noch kommen werden.*

Düsseldorf ist eine Kommune, die auch den Klimanotstand ausgerufen hat. Das ging auf euch zurück, oder?

MIELCZAREK: Den Musterantrag auf Ausrufung des Klimanotstandes kann man im Internet finden. Darin sind die wesentlichen Punkte folgende: 1. Ausrichtung der Maßnahmen am IPCC-Bericht.[111] 2. Die Kommune ruft die Bundesregierung auf, entsprechende Maßnahmen zu ergreifen, um das 1,5-Grad-Ziel zu erreichen und 3. ein Bekenntnis zu Netto-Null-2050. Wir haben das bei Fridays for Future auf unserer Vollversammlung diskutiert. Der Begriff Klimanotstand ist ein starker. Das zeigt einfach, wir sind in einem Notstand, wenn wir nicht handeln, hat das negative Auswirkungen auch für Bürgerinnen und Bürger in unserer Kommune. Wir haben das für gut befunden, aber gleichzeitig auch gesagt, dass dieser Begriff allein noch nicht reicht und dass Netto-Null-2050 aus wissenschaftlicher Perspektive auch nicht reicht. Dann haben wir beschlossen, wir verbinden den Antrag auf Ausrufung des Klimanotstandes mit ganz konkreten Zielsetzungen, und zwar solchen, die strenger sind als Netto-Null-2050. Das heißt unter anderem Netto-Null-2035. Dann habe ich das als Jugendratsmitglied zum Anlass genommen, diesen Antrag einzubringen im Jugendrat und als dann der Stadtrat dafür gestimmt hat, wurde eine Kommission gegründet. Die heißt jetzt *Kleine Kommission Klimaschutz* und soll bei Themen des Klimaschutzes beratend zur Seite stehen und gleichzeitig auch Netto-Null-2035 auf den Weg bringen. Wir haben auch ein Klimaschutzkonzept bei der Stadt, das aber noch auf Netto-Null-2050 ausgelegt ist und das muss entsprechend überarbeitet werden.

Das bedeutet: Fridays for Future macht Druck auf die Kommunalpolitik. Was waren die größten Misserfolge von Fridays for Future bisher?

MIELCZAREK: Misserfolge – das ist schwierig. Was wir noch nicht erreicht haben ist, dass die Bundesregierung anfängt zu handeln. Ja gut, es gibt das Klimapaket und Bahnreisen soll günstiger werden und der Radverkehr mehr Geld bekommen. Aber warum wird stillschweigend ein neues Kohlekraftwerk ans Netz gehen? Ich weiß nicht, wie wir es hätten anders machen können. Wie wir hätten mehr erreichen können. Ich glaube es liegt viel daran, dass die große Koalition in diesem Bereich gar nicht handlungsfähig ist. Ich persönlich glaube, es wird darauf hinauslaufen, dass bei der nächsten Wahl andere Mehrheiten zustande kommen. Ich glaube nicht daran, dass diese Bundesregierung beim Klimaschutz noch die Kurve kriegt. Wir müssen halt weiter Druck machen. Ich glaube, die Politik braucht diesen Druck. Alle Parteien brauchen diesen Druck, auch die Grünen brauchen diesen Druck. Ich vermute nicht, dass wenn wir jetzt tausendmal »Neustart Klima!« rufen, ein neues Klimapaket vorgelegt wird. Was wir erreichen können sind kleine Nachbesserungen. Aber für den grundlegenden Wandel, den wir anstoßen müssen, mit einer Transformation der Wirtschaftsweise, der Landwirtschaft und so weiter, dazu ist Schwarz-Rot nicht fähig.

» *Ich glaube nicht daran, dass diese Bundesregierung beim Klimaschutz noch die Kurve kriegt.*

Wie lange wollt ihr noch auf die Straße gehen?

MIELCZAREK: Solange sich nicht was ändert und so lange die Bundesregierung nicht glaubhaft Maßnahmen auf den Weg bringt, um das 1,5-Grad-Ziel einhalten zu können. Das ist unsere Devise. Mit dem Klimapaket, das vorgelegt wurde, können wir 1,5 Grad nicht einhalten. Da gibt es in der Wissenschaft eine klare Meinung. Das ist allgemein ein wichtiger Punkt bei Fridays for Future, dass wir uns viele Fachmenschen bei Scientists for Future[112] dazugeholt haben. Wenn wir echten Klimaschutz in Deutschland erreicht haben oder den richtigen Weg einschlagen haben, dann fahren wir unsere Streik- und Demoaktivitäten zurück. Das heißt nicht, dass man nicht doch noch einmal eine Demo für internationalen Klimaschutz organisiert oder dass wir in Düsseldorf nicht weiterhin aktiv bleiben. Aber es wird keinen großangelegten Schulstreik mehr geben.

Wenn Greta sagen würde, ich mache jetzt nicht weiter, würde es auch ohne sie weitergehen?

MIELCZAREK: Ja, ich denke schon. Muss man gucken, was Greta für einen Grund hätte. Also wenn sie der Ansicht wäre, dass die notwendigen Maßnahmen ergriffen worden wären, dann müsste man das entsprechend wissenschaftlich gegenchecken. Ich würde sagen, Greta ist nicht alles. Wir haben unglaublich viele Gesichter. Fridays for Future orientiert sich nicht hierarchisch an Greta. Die Strukturen sind unabhängig von ihr. Sie ist nicht irgendwie Königin von Fridays for Future und was sie sagt, muss gemacht werden. Sondern sie gibt als Aktivistin genauso Anregungen wie wir alle.

» *Fridays for Future orientiert sich nicht hierarchisch an Greta.*

Wem und welchen Informationen vertraut ihr?

MIELCZAREK: Als wir unsere deutschlandweiten Forderungen ausgearbeitet haben, war das eine ziemlich wichtige Frage. Wir haben gesagt, wir sind keine Fachmenschen, sondern Jugendliche, die sich für das Thema Klimaschutz interessieren und gehört haben, dass dafür viel mehr getan werden muss. Es haben sich zu der Zeit die Scientists for Future gegründet, die sich aus Experten aus allen möglichen Fachbereichen wie Klimawissenschaft, Verkehr und Ingenieurswissenschaften zusammensetzen.. Durch diese Wissenschaftlerinnen und Wissenschaftler haben wir unsere deutschlandweiten Forderungen checken lassen. Das heißt, wir sind ins persönliche Gespräch gegangen, es wurden Studien durchgelesen, es gab Videokonferenzen und Workshops. Es wurde wissenschaftlich sehr sorgfältig nachgefragt. Sind unsere Forderungen realistisch, können die erreicht werden und ist das überhaupt sinnvoll?

Trotzdem sind wir unabhängig und schauen uns auch andere Umweltbewegungen und Klimagerechtigkeitsbewegungen an. Das heißt, wir versuchen möglichst breitflächig Input zu bekommen. Aber es ist immer die wissenschaftliche Sicht, die Fakten, die wir als Grundlage nehmen.

> *Wenn wir aber nur halben Klimaschutz haben, dann werden wir nicht nur halbe Folgen haben, sondern dann werden die Kipppunkte erreicht.*

Ich glaube, es muss viel mehr in der Politik verankert sein, dass es erst einmal um die wissenschaftlichen Erkenntnisse geht. Es gibt zwar viele politische oder moralische Fragen, die auch durch Diskussionen entschieden werden müssen. Aber es gibt Dinge, die sind wissenschaftlich einfach notwendig. Das müssen viele, glaube ich, noch verstehen. Vielleicht sage ich das ein bisschen zu salopp, aber ich glaube, dass vieles zu sehr reduziert wird auf irgendwelche politischen Ideologien oder Maximen. Aber dass wir einen menschengemachten Klimawandel haben, der durch grundlegende Maßnahmen eingedämmt werden muss, und zwar *muss*, ansonsten haben wir dramatische Folgen, das ist ein Fakt. Wenn wir aber nur halben Klimaschutz haben, dann werden wir nicht nur halbe Folgen haben, sondern dann werden die Kipppunkte erreicht. Ich finde das so dumm, dass gesagt wird, wir können da einen Kompromiss schließen. Hier hilft uns kein Kompromiss.

Halber Klimaschutz ist wie ein bisschen schwanger. Das funktioniert nicht. Entweder die Kipppunkte werden erreicht und das System rutscht in einen anderen Zustand oder wir verhindern das noch.

Darüber herrscht in der Bevölkerung auch meines Erachtens noch viel Unkenntnis, was das konkret bedeutet.

MIELCZAREK: Ja, aber auch eine riesige Beratungsresistenz. Also jetzt mal ganz konkret: Ich habe zu einem Politiker einer anderen Partei kürzlich gesagt: »Das funktioniert nicht. Ihr müsst handeln, ob ihr jetzt für freie Märkte seid oder nicht.« Seine Reaktion war, dass er anfing mir etwas von technischen Innovationen zu erzählen, die doch automatisch kommen. Ich sagte: »Nein, das hättest du vielleicht früher einfordern können, aber jetzt haben wir nur noch wenige Jahre Zeit. Wie lange willst du denn jetzt noch auf technische Innovationen warten, die das von alleine lösen? Guck dir die Automobilindustrie an! Bevor keine Grenzwerte eingesetzt wurden und dieser Stickoxidskandal aufgedeckt wurde, gab es auch keine Reduktionen. Seit 1990 sind die CO_2-Emissionen im Verkehrssektor kaum gesunken.« Aber er hat es nicht verstanden oder wollte es nicht verstehen. Da geht dann tatsächlich Ideologie über wissenschaftliche Erkenntnisse. Ich weiß nicht, ob er selbst glaubt, dass er von den Folgen nicht betroffen sein wird. Aber es scheint ihm irgendwie wichtiger zu sein, weiterhin das gleiche, was er in den letzten Jahren schon gepriesen hat, zu erhalten. Nur weil er bei einer politischen Partei aktiv ist, die das, ich sage mal, als Grundsatz verfolgt, freie Märkte und so weiter. Anstatt auf die Fakten zu gucken. Das finde ich ziemlich traurig.

» *Da geht dann tatsächlich Ideologie über wissenschaftliche Erkenntnisse.*

Klimaökonomie: Prof. Dr. Sabine Fuss

Prof. Dr. Sabine Fuss, Klimaökonomin

- Leiterin der Arbeitsgruppe Nachhaltiges Ressourcenmanagement und Globaler Wandel am Mercator Research Institute on Global Commons and Climate Change (MCC) in Berlin. Professorin für Nachhaltiges Ressourcenmanagement und Globalen Wandel an der Humboldt Universität. Mitglied der Europäischen Akademie der Wissenschaften.
- Geboren 1979 in Aachen. Studium der Volkswirtschaft an der University of Maastricht, Niederlande. Auslandssemester an der University of California, Santa Barbara, USA. Promotion an der University of Maastricht über nachhaltige Investitionen im Energiesektor unter Berücksichtigung von Unsicherheit.
- 2007–2013 Wissenschaftlerin am Internationalen Institut für Systemanalyse in Laxenburg, Österreich und seit 2013 am MCC Berlin. 2019 Jubiläumsprofessur an der Chalmers University of Technology, in Göteborg, Schweden.
- Den Schwerpunkt von Sabine Fuss bilden ökonomische Modelle, die den nachhaltigen Umgang mit Ressourcen untersuchen. Sie war eine von zehn Leitautoren von Kapitel 4 des Sonderberichts über 1,5 Grad globale Erwärmung des Weltklimarats und eine beitragende Autorin von Kapitel 2 und 3.

Frau Fuss, als Volkswirtin beschäftigen Sie sich mit Klimaschutz und Nachhaltigkeit? Wie kam es zu diesem Schwerpunkt?

FUSS: Ich war von Anfang an an Nachhaltigkeitsfragen interessiert. Ich habe mir gesagt, dass Wirtschaftswissenschaften mir helfen können, herauszufinden, wie ich etwas nachhaltig bewirtschafte.[113]

Hier am Mercator Research Institute on Global Commons and Climate Change arbeiten die Klimaökonomen, die die Wirtschaftswissenschaft mit dem Thema Nachhaltigkeit zusammenbringen. Der Direktor des MCC Berlin, Professor Ottmar Edenhofer, hat von Anfang an dieses Feld stark mitbestimmt.

Gab es einen konkreten Auslöser für Ihr Interesse an Nachhaltigkeit?

FUSS: Es kann sein, dass ich darin von meiner Familie unbewusst beeinflusst worden bin. Meine Großeltern aus der Nachkriegsgeneration hatten noch ein ausgeprägtes Bewusstsein für den nachhaltigen Umgang mit Dingen. Selbst auf diesem Papierschnipsel hätten sie noch eine Notiz unterbringen können (lacht).

Leben Sie selbst auch nachhaltig?

FUSS: Ich versuche es. Wenn ich mir meine CO_2-Fußabdrücke[114] die letzten Jahre angeschaut habe, war ich nicht immer zufrieden mit mir. Vor allem meine Tätigkeit im Weltklimarat haben oft Langstreckenreisen mit sich gebracht. Da habe ich mich sehr gut bewegt übers Jahr und dann kam die Reise nach Korea, wo ich meinen CO_2-Fußabdruck völlig ruiniert habe. Ich hätte im Corona-Lockdown auch ein oder zwei Reisen gehabt, aber diese Events wurden auf virtueller Basis abgehalten und das war für mich eine sehr positive Erfahrung.

Sie unterrichten Studenten an der Universität. Wie motivieren Sie andere, nachhaltig zu leben?

FUSS: Wir brauchen eine Debatte dazu. Anders wird es nicht funktionieren. Sobald wir sagen, so oder so muss es gemacht werden, haben wir nicht so eine große Zustimmung, als wenn es von den Leuten selber kommt. Es ist ein Prozess.

Ich muss auch sagen, dass die junge Generation das schon selbst einfordert. Aktivisten von Fridays for Future haben mich gefragt, ob ich mal einen Vortrag zum Thema Nachhaltigkeit halten könnte. Auch in meiner Lehre, wo es um globale Aspekte der Nachhaltigkeit geht, beobachte ich, dass sehr viel Interesse dafür besteht, was wir auf individueller Basis tun können.

Ich glaube auch, dass man schon ganz früh ansetzen kann. Ich sehe das an meiner dreijährigen Tochter. Wir haben in der Corona-Zeit immer viel die Hände gewaschen und während des gründlichen Einseifens das Wasser abgeschaltet. Ich habe ihr erklärt, dass wir das machen, um Wasser nicht zu verschwenden. Als ich ein anderes Mal dann selbst Wasser länger laufen gelassen habe, bevor ich den Wasserhahn zudrehte, hat sie gesagt: »Mama, das ist Wasserverschwendung.« (lacht)

Sie waren am 1,5-Grad-Sonderbericht des IPCC an mehreren Kapiteln als Autorin beteiligt. Wo stehen wir heute bei der Bekämpfung des Klimawandels?

FUSS: Was wir uns beim Spezialbericht angeschaut haben ist, was es bräuchte, um die sehr ambitionierten Pariziele zu erreichen, also die globale Erwärmung auf deutlich unter 2 Grad oder gar 1,5 Grad zu begrenzen. Dazu müssten wir Mitte des Jahrhunderts, also im Jahr 2050, schon die Emissionen bei null haben, netto null.

> »*Sobald wir sagen, so oder so muss es gemacht werden, haben wir nicht so eine große Zustimmung, als wenn es von den Leuten selber kommt.*

Was die verschiedenen Nationen im Rahmen von Paris in Form ihrer nationalen Reduktionsziele bis 2030 auf den Tisch gelegt haben, ist definitiv nicht ausreichend. Das heißt, eigentlich müssten wir jetzt schon nachschärfen, um überhaupt auf einen Emissionspfad zu kommen, der uns auf 1,5 Grad hinführt.

Das Jahr 2020 war ein sehr spezielles Jahr. Es hat durch die Corona-Pandemie viel Leid gebracht. Es hat uns aber im Sinne des Klimaschutzes auf genau solch einen 1,5-Grad-Emissionspfad gebracht. Also auf einen Entwicklungsweg der weltweiten Emissionen, der mit dem 1,5-Grad-Ziel vereinbar ist.

FUSS: Ja, jetzt gab es ein bisschen Hoffnung, weil wir im Lockdown vieles gemacht haben, was die Emissionen reduzierte, vor allem Einschränkungen der Mobilität und des Konsums. Hochrechnungen zeigen, dass wir für das Jahr 2020 letztendlich bei irgendwo zwischen 5 und 7 Prozent Emissionsreduktion herauskommen.[115] Aber natürlich sind diese paar Prozent teuer erkauft.

Eine aktuelle Studie hat berechnet, dass wir bis etwa 2030 jedes Jahr die Treibhausgasemissionen weltweit um rund 7 Prozent reduzieren müssten, um das 1,5-Grad-Ziel zu schaffen.[116] Also die Reduktion an Emissionen, die 2020 gelungen ist, bräuchten wir jetzt zehn Jahre hintereinander.

FUSS: Im Prinzip müssten wir diese Corona-Situation tatsächlich zehn Jahre fortsetzen. Ich glaube, das sieht jeder, dass wir das nicht leisten können. Auf der anderen Seite bin ich ein bisschen optimistisch, was verschiedene Verhaltensmuster angeht. Es wurde deutlich, dass es mehr Flexibilität etwa beim Thema Homeoffice und virtuelle Konferenzen geben kann. Trotzdem wird uns das allein die 7 Prozent pro Jahr, die wir wirklich brauchen würden, nicht bringen.

» *Im Prinzip müssten wir diese Corona-Situation tatsächlich zehn Jahre fortsetzen.*

Damit Deutschland seine Klimaziele erreicht, hat die Bundesregierung im September 2019 das Klimaschutzprogramm 2030 vorgestellt. Es enthält einen Fahrplan, um die Emissionen bis 2030 um 55 Prozent gegenüber 1990 zu reduzieren und bis 2050 sogar treibhausgasneutral zu sein. Was halten Sie von dem Programm, das auch Klimapaket genannt wird?

FUSS: Zunächst einmal, September 2019 sagen Sie. Das war der erste Vorschlag und der sah Folgendes vor: 2021 sollte mit einem CO_2-Preis von 10 Euro pro Tonne CO_2 eingestiegen werden. Dann sollte der Preis bis 2025 schrittweise auf 35 Euro pro Tonne CO_2 ansteigen. Das war definitiv unzureichend. Da gab es auch viel Kritik. Dann wurde nachgeschärft und Ende des Jahres 2019 ein neuer CO_2-Preis auf den Tisch gelegt. Der beginnt nun bei 25 Euro, also mehr als eine Verdopplung und steigt auf nun 55 Euro pro Tonne CO_2 im Jahr 2025.

Wenn ich das jetzt mit dem vergleiche, was ich mir im Sonderbericht angeschaut habe, das heißt mit den Emissionspfaden, die mit einem 1,5-Grad- oder 2-Grad-Ziel vereinbar sind, reicht das natürlich auch noch nicht. Aber es ist definitiv ein positives Signal, dass der Steigerungsgrad, wir sagen dazu das Ambitionsniveau, des CO_2-Preises angehoben wurde.

Ein anderer Teil des Pakets, der auch in der Kritik stand, war die Verteilungswirkung des CO_2-Preises. Damit ist die Wirkung gemeint, die die geplante Preisentwicklung auf die verschiedenen Einkommensklassen in der Bevölkerung hat. Man sah, dass die Mittelschicht davon relativ stark belastet wurde. Es gab zwar Regelungen im Klimapaket, die darauf abzielten, diese finanzielle Belastung abzufedern. Aber diese Regelungen wirken hauptsächlich auf die unteren Einkommensklassen, also auf ärmere Haushalte, aber nicht auf die mittleren Einkommen. Damals wurde hier an meinem Institut ein Gutachten dazu gemacht, wo festgestellt wurde, dass man noch einen besseren Ausgleich bei der Umverteilung schaffen sollte.

Um die Preisgestaltung hat es viele Diskussionen gegeben. Fakt ist: Von 2021 bis 2025 haben wir festgelegte jährliche Anstiege des Preises für den Ausstoß einer Tonne CO_2 und ab 2026 darf der Preis schwanken, allerdings nur in einem Bereich von 10 Euro, nämlich zwischen dem unteren Preis 55 Euro und dem oberen Preis 65 Euro. Die Regierung nennt das »nationalen Emissionshandel«. Handel heißt, der Preis soll sich frei nach Angebot und Nachfrage bilden. Aber nun hat die Bundesregierung gleichzeitig einen Unter- und Oberpreis festgelegt. Da fragt man sich doch: was denn nun? Festgelegte Preisschritte wie bei einer Steuer oder freie Preisbildung am Markt. Warum hat man nicht dauerhaft eine CO_2-Steuer eingeführt und nicht wie es im Moment ist, nur für die ersten fünf Jahre?

FUSS: Das ist eine große Debatte: Steuer versus Emissionshandel. Diese Debatte hatten wir auf der EU-Ebene auch schon. Warum haben wir dort einen Emissionshandel und keine Steuer? Im Rahmen der EU konnte man den Emissionshandel einführen, aber eine Steuer wäre nicht möglich gewesen. Alle Staaten hätten sich da einig sein müssen. Das hätte man nicht leisten können. Es war eher die Frage: Emissionshandel oder gar nichts?

Der Emissionshandel hat aber auch andere Vorteile: Ich kann ein Ziel setzen und das kann ich relativ genau setzen. Und zwar das

Ziel der Menge an Treibhausgasemissionen, die ich pro Jahr einsparen will. Dieses Mengenziel kann den politischen Prozess begleiten und angepasst werden. Parallel dazu bildet sich dann der Preis auf dem Markt.

Der umgekehrte Schluss wäre, ich weiß ganz genau welchen CO_2-Preis ich zuerst festsetzen muss, um genau diese erwünschten Emissionsreduktionen zu erreichen. Das ist dann die Steuerlösung. Das ist der wesentliche Unterschied zwischen dem Emissionshandel und einer Steuer: Mengenfestlegung beim Emissionshandel oder Preisfestlegung bei der Steuer. In der Theorie laufen beide auf das gleiche Ziel hinaus. Wenn alles perfekt läuft, ich keinerlei Unsicherheiten und eine perfekte Umsetzung habe, dann sollte natürlich in der Theorie der Emissionshandel mit dem entsprechenden Mengenziel auch dort herauskommen, wo die Steuer mit dem entsprechenden Preisziel, dem CO_2-Preis, gelandet ist. Also beide sollten die gleichen Emissionsreduktionen erreichen.

» *Märkte sind nicht perfekt.*

Aber so ganz scheint man dem freien Markt hier nicht zu trauen. Denn der Preis soll sich eben nicht frei bilden. Es heißt nur so. Warum hat man sonst die Preisbildung so stark eingeschränkt?

FUSS: Das ist ja ein künstlicher Markt, den man da über den Emissionshandel erzeugt. Man will jetzt mit dem nationalen Emissionshandel solche Erfahrungen vermeiden, die man beim EU-Emissionshandel schon gemacht hat. Wo der Preis streckenweise wahnsinnig niedrig war und bei 5 Euro pro Tonne CO_2 lag. Was dann wieder gar keine Lenkungswirkung mehr hat. Genau deswegen sagt man: Unter eine bestimmte Höhe darf der Preis nicht fallen. Märkte sind nicht perfekt. Man versucht, diese Unwägbarkeiten abzufangen, damit der Preis nicht unter dieses Minimum fällt. Mit der Obergrenze will man gleichzeitig versuchen, der Industrie das Signal zu senden, dass diese Preisabweichungen natürlich nach oben gehen könnten, und dass man das abfängt.

Abfängt, damit die Industrie nicht zu stark durch einen hohen europäischen Zertifikatspreis im internationalen Wettbewerb benachteiligt wird. Eines ist mir noch nicht ganz klar: Muss ein auf Gewinn ausgerichtetes Unternehmen nicht auch Risiken eingehen? Wenn es gut geht, bekommen sie schließlich den Gewinn. Ist es also wirklich Aufgabe des Staates, die Risiken für die einheimische Industrie abzusichern?

FUSS: Sie sagen, man müsse für einen Gewinn ein gewisses Risiko eingehen. Hier liegt der Teufel im Detail versteckt. Denn wenn es keine sichere Festlegung zu einem höheren CO_2-Preis gibt und dem damit verbundenen strengeren Emissionsreduktionsziel, dann ist der Gewinn unsicher. Wenn dieser Gewinn unsicher ist, dann wird die Industrie die Risiken nicht eingehen.

Sie meinen, falls die Industrie sich entscheiden würde, in neue CO_2-arme Technologien zu investieren, würde sich das nur auszahlen, also einen Gewinn bringen, wenn der Preis von CO_2 hoch genug ist. Nur dann lohnt sich die Investition, sonst ist der Gewinn daraus unsicher.

» *Eine Unsicherheit führt immer dazu, dass Investitionen zeitlich verlagert werden.*

FUSS: Das ist tatsächlich eine wirtschaftstheoretisch belegte Sache. Eine Unsicherheit führt immer dazu, dass Investitionen zeitlich verlagert werden. Vor allem die mittel- und langfristigen Investitionsentscheidungen werden dann aufgeschoben.

Die Preisschwankungen im europäischen Emissionshandel sind fast schon legendär. Von 2008 auf 2009 rutschte der Zertifikatspreis erst von 30 Euro auf 10 Euro und dann die nächsten Jahre auf unter 5 Euro ab. Man schob das vor allem auf die Finanz- und Wirtschaftskrise von 2008.

FUSS: Ja, es gibt viele mögliche Ursachen. Schlecht ist immer, wenn die Nachfrage etwa durch eine Wirtschaftskrise geringer ausfällt. Es wird weniger investiert und konsumiert, die Nachfrage nach den CO_2-Zertifikaten sinkt daher und es gibt dann zu viele Zertifikate am Markt. Alles was zu einem Überschuss an Zertifikaten führt, ist schlecht. Es kann auch eine Rolle spielen, dass man auf nationaler Ebene zusätzliche Ziele für den Ausbau der erneuerbaren Energien hat. Das kann auch mit dem europäischen Emissionshandel wechselwirken.

Genau diese Kritik wird immer wieder gegen die deutsche Förderung von erneuerbaren Energien angeführt. Der Vorwurf lautet: Das Erneuerbare-Energien-Gesetz (EEG) wechselwirke im negativen Sinne mit dem europäischen Emissionshandel. Denn die Emissionen, die bei uns eingespart werden, würden anderswo in Europa nur günstiger ausgestoßen werden, weil die Zertifikate nun billiger auf dem Markt zu haben seien. Was sagen Sie dazu?

FUSS: Dieser sogenannte Wasserbetteffekt ist von der Theorie her richtig. Deswegen ist es immer schwierig nationale und internationale Politikmaßnahmen aufeinander abzustimmen, wie das deutsche EEG mit dem europäischen Emissionshandel. In Bezug auf den Preisverfall der Zertifikate hat das aber in der Vergangenheit einen relativ geringen Einfluss gehabt. Das haben wir in einer Studie gesehen, die wir im Rahmen dieses Zertifikatspreisverfalls auf EU-Ebene gemacht haben.[117]

Also der Wasserbetteffekt spielte beim Preisverfall der Zertifikate nur eine geringe Rolle. Was beeinflusst denn sonst noch, außer einem Überangebot an Zertifikaten, einen Preisverfall der Zertifikate?

FUSS: Also eigentlich haben diese anderen typischen Verdächtigen, die da immer in der Diskussion sind, alle einen relativ geringen Einfluss auf den Preisverfall gehabt (Anm. d. Autorin: Gemeint sind die Gutschriften für Emissionen aus Instrumenten des abgelaufenen Kyoto-Protokolls, die heute noch einlösbar sind). Wir haben im Nachgang zur ersten noch eine weitere Studie gemacht, weil wir den Verdacht hatten, dass es da noch einen anderen

> »*Genau diese Unsicherheit kann auf den Preis drücken.*

Faktor geben könnte.[118] Konkret, dass es vielleicht die Unsicherheit ist, die durch diesen ganzen Reformprozess kommt, sodass die Leute gar nicht glauben, dass der CO_2-Preis noch einmal so ansteigen wird und deswegen die Zertifikate in dem Maße gar nicht nachfragen. Wir haben uns nun angeschaut, wie der Zertifikatspreis auf verschiedene Ereignisse und Ankündigungen im Zusammenhang mit dem europäischen Emissionshandel reagiert hat. Dabei haben wir festgestellt, wenn die Reform des Emissionshandels oder auch das europäische Reduktionsziel überhaupt im Gespräch waren, wenn es also darüber eine Unsicherheit gab, dass das immer wieder zu Preisabfällen geführt hat. So haben die Leute zum Beispiel gedacht, uns ist gar nicht klar, wie das jetzt weitergeht, und ob das Ziel noch angepasst wird und die Zertifikate später nicht doch viel preisgünstiger werden. Genau diese Unsicherheit kann auf den Preis drücken.

Aber das hieße doch, je länger ich über etwas rede und es nicht konsequent umsetze, desto weniger wird die Gesellschaft und die Wirtschaft folgen. Eigentlich ähnlich einer Lehrerin, die immer nur Strafarbeiten androht, aber nie vergibt. Also auf den CO_2-Preis bezogen ist das doch eine Erkenntnis, die mehr für eine Steuerlösung sprechen sollte. Denn im Handel kann der Preis schwanken. Wenn der Staat aber sagt: »Ab dem 1.1.2021 wird eine Steuer eingeführt mit einem festen Preis auf den Ausstoß von CO_2.«, dann ist da keine Unsicherheit mehr drin. Warum macht man es trotzdem nicht?

FUSS: Genau, im Prinzip wäre eine hohe CO_2-Steuer über die Länder hinweg eine gute Lösung. Das ist aber politisch sehr viel schwerer umsetzbar. Es wird sehr viel Wert darauf gelegt, dass der Emissionshandel eine Marktlösung ermöglicht. Das heißt, dass die Unternehmen selbst entscheiden, wie sie reagieren. Das heißt bei jedem Zertifikatspreis, x oder y, entscheiden die Unternehmen jeweils neu, welche CO_2-Einsparmaßnahmen sie umsetzen. Beispiel: Angenommen der Zertifikats-Preis steigt bescheiden an, dann entscheiden sich die Unternehmen für eine preisgüns-

» *Es wird sehr viel Wert darauf gelegt, dass der Emissionshandel eine Marktlösung ermöglicht.*

tige CO_2-Einsparmaßnahme in ihrer Produktion. Dann steigt der Preis weiter an und die Unternehmen beschließen, in die nächstteurere CO_2-Einsparmaßnahme zu investieren. Wenn der Zertifikatspreis noch mehr steigt, dann investieren die Unternehmen schließlich auch in die sehr teuren CO_2-Einsparoptionen, etwa die CO_2-Entnahmetechnologien. So ist das gedacht. Der Markt macht das selbst wirtschaftlich effizient: die billigsten Maßnahmen zuerst und die teuersten später.

Maßnahmen wären etwa die Energieeffizienz zu steigern, fossile durch erneuerbare Energien zu ersetzen, neue emissionsarme Technologien zu nutzen oder schließlich die teure Wahl, CO_2 wieder einzufangen und zu speichern. Diese Innovationen sollen schrittweise ausgelöst werden. Also hat man sich EU-weit auf den Emissionshandel geeinigt, okay. Aber jedes Land kann doch darüber hinaus eine eigene CO_2-Steuer einführen. Das muss ich doch nicht EU-weit abstimmen?

FUSS: Natürlich gibt es auch auf nationaler Ebene eine Steuer, die man auf CO_2 einführen kann. In vielen skandinavischen Ländern haben wir eine relativ hohe CO_2-Steuer.

Trotzdem hat sich Deutschland für einen nationalen Emissionshandel entschieden. Für mich klingt das eher so, als sei die Politik hier wirtschaftsideologisch gesteuert. Die einen schwören sich auf den Emissionshandel ein, die anderen auf eine Steuer als einzig wahres Instrument ein. Meistens gehören die Handelsbefürworter zum politisch rechten und die Steuerbefürworter zum linken Lager. Wird hier nicht ein politischer Grabenkampf auf Kosten des Klimaschutzes geführt? Ein ideologischer Wettbewerb, der sich speist aus verschiedenen Schulen aus der Wirtschaftslehre und verschiedenen Wirtschaftstheorien.

FUSS: Puh! Also ich bin ja selbst Ökonomin und aus der Theorie sehe ich bei beiden Dingen keinen großen Unterschied. Wenn der Emissionshandel richtig umgesetzt ist, ein festes Beibehalten an einem festen Ziel hat, dann kann der natürlich seine Lenkungswirkung völlig entfalten. Ich würde das nicht als so abwegig ansehen.

Bisher hat der europäische Zertifikatehandel nicht gut funktioniert. Er wurde schon im Jahr 2005 eingeführt, aber bisher war der Preis über lange Strecken zu niedrig. Während viele skandinavische Länder und auch England mit einer CO_2-Steuer schon gute Erfahrungen gemacht haben, das heißt, dort gab es eine Lenkungswirkung hin zu mehr Emissionsreduktion. Warum geht das bei uns in Deutschland nicht?

FUSS: Es ist einfach auf der politischen Ebene schwer umzusetzen. Das hat nichts mit der Wirtschaftstheorie zu tun.

Also was heißt das konkret?

FUSS: Wir haben schon eine ganze Reihe von Steuern, wo dann die CO_2-Steuer noch einmal draufkäme. Zum Beispiel als diese ganze Debatte zur Reform des Emissionshandels auf der EU-Ebene aufkam, weil der Zertifikatspreis einfach so niedrig war, da haben wir als Klimaökonomen gesagt, es braucht jetzt zumindest einmal diesen unteren festgelegten Preis, unter den der Zertifikatspreis nicht weiter abfallen kann. Aber allein das war schon sehr schwierig. Das wurde dann als eine Steuer durch die Hintertür wahrgenommen. Das ist einfach, einfach …

... eine psychologische Barriere? Ich zahle Steuern auf Sprit, ich zahle Lohn- oder Einkommensteuer, Mehrwertsteuer. Das Land, der Staat nimmt diese Steuereinnahmen und bezahlt damit soziale Maßnahmen, finanziert Investitionen für die Gesellschaft. Ich sehe das Schreckgespenst der Steuer nicht?

FUSS: Da sind Sie besonders (lacht).

Haben Sie Angst vor einer Steuer?

FUSS: Ich selber durchaus nicht. Ich finde, wie gesagt, ein hoher CO_2-Preis durch eine hohe CO_2-Steuer über die Länder hinweg wäre ganz bestimmt ein super Anreizmechanismus.

Sie sagen »über die Länder hinweg«. Das heißt, aus Ihrer Sicht wäre es jetzt schlecht, wenn Deutschland eine Steuer einführt aber beispielsweise Frankreich nicht?

FUSS: Das wäre jetzt definitiv nicht schlecht. Das wäre schon einmal ein Schritt in die richtige Richtung. Aber es wäre natürlich schön, wenn Frankreich den hohen CO_2-Preis auch hätte (lacht) und wir überall diesen Anreizmechanismus sehen.[119] Denn im Prinzip ist das, was wir in den Emissionspfaden sehen und im Weltklimarat diskutiert haben, dass wir global treibhausgasneutral sein müssen und nicht nur in Deutschland.

Aber ein hoher CO_2-Preis ist auch wie eine Innovationsspritze. Jetzt ist Deutschland nicht das rohstoffreichste Land. Wir haben dafür ein gutes Bildungssystem, eine gute Industrie mit hohem innovativem Potenzial. Wäre es nicht für Deutschland sinnvoll, einen hohen CO_2-Preis zu haben, gerade wenn man an die Wettbewerbsfähigkeit denkt? Schaffen wir uns da nicht langfristig einen Vorsprung durch Innovationen, die frühzeitig bei uns durch einen hohen CO_2-Preis entstehen würden? Innovationen, die einen kurzen vorübergehenden Wettbewerbsnachteil später mehr als ausgleichen würden?

FUSS: Das ist genau das, was ich meinte. Wichtig ist die Dynamik über die Zeit hinweg. Wenn wir uns erst spät dazu entscheiden, dass wir in Klimaschutz investieren wollen, dann haben wir auf einmal so hohe CO_2-Preise, dass es politisch kaum haltbar sein wird. Wenn wir uns das jetzt überlegen, dann können wir jetzt die Investitionen schon tätigen, um Emissionseinsparungen kosteneffizient über die Zeit umzusetzen.

Die Industrie möchte einen regulatorischen Rahmen, an dem sie sich mit ihren Investitionen orientieren kann. Sie muss wissen, ob das, was jetzt festgeschrieben ist, wirklich etwas ist, worauf sie sich verlassen kann. Oder riskiert sie Entscheidun-

Die Industrie möchte einen regulatorischen Rahmen, an dem sie sich mit ihren Investitionen orientieren kann.

gen zu treffen, die man in der nächsten Legislaturperiode wieder bereuen wird?

Wir haben jetzt über Investitionen gesprochen, für die verlässliche Rahmenbedingungen wichtig sind. Im Grunde genommen versucht die Klimaforschung auch verlässliche Daten zu liefern, in Form von Szenarien und Emissionspfaden. Also konkret zu sagen, bei welchen Emissionspfaden was in der Zukunft passieren wird. Weiter hohe Treibhausgasemissionen bewirken mit hoher Wahrscheinlichkeit mehr extreme Wetterereignisse, mehr Klimaflüchtlinge, die ihre Heimat verlassen müssen. In dem Zusammenhang wird häufig der Begriff der sozialen Kosten von Kohlenstoff verwendet. Wobei der englische Ausdruck *social cost of carbon* auch im Deutschen gebräuchlich ist. Können Sie das Konzept dahinter erklären?

FUSS: Mit dem Begriff *social cost of carbon* bezieht man sich auf die Schäden, die durch zusätzliche Emissionen der Gesellschaft entstehen. Das können umweltbedingte Gesundheitsschäden sein, Materialschäden, Ernteausfälle durch fortschreitenden Klimawandel und so weiter und die werden in Geldbeträgen ausgedrückt, also monetarisiert.

Klar ist, dass man da manche Dinge einfacher in Geld beziffern kann als andere. So kann man einen Ernteausfall in Eurobeträgen ausdrücken, auch gesundheitliche Schäden über Ausgaben für damit im Zusammenhang stehende Krankheiten. Aber was ist mit der Vielfalt an Tieren und Pflanzen, die uns verlorengeht? Wie beziffern wir diesen Verlust? Das ist eine große Herausforderung und hängt auch von gesellschaftlichen Werturteilen ab.

Wenn wir uns die Emissionspfade, die wir im Weltklimarat bewertet haben, anschauen, dann benutzen wir dazu ökonomische Modelle. Da wird versucht, zu möglichst minimalen Kosten ein gewisses Temperaturziel oder Emissionsziel zu erreichen. Was aber typischerweise in einer Modellsicht passiert, ist Folgendes: Dinge, die in der Zukunft passieren, fallen bei unserem heutigen Kalkül weniger ins Gewicht.

Das heißt, dass Ereignisse in der Zukunft als weniger wichtig bewertet werden gegenüber heutigen Ereignissen. Der Verlust von Tier- und Pflanzenarten in 10 oder 20 Jahren ist dann nicht so wichtig. Die Zukunft wird dann unterbewertet.

FUSS: Aber die Gesellschaft oder die Nationen haben diese Debatte schon geführt, welche Schäden sie wollen und welche nicht. Mit der internationalen Übereinkunft von Paris hat die Weltgemeinschaft gesagt: »Wir wollen jetzt das 1,5-Grad-Ziel erreichen und auf jeden Fall nicht über 2 Grad Erwärmung landen.«

Denn wenn wir diese Temperaturziele übersteigen und 2050 bei mehr als 1,5 Grad oder 2 Grad Erwärmung landen, müssen wir auch höhere Risiken in Kauf nehmen. Aber viele Nationen haben bereits gesagt, das ist für uns kein gangbarer Weg. Uns steht das Wasser jetzt schon bis zum Hals und wir haben unter starken Klimafolgen zu leiden. Wir wollen definitiv einen Pfad, der die Erwärmung unter 2 bzw. 1,5 Grad hält.

Nachdem man sich darauf verständigt hat, kann man jetzt schauen: Gut, wie kommen wir mit minimalen Kosten dahin?

Die mit diesen Temperaturzielen verbundenen zukünftigen Schäden und Verluste hat die Wissenschaft bereits berechnet und eingeschätzt. Das heißt, da wissen wir recht gut, welche Folgen auf uns zu kommen, also neben den Klimaschäden auch die damit verbundenen wirtschaftlichen und sozialen Folgen. Sie haben einmal geschrieben: »Die Gesellschaft entscheidet über das Temperaturziel« – mit den dazugehörigen Folgen – »und die Wissenschaft entscheidet über das zugehörige Kohlenstoffbudget«.

FUSS: Genau. Beziehungsweise die Wissenschaft ermittelt das.

Okay. Die Wissenschaft ermittelt das zugehörige Kohlenstoffbudget. Entscheiden tut die Physik, richtig?

FUSS: Genau.

Aufgrund der chemisch-physikalischen Gesetze lässt sich berechnen, wie warm es noch wird, wenn welche CO_2-Mengen noch in die Luft ausgestoßen werden. Deswegen kann man das sogenannte verbleibende Kohlenstoffbudget ermitteln (Anm. d. Autorin: siehe dazu auch Infobox *CO_2-Restbudget*).

FUSS: Genau. Das Kohlenstoffbudget oder verbleibende Kohlenstoffbudget ist die Menge an globalen CO_2-Emissionen, die wir noch in die Atmosphäre entlassen können, bevor wir das Risiko einer Erwärmung von über 1,5 Grad oder über 2 Grad ganz stark erhöhen. Dieses Budget wird jedes Jahr weniger. Stoßen wir jedes Jahr circa 40 Gigatonnen CO_2 aus, dann geht das von diesem noch verbleibenden gesamten CO_2-Budget ab.

Der 1,5-Grad-Bericht nennt für das verbleibende CO_2-Budget oder CO_2-Restbudget folgenden Wert: Um mit einer Wahrscheinlichkeit von 67 Prozent das 1,5-Grad Ziel zu erreichen, dürfen wir noch maximal 420 Gigatonnen Kohlendioxid weltweit ausstoßen. Das war im Jahr 2018. Da wir aktuell rund 42 Gigatonnen CO_2 pro Jahr ausstoßen, hätten wir noch genau 10 Jahre oder genauer gesagt, jetzt nur noch sieben.

» *Das CO_2, was wir zu viel oder überschüssig in die Atmosphäre entlassen, müssen wir aktiv aus der Atmosphäre wieder entnehmen.*

FUSS: Das CO_2-Restbudget lassen wir durch die weiter steigenden Emissionen immer weiter schrumpfen. Das heißt, wenn wir dieses verbleibende CO_2-Budget aufbrauchen, und darauf steuern wir einfach zu, dann werden wir etwas von diesem CO_2 quasi aufräumen müssen. Das heißt, dass wir das CO_2, was wir zu viel oder überschüssig in die Atmosphäre entlassen, wieder aktiv aus der Atmosphäre entnehmen müssen.

Das müssen wir dann machen, wenn wir weltweit die CO_2-Emissionen nicht schnell genug reduzieren, um die Temperaturziele zu erreichen.

Aber Studien zeigen auch, dass wir unter bestimmten Bedingungen die 1,5-Grad-Grenze vorübergehend überschreiten und dann wieder auf 1,5 Grad zurückfallen können.

FUSS: Das geht aber nur mit CO_2-Entnahmetechnologien. Generell haben CO_2-Entnahmetechnologien zwei Funktionen.

Zum einen können wir, wenn genau das passiert, dass wir zu viele Emissionen in die Atmosphäre entlassen und damit das Risiko erhöhen über 1,5 oder gar 2 Grad zu kommen, dieses Zuviel oder diesen Überschuss wieder herunterfahren.

Zum anderen können wir mit den CO_2-Entnahmetechnologien sogenannte Restemissionen ausgleichen. Das sind Emissionen, die wir nur sehr schwer kurzfristig herunterfahren können und die mit unserem Ernährungssystem und Transportsystem zusammenhängen. Dazu zählen etwa Methanausstöße in der Landwirtschaft oder CO_2-Emissionen in der Stahl-, und Zementindustrie oder im Schiffs- und Flugverkehr.

Um die Temperaturziele des Pariser Übereinkommens zu erreichen, haben sich viele Länder das Ziel gesetzt, bis zum Jahr 2050 treibhausgasneutral zu sein. Im Pariser Übereinkommen steht das allerdings so nicht. Dort ist die Rede davon, dass man in der zweiten Hälfte des Jahrhunderts, das wäre ab 2050, treibhausgasneutral sein muss. Warum jetzt dieser Zeitdruck, das sogar schon *bis* 2050 zu erreichen?

FUSS: Die Emissionspfade, die wir uns im IPCC-1,5-Grad-Spezialbericht angeschaut haben, zeigen uns ganz klar, dass die Treibhausgasneutralität 2050 eine Voraussetzung dafür ist, dass wir das 1,5-Grad-Ziel noch einhalten können. Das ist die wissenschaftliche Untermauerung dieser politischen Ziele. Natürlich müssen wir dann auch treibhausgasneutral bleiben. Ehrlich gesagt, was wir in diesen Pfaden sehen, ist, dass wir nicht nur treibhausneutral bleiben müssen, sondern dass diese Emissionspfade auch alle netto negativ

> » *Die Treibhausgasneutralität 2050 ist eine Voraussetzung dafür, dass wir das 1,5-Grad-Ziel noch einhalten können.*

werden. Das heißt, um das 1,5-Grad-Ziel zu erreichen, müssen wir *mehr* CO_2 entnehmen, als wir in die Atmosphäre entlassen.

Deswegen sind die CO_2-Entnahmetechnologien so wichtig. Nur mit diesen können wir CO_2 wieder aus der Luft zurückholen. Diese Entnahmetechnologien sind nicht immer technischer Natur, auch wenn sie Technologien genannt werden. Manche beruhen auf natürlichen Prozessen, etwa wenn man neue Wälder anpflanzt oder wieder aufforstet. Welche Chancen liegen in der Aufforstung?

FUSS: Was wir in den wissenschaftlichen Arbeiten sehen, ist, dass Aufforstung schon ein großes Potenzial hat. Allerdings ist das, was wir im Moment sehen, eher eine Verringerung der weltweiten Waldfläche. Das kann sowohl der menschliche Einfluss sein, wenn man auf die Regierungspolitik in Brasilien schaut. Das kann aber auch der Klimawandel selbst sein, der fortschreitet, wenn man sich die Situation in Kalifornien oder die Feuer in Australien angeschaut hat.

Diese Feuer entstehen auch deswegen, weil nach einer langanhaltenden Hitze- und Trockenperiode die Wälder sich durch Blitzeinschläge selbst entzünden oder sich kleine Brände schnell ausbreiten. Während in Brasilien der Wald aktiv von Holzfällern gerodet oder angezündet wird.

FUSS: Genau und durch die Waldbrände werden dann große Mengen an CO_2 freigesetzt. Und bei der Aufforstung passiert genau der umgekehrte Vorgang. In den angepflanzten Wäldern würden wir CO_2 durch Fotosynthese zusätzlich binden. Hierbei besteht das Risiko, dass das Kohlendioxid rasch wieder entlassen wird, wenn etwa beim nächsten Regierungswechsel die Politik sich ändert und die Entwaldung weiter fortschreitet. Oder dass wir bei fortschreitendem Klimawandel keine Maßnahmen haben, um Feuer schnell einzudämmen oder Dürren zu trotzen.

Deswegen muss es rechtliche Rahmenwerke geben, die eine entsprechende Governance, eine Führung, garantieren und auch ein

Monitoring, eine Überwachung, ermöglichen, damit wir diese Wälder auch erhalten. Aber unsere Hauptaufgabe muss erst einmal darauf liegen, die bestehenden Wälder und die wertvollen Primär- oder Urwälder zu schützen. Dann darüber hinaus müssen wir noch aufforsten.

Das ist übrigens ein sehr gutes Beispiel, um diese riesengroße Herausforderung des 1,5-Grad-Ziels noch mal ganz deutlich zu unterstreichen. Mit der Aufforstung haben wir eine Maßnahme, mit der wir schon Erfahrung haben, die wir technisch umsetzen könnten, und wo wir bei der öffentlichen Akzeptanz nicht auf große Hindernisse stoßen. Trotzdem sind allein hier schon die Herausforderungen erheblich.

Eine andere Methode, die in Deutschland schon länger diskutiert wurde, ist CCS, *Carbon Capture and Storage*. Kurz gesagt: das Gas CO_2 auffangen, auch abscheiden genannt, verflüssigen und im Erdboden lagern. Einige Konzerne haben in Pilotanlagen diese Technologie an ihren Kraftwerksstandorten erprobt. Wie bewerten Sie die CCS-Methode?

FUSS: Dazu muss man zuerst einmal sagen, dass das CCS alleine noch keine CO_2-Emissionen aus der Atmosphäre entnimmt. Das was bisher geplant war, ist, die CCS-Methode mit der Kohleförderung und -verstromung zu kombinieren. Also wir holen zuerst die Kohle aus geologischen Lagerstätten heraus, wandeln sie in Energie um, indem wir sie verbrennen und fangen dann das dabei entstehende CO_2 auf. Mit dem CCS-Modul an dem Kraftwerk verhindern wir, dass dieses CO_2 neu in die Atmosphäre entweicht, also ausgestoßen wird. Das war der Plan. Aber so haben wir natürlich noch kein CO_2 aus der Atmosphäre herausgeholt. Wir haben nur verhindert, dass neues hinzukommt. Erst wenn wir das CCS zum Beispiel mit dem Anbau von Energiepflanzen kombinieren, können wir der Atmosphäre CO_2 auch entnehmen. Vorausgesetzt, es geht so: Durch die wachsenden Pflanzen, die CO_2 aufnehmen, holen wir CO_2 aus der Luft. Dann verbrennen wir die Pflanzen, um Energie zu gewinnen und das dabei entstehende CO_2 fangen wir auf und speichern es und entlassen es nicht wieder in die Atmosphäre. Dann haben wir eine negative, eine netto negative Bilanz.

Das heißt, dann hätte man CO_2 aus der Atmosphäre netto entnommen. Eine netto negative Bilanz ist es deswegen, weil dann weniger CO_2 in der Luft ist als vorher (Anm. d. Autorin: siehe dazu auch Infobox *Netto null, netto negative und negative Emissionen*).

FUSS: Ich glaube, genau daran hat es auch gelegen, dass wir diesen Widerstand gegen CCS in Kombination mit Kohlekraftwerken hatten. Denn damit hätte man kein Kohlendioxid aus der Luft entfernt. Damals wurde diese Technologie ganz stark wahrgenommen als eine Entschuldigung dafür, nicht in Erneuerbare zu investieren, sondern Kohle weiter am Leben zu erhalten. Infolgedessen sind diese CCS-Pilot-Projekte auch eingestellt worden.

Was Sie gerade beschrieben haben, also Pflanzenanbau mit CCS zu kombinieren, heißt in der Fachsprache *Bioenergy with Carbon Capture and Storage*, abgekürzt BECCS oder auf Deutsch, Bioenergie mit CCS. Brauchen wir diese Technologie?

FUSS: In den Szenarien, also in den 1,5-Grad-Pfaden, ist sie wirklich die wichtigste Technologie. Sie ermöglicht es, den 1,5-Grad-Pfad zu halten oder wieder auf ihn zurückzukommen. Natürlich gibt es auch beim Biomasseanteil, also dem Pflanzenanbau, Herausforderungen. Ein wichtiger Punkt ist die Erhältlichkeit von Landflächen, um diese zusätzliche Biomasse anzubauen, ob das jetzt Feldpflanzen sind oder ob das aus einer Forstwirtschaft kommt, sei dahingestellt. Aber bei BECCS sind Landflächen nötig und da haben wir die Probleme, die wir auch bei der Aufforstung haben. Wenn wir da gigatonnenweise CO_2 aus der Atmosphäre entnehmen wollen, dann sind das natürlich sehr große Landflächen, die wir brauchen. Da kommen dann wieder Gerechtigkeitsfragen auf: Also wie können wir andere Nachhal-

» *Aber bei BECCS sind Landflächen nötig und da haben wir die Probleme, die wir auch bei der Aufforstung haben.*

tigkeitsziele dann noch erfüllen? Wie wollen wir unsere Artenvielfalt schützen und wie wollen wir sicherstellen, dass eine wachsende Weltbevölkerung eine gute Nahrungsgrundlage hat? Wie bringen wir all das in Einklang?

Es geht um die Konkurrenz von Flächen bei weltweit begrenztem fruchtbaren Boden. Wir brauchen die Böden für unsere Ernährung, aber auch für Rückzugsgebiete für Tiere und Pflanzen und nun auch noch, um den Klimawandel zu bekämpfen. Es gibt noch ein Verfahren, das weniger Flächen braucht. Es heißt *Direct Air Capture*, abgekürzt DAC, auf Deutsch etwa »Direktes Einfangen der Luft«. Was halten Sie davon?

FUSS: Dieses Verfahren hat den eindeutigen Vorteil, dass ich geografisch nicht so festgelegt bin. Das kann ich sozusagen überall machen, überall ist Luft und ich kann das CO_2 direkt aus der Luft abscheiden. Das geschieht durch eine chemische Reaktion, nachdem CO_2 durch Ventilatoren eingesaugt wurde. Aber natürlich muss man es auch wieder unterirdisch speichern, verpressen. Sonst hat man keine netto Entnahme des CO_2 aus der Luft, also kein echtes Minus. Der Teufel liegt wieder im Detail. Um die chemische Reaktion in Gang zu setzen, braucht es einiges an Energie und die muss natürlich auch erst einmal CO_2-frei bereitgestellt werden. Das heißt, wenn man sich solche Verfahren anschaut, dann muss das einhergehen mit der Dekarbonisierung der Energiequellen. Denn wenn wir erst sehr viel Energie aus fossilen Energieträgern bereitstellen müssen, um dann CO_2 wieder einzufangen, dann drehen wir uns natürlich im Kreis.

> *» Wenn wir erst sehr viel Energie aus Fossilen bereitstellen müssen, um dann CO_2 wieder einzufangen, dann drehen wir uns natürlich im Kreis.*

Wenn Sie nun die verschiedenen CO_2-Entnahmetechnologien bewerten. Welcher Ansatz ist der vielversprechendste?

FUSS: Ich glaube jedes Verfahren stößt an seine Grenzen. Aufforstung und BECCS stoßen an die Grenzen, weil wir Landmasse für das Anpflanzen zusätzlicher Biomasse brauchen, also entweder von Bäumen, die wir aufforsten, oder von Energiepflanzen, die wir anpflanzen und abernten. Die anderen technischen Verfahren, darunter das bekannteste *Direct Air Capture,* sind noch relativ kostenintensiv. Dafür müssen wir einen ganzheitlichen Ansatz haben, bei dem die Energie, die wir dafür brauchen, erst einmal dekarbonisiert wird.

Deswegen werden wir uns genau anschauen müssen, wo, wann und was gut funktioniert. Wir werden ein Bündel von Technologien sehen, die zeitlich und geografisch unterschiedlich eingesetzt werden.

Aber wenn wir solche CO_2-Entnahmetechnologien zur Verfügung haben wollen, müssen wir jetzt die Rahmenbedingungen dafür schaffen. Nur dann können wir mit den Kosten herunterkommen, um so etwas in größerem Maßstab zu installieren. Deswegen müssen wir uns jetzt schon darüber unterhalten, ob und wenn ja, in welchen Technologiepfad wir eintreten wollen.

Fordern Sie deswegen eine verstärkte öffentliche Debatte zu dem Thema CO_2-Entnahmetechnologien? Ist es das, was Sie mit dem Begriff der *social license,* der sozialen Lizenz, meinen? So eine Art Einverständnis seitens der Gesellschaft etwas zu tun oder nicht zu tun?

FUSS: Wir führen die Debatte im IPCC sozusagen auf akademischer Basis. Aber wir sehen sehr wenig Beschäftigung mit dem Thema in der Öffentlichkeit. Es ist ja nur die eine Seite, dass wir erforschen, welche Verfahren wir wie anwenden können. Es kann aber sein, dass wir gar nicht die Akzeptanz für diese Technologie bekommen. Das ist genau das, was wir im Zusammenhang mit CCS bereits gesehen haben. Deswegen gilt es von vornherein die Gesellschaft mit an Bord zu haben, damit wir sehen, wofür haben wir denn auch die soziale Lizenz für die Umsetzung.

» *Wir führen die Debatte im IPCC sozusagen auf akademischer Basis. Aber wir sehen sehr wenig Beschäftigung mit dem Thema in der Öffentlichkeit.*

Wo sehen Sie denn die größten Chancen und Risiken für die Wirtschaft bei den CO_2-Entnahmetechnologien?

FUSS: Im Moment ist es wirtschaftlich eher eine Belastung, wenn man recht teure Verfahren auf breiter Basis anwenden müsste. Alles hängt daran, dass man die wirtschaftlichen und politischen Rahmenbedingungen setzt.

Das heißt konkret?

FUSS: Ganz konkret: ein CO_2-Preis, der hoch genug ist, damit sich diese Dinge auch auszahlen.

Kunst: Emmanuel Henninger

Emmanuel Henninger, Künstler und Sozialökonom

- Bildender Künstler aus dem Elsass, Frankreich. Thematisiert den Klimawandel in seinen Werken. Er nennt seine Bilder über die Naturzerstörung *politische Landschaften*.
- Stipendiat 2021 Atelier Mondial – International Arts Exchange Program.
- Geboren 1980 in Mulhouse, Frankreich. Master in Bildender Kunst (2004), Marc Bloch Université, Strasbourg. Master Rechts- und Sozialwissenschaften – Projekt Engineering in Sozial- und Solidarökonomie (2007), Université de Haute-Alsace, Mulhouse.
- Im Jahr 2019 unternahm er eine mehrmonatige Reise durch Deutschland an die Orte, die einerseits für unberührte Natur stehen, wie streng geschützte Bannwälder, und andererseits für Naturzerstörung wie Braunkohletagebaue. Diese Eindrücke hält er etwa in großformatigen Bildern der rheinischen Tagebaue Hambach und Garzweiler fest, oder in kleineren Formaten des Bannwaldes Zweribach, Baden-Württemberg und des Briesetals im Naturpark Barnim, Brandenburg.
- Ausstellungen (Auswahl):
  2021: *La biennale de la jeune création contemporaine*, in La Filiature, Scène nationale – Mulhouse, und *Les herbes folles*, im CEAAC, Strasbourg
  2020: *Regionale 21,* im Kulturwerk T66 in Freiburg im Breisgau; Module 76, Mulhouse und Kunstscheune Galerie, Freiburg i. B.
  2019: Noumatrouff, Mulhouse; Kunstscheune Galerie, Freiburg i. B. und Artloft Galerie, Morges

Wir sprechen auf Deutsch. Manchmal sucht er nach dem richtigen deutschen Wort, umschreibt es oder fügt ein französisches ein. Im Text sind diese Stellen erkennbar. Das Interview ist so authentisch wie möglich belassen und nur dort verändert oder ergänzt, wo es für das Verständnis unumgänglich war.

Während des Interviews liegt vor uns auf dem Tisch das kleine Skizzenbuch im DIN A5 Format mit schwarzem Einband, das Emmanuel Henninger immer bei sich hat. Er blättert es auf. Auf jeder Seite sehe ich detailgetreue Skizzen von Wildnis. Natur ist hier sich selbst überlassen. Bäche, die sich ihren Weg bahnen, und Wälder, die entstehen und vergehen. Dort bleiben tote Bäume einfach liegen, wo sie fallen. Alles wächst wild durcheinander. Ein gefallener Baumriese liegt ausgestreckt auf dem Boden, seine morschen Äste staken aus seinem Bauch wie Antennen in den Himmel. Von oben fällt Licht auf ihn und den Moosteppich. Um ihn herum bilden Bäume mit dickeren und dünneren Stämmen einen Kreis. Es ist als habe sich der Gefallene von seiner Familie umgeben sanft zur Ruhe gelegt. Der Blick des Betrachters sieht die Dinge unmittelbar in Erdhöhe, die Kronen der Bäume bleiben unsichtbar. Es ist eine Perspektive aus der Sicht der Erde.

Herr Henninger, wie begann Ihr Weg als Künstler?

HENNINGER: Ich habe Kunst in Straßburg studiert. Aber danach habe ich nicht als Künstler gearbeitet. Ich habe erst noch im Masterprogramm Sozial- und Solidarökonomie studiert. Die nächsten zehn Jahre habe ich dann mit Jugendlichen in verschiedenen ökologischen Projekten gearbeitet.

» *Meine erste Liebe war die Kunst.*

Dann wollte ich wieder für mich arbeiten und zu meiner ersten Liebe zurückkommen (lacht). Meine erste Liebe war die Kunst. Es war lange nur ein Traum. Aber dann habe ich mir gesagt, jetzt ist der Punkt gekommen, wo ich mich entscheiden muss. Ich habe gemerkt, dass ich jetzt genug Kraft habe, um das zu machen, was ich machen möchte. Deswegen bin ich jetzt Künstler.

Vorher haben Sie mit Jugendlichen in der Umweltbildung gearbeitet und konnten andere für Natur sensibilisieren. Glauben Sie, Sie können jetzt als Künstler mehr für den Naturschutz erreichen?

HENNINGER: Man kann viel verändern, jeder an seinem eigenen Platz. Damals habe ich viel mit Jugendlichen gearbeitet und immer war mein Ziel, ihr Umweltbewusstsein zu steigern und ihnen die Schönheit der Natur näherzubringen. Aber am Ende habe ich mir gesagt, dass ich mich selbst weiterentwickeln muss. Man muss sich selbst bis zum Tod immer weiterentwickeln. Man muss besser werden und für mich ist die Kunst so ein Weg. Mein Gefühl war, dass die Kunst wichtiger ist als mein Job.

Ich denke mir, dass Menschen, die sich für einen konkreten Berufsweg oder Lebensweg entscheiden, ob jetzt als Wissenschaftler oder Künstler, häufig Schlüsselmomente hatten, die sie auf diesen Weg führten. Gab es so einen Schlüsselmoment für Sie, der Sie als Künstler, der sich für Naturschutz einsetzt, prägte?

HENNINGER: Ja, es gibt persönliche Gründe, warum ich diesen Weg gehe. Das ist sehr tief in mir. Von meiner Kindheit bis jetzt habe ich viele Erfahrungen gesammelt, die Natur entdeckt, an verschiedenen Plätzen gelebt, mich mit anderen Leuten verknüpft, bin auf Demos gegangen und alles zusammen hat mir den Schlüssel gegeben, um diese Richtung in der Kunst einzuschlagen. Ich verstehe jetzt alles besser, was ich bisher erlebt habe.

Wenn Sie jetzt zurückschauen auf das, was bisher in Ihrem Leben geschah, sehen Sie dann in allem einen neuen Sinn?

HENNINGER: Ja, es macht jetzt Sinn, was ich mache. Ich habe Kunst studiert, und als ich das Diplom bekam, war ich 21 oder 22 Jahre alt. Aber damals, wenn ich zurückdenke, war mein Leben ganz leer. Das heißt, ich konnte nicht etwas zeichnen, was gut für die Gesellschaft ist. Aber jetzt 20 Jahre nach dem Kunstdiplom, wo ich viele andere Sachen gemacht habe, verstehe ich viel besser, was Kunst für mich bedeutet. Auch mit 20 Jahren hätte ich Kunst machen können, aber diese Kunst wäre unbedeutend gewesen. Jetzt kann ich

» *Ich bin sicherer geworden, auch was die Unsicherheit meiner Zukunft betrifft.*

etwas über die Umwelt ausdrücken. Ich bin sicherer geworden, auch was die Unsicherheit meiner Zukunft betrifft.

In Ihrem Skizzenbuch sind Zeichnungen von geschützten Naturwäldern in Deutschland und Frankreich. Sie zeichnen sie naturgetreu nach. Wenn man die Szenen anschaut, fühlt man sich als würde man mittendrin sitzen. Man schaut als Betrachter auf das, was sich in Bodennähe befindet und ereignet. Das heißt, die Baumkronen fallen oben aus dem Bildrand heraus. Man sieht daher auch keinen Horizont. Warum nicht?

HENNINGER: Für mich ist der Horizont eine menschliche Interpretation der Natur. Seit 1.000 oder 2.000 Jahren zeichnen Künstler Landschaften und fast immer mit einem Horizont. Warum? Es war das Ziel zu zeigen, dass der Mensch stärker ist als die Natur, dass er die Natur kontrollieren oder dominieren kann. Das kommt von unserer Erziehung, vielleicht auch vom Christentum, das sagt, der Mensch muss die Natur kontrollieren. Das war ein falscher Weg, weil wir mit dieser Einstellung die Natur zerstört haben. Man konnte sich selbst sagen, dass die Natur nicht so wichtig ist. Mit der Folge, dass man die Ressourcen der Natur beliebig nutzen kann, weil wir immer im Hintergrund den Gedanken haben, dass der Mensch stärker ist als die Natur und sie dominieren muss. Ich habe eine andere Interpretation von Natur. Wir sind ein Teil der Natur, aber wir sind nicht der Herrscher der Natur. Wenn man einen Horizont zeigt, sieht man weit über die Geschehnisse am Boden hinweg in die Ferne. Das heißt, dass der Mensch größer ist als die Natur. Das will ich nicht zeigen.

» *Wir sind ein Teil der Natur, aber wir sind nicht der Herrscher der Natur.*

Sie malen die Wildnis also aus der Froschperspektive.

HENNINGER: Ja, ich will, dass jeder das sieht, was auch ein Tier sehen kann. Damit sind wir auf der gleichen Ebene wie ein Tier. Wir sind wie ein Tier, wie eine Pflanze und so muss man die Natur betrachten. Einfach tief in der Natur sein. Denn die Natur ist größer als wir und deswegen gibt es keinen Horizont auf diesen Zeichnungen. Die Natur ist über uns, sie ist stärker als wir.

In anderen Zeichnungen mit Motiven, die den menschlichen Einfluss auf die Natur zeigen, ist es genau umgekehrt. Dann zeichnen Sie die Szene mit einem weiten Blick über die Geschehnisse bis zum Horizont. Ihre Bilder zeigen etwa die großen aktiven Braunkohletagebaue im Rheinland. Dann schaut man von oben in das tiefe weite Tagebauloch hinein, auf dessen Grund die Schaufelradbagger stehen und die Erde umdrehen.

HENNINGER: Ja, es ist jedes Mal dieser Gegensatz. Im Hambacher Tagebau, den ich gezeichnet habe, will ich zeigen, dass es dort nur eine minimale Natur gibt: keine Bäume oder andere Pflanzen, nur noch die Erde, die Steine und dazu die Maschinen, die da liegen. Dadurch will ich zeigen, dass das Ökosystem durch die Konzerne zerstört wird für die erste Materie, *la matière première.*

Den Grundstoff, den Rohstoff.

HENNINGER: Um die Rohstoffe zu nutzen.

Warum haben Sie sich gerade die Braunkohletagebaue ausgesucht als Motiv für die Naturzerstörung? Sie hätten ja auch verschmutzte Seen oder Fabriken, die die Natur vergiften, zeichnen können. Stellen die Tagebaue und die Nutzung der Kohle eine so bedeutende Naturbedrohung dar?

» *Die Tagebaue symbolisieren für mich mit das Schrecklichste, was der Mensch auf der Erde machen kann.*

HENNINGER: Ich will in der Zukunft auch andere Themen zeigen, nicht den Klimawandel. Aber jetzt zeichne ich den Klimawandel. Dafür kann man verschiedene Wege wählen. Ich habe mich auf die Tagebaue konzentriert. Sie symbolisieren für mich mit das Schrecklichste, was der Mensch auf der Erde machen kann. Seit der prähistorischen Zeit hat der Mensch die Kohle benutzt, um zu zeichnen. Die Höhlenzeichnungen der ersten Menschen auf der Erde sind mit Kohle gezeichnet.

Das ist Kohle gewesen?

HENNINGER: Ja, es war Kohle. Sie haben Tiere gezeichnet, wie sie leben und die Kohle wurde für die Kunst benutzt. Ich finde das bemerkenswert, dass jetzt in unserer Zeit die Kohle ein *polluant*, ein Schadstoff, geworden ist. Die Kohle ist ein Symbol der schmutzigen Gesellschaft.

Seit 200 Jahren ist die Kohle das Symbol der Umweltverschmutzung. Es hat angefangen im 19. Jahrhundert mit der Nutzung des Rohstoffs. Auch in Frankreich gab es damals noch Tagebaue. Viele Menschen, die in den Tagebauen gearbeitet haben, sind durch diese Arbeit gestorben. Den Profit gab es nur für eine kleine Gruppe von Leuten. Es hat mit dem Kapitalismus im 19. Jahrhundert begonnen und es geht so weiter in unserer Gesellschaft bis heute. Die Kohle symbolisiert die schmutzige Facette der Gesellschaft.

Auf deutscher Seite finden Sie mit dem Hambacher Forst und dem daneben liegenden Hambacher Tagebau, für den der Forst abgeholzt wird, zwei gegensätzliche Motive direkt nebeneinander. Natur pur und zerstörte Natur. Das muss besonders beeindruckend sein – im negativen Sinne.

HENNINGER: Für den Tagebau Hambach wird eine ehemalige intakte Waldfläche zerstört, der Hambacher Wald. Dieser Forst ist sehr wichtig für die Biodiversität. Es ist ein sehr alter Wald. Er war der älteste Urwald in Deutschland, der über 12.000 Jahre an dieser Stelle steht. Am Anfang des 19. Jahrhunderts war es noch eine riesige Fläche von über 4.000 Hektar und jetzt ist sie für den Tagebau schon sehr stark reduziert worden. Jetzt sind noch 200 Hektar da, in zehn Jahren werden es nur noch 100 Hektar sein. Alles wird für den Tagebau abgeholzt. Für mich ist es wichtig zu zeigen, was dort passiert. Der Tagebau Hambach ist einer der größten in ganz Europa und die Emissionen, die dort in den Kohlekraftwerken entstehen, gehören zu den höchsten Kohlendioxidemissionen, die von einem einzigen Kraftwerk in Europa ausgestoßen werden.

Ich möchte zeigen, was für einen Tagebau zerstört wird. Ich möchte als ein Zeuge zeichnen, wie es jetzt noch aussieht. Heute gibt es dort noch den Hambacher Wald. Mein Ziel ist es, diese wertvollen Wälder zu zeigen, bevor sie verschwinden. Ich möchte etwas zurücklassen, das vielleicht in hundert Jahren gesehen wird, und das zeigt, was damals, also jetzt in den 2020er-Jahren, in unserer Gesellschaft passiert ist. Da wurde eine Landschaft zerstört, warum? Ich sage mir, in 100 Jahren, was werden die Menschen denken über unsere heutige Gesellschaft? Ja, es war eine Gesellschaft für Energie. Sie hat die Biodiversität des Lebens zerstört für ihren eigenen Komfort, für den Luxus, für die Freizeit.

» *Ich möchte als ein Zeuge zeichnen, wie es jetzt noch aussieht.*

Ich möchte beide Facetten zeigen, ganz einfach. Die Wälder, die schön sind mit ihrer Biodiversität, lebendig und kraftvoll. Und ich möchte das Gegenteil zeigen, wie am gleichen Ort die Landschaft von den Menschen zerstört wird. Die Zuschauer können sich dann ihre eigene Meinung bilden und sich fragen, was wir mit der Natur machen und in welcher Gesellschaft wir leben wollen.

Zeigen Sie in einer Ausstellung beide Facetten nebeneinander – links intakte Natur, rechts die durch den Menschen zerstörte Natur? Ist das das Konzept?

HENNINGER: Ja, für die kommende Ausstellung, die ich nächstes Jahr machen will, ist es so. Ich will auf der einen Seite die zerstörten Landschaften zeigen, die Bilder hängen dann auf der einen Seite des Ausstellungsraumes und auf der anderen Seite die Bilder der puren schönen Natur. Das ist Teil der Idee, damit der Zuschauer diese Landschaften direkt miteinander vergleichen kann. Danach will ich nichts mehr sagen, nur der Titel kommt noch dazu, zum Beispiel

Hambacher Forst. Der Zuschauer kann dann im Internet gucken, was es dort in dieser Ecke von Deutschland gibt.

Können Sie noch ein paar Orte aufzählen, die für Sie wichtig sind und wo Sie schon gemalt haben?

HENNINGER: Alle meine Zeichnungen sind von besonderen Orten. Es ist wie eine Landkarte von Orten, wo Natur in Deutschland und Frankreich aus politischen Gründen zerstört wird. In Frankreich habe ich damit angefangen Landschaften zu zeichnen, die durch die Regierung oder durch Konzerne zerstört werden. Danach habe ich das auch in Deutschland weitergemacht, weil ich in der Nähe der deutschen Grenze wohne, und ich Deutschland auch liebe.

In Frankreich zum Beispiel war ich in Notre-Dame-des-Landes, einer Gemeinde in Westfrankreich, wo auch viele schlimme Dinge passiert sind. In Lothringen habe ich ein paar Gemälde des kleinen Örtchens Bure gemacht. Dort plant die französische Regierung ein Atommülllager einzurichten. Es gibt auch Menschen, die dagegen kämpfen. Aber die Regierung will dieses Projekt fortführen und ich weiß nicht, warum, aber die Lobbyisten sind stärker als die Bürger. Trotzdem kämpfen die Menschen weiter gegen diese Atomlobby und gegen die Konzerne.

» *Atom und Kohle sind für mich das gleiche Symbol. Ein Symbol dafür, was die Menschen der Natur antun können.*

In Frankreich benutzen wir die Atomkraft und es ist für mich das gleiche Symbol wie die Kohle. Man kann sagen, ja, aber Atomkraft ist besser für die Umwelt, aber für mich ist das noch schlimmer. Denn der Atommüll verschmutzt die Umwelt nicht nur für 100 oder 200 Jahre, sondern für *millénaire*, für mehrere Tausende Jahre. Atom und Kohle sind für mich das gleiche Symbol. Ein Symbol dafür, was die Menschen der Natur antun können.

Wir leben in der Zeit des Anthropozäns, in der geologischen Zeit des Menschen. Wenn wir heute in der Landschaft arbeiten, dann machen wir das nicht wie früher. Sondern wir bearbeiten sehr große Flächen und der Boden wird sehr lange, Jahrhunderte lang, durch den Menschen verändert. Die Geologie verändert sich durch den Menschen, das will ich zeigen, wie zum Beispiel in Bure.

Was kann man dort sehen in Bure?

HENNINGER: Es sind nur Pläne für das Atommüllendlager vorerst, aber es ist schon ein Gebäude dort und der erste Atommüll kommt vielleicht in 10 oder 15 Jahren dahin. Das ist schon entschieden. Man sieht die Natur wie vorher. Die natürliche Landschaft dort besteht aus Wäldern, auch aus Wiesen und Feldern, wo die Bauern ihre Land- und Viehwirtschaft betreiben. Auch wenn es nicht Urwälder sind, die dort zerstört werden, die Natur wird zerstört, weil Atommüll dort hingebracht werden soll.

Welche Plätze haben Sie in Deutschland aufgesucht?

HENNINGER: Von Oktober 2019 bis März 2020 war ich in Deutschland unterwegs und habe meine Route nach zwei Zielen ausgewählt: Natur pur und zerstörte Natur. Die erste Route ging in den Schwarzwald. Da habe ich Urwälder gesehen. So sieht Natur aus, wenn keine Menschen dort leben und arbeiten. Dort habe ich gezeichnet. Die andere Route bestand aus Orten, wo Natur zerstört wird, wie die Tagebaue Hambach und Garzweiler. Danach wollte ich noch ein drittes Stadium sehen. Nämlich wie ein ehemaliger Tagebau aussieht, nachdem er fertig ausgebaggert wurde. Das ist zum Beispiel der Cospudener See in der Nähe von Leipzig. Das ist ein ehemaliger Tagebau, der seit 1993 renaturiert wurde.

» *Was müssen die kleinen Kinder denken, was Natur ist?*

Ich habe so die gesamte Entwicklung gesehen, angefangen von purer Natur, wie den Hambacher Forst oder die Urwälder im Schwarzwald, über die zerstörte Natur in den noch aktiven Tagebauen, bis zur renaturierten Natur, also den ausgebaggerten Tagebauen wie den Cospudener See.

Auf und um dem Cospudener See gibt es heute viele wirtschaftliche Aktivitäten. Es gibt Strandcafés und auf dem See sind Schiffe und die Menschen können dort viele Sachen in ihrer Freizeit machen. Es ist nicht so, wie es vorher ausgesehen hat, sondern die ganze Natur ist jetzt von dem Menschen geschaffen worden. Das ist auch ganz spezifisch für unsere Gesellschaft. Was wollen wir von der Natur? Wollen wir zum Beispiel Urwälder oder müssen wir anfangen, Natur anders zu denken als sie einmal war? Was müssen die kleinen Kinder denken, was Natur ist? Ein künstlicher See mit Booten? Das ist falsche Natur, das ist eine *nature imaginaire*, eine eingebildete Natur. Es ist die vom Menschen neu gestaltete Natur. Der Klang ist anders, man hört andere Geräusche, die Biodiversität ist anders. Aber man nimmt diese Natur heute so als Natur wahr.

Auf Ihrer Homepage ist eine Audiodatei mit Vogelstimmen und Geräuschen hinterlegt, die nach echter, purer Natur klingen. Wollen Sie damit zeigen, wie sich Natur wirklich anhört, im Unterschied zu der eingebildeten oder der vom Menschen neu geschaffenen Natur?

HENNINGER: Ja, das habe ich auf meiner Webseite gemacht. Ich glaube in unserer Gesellschaft, in Europa, in allen entwickelten Ländern sind die Menschen total abgeschnitten von der Natur. Die Menschen sind Stadtmenschen. Niemand kann sich bald die Natur noch denken wie sie früher war. Deswegen habe ich das auf der Webseite, weil ich es sehr wichtig finde, dass wir uns wieder Gedanken über die Natur machen. Denn, wenn niemand mehr an die Natur denkt, dann kann man alles mit ihr machen. Wenn die Menschen abgeschnitten sind von der Natur, dann hat der Kapitalismus gewonnen. Dann kann der Kapitalismus, dann können die Unternehmen alles mit der Natur machen. Denn die Leute können nicht für etwas kämpfen, was sie nicht kennen.

» *Wenn niemand mehr an die Natur denkt, dann kann man alles mit ihr machen.*

Dann verstehe ich Sie richtig, dass Sie Kunst machen, um den Menschen etwas zu zeigen, was sie von alleine nicht sehen können?

HENNINGER: Nein. Ich denke, die Menschen können das alleine sehen. Alle können das sehen, man muss nur neugierig sein und sich informieren. Jeder kann darüber lesen, Dokumentationen im Fernsehen sehen. Man kann auf Demos gehen, mit Freunden darüber reden, man kann Kunst angucken. Für mich ist es heutzutage einfach nicht wichtig nur schöne Landschaften zu zeigen. Ich möchte apokalyptische Landschaften zeigen, damit die Leute sich eigene Fragen stellen.

Einen schönen Sonnenuntergang über dem Meer zu malen oder eine schöne Dorfwiese, das interessiert mich nicht (lacht). Ich will *politische Landschaften* zeichnen. Das sind Landschaften, die etwas von unserer Gesellschaft zeigen, von unserer Wirtschaft, von unserem kapitalistischen System. Wir haben seit tausend Jahren schöne Landschaften gemalt, bis heute. Aber jetzt ist alles anders geworden. Denn es gibt so viele verschiedene soziale Probleme, ökonomische Probleme wie die Wirtschaftskrise und ökologische Probleme wie die Klimakrise. Dann kann ich für mich als Künstler nicht einfach weitermachen als wäre nichts geschehen. Für mich als Künstler muss eine Zeichnung etwas über unsere Epoche aussagen. Deswegen male ich den Tagebau Hambach und die Braunkohletagebaue, wo keine Bäume mehr sind. Wo es nur noch eine traurige Landschaft zu sehen gibt, die von Menschen und von Maschinen bearbeitet wird.

> » *Für mich als Künstler muss eine Zeichnung etwas über unsere Epoche sagen.*

Wenn Sie in einem Urwald sind und danach am Rand eines Tagebaus stehen, dann müssen Sie doch ein Wechselbad der Gefühle erleben. Oder schauen Sie eher mit einem professionellen Blick auf Ihre Motive und lassen sich nicht so darauf ein?

HENNINGER: Emotional, meinen Sie? Am Anfang bin ich mit den Aktivisten mitgegangen. Ich habe auch in Frankreich an Demos gegen Atomkraft teilgenommen. Wenn ich an verschiedenen Orten die Naturzerstörung sehe, macht mich das sehr traurig. Denn ich bin verliebt in die Natur. Ich bin neben der Natur aufgewachsen und war als Kind sehr oft im Wald. Die Natur gibt mir beruhigende Gefühle und gelassene Gedanken. Es bringt mich in ein *équilibre*, in ein Gleichgewicht. Wenn ich sehe, wie Natur zerstört wird, dann frage ich mich, wo gehen wir hin, was machen wir? Dann sehe ich die Zukunft düster. In fünf bis zehn Jahren wird die Gesellschaft ganz anders sein und es wird für die Menschen auf der Erde schwerer sein. Wir werden Probleme mit Nahrungssicherheit bekommen. Es wird wieder ein Virus geben, unser soziales und Gesundheitssystem wird nicht alle Leute schützen können. Es wird auch mehr Asylbewerber wegen des Klimas geben, weil ganze Flächen auf der Erde unbewohnbar werden. Mit dem Klimawandel wird es jedes Jahr heißer auf der Erde, aber niemand denkt daran. Alle wollen, also so sehe ich das, die Jugendlichen in Europa wollen einfach Spaß haben.

> » *Die Natur gibt mir beruhigende Gefühle und gelassene Gedanken.*

Ich habe viel mit Jugendlichen in meiner Stadt gearbeitet und ich habe gesehen, dass viele Jugendliche sich für das Klima nicht interessieren. Für viele ist die Gesellschaft nur eine Freizeitgesellschaft. Es macht mir große Angst, wenn ich die Katastrophe sehe, die kommt und niemand denkt darüber nach oder macht etwas. Ich sehe, dass die Leute sich um die Natur und die Umwelt nicht kümmern. Es gibt einige Aktivisten, die kämpfen. Aber sie sind nicht genug.

Sie wohnen im Elsass und haben Ihr deutsches Nachbarland ein halbes Jahr bereist. Welche Unterschiede im Umgang mit Natur können Sie feststellen zwischen Deutschland und Frankreich?

HENNINGER: Oh là là! Ich bin mir nicht so sicher. Ich glaube, dass es in Deutschland eine breite Erfahrung mit der Natur gibt. Die Deutschen sind ein bisschen umweltbewusster und das kommt von der Romantik. Die Maler und die anderen Künstler der Romantik haben ihre Liebe zur Natur zum Ausdruck gebracht und das hat sich in der

> *Die Natur wird in Deutschland auch stärker wahrgenommen.*

deutschen Kultur weiterentwickelt. Deswegen wird die Natur in Deutschland auch stärker wahrgenommen. In Frankreich ist das anders, weil die Romantik als Kunstepoche nicht so bedeutsam war wie in Deutschland. Vielleicht war die Natur für die Franzosen lange Zeit nicht so wichtig wie für die Deutschen.

Aber jetzt ist vieles, was in Frankreich und in Deutschland passiert, vergleichbar. Denn was ich in Notre-Dame-des-Landes gesehen habe, in der ZAD, der *zone à defendre*, einem Camp für Aktivisten, das ist wie bei den Aktivisten im Hambacher Forst. Diese Menschen kämpfen für die Natur und gegen ein System, das Natur zerstört. Diese Menschen haben die gleichen Ideen, die gleichen Ideale und die gleichen Einstellungen zur Natur.

Ich kann mir gut vorstellen, dass die Aktivisten in beiden Ländern die gleichen Ziele haben. Aber was denken die »normalen«, die nicht engagierten Menschen in Frankreich über Natur?

HENNINGER: Das weiß ich nicht. Aber die Umweltschutzbewegung ist auch so etwas wie ein Zeitgeist. Ich befürchte, dass dieser Zeitgeist nur *Greenwashing* ist (Anm. d. Autorin: etwas zum Schein einen »grünen« Anstrich geben). Vieles, was wir Umweltschutz oder Umweltbewusstsein nennen, sind nur Kleinigkeiten. Zum Beispiel benutzen Franzosen jetzt keine Plastikstrohhalme mehr, sondern sie sind aus Papier anstatt aus Plastik. Und alle freuen sich darüber und denken, das ist ein Gewinn. Aber für mich ist das eine so kleine Kleinigkeit. Viele Leute denken, sie machen viel für die Umwelt, oder sie denken, es ist gut ein Auto zu fahren, das mit Strom fährt. Sie denken, dass mit den Kleinigkeiten die Umwelt gerettet wird. Aber das ist nicht genug. Ich glaube, die meisten wissen nicht, wie schlimm die Umweltkrise wirklich ist.

> *Ich glaube, die meisten wissen nicht, wie schlimm die Umweltkrise wirklich ist.*

Wenn Sie sagen, das reicht nicht. Was müsste sich denn ändern, um wirklich die Natur besser zu schützen?

HENNINGER: Ich glaube unter den Aktivisten im Hambacher Forst, die gegen die Konzerne kämpfen, sind viele, die gute Ideen haben. Sie wollen die Domination, die Herrschaft der Konzerne brechen. Sie wollen eine andere Gesellschaft mit mehr Gleichheit, auch Gleichheit zwischen Männern und Frauen. Das ist auch eine Gedanken-Revolution. Für mich ist das ein guter Weg für die Zukunft.

Sie kommen aus der Gegend von Mühlhausen, in der Nähe zur deutschen Grenze. Wie erleben Sie dort das Verhältnis zur Natur?

HENNINGER: In meiner Gegend gibt es diesen Kontrast. Auf der einen Seite gibt es viele Leute, die wollen die Natur schützen und die engagieren sich. Aber es gibt auch Menschen, die zerstören die Natur. Rund um meine Stadt herum gab es ein grünes Band und das wird jedes Jahr kleiner. Die Fläche, die für Bauern bleibt, wird immer kleiner. Man erlaubt, dass sich dort Unternehmen und Fabriken ansiedeln können. Wenn ich das sehe, macht mich das traurig. Denn diese Fläche ist sehr wichtig für die Zukunft, aber man schützt sie nicht genug. Gleichzeitig werden die Dörfer um die Stadt herum immer größer. Sie brauchen die Flächen, um neue Eigenheime zu bauen. Das ist nur eine *Artifizialisierung* des Bodens, es wird ein künstlicher Boden. Man zerstört so die Möglichkeiten für die zukünftige Generation in meiner Gegend zu leben. Denn sie werden vielleicht in 20 Jahren keine Landwirtschaft mehr betreiben können. Wir als Bürger wollen unsere eigenen Häuser, unseren Komfort, unseren eigenen Garten. Der Boden wird standardisiert, er wird künstlich wie unser eigenes Leben.

Ich denke die Befürworter von neuen Siedlungen und Gewerbegebieten denken genau das Gegenteil. Sie sagen wahrscheinlich, das ist die Zukunft für unsere Gesellschaft: Arbeitsplätze entstehen durch neue Firmen, die sich hier ansiedeln und junge Familien können sich

durch den Job etwas leisten – wie etwa ein eigenes Haus. Genau das mache die Menschen fit für die Zukunft. Was sagen Sie zu diesen Argumenten?

HENNINGER: Ich verstehe auch die andere Seite. Aber für mich ist das ein falscher Weg. Zu denken, dass je mehr Unternehmen es gibt und je mehr Arbeitsplätze es gibt, desto besser ist es für die Menschen, das ist falsch. Denn je mehr Unternehmen es gibt, desto weniger Natur gibt es. Für mich ist die Natur der Schlüssel für die Zukunft und für die nächste Generation. Das ist eine Kraft, die Natur. Ich bin mir sicher, dass der beste Weg für die Gesellschaft und für die Zukunft ist, als Teil der Natur zu leben und die Natur zu schützen. Vielleicht muss man die Arbeit heute anders denken. Vielleicht muss man weniger arbeiten, weniger Luxus haben, weniger reisen, weniger Dinge besitzen – einfach einfacher leben für die *préservation*, den Schutz der Natur und den Schutz des Menschen in der Zukunft.

> » *Für mich ist die Natur der Schlüssel für die Zukunft und für die nächste Generation.*

Unser heutiger Wohlstand fußt auch darauf, dass wir Rohstoffe der Natur nutzen. Wir benutzten die Rohstoffe als Ausgangsstoffe für neue Produkte in der Industrie und die fossilen Brennstoffe für unsere Energie. Jetzt sagen Sie, wir müssen damit aufhören, weil sich sonst in der Zukunft weniger Chancen für die Menschen ergeben. Die Jüngeren würden weniger Wohlstand haben als wir heute, meinen Sie das?

HENNINGER: Ja, auf jeden Fall. Wenn es weniger Natur in der ganzen Welt gibt, dann hat die neue Generation weniger Möglichkeiten als wir, um gut zu leben. Wir sehen seit ein paar Jahren, dass wir die Sommerhitze fast nicht mehr ertragen können. Es wird jedes Mal ein bisschen stärker und in zehn Jahren wird es noch schlimmer sein. Dann wird die junge Generation nicht mehr so leben können wie wir heute. Sie können vielleicht nicht mehr das Haus verlassen, weil es zu heiß ist. Sie können nicht mehr in die Natur gehen, weil die Natur zerstört ist. Für mich ist der Schlüssel, damit die neue Generation gut leben kann, der Schutz der Natur. Aber es ist schon zu spät, meiner Meinung nach. Der Punkt ist schon überschritten. Man kann nicht mehr zurückgehen. Aber man kann vielleicht noch etwas schützen und nicht nur in unseren Ländern auch in der ganzen Welt.

Man muss auch die sozialen Errungenschaften schützen. Klar, aber vielleicht muss man lernen mit weniger zu leben. Wir benutzen viele Rohstoffe, um zu reisen, um Freizeit zu haben. Aber ich denke, der Lebensstil, den wir hier jetzt haben, der ist falsch.

In den Medien wird in letzter Zeit viel über die Zerstörung des Regenwaldes in Brasilien oder auch in Indonesien berichtet. Sehen wir in Europa eher die Fehler der anderen als unsere eigenen Fehler im Umgang mit der Natur?

HENNINGER: Jedes Land hat seine eigenen Fehler gemacht. Wir gucken jedes Mal auf andere Länder, in den Medien, im Internet, im Fernsehen, weil es spektakulär, ist und die Flächen riesig sind. Aber den Schaden in unseren eigenen Ländern sehen wir nicht.

Sie haben mir eben, bevor das Aufnahmegerät lief, eine Geschichte erzählt aus Ihrer Region. Können Sie das noch einmal erzählen?

HENNINGER: Ich habe diese Geschichte über meine Gegend gelesen. Denn wo ich herkomme und geboren bin, dort gibt es Häuser, die in einer typischen Bauweise aus Holz gebaut sind. Ich habe gelesen, wie die Häuser in der früheren Zeit gebaut wurden, und dort stand auch, dass es üblich war, dass der Großvater für seinen Enkel einen Baum pflanzte. Der Großvater machte das, damit sein Enkelkind sich von diesem Baum ein Haus bauen kann. Denn nach 40 oder noch mehr Jahren war der Baum groß genug, um Holz für ein neues oder weiteres Haus zu liefern. Es war üblich, dass der Großvater an die Zukunft seines Enkelkindes dachte und an die Zukunft seiner eigenen Gegend. Er hat nicht nur an sich selbst gedacht,

» *Es war üblich, dass der Großvater an die Zukunft seines Enkelkindes dachte und an die Zukunft seiner eigenen Gegend.*

sondern er hat an die kommende Generation gedacht. Und das ist interessant. Denn das ist ganz anders als wir jetzt leben. Fast alle Leute denken an sich selbst zuerst, bevor sie an die neue Generation denken. Sie wollen jedes Mal schneller den Gewinn haben am besten im gleichen Jahr.

In unserer Gesellschaft muss alles immer ganz schnell gehen. Man muss effizient sein, man muss produzieren und besser sein als die anderen. Aber das macht die Leute kaputt. Sie haben Burn-out und psychische Probleme.

Ich finde das sehr wichtig, dass man sich an diese Geschichte erinnert, die zeigt, dass es auch anders geht. Dass die Holzhäuser vielleicht 500 Jahre alt werden und die eigene Familie Bäume anpflanzt, damit die Jüngeren ihr eigenes Haus in der Zukunft bauen können.

Sie sagen, wir leben heute nur für unsere Freizeit und alles muss sofort zu Geld werden. Wie arbeiten Sie als Künstler? Sagen Sie sich manchmal nicht auch: »Oh, ich muss jetzt schneller malen, damit ich das Bild verkaufen kann«?

HENNINGER: (lacht) Nee – das ist lustig. Ich denke manchmal auch so, weil ich ungeduldig bin. Aber in meiner Kunst mache ich das ganz anders, weil ich sehe, man braucht für alles Zeit. Man braucht Zeit, um zu leben, um einen Kaffee zu genießen. Man kann auch Kunst schnell machen. Aber ich will das nicht.

Ich mache Zeichnungen in schwarz und weiß und ich benutze Tinte. Die meisten Landschaften, die ich male, sind Orte, die ich auch besucht habe. Nur wenige entstehen in meinem Kopf. Ich zeichne ein genaues Abbild von dem, was ich sehe. Realistisch zu zeichnen ist eine lange Tradition in der Kunst. Diese Tradition möchte ich fortsetzen und sie kombinieren mit den aktuellen Themen von heute. Ich zeichne mit einem Stift und ich brauche sehr viel Zeit. Für eine große Zeichnung zum Beispiel brauche ich zwei Wochen oder einen Monat und das ist genau das Gegenteil, von dem, wie es sonst in der Gesellschaft ist. Ich nehme mir Zeit, um

> » *Ich nehme mir die Zeit, um etwas zu machen, was gut ist.*

etwas zu machen, was gut ist. Ich will zeigen, dass es auch so geht. Ich zeichne mit viel Geduld und Geduld ist verboten in unserer Gesellschaft. Aber ich benutze Geduld in meiner Kunst und damit bin ich sehr zufrieden.

Meteorologie: Prof. Dr. Daniela Jacob

Prof. Dr. Daniela Jacob, Meteorologin

- Direktorin des Climate Service Center Germany (GERICS) in Hamburg, ein Institut des Helmholtz-Zentrums Geesthacht. Gastprofessorin an der Leuphana Universität in Lüneburg.
- Daniela Jacob ist in verschiedenen nationalen und internationalen Komitees aktiv, u.a. Vorsitzende des Deutschen Komitees für Nachhaltigkeitsforschung (DKN in Future Earth), und im *World Climate Research Programme* (WCRP). Sie ist Chefredakteurin der wissenschaftlichen Zeitschrift *Climate Services*.
- Geboren 1961 in Frankfurt am Main. Studium der Meteorologie an der TU Darmstadt. Promotion an der Universität Hamburg und am GKSS-Forschungszentrum in Geestacht bei Prof. Dr. Hartmut Graßl. 1992 Forschungsaufenthalt in Boulder, Colorado USA. 1993–2015 Wissenschaftlerin am Max-Planck-Institut für Meteorologie in Hamburg. 2009–2013 Gastprofessorin an der Universität Bergen, Norwegen. Seit 2010 am Climate Service Center Germany.
- Ihre Forschungsschwerpunkte sind regionale Klimamodelle, der Wasserkreislauf und die Anpassungsstrategien an den Klimawandel. Sie hat das regionale Klimamodell REMO entwickelt.
- Sie war eine von drei koordinierenden Leitautorinnen von Kapitel 3 des Sonderberichts über 1,5 Grad globale Erwärmung des Weltklimarats (IPCC) und beitragende Autorin von Kapitel 5. Von 2010 bis 2018 war sie immer wieder als Autorin für die Berichte des IPCC tätig.

Frau Jacob, ein Studium der Meteorologie im Jahr 1980 war ein ungewöhnlicher Berufswunsch. Vor 40 Jahren war die globale Klimaänderung in der Öffentlichkeit noch kein Thema. Wieso wählten Sie dieses Fach?

JACOB: Ab dem Alter von 14 Jahren hat mich mein Vater zum Segelfliegen mitgenommen. Wir flogen von der Wasserkuppe aus, dem höchsten Berg der Rhön. Dort war ein Segelflugzentrum. Dort war aber auch eine Wetterwarte des Deutschen Wetterdienstes (DWD) und ich hatte mitbekommen, dass der eine Meteorologe immer morgens Dienst hatte und nachmittags Segelfliegen konnte und der andere hatte nachmittags Dienst und konnte morgens Segelfliegen. Als 14-Jährige habe ich mir gedacht: »Das ist der ideale Job für mich. Einen halben Tag kann ich fliegen und den anderen halben Tag gucke ich in die Wolken. Also werde ich Meteorologin.«

Als Meteorologin stehen Sie nun an der Spitze des deutschen Instituts für Klimadienstleistungen. Haben Sie das Gefühl, dass Sie schon einen Beitrag für mehr Klimaschutz in der Welt leisten konnten?

JACOB: Ich hoffe das und habe auch das Gefühl. Ich sehe, dass sich etwas bewegt. Ich sehe, dass sich immer mehr Leute überlegen, Energie einzusparen, und dass sich in den Bundesländern, den Kommunen und Städten schon viel verändert, wenn es um Klimaschutz geht. Wenn ich das Gefühl hätte, ich könne nichts bewegen, dann hätte ich schon längst aufgegeben. Denn so einfach ist das nicht, 30 Jahre in der Klimaforschung zu arbeiten und immer Neues zu bringen.

Haben Sie in Ihrer langen Laufbahn als Wissenschaftlerin und Wissenschaftsmanagerin Schlüsselmomente erlebt, wo Sie sich gesagt haben: Jetzt sehe ich etwas aus einer ganz anderen Perspektive?

JACOB: Nein, das kann ich nicht sagen. Für Leute, außerhalb der Klimaforschung mag es solche Momente geben, wo man plötzlich etwas entscheidend Neues über das Klima versteht. Aber bei mir ist das natürlich über 30 Jahre lang ein schleichender Prozess (lacht). Aber ich glaube das Entscheidende war der 1,5-Grad-Bericht. Das war wirklich der Punkt, wo ich gedacht habe, jetzt kann keiner mehr sagen, er hat es nicht gewusst. Da bin ich unendlich stolz, dass ich da dabei sein durfte, und das hat mir ganz viel Spaß

> » *Der 1,5-Grad-Bericht war wirklich der Punkt, wo ich gedacht habe, jetzt kann keiner mehr sagen, er hat es nicht gewusst.*

gemacht. Ich glaube, das ist eines der wichtigsten wissenschaftlichen Produkte, zu dem ich etwas beitragen konnte.

Zu den wissenschaftlichen Daten dieses Berichtes kommen wir gleich. Ich wollte Sie noch fragen, wie Sie mit den negativen Nachrichten in Ihrem Beruf, die zwangsweise zunehmen, umgehen. Werden Sie da nicht manchmal pessimistisch oder auch wütend, weil von politischer Seite nicht genug passiert?

JACOB: Ich bin notorische Optimistin. Ich vergesse auch immer wieder die schlechten Dinge. Das war auch früher einer meiner größten Fehler, dass ich immer wieder vergessen habe, wenn Leute mir übel mitgespielt haben. Das habe ich mir jetzt angewöhnt, dass ich mir das auch mal merke. Aber manchmal habe ich auch ganz schöne Tiefs. Mittlerweile habe ich Phasen, wo ich hart an der Grenze zum Ärgern bin. Ich werde auch ungeduldig hin und wieder und dann sehr scharf in meiner Wortwahl. Aber das ist manchmal gar nicht so schlecht.

Sie haben Ihre Arbeit am 1,5-Grad-Sonderbericht des IPCC hervorgehoben. Der Bericht hat 2018 für große Aufmerksamkeit gesorgt. Was ist für Sie eines der wichtigsten Erkenntnisse daraus?

JACOB: Ich denke, das wichtigste Ergebnis ist, dass es überhaupt gar keinen physikalischen, chemischen, technologischen, finanziellen oder kulturellen Grund gibt, die Erwärmung nicht einzudämmen und auf maximal 1,5 Grad zu begrenzen. Es ist nur der politische Wille, der da sein muss. Es gibt Hürden, ja, aber der Bericht sagt ganz klar, dass es machbar ist, die Erwärmung auf 1,5 Grad gegenüber dem vorindustriellen Zeitalter zu begrenzen. Das Ganze braucht nur einen politischen Willen.

> » *Es ist machbar, die Erwärmung auf 1, 5 Grad gegenüber dem vorindustriellen Zeitalter zu begrenzen.*

Das ist auch eine politische Erkenntnis. Gibt es noch eine rein naturwissenschaftliche Erkenntnis, die Sie herausstellen möchten?

JACOB: Es ist ganz klar nachweisbar, dass die Extremereignisse, also Hitzewellen, Starkregen und Dürren, in den letzten 50 Jahren schon zugenommen haben. Also in der Zeit, in der die globale Erwärmung um ein weiteres halbes Grad angestiegen ist. Da ist es natürlich logisch, wenn jetzt wieder ein weiteres halbes Grad dazukommt und wir eine Erwärmung von dann 1,5 Grad haben, dass sich diese Extremereignisse in ihrer Intensität, Häufigkeit und Dauer auch weiter verstärken. Ich denke, es ist das erste Mal, dass die Extremereignisse so sauber signifikant, also statistisch stark abgesichert, mit ihrer Veränderung aus den Beobachtungsreihen dargestellt werden konnten. Da kann nicht einer sagen, wir hätten uns irgendwelche Szenarien für die Zukunft ausgedacht, sondern das ist aus den Messungen entnommen, also aus dem, was man beobachtet hat. Das ist also ein Fakt.

Das heißt, die Zunahme an Hurrikans in ihrer Stärke und Häufigkeit ist eine Folge der Erderwärmung. Das ist jetzt nachgewiesen. Ein wichtiger Teil des Berichts zeigt auch Entwicklungswege auf, die noch mit dem 1,5-Grad-Ziel vereinbar wären. Man nennt diese Entwicklungswege auch Emissionspfade oder Szenarien. Warum ist diese Fragestellung nach den Emissionspfaden so wichtig (Anm. d. Autorin: siehe dazu auch Infobox *Klimamodellierung, Klimaszenarien, Klimaprojektionen*)?

JACOB: In die Emissionspfade geht die Menge der Treibhausgasemissionen ein, die der menschlichen Aktivität entspricht. Das heißt, wenn es eine hohe menschliche globale Aktivität gibt, viel globalen Handel, viel Verkehr und diese auf einem fossilen Energieverbrauch basieren, dann wird sehr viel CO_2 ausgestoßen. Und wenn sehr viel CO_2 ausgestoßen wird, dann erwärmt sich die Luft oder genauer gesagt die Atmosphäre stärker, als wenn die Menschen wenig CO_2 ausstoßen. Ich beziehe mich jetzt mal auf CO_2 – das sind natürlich CO_2-Äquivalente, also die anderen Treibhausgase sind im Kopf immer dabei, wenn ich jetzt von CO_2 rede. Nur das mit auszusprechen, wird sonst immer so lang. Und diese CO_2-Ausstoß-Menge ist das, was wir Menschen beeinflussen können. Das heißt, wenn wir viele grüne Technologien entwickeln, sehr viele regionale Produkte verwenden, unsere Reisetätigkeiten einschränken, unseren Energieverbrauch verringern, die Energieeffizienz erhöhen, dann stoßen wir wenig CO_2 aus. Das Ganze passiert Jahr für Jahr. Das heißt, die Emissionspfade stellen den CO_2-Ausstoß im Laufe der nächsten Jahre dar. Das ist das eine. Das andere ist natürlich die CO_2-Menge, oder die gesamte Treibhausgas-Menge, die schon in der Atmosphäre ist, und die Veränderungen, die schon im Klimasystem angestoßen sind. Das heißt, selbst wenn wir heute die CO_2-Ausstoßmenge sofort auf null reduzieren würden, würde die Temperatur weiter steigen. Eben weil manche Prozesse und Teile des Klimasystems, wie etwa der Ozean, ein langes Gedächtnis haben. Manche Erwärmung, die wir heute sehen, ist quasi schon angestoßen worden von menschlichen Aktivitäten von vor 20 bis 30 Jahren. Aber wenn wir jetzt die CO_2-Ausstoßmenge im Laufe der nächsten 10 bis 15 Jahre immer weiter reduzieren, dann wird diese Erwärmung immer langsamer und dann irgendwann gestoppt. Das verdeutlichen Emissionspfade: bei welchen Ausstößen sich welche Erwärmung ergeben würde. Diese Emissionspfade sind Zeitreihen der Entwicklung der Treibhausgase in der Zukunft.

Konkret: Wenn wir sagen, wir machen so weiter wie bisher, in der IPCC-Sprache ist das der *Business-as-usual*-Emissionspfad, dann wird der CO_2-Anstieg ab der Mitte des Jahrhunderts sehr stark werden. Das bedeutet, dass damit auch die Erwärmung ab der Mitte des Jahrhunderts verstärkt wird, sodass die Temperaturen bis zum Ende des Jahrhunderts um 3, 4 oder 5 Grad höher liegen können als vor der Industrialisierung. Wenn wir es aber schaffen, erneuerbare Energien zu nutzen, energieeffizienter zu werden und jetzt sofort neue Technologien zu entwickeln, die wenig CO_2 ausstoßen, dann dauert das noch fünf bis zehn Jahre, bis die alle eingesetzt werden. Aber dann wird der CO_2-Ausstoß weniger. Dann krümmt sich diese Kurve der Treibhausgasemissionen zwar erst ab Mitte des Jahrhunderts, aber sie senkt sich fortan immer stärker ab.

» *Dann krümmt sich diese Kurve der Treibhausgasemissionen zwar erst ab Mitte des Jahrhunderts, aber sie senkt sich fortan immer stärker ab.*

Die Kurve der Emissionen, die seit 200 Jahren immer nur ansteigt, muss sich wieder in die andere Richtung bewegen: nach unten, also absinken. Bisher stiegen die Treibhausgasemissionen von Jahr zu Jahr, weil weltweit sowohl die Wirtschaft als auch die Bevölkerung wuchs und immer noch wächst. Es muss jetzt vieles geschehen, um noch die Kurve zu kriegen.

JACOB: Wir wissen nicht, wie die Menschen sich entscheiden, wie die Politik weltweit sich entscheidet und ob es irgendwelche schlauen Erfinder gibt, die irgendwelche emissionsarmen Technologien entwickeln. Genau deswegen sind Emissionspfade mögliche Entwicklungen, die von Bedingungen abhängen, von denen wir nicht wissen, ob sie eintreffen. Deswegen müssen wir immer diese verschiedenen Wenn-Dann-Beziehungen angucken. Also wie sähe dann das Klima aus, wenn es diese oder jene gesellschaftliche oder wirtschaftliche Entwicklung gibt, und wie sähe dann das Klima aus, wenn es eine andere sogenannte sozio-ökonomische Entwicklung gibt. Dazu brauchen wir die verschiedenen Emissionspfade oder Szenarien mit ihren Wenn-Dann-Beziehungen.

Den Klimawissenschaftlern wird oft vorgeworfen, sie seien zu alarmistisch und würden schwarzmalen. Schaut man sich aber die Aussagen der IPCC-Berichte der letzten Jahre an, scheint es eher umgekehrt zu sein. Die Wirklichkeit hat sich schlimmer entwickelt, als die Berichte es vorausberechnet haben. Warum haben die IPCC-Berichte sogar manche Dinge in der Vergangenheit unterschätzt?

JACOB: Das ist eigentlich nicht so. Also im Moment bewegen wir uns auf dem Emissionspfad mit einem Emissionsausstoß, zu dem der schlimmste Fall, der *Worst Case*, gehört. Das ist korrekt. Aber das steht auch so im IPCC-Bericht. Wenn Sie den IPCC-Bericht von 2013–2014 angucken oder auch den davor von 2007, dann gab es da verschiedene Szenarien und damals hatte man genau das gemacht. Man hatte Wenn-Dann-Beziehungen gespielt und per Computer berechnet: Zum Beispiel, wenn es so weitergeht wie bisher, dann wird die Kurve so und so aussehen, und wenn wir technologisch umsteuern oder politisch eingreifen, dann sieht die Kurve so aus. Im letzteren Fall würde die Kurve erst einmal flacher ansteigen, weil die Emissionen auch langsamer ansteigen würden. Wir haben aber nicht technologisch umgesteuert oder politisch eingegriffen und deswegen laufen wir auf dem *Worst-Case*-Szenario entlang mit weiter steigenden und steilen Emissionsverläufen. Das ist das, was wir im Moment sehen und das ist ziemlich bedauerlich. Denn nach 30 Jahren Klimapolitik sind wir immer noch auf diesem ganz steilen CO_2-Ausstoß-Weg. Das heißt nicht, dass der IPCC das unterschätzt hat. Die Szenarien sind auch wichtig, weil die Erwärmung und die Veränderung des Klimas und Wetters manche Schwellen überschreiten. Mit dem Überschreiten bestimmter Schwellen werden einige Prozesse unumkehrbar. Manche Ökosysteme können sich nicht so schnell anpassen, verschwinden und die Pflanzen und Tiere sterben aus.

> »*Nach 30 Jahren Klimapolitik sind wir immer noch auf diesem ganz steilen CO_2-Ausstoß-Weg.*

Diese Schwellen sind die berühmten Kipppunkte, vor denen viele Ihrer Kolleginnen und Kollegen in der Wissenschaft immer wieder warnen. Sie alle wissen oder sehen, was kommt oder was sehr wahrscheinlich eintritt. Diese Informationen bieten Sie am Climate Service Center Germany Ihren Kunden an. GERICS ist das erste Zentrum für Klimadienstleistungen dieser Art weltweit. Wie sehen Ihre Dienstleistungen rund ums Klima genau aus?

JACOB: Wir entwickeln Produkte, Daten, Methoden, Richtlinien, um der Gesellschaft zu helfen, sich besser an den Klimawandel anzupassen. Wir sind quasi an der Schnittstelle zwischen Klimaforschung und Gesellschaft und können im Prinzip auf das zurückgreifen, was in der Klimaforschung auch bereitgestellt wird. Wir bereiten die Daten auf, entwickeln Abbildungen oder Richtlinien im Dialog mit der Gesellschaft. Im Dialog heißt, dass wir Hand in Hand mit unseren Kunden arbeiten, unsere Dienstleistungen ganz nach ihren Bedürfnissen und Fragestellungen entwickeln.

Ein Beispiel: Mit einem Unternehmen aus dem Hamburger Hafen haben wir herausgearbeitet, wie sie das Klimarisiko in ihr Unternehmensrisiko miteinschließen können. Die Frage war, inwieweit der Hamburger Hafen vom Klimawandel schon betroffen ist und wie er es in der Zukunft sein wird. Die Unternehmer waren konkret daran interessiert, zu erfahren, wie sich in Zukunft die Windrichtung und die Temperatur ändern würden, wie oft Nebel wäre und wann die Kaianlagen vereisen könnten. So haben wir mit unseren Klimamodellen diese Daten berechnen lassen und für das Unternehmen ausgewertet und aufbereitet.

> » *Wir entwickeln Produkte, Daten, Methoden, Richtlinien, um der Gesellschaft zu helfen, sich besser an den Klimawandel anzupassen.*

Die entsprechenden Informationen liefern Ihnen die Klimamodelle. Diese Modelle ermöglichen den Blick in die Zukunft unseres Klimas.

JACOB: Die Klimamodelle sind nichts anderes als Computerspiele. Man überträgt die physikalischen Prozesse in mathematische Formeln. Im Computermodell haben Sie dann eine imaginäre Erde, also ein Abbild der Erde mit Landoberflächen, Wasseroberflächen, der Atmosphäre und den vielen physikalischen Prozessen, die ablaufen. Sie bilden etwa nach, wie die Sonne auf die Erde scheint, sodass der Boden sich erwärmt und die Pfütze verdunstet.

All diese Dinge kann man abbilden. Dann spannt man quasi ein virtuelles Gitter über diese Erde und an den Gitterschnittpunkten berechnet man dann zum Beispiel, wie warm es gerade an diesem Punkt ist. Wie stark ist hier der Wind, welcher Druck herrscht und regnet es hier gerade oder nicht? Das macht man alle paar Minuten. Das heißt, man berechnet alle paar Minuten den Wetterzustand rund um die Erde. Klima ist nichts anderes als eine lange Zeitreihe des Wetters. Diese Klimamodelle werden am Deutschen Klimarechenzentrum hier in Hamburg gerechnet. Da stehen die Supercomputer. Es gibt auch je einen im Forschungszentrum Jülich und im Max-Planck-Institut in Garching. Aber alle Klimaforscher in

Deutschland, würde ich sagen, so ziemlich alle, rechnen am Deutschen Klimarechenzentrum ihre Nachbildungen, in der Fachsprache Simulationen.

Aber trotzdem sind es Aussagen über die Zukunft. Das heißt es bleiben Unsicherheiten. Macht man sich dadurch nicht angreifbar?

JACOB: Angreifbar macht man sich überhaupt nicht. Angreifbar macht man sich nur, wenn man sagt, man kann das Klima vorhersagen. Das geht mathematisch-physikalisch nicht.

Wenn man pauschal darüber redet, dass diese Klimamodelle viel zu unsicher seien, dann bezieht sich das meistens auf zwei große Unsicherheiten. Die eine Unsicherheit kommt daher, dass wir nicht wissen, wie sich die Treibhausgase in den nächsten 100 Jahren in der Atmosphäre wirklich entwickeln werden. Deswegen können wir das Klima auch nicht vorhersagen. Deswegen sind es immer Klimaszenarien, so etwas wie Geschichten, und keine Klimavorhersagen. Es sind mögliche Entwicklungslinien. Wie sich das Klima entwickeln wird, hängt vom menschlichen Verhalten ab. Das können wir zwar nicht vorhersagen, das können wir aber beeinflussen.

> *Deswegen sind es immer Klimaszenarien, so etwas wie Geschichten, und keine Klimavorhersagen.*

Viele Menschen denken, man kann das Klima vorhersagen wie das Wetter. Aber das stimmt nicht. Denn die Entwicklung des Klimas hängt von der Zusammensetzung der Atmosphäre ab und die hängt davon ab, wie die Menschen sich verhalten und wie viele Treibhausgase sie emittieren. Der Gehalt an Treibhausgasen wird noch von anderen Faktoren bestimmt, etwa von Vulkanausbrüchen, die Kohlendioxid in die Luft schleudern. Vulkanausbrüche können wir auch nicht vorhersagen.

Das heißt, es wird immer eine mögliche Bandbreite geben, so nennen wir das, eine Unsicherheitsbandbreite über die künftige Menge an Treibhausgasen in der Atmosphäre. Deswegen hängt der Ausgang einer Modellierung des Klimas immer von den Annahmen ab, die wir vorher in den Computer eingeben. Das ist der eine Bereich der Unsicherheit.

Der zweite Bereich der Unsicherheit entsteht dadurch, dass wir die verschiedenen Modellcodes, die verschiedenen Programmierungen haben. Das heißt, die Beschreibungen des Klimas im Computer durch die mathematischen Modelle sind je nach Klimamodell unterschiedlich. Mal werden abweichende Annahmen getroffen und mal werden mehr oder weniger physikalische Prozesse berücksichtigt.

Dieser zweiten Unsicherheit gehen wir entgegen, indem wir ständig Modellvergleiche machen. Das sind sogenannte Modellvergleichsstudien. Eine bekannte Studie heißt CMIP, das *Coupled Intercomparison Project*. So können wir herauszufinden, wie stark ändert sich ein Ergebnis bei ein- und dergleichen Fragestellung, wenn wir diese Frage mit 20 verschiedenen Modellen ausrechnen. Nach Abschluss der Studie können wir genau sagen, am Endergebnis sind vielleicht fünf Prozent Unsicherheit darauf zurückzuführen, dass es die unterschiedlichen Modelle ausgerechnet haben. Diese Unsicherheit geben wir dann beim Ergebnis mit an. Man schreibt dann hinter der Zahl, die berechnet wurde, plus/minus 1 oder 2 oder 5 Prozent je nach Größe der Unsicherheit. Umgerechnet werden die Prozente dann in konkreten Zahlenwerten und in den entsprechenden Einheiten, also etwa Millimeter, hinter das Ergebnis geschrieben. Also zum Beispiel bei einem Ergebnis zu Niederschlagsmengen würde man dann schreiben: 500 mm +/- 25 mm.

Mit anderen Worten die zweite Unsicherheit durch die Modelle wird im Ergebnis mitberücksichtigt und angegeben. Der ersten, dass wir nicht wissen, wie die Menschheit sich weiterentwickelt, begegnen Sie, indem Sie eben diese verschiedenen Wenn-Dann-Beziehungen in den Szenarien haben. Also immer verschiedene Möglichkeiten ausloten, unter denen dann wahrscheinlich einige sind, die der tatsächlichen Zukunft recht nahekommen. Sie selbst haben ja ein regionales Klimamodell entwickelt. Mit einem regionalen Klimamodell kann man sich Klimaänderungen auf kleinerer Fläche angucken, also in einer Region statt auf dem ganzen Erdball.

JACOB: Was ich entwickelt habe und wo mein Hauptforschungsbereich lag, als ich noch am Max-Planck-Institut war, das ist, regionale

Klimaveränderungen anzugucken, das heißt regionale Szenarien für die Zukunft zu berechnen. So als würde man wie mit einer Lupe auf eine Region gucken, um dann zu schauen: Wenn global die Temperatur um vier Grad ansteigt, was bedeutet das dann zum Beispiel für Norddeutschland oder den Alpenraum.

Die Computerleistungen sind heute immer noch zu klein, um die Erde mit einem ganz engen Rechenraster zu überspannen. Ich habe ja gesagt, man legt so ein Netz oder Gitter über die Erde und an diesen Schnittpunkten des Netzes rechnet man dann die Temperatur aus. Wenn Sie das nur alle 200 Kilometer machen, dann fehlt dazwischen natürlich ganz viel.

Also das Raster ist zu grob.

JACOB: Genau. Wenn Sie das alle zwei Kilometer machen oder jeden Kilometer, dann hätten Sie zwar ganz viel Detail, aber das passt nicht mehr in den Supercomputer, wenn Sie das für den ganzen Globus gleichzeitig und für viele Jahre machen wollen. Der ist dafür nicht ausgelegt. Deswegen gibt es diese regionalen Ausschnitte, diese regionalen Szenarien. Da nimmt man ein grobes Raster für die Welt und dann so ein ganz feines für die Region von Interesse. Das ist mein Forschungsgebiet, das Feine. Also welche Wechsel- und Auswirkungen gibt es auf regionaler und lokaler Ebene, betrachtet wie durch eine Lupe. Dann sehen wir welchen Einfluss etwa Berg- und Tal-Winde oder Land- und See-Zirkulation haben, die im regionalen Modell erfasst werden, im globalen Modell durch das grobe Raster allerdings nicht. Oder was haben Waldschneisen für einen Einfluss, oder wie ist die Erwärmung von Städten im Verhältnis zum Umland. Diese Fragen können Sie mit einem regionalen Modell untersuchen.

Es sind genau diese kleinräumigen Informationen, die Sie am GERICS Ihren Kunden anbieten. Wie wird sich in meiner Stadt, in meiner Region das Klima und damit langfristig auch das Wetter ändern.

JACOB: Genau. Wenn Sie als Bürgermeister wissen wollen, ob Sie in Zukunft mehr Starkregen haben, der ihre Fußgängerzone überflutet, dann interessiert Sie nicht wirklich, ob die globale Temperatur um drei Grad ansteigt. Denn diese Information hilft ihnen nichts. Das heißt, Sie brauchen genau diese kleinräumige Information, wenn Sie das Abwassersystem von beispielsweise Dresden reparieren, in Stand halten oder neu planen müssen. Dann müssen Sie das so machen, dass die Niederschlagsmengen noch in 30 Jahren abtransportiert werden können. Dann müssen Sie wissen, wie verändert sich denn die Niederschlagsmenge möglicherweise über die nächsten 30 Jahre in Dresden. Dann nützt Ihnen die Information aus den globalen Klimamodellen nicht viel, weil Ihnen die globalen Modelle nicht sagen, was in Dresden passieren wird.

> » *Die Information aus den globalen Klimamodellen nützt Ihnen nicht viel, weil Ihnen das nicht genau sagt, was in Dresden passieren wird.*

Wie sehen denn die Klimaänderungen ganz allgemein für Deutschland aus? Was sind bei uns die größten Risiken?

JACOB: Die Risiken sind zum einen eine Veränderung in den Jahreszeiten hin zu trockeneren und heißeren Sommern und hin zu regenreicheren Herbsten, Wintern und Frühjahren. Konkret: Die Sommer werden deutlich wärmer und trockener, und es kann auch mal sechs, acht oder mehr Wochen kaum Niederschlag geben. In Süddeutschland wird es bis zum Ende des Jahrhunderts um drei bis vier Grad wärmer, je nachdem welches Klimaszenario man sich anguckt.

Weitere Risiken sind die Veränderung der Wetterextreme. Das heißt, zwischen den Trockenzeiten kann es starke Gewitter geben, einen starken Gewitterregen, der dann aber auf trockenen, verhärteten Boden fällt und wegfließt, anstatt dass er versickert und als Wasser im Boden gespeichert wird. Dazu kommen noch solche Dinge wie wir sie im Moment haben: mehrere Jahre hintereinander nicht genügend Niederschläge. Das kann sich verstetigen.

Aus dem Wissen um diese Klimaänderungen, die mit hoher Wahrscheinlichkeit auf Deutschland zukommen, müssten wir heute schon entsprechende Vorsichtsmaßnahmen treffen. Das Fachwort dafür heißt Anpassung. Welche Anpassungen würden Sie denn für Deutschland vorschlagen?

JACOB: Man kann das nicht pauschal für ganz Deutschland sagen. Anpassungsmaßnahmen hängen immer von den lokalen Bedingungen ab. Genau deswegen entwickeln wir unsere Produkte am Climate Service Center Germany gemeinsam mit den Kunden. Nur dann finden wir die Maßnahmen, die für die jeweiligen Bedingungen optimal sind. Deswegen müssen wir wissen, wo der Standort des Kunden ist, was er dort genau wie lange machen will. Eine Maßnahme, die an einer Ecke funktioniert, mag an der anderen nicht funktionieren. Deichbau ist eine Anpassungsmaßnahme, aber in Süddeutschland brauchen Sie keinen Deich.

Das ist übrigens ganz anders als im Klimaschutz. Da sagt man, wir müssen deutschlandweit Energie einsparen, um Emissionen zu verringern. Da ist es egal, ob wir sie im Süden oder im Norden einsparen, Hauptsache wir sparen sie ein. Das ist bei der Anpassung anders.

Man kann natürlich ein paar Dinge überall machen, immer lokal und kleinräumig, etwa gegen Starkregenereignisse in Städten. Das heißt, Sie müssen dafür sorgen, dass das Wasser, das in kurzer Zeit in großen Mengen auf den Boden fällt, schnell versickert, sicher abfließen kann und nicht Keller und Läden überflutet. Maßnahmen wären dann, Regenrückhaltebecken zu bauen oder wasserdurchlässigen Beton zu benutzen. Sinnvoll wäre es auch, wenn Sie das Neubaugebiet nicht im Hochwasser-Überflutungsgebiet ausweisen würden. Das passiert allerdings nicht überall.

» *Anpassungsmaßnahmen hängen immer von den lokalen Bedingungen ab.*

Sinnvoll ist es auch, die Hitze in den Städten zu reduzieren. Dazu wären Maßnahmen geeignet, die mehr Grün- und Wasserflächen in die Stadt bringen oder Raum für Luftaustausch schaffen. Sie würden zum Beispiel eng gebaute Straßenfluchten verringern und mehr Baulücken lassen, damit es eine Luftdurchmischung gibt und kühle Luft aus dem Umland in die Stadt hineinfließen und die heiße verbrauchte Luft verdrängen kann.

> *Nicht jede Anpassungsmaßnahme ist auch eine gute Klimaschutzmaßnahme und umgekehrt.*

Aus Klimaschutz und energetischen Gründen würden Sie allerdings diese Baulücke zubauen. Denn Häuser, die dicht und gepackt stehen, bilden energetisch eine Einheit. Einzeln stehende Häuser verlieren dagegen mehr Energie. Daran sehen Sie, dass es hier einen großen Konflikt zwischen Klimaanpassung und Klimaschutz gibt. Nicht jede Anpassungsmaßnahme ist auch eine gute Klimaschutzmaßnahme und umgekehrt. Das muss man eben aushandeln.

Interessant finde ich, dass im IPCC-1,5-Bericht steht, Anpassungsmaßnahmen sollten nicht nur auf rein technischen Lösungen beruhen, sondern auch lokales Wissen und Traditionen berücksichtigen. Warum brauchen wir beides?

JACOB: Ich glaube bei der Anpassung an den Klimawandel und der Bewältigung von extremen Wetterereignissen haben wir zwei Dinge noch nicht genügend zusammengebracht: die Erfahrung aus der Vergangenheit mit dem Wissen über die Zukunft. Das ist auch einer der Punkte, die die neuen Herausforderungen an die Politik ausmachen. Wenn Sie jetzt Bürgermeister, Stadtrat oder sonst ein Politiker in der Stadt sind, dann haben Sie Ihr Amt bisher immer mit Ihren Erfahrungen aus der Vergangenheit und dem Wissen über die momentane Lage bewältigt. Das können Sie jetzt so nicht mehr machen. Denn jetzt gibt es den 1,5-Grad-Bericht und der sagt Ihnen ganz klar, was in den nächsten Jahren auf Sie zukommen kann. Er sagt Ihnen was kommt, wenn es auf 1,5-Grad-Erwärmung hinausläuft, oder was kommt, wenn es alternativ auf 2-Grad-Erwärmung hinausläuft, oder was kommt, wenn es noch mehr Grad werden. Das heißt, Sie müssen jetzt das neue Wissen über die Zukunft mit dazu

> *Das ist eine ganz neue Herausforderung für Politiker und das haben noch nicht alle begriffen.*

nehmen. Das ist eine ganz neue Herausforderung für Politiker und das haben noch nicht alle begriffen. Manche kapitulieren und sagen, das machen wir nicht und das können wir nicht. Andere sehen es als Chance, beides zu verbinden.

Sie sagen also, manche Erkenntnisse über die Klimaänderung und deren regionale Folgen sind in der lokalen Politik noch gar nicht angekommen. Das führt dann aber dazu, dass es versäumt wird, heute schon sinnvolle Anpassungsmaßnahmen umzusetzen. Es sieht so aus, als versäumten wir es allgemein, beim Thema Klimawandel frühzeitig umzusteuern. Das Stichwort hier ist: Transformation. Also der Wandel, der Umbau unserer Wirtschaft zu einer, die immer weniger auf fossile Energien angewiesen ist und die immer mehr emissionsarme Technologien einsetzt. Aber auch der Wandel unserer Lebensstile, unserer Konsum- und Freizeitmuster sind Teil der Transformation. Mir scheint, dass dieser Wandel nur sehr langsam in Gang kommt. Was fehlt noch?

JACOB: Mut. Mut und Enthusiasmus ist, glaube ich, das Wesentliche, was in Deutschland fehlt. Woanders fehlt es auch an Geld und Leitung. Aber hier bei uns fehlt es an Mut, die vielen guten Ideen, die es gibt, um die Gesellschaft umzubauen, auch wirklich zu nutzen, und zu akzeptieren, dass man unter Umständen dabei auch mal einen Fehler macht.

» *Wir haben jetzt die Chance, eine neue CO_2-arme Ära mitzugestalten.*

Die Gesellschaft hat sich auch zu einer entwickelt, wo es sehr stark um das Individuelle geht. Wo jeder auf die eigene Selbstdarstellung oder die Verwirklichung seiner Lebensvorstellung schaut. Ich will meinen Spaß und ich will dieses und ich will jenes. Dabei geht die Verantwortung für die Mitmenschen und die Umwelt weitgehend verloren. Hinzukommt, dass, wenn man einen Fehler macht, man so attackiert wird, dass man nie wieder einen Fehler machen möchte.

Dabei sind wir in Deutschland in einer guten Situation. Wir haben ein sehr gut aufgestelltes demokratisches System und wir haben drei Kohleregionen, die wir hervorragend umbauen könnten. Wenn wir mit Enthusiasmus neue CO_2-arme, innovative Arbeitsplätze schaffen würden, dann könnten wir diese Regionen auch als Pilotregionen weltweit nach vorne bringen.

Wir sollten den Klimawandel daher nicht nur als Bedrohung sehen, sondern auch als Chance. Wir haben jetzt die Chance, eine neue CO_2-arme Ära mitzugestalten. Sie muss sich sowieso durchsetzen, ob wir wollen oder nicht. Denn sonst sterben wir aus.

Also statt nur die Scherben später aufzusammeln, lieber vorher schauen, wie wir den Sturm gut überstehen: agieren statt reagieren. Eine kurze Nachfrage: Sie sagten, man wird attackiert, wenn man Fehler macht. Wer wird von wem attackiert?

JACOB: Jeder wird attackiert, wenn er Fehler macht. Das ist doch vollkommen aus dem Ruder gelaufen. Wenn Sie als Politiker einen Fehler machen, dann gucken Sie mal in die Sozialen Medien, was da an Schimpf und Schande auf Sie niederprasselt. Auch wenn Sie im Privaten einen Fehler machen, ist es ganz ähnlich. Fehlertoleranz und ein gutes Miteinander sind verloren gegangen und Häme und Schadenfreude stehen ganz hoch im Kurs. Das finde ich ganz armselig.

Da kommt mir die Corona-Pandemie in den Sinn. Wenn etwas nicht gut lief, wollte keiner sagen, er habe Fehler gemacht. Aber schnell wurden die Schuldigen gefunden. Apropos: Es gab von einigen Klimawissenschaftlern des Potsdam-Institut für Klimafolgenforschung einen Vorschlag für einen Klima-Corona-Vertrag. Der lautete etwa so: Die Jüngeren sollten sich an die Hygieneregeln halten, obwohl sie nicht so gefährdet sind, aber um die Älteren in der Corona-Zeit zu schützen. Und umgekehrt: Die Älteren sollten Klimaschutzmaßnahmen mehr unterstützen, obwohl sie von den Folgen weniger betroffen sind, aber um den Jüngeren eine gute Zukunft zu ermöglichen. Was halten Sie von diesem Vorschlag?

JACOB: Ich denke, wir sind auch ohne Corona in der Position, dass wir vernünftige Entscheidungen für unsere Jugend treffen müssen. Es ist einfach unsere Pflicht, generationsübergreifend zu denken und nicht so egoistisch zu denken, wie es einige in unserem Alter tun.

Ich verstehe auch nicht, was da passiert ist in den letzten 30, 40 Jahren. Ich denke, dass wir als ältere Generation und als Eltern immer die Pflicht haben, das Risiko für unsere Kinder zu verkleinern und nicht zu vergrößern. Wenn ich mir jetzt die Diskussionen zum Klimaschutz angucke, bekomme ich den Eindruck, dass nur Vorrang hat, dass es mir jetzt gut geht. So verlagere ich das Risiko in die Zukunft und riskiere, dass es meinen Kindern in Zukunft schlechter geht. Das ist doch widersinnig.

» *Ich denke, dass wir als ältere Generation und als Eltern immer die Pflicht haben, das Risiko für unsere Kinder zu verkleinern und nicht zu vergrößern.*

Ich verstehe gar nicht, wie das so umkippen konnte. Ich bin keine Soziologin, aber es würde mich sehr interessieren, wie das passiert ist. Ich verstehe nicht, jetzt rein praktisch (lacht), wie das sein kann, dass man lieber heute gut leben will, sich nicht einschränkt und sagt, ob es meinen Kindern in 30 Jahren schlechter geht, interessiert mich nicht.

Was würden Sie sich als Klimawissenschaftlerin wünschen, wo Deutschland in den Jahren 2030 oder 2050 stehen sollte?

JACOB: Deutschland muss bis 2050 spätestens klimaneutral sein. Ich glaube, das geht schneller. Ich würde mir wünschen, dass Deutschland eine Vorreiterrolle in der Transformation von Regionen spielen würde, um in einen, wir nennen das, 1,5-Grad-Lebensstil zu gehen, also in ein nachhaltiges, klimaangepasstes und trotzdem sicheres und gerechtes Leben. Ich denke, dass Deutschland gute Chancen hat, das voranzutreiben und würde mir wünschen, dass wir das bis 2030 auch in mindestens drei bis vier Regionen in Deutschland geschafft haben.

Manche verweisen gern darauf, dass Deutschland doch nur zwei Prozent der weltweiten Emissionen verursacht und daher die anderen Länder, wie etwa China oder die USA, und nicht wir vorangehen sollten. Was sagen Sie dazu?

JACOB: Wir sind das Land der Dichter und Denker (lacht). Wir haben keine Rohstoffe, aber wir haben unser mentales Kapital. Da kann man doch nicht sagen, wir warten erst mal ab, bis der andere ins Wasser gesprungen ist und gucken dann, ob wir hinterher springen. Das ist nichts, was uns nach vorne bringt.

Deutschland braucht sich auch nicht mehr mit China und den USA vergleichen. Das ist gar kein Maßstab, finde ich. Hier bei uns sitzt viel mehr Vernunft als in manchen anderen Systemen im Moment. Das sind genügend Gründe. Wer soll es denn sonst machen?

TEIL III

Klimaschutz international und national

KAPITEL 4
Vorhang auf für Weltpolitik

»Aus allen neuen wissenschaftlichen Erkenntnissen sollte eine politische Erkenntnis folgen: Wenn wir noch eine Chance haben wollen, unser Klimasystem zu stabilisieren, um unserer eigenen Sicherheit willen, dann ist die letzte Chance Treibhausgase zu reduzieren jetzt.«

Johan Rockström,
Ko-Direktor des Potsdam-Instituts für Klimafolgenforschung[120]

Menschen lieben Geschichten. Für den israelischen Historiker Yuval Harari ist es die einflussreichste Erfindung der Menschheit überhaupt: sich Geschichten zu erzählen.[121] Geschichten schweißen Gruppen zusammen. Geschichten giften gegen andere. Geschichten sind das Wurzelwerk für unsere Kultur. An ihnen ranken wir uns hoch. Geschichten formen Gruppen und Gegengruppen. Harari nennt als Beispiel die Religionen. Sie brächten Menschen dazu sowohl »Kathedralen zu errichten als auch Kreuzzüge zu führen«.[122]

Wenn das so ist, könnten wir uns nicht Geschichten erzählen von einer gemeinsamen guten Zukunft und von einer Gegenwart, in der wir gemeinsam um diese Zukunft kämpfen, eine Gegenwart im Zeichen weltweiten Klimaschutzes? Gibt es schon solche Geschichten? Woran könnten wir anknüpfen?

Der Klimagipfel der Führer

Eine Nation, die geübt und talentiert darin ist, Geschichten zu erfinden, sind die USA. Die zauberhafte Welt von Disneyland, die Glamourwelt von Hollywood und auch die Sprachgewalt in der amerikanischen Politik sind Zeichen dafür. Zuletzt bewies der neue US-Präsident Joe Biden dieses Talent, als er vom 22. bis zum

23. April 2021 zum Klimagipfel der Führer (*Leaders Climate Summit*) einlud. Dieses politische Ereignis hat mehrere Facetten aufgezeigt, die auch in Zukunft für den Kampf gegen den Klimawandel wichtig sein könnten. Der Gipfel transportierte mehrere Botschaften in die Welt. Zusammen ergeben sie eine neue Geschichte. Die Geschichte, dass Klimaschutz, wenn er nur richtig gemacht wird, Wohlstand für alle bringt. Wir schauen uns die Elemente des Biden Gipfels einmal genauer an, die in Zukunft Bausteine für positive Geschichten zum Klimaschutz sein könnten.

40 Staats- und Regierungschefs waren eingeladen, darunter die Staaten, die zu den größten Verursachern von Treibhausgasen weltweit gehören. Es waren auch einige eingeladen, die schon jetzt stark unter den Klimafolgen leiden.

»Klimagipfel der Führer« – das heißt: Hier treffen sich die, die künftig beim Klimawandel führend sein werden. Zumindest könnte man es so deuten. Der Titel ist somit gleich ein Ansporn und eine *Take-Home-Message* für alle, die dort teilnehmen. Hier treffen wir uns, um zu führen. Die Welt führen wir künftig nur, wenn wir auch im Klimaschutz vorangehen. Wenn man sich den nüchternen Namen der Weltklimakonferenz dagegen anschaut, COP für *conference of the parties*, wird der Unterschied deutlich. Letzteres ist eine reine Beschreibung des Mitgliederkreises, Konferenz der Teilnehmenden (an der UNFCCC). Das löst keine Weltverbesserungsträume aus.

Auch der Beginn des Gipfels ist kein Zufall, sondern politische Maßarbeit. Der 22. April wird seit 1970 als Tag der Erde international begangen. Das heißt, in vielen Ländern finden Kundgebungen zum Schutz der Erde, zum Umweltschutz und in den letzten Jahren vor allem zum Thema Klimakrise statt. Viele Nicht-Regierungs-Organisationen (NGOs) wie Umweltschutzgruppen, einzelne Vereine sowie politische Gruppierungen und Parteien positionieren sich an diesem Tag. In diese Nachrichtenlage platzierte der US-Präsident seinen Klimagipfel.

Der Gipfel lebte von den Bildern, die davon um die Welt gingen: im Fernsehen und im Radio, in Printmedien und im Netz. In Direktschalten aus allen Teilen des Globus waren die mächtigen Gäste zugeschaltet und äußerten sich zu ihren nationalen Klimazielen –

per Live-Stream auf der ganzen Welt zu verfolgen. Die Gesichter der Politikerinnen und Politiker erschienen auf bunten kleinen Bildschirmen zusammengesetzt zu einem leuchtenden Mosaik.

War es dabei Zufall, dass die großen Leinwände, zwischen denen sich Präsident Biden während der Konferenz bewegte, im gleichen Farbton leuchteten wie die Farbe der Flagge der Vereinten Nationen? Zufall, dass das Logo des Gipfels auch in Form und Schriftfarbe große Ähnlichkeit zum Logo der Vereinten Nationen aufwies? Angenommen es war kein Zufall. Dann lautete die Bilderbotschaft: Biden führt, und zwar im Kreise der Vereinten Nationen. Das ist eine gute Erzählung für den Klimaschutz: Die Länder arbeiten unter einem Dach – wie bei der UN – zusammen. Alle nehmen sich des Themas an. Da kommt es im ersten Moment noch gar nicht so sehr auf die einzelnen Reduktionszusagen an. Hier sprechen erst einmal die Bilder, die zeigen, dass gemeinsam über den Klimawandel gesprochen wird. Das ist ein weiteres Element, um Klimaschutz beliebt zu machen: Die Führenden der Welt oder andere bekannte und einflussreiche Persönlichkeiten nehmen sich des Themas an. Dann muss es also doch wichtig und richtig sein!

Auch mit Worten können die Amerikaner verführen. Biden, der durchs Programm führte, benutzte beliebte Begriffe wie »Wettbewerb«, »Weltspitze« und »Jobs, Jobs, Jobs«. Klimaschutz verwandelte sich in seiner Rede vom Jobkiller zum Jobbringer. Der US-Präsident versprach Millionen neuer Jobs für die Amerikaner, wenn die Wirtschaft jetzt umschalten würde. Wenn sie nicht umschaltete, dann würde die US-Wirtschaft das Rennen um die Zukunft verlieren. »Lasst uns das Rennen rennen«, rief Biden in die Kameras. *»So let's run that race. Win more. Win more sustainable future than we have now.«*[123] »Gewinnen wir mehr. Gewinnen wir mehr nachhaltige Zukunft als wir heute haben.«

Ein weiteres Element, das wir in unsere Erzählungen zum Klimaschutz einbauen müssen, ist die Botschaft, dass es Sieger und Verlierer gibt. Es gibt beim Klimaschutz gleichermaßen viel zu gewinnen und zu verlieren, was Wissenschaft und Wirklichkeit uns heute schon vor Augen führen. Dabei werden einige Menschen, Regionen oder Länder schneller und klüger handeln und sich anpassen als andere und deswegen zu den Gewinnern zählen. Es ist wichtig die Alternativen aufzuzeigen. Denn es liegt in unserer Natur, gewinnen zu wollen. Menschen wollen sich gerne mit anderen messen. Also lasst uns um die besten Lösungen gegen die Klimakrise miteinander wettstreiten! Ein Motto für Deutschland könnte sein: Lasst uns die besten Wasserstoff-Lkw und Elektro-Pkw der Welt bauen! Oder ein Thema für Afrika wäre: Wir werden fortan die Welt mit Solarstorm versorgen! Die Regierungen und ihre Bürgerinnen und Bürger brauchen diese Geschichten, um mit Klimaschutz eine positive Zukunft und einen Ansporn zu verbinden.

Ein ganz wesentliches Element für erfolgreichen Klimaschutz ist, dass er auf harten Fakten aufbaut. Wissenschaftliche Erkenntnisse sind die Grundlage, auf der alternative Wege für die Gesellschaft ausgelotet werden müssen. Darauf wies Joe Biden auf dem Klimagipfel hin. Etwas was sein Vorgänger Donald Trump anders gehandhabt hatte. Wenn Wissenschaft nicht das sagte, was er wollte, dann lag diese Trumps Ansicht nach falsch. Biden hingegen zitierte die Klimawissenschaftler. Laut ihnen, so Biden, sei diese Dekade die entscheidende, um die schlimmsten Folgen des Klimawandels noch zu verhindern. Es sei daher eine moralische und ökonomische Notwendigkeit, jetzt die Wirtschaft auf den richtigen Weg zu bringen und den Temperaturanstieg auf 1,5 Grad zu begrenzen. Biden rief ausdrücklich alle Nationen dazu auf, gemeinsam dieses Ziel zu verfolgen. Denn es sei klar, dass kein Land das allein schaffen könnte. Ein Aufruf zur gemeinsamen Aktion an die Welt, auch das hat es unter dem Vorgänger Trump nicht gegeben. Dieser argumentierte immer nur aus der Sicht eines einzigen Landes: des eigenen. Daher macht das Himmelbau der Flagge der Vereinten Nationen auf dem Logo des Klimagipfels von Biden doppelt Sinn: Die USA sind zurück in der Gruppe der Vereinten Nationen und verlassen sich auf die Berichte des Weltklimarats – einer Einrichtung der UN. Nur so geht es: ein glaubwürdiger Führer, der Wissenschaft ernst nimmt und zur weltweiten Zusammenarbeit aufruft.

Die Staats- und Regierungschefs nutzen natürlich die Bühne der Weltpolitik auch für ihre eigenen Zwecke. Auch sie möchten nicht mit leeren Händen an- oder abreisen. Das wäre eine Blamage für sie und auch das eigene Land. Man will teilnehmen und gehört werden, wenn die Elite sich trifft und Klimazusagen macht. Internationale Konferenzen können daher eine eigene Dynamik entwickeln und in diesem Fall zu besseren internationalen Klimaschutzanstrengungen beitragen. Das war die Chance beim Biden-Gipfel.

An-, Aus- und Zusagen

Biden hatte angekündigt, dass sein Land bis 2030 im Vergleich zu 2005 um 50 Prozent seine Emissionen senken werde. Langfristig wollen die USA im Jahr 2050 netto null Emissionen erreichen[124] (siehe Infobox *Netto null, netto negative und negative Emissionen*). Außerdem hatte der US-Präsident vor wenigen Wochen Billionen schwere Investitionsprogramme angekündigt, die ehrgeizige Klimaschutzmaßnahmen beinhalten. Welches Land ging diesen Weg mit oder sogar noch weiter mit eigenen An- und Zusagen?

Netto null, netto negative und negative Emissionen

Netto null Emissionen an Treibhausgasen sind gleichbedeutend mit *Treibhausgasneutralität.*
Beispiel: Würden die USA im Jahr 2050 noch 50 Millionen Tonnen Treibhausgase ausstoßen, müssten sie im gleichen Jahr 50 Millionen Tonnen Treibhausgase wieder einfangen. Dann wären die Emissionen der USA in dem Jahr bei *netto null*. Im Ergebnis wäre dann kein Mehr an Emissionen in der Luft im Vergleich zu vorher.

Netto negative Emissionen sind Emissionen, die ins Minus rutschen.
Beispiel: Die USA emittieren 20 Millionen Tonnen im Jahr 2060 und entnehmen im gleichen Zeitraum der Atmosphäre 30 Millionen Tonnen Treibhausgase. Sie hätten am Ende ein Minus von 10 Millionen Tonnen oder 10 Millionen Tonnen netto negative Emissionen. In der Summe sind dann weniger Treibhausgase in der Luft als vorher. Die Konzentration der Treibhausgase hat abgenommen.

Negative Emissionen sind Emissionen, die keine sind.
Statt in die Luft zu emittieren, wird aus der Luft entnommen. Es wird in naher Zukunft immer Restemissionen von Treibhausgasen geben. Deswegen brauchen wir negative Emissionen, um auf netto null zu kommen.

Netto zeigt das Ergebnis, was bei der Aufrechnung aller Emissionen (positive) und Entnahmen (negative Emissionen) am Ende, etwa eines Jahreszeitraums, übrig bleibt. Im Moment haben wir weltweit netto Treibhausgasemissionen von rund 60 Gigatonnen CO_2e pro Jahr.

Wichtig ist:
a) Nur durch *netto null* Emissionen *bleibt* die Konzentration der Treibhausgase in der Luft gleich. Nur so kann man einen weiteren Anstieg der Temperatur stoppen und danach auf einem gleichbleibenden Wert halten.
b) Nur mit *netto negativen* Emissionen kann die Konzentration der Treibhausgase in der Luft *wieder sinken*. Nur so kann man nach einem Überschießen über 1,5 Grad oder 2 Grad hinaus, die Temperatur wieder langfristig zurückbringen.

Was haben nun die anderen Staaten beim Biden-Klimagipfel auf den Tisch gelegt? Neben Zahlenspielen über Reduktionsziele bis zu diesem oder jenem Jahr ist vor allem die Argumentation dahinter höchst interessant. Sie zeigt den politischen Standpunkt, wie an den Beispielen von China, Indien und Brasilien gleich deutlich wird. Hier die Reduktionszusagen und Aussagen der wichtigsten Treibhausgasverursacher der Welt.

China ist der mit Abstand größte Treibhausgasemittent. Das liegt auch an dem hohen Anteil von Kohle am chinesischen Strommix (etwa 70 Prozent im Jahr 2020; im Vergleich zu Deutschland etwa 26 Prozent im Jahr 2020).[125] China hatte schon vor einiger Zeit angekündigt, seine Emissionen bis zum Jahr 2060 auf netto null zu bringen. Der Höchststand der Emissionen sollte bis 2030 erreicht sein und danach sinken. Auf dem Gipfel argumentierte der chinesische Staatspräsident Xi Jinping, die Industrieländer des Westens hätten eine historische Verantwortung, ihre Emissionen schneller zu senken als andere, sprich als sein eigenes Land. Denn die Industrieländer hätten schon viel länger hohe Emissionen verursacht und dadurch erst ihre wirtschaftliche Entwicklung vorantreiben können.

Die Logik stimmt. Denn Kohle wird seit rund 1750 gefördert, Öl und Gas seit rund 1850. Damals war China noch kein Wachstumsland wie heute. Damals waren es vor allem Europa, die USA und Japan, die viele Tonnen Treibhausgase, vor allem Kohlendioxid, in die Luft brachten. Das heißt, sie taten es früher als alle anderen Länder. Seit Mitte des letzten Jahrhunderts holen viele Entwicklungsländer kräftig auf. Außerdem forderte Xi mehr finanzielle Hilfen für die Entwicklungsländer im Kampf gegen den Klimawandel. Das wäre auch gut für ihn, da sein Land noch zu den Entwicklungsländern gerechnet wird.

Nach den Zahlen der US-Denkfabrik Rhodium Group (siehe *Abbildung 6: Treibhausgasemissionen weltweit*) war China im Jahr 2019 für fast ein Drittel der globalen Emissionen (27 Prozent) verantwortlich, gefolgt von den USA und Indien. Die Europäische Union, hier EU-27, mit Deutschland liegt auf Platz 4. Deutschland allein gerechnet hat nach der gleichen Quelle einen Anteil von 1,3 Prozent im Jahr 2019 (nicht als Balken gezeigt, käme aber in der Abbildung nach dem von Japan). Auch Indonesien und Brasilien gehören zu den größten Klimasündern, was vor allem an der Vernichtung und dem Abbrennen von Wäldern liegt.

Abbildung 6: Treibhausgasemissionen weltweit

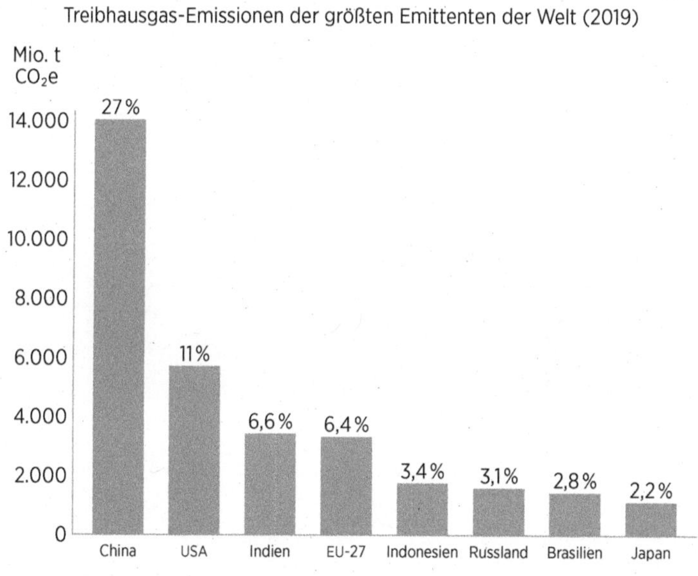

China verursachte im Jahr 2019 netto Treibhausgasausstöße von insgesamt 14.000 Mio. Tonnen CO_2-Äquivalente (hier alle Treibhausgase, daher CO_2e; anders in Abb. 7). Alle Angaben sind netto Emissionen, das heißt, die Emissionen und die Entnahmen in Form von Landnutzungen wie Wälder sind miteinander verrechnet. Anteile in Prozent der weltweiten Gesamtemissionen. Quelle: Rhodium Group.[126]

Indien ist nach China und den USA das Land mit dem dritthöchsten jährlichen Treibhausgasausstoß. Es hat keine konkreten Reduktionsziele auf dem Biden-Gipfel benannt. Seinen Beitrag sieht das zweitbevölkerungsreichste Land nach China darin, dass es seinen Anteil an erneuerbaren Energien bis 2030 massiv ausbauen möchte. Außerdem stellte der indische Premierminister Narendra Modi heraus, dass sein Land einen viel geringeren Pro-Kopf-Ausstoß habe als die anderen Länder mit hohen Emissionen wie etwa die USA und China. Das stimmt und schwächt die Position der Industrieländer und auch die des wirtschaftsstarken Entwicklungslands China, das bei etwa der gleichen Einwohnerzahl wie Indien einen dreimal höheren Pro-Kopf-CO_2-Ausstoß hat (siehe *Abbildung 7: Pro-Kopf-CO_2-Emissionen*).

Abbildung 7: Pro-Kopf-CO_2-Emissionen

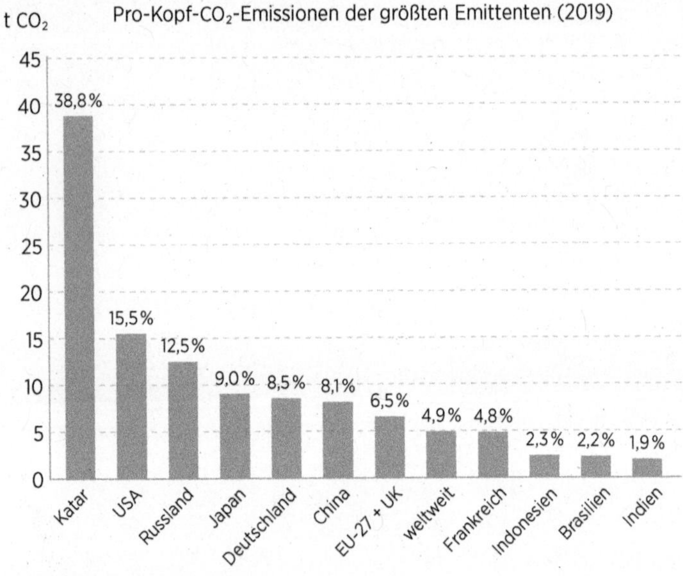

Katar als Beispiel für ein Erdölexportland hat einen sehr hohen CO_2-Pro-Kopf-Ausstoß. Aber auch die USA, was hier vor allem am Konsum liegt. Der US-Wert ist fast doppelt so groß wie der Chinas. Deutschland liegt deutlich über dem weltweiten und auch über dem EU-Durchschnitt mit 8,5 Tonnen CO_2 pro Kopf und Jahr (hier nur CO_2-Ausstöße, daher CO_2 als Einheit, anders in Abb. 6). Quelle: EDGAR.[127]

Die Argumentationen von China und von Indien berühren sehr wesentliche Streitpunkte auf internationaler Bühne im Zusammenhang mit Klimaschutz. Einmal geht es um die historische und einmal um die heutige Verantwortung für die Emissionen. Aber auch die heutige Verantwortung kann man unterschiedlich lesen, einmal eher auf den Gesamtausstoß eines Landes bezogen und einmal eher auf dessen Pro-Kopf-Ausstoß.

Berücksichtigt man diese verschiedenen Perspektiven, dann kommt man unweigerlich zu einer weiter aufgefächerten Betrachtung. Dann kann nicht das alleinige Argument sein: »Aber China stößt doch viel mehr aus!« Ein sehr beliebtes Argument auch in Deutschland. Dann muss man sehen, wer in der Vergangenheit schon sehr viel ausgestoßen hat und wer heute pro Kopf welchen Ausstoß hat. Es ist richtig, dass die heutigen Entwicklungs- und Schwellenländer noch wirtschaftlich aufholen müssen. Die Industrieländer haben das in der Vergangenheit schon getan, und haben dabei historisch schon viel emittiert. Auch ist der Lebensstandard auf der Welt so unterschiedlich, dass der Energie -und Ressourcenverbrauch pro Kopf, also pro Einwohner, in den Ländern sehr stark voneinander abweicht. Nun kommt noch ein Gedanke dazu. Gemäß des sogenannten *Budget-Ansatzes* hat jeder Mensch das gleiche Recht, CO_2 zu emittieren. Dieser Ansatz wurde vom deutschen Wissenschaftlichen Beirat der Bundesregierung für Globale Umweltveränderungen (WBGU) erarbeitet und ist wegweisend für die internationale Klimapolitik geworden. Dieses gleiche Recht wird heute aber ganz unterschiedlich in Anspruch genommen (siehe dazu *Abbildung 7: Pro-Kopf-CO_2-Emissionen*). Denn ein Deutscher nimmt dieses Recht viermal mehr in Anspruch als ein Inder. Genauer gesagt: Der Deutsche stößt im Jahr fast 9 Tonnen CO_2 durch seinen Lebens- und Konsumstil aus, ein Inder aber mit knapp 2 Tonnen nur ein Viertel dessen. Die Diskussion ist also nicht so schwarz-weiß, wie wir gerne glauben. Wir müssen nur unseren Standort verändern, zum Beispiel von Deutschland oder Europa nach China oder Indien ziehen und dort leben. Schon haben wir eine ganz andere Perspektive auf die Verantwortung für die Emissionen! Diese sehr abgestufte Betrachtung ist unbedingt notwendig, um den Ländern der Welt und damit den Menschen der Welt gerecht zu werden. Das ist der Vorteil der Vereinten Nationen. Diese Organisation vertritt alle Länder. Genau deswegen steht in den ersten Sätzen des Pariser Übereinkommens, welches auch ein UN-Vertrag ist: »Dieses Übereinkommen wird als Ausdruck der Gerechtigkeit und des Grundsatzes der gemeinsamen, aber unterschiedlichen Verantwortlichkeiten und jeweiligen Fähigkeiten angesichts der unterschiedlichen nationalen Gegebenheiten durchgeführt.«[128] Das ist ein Schlüsselsatz für das Übereinkommen von Paris und ein Schüsselsatz für erfolgreichen Klimaschutz: Jedes Land strengt sich an für das gemeinsame Ziel der Begrenzung der Erderwärmung, aber so wie es kann. Jedem Land wird das gleiche Recht auf wirtschaftliche Entwicklung zugestanden, noch einfacher gesagt, jedem Menschen das gleiche Recht auf ein gutes Leben. Schließlich bekommt jedes Land von den anderen die Unterstützung, die es braucht. Vor allem dieser Satzteil »gemeinsame, aber unterschiedliche Verantwortlichkeit« ist entscheidend. Nur so, nur in diesem Geiste, funktioniert Klimaschutz. Eine (Welt) für alle – alle für eine (Welt).

Die Europäische Union hatte bereits im Dezember 2020 entschieden, ihr Reduktionsziel für das Jahr 2030 von 40 auf 55 Prozent im Vergleich zu 1990 zu verschärfen. Um nicht mit leeren Händen auf dem Biden-Gipfel zu erscheinen, verkündete die EU, dass das erste europäische Klimagesetz nun verabschiedet wird, nachdem sich die Mitgliedsstaaten und das EU-Parlament zuvor darauf geeinigt hatten.

Der russische Staatspräsident Wladimir Putin machte wie Indien keine konkreten Zusagen zu Einsparungen. Er erklärte, dass Russland aufrichtig daran interessiert sei, die internationale Zusammenarbeit zu verstärken, um weiter nach wirksamen Lösungen beim Klimawandel aber auch bei anderen dringenden Herausforderungen zu suchen. Interessanterweise hatte er sich einen Tag vorher in den nationalen Medien konkreter geäußert. Dort sagte er, Russland wolle den Ausstoß der Treibhausgase in den kommenden 30 Jahren unter den Ausstoß der EU senken.

Bleibt noch zu erwähnen, wie sich Brasilien auf dem Gipfel verkaufte. Der brasilianische Präsident Jair Bolsonaro ist dafür bekannt, dass er die Abholzung der Regenwälder in seinem Land fördert und nicht begrenzt oder gar beendet. Der hohe Treibhausgasausstoß Brasiliens ist zu großen Teilen genau auf dieses Verbrennen der Regenwälder zurückzuführen. Bolsonaro versprach, dafür zu sorgen, dass die illegale Abholzung in Brasilien bis 2030 beendet werde und die Emissionen in den nächsten zehn Jahren um 50 Prozent sinken. Wie ein Kommentator treffend bemerkte, sei ein Ende der illegalen Abholzung kein Ende der Abholzung, sondern nur ein Ende des Gesetzesbruchs.[129] Dass ein Präsident hervorhebt dafür zu sorgen, dass das Gesetz befolgt werde, ist eine Nebelkerze und entlarvt seine Geisteshaltung. Seine Zusage bis 2050 kohlendioxidneutral zu sein, muss man auch in diesem Lichte betrachten.

Was bleibt denn nun von diesem Gipfel im Frühjahr 2021, am Anfang des entscheidenden Jahrzehnts im Kampf um die Eindämmung der Erderhitzung? Nur heiße Luft im wahrsten Sinne des Wortes? Oder war er der Startschuss für den Endspurt zum 1,5-Grad-Ziel? Mit der neuen US-Führung kann es entscheidende Fortschritte beim internationalen Klimaschutz geben. Es kommt auf viele kleine Dinge an, wie es Sarah Mielke im Interview sagt, die dann zum großen Ganzen führen. Aber die Rolle der Vereinten Nationen als Antreiber und eine Art Ombudsmann für alle ist immens wichtig.

»Mutter Erde wartet nicht«

Die Vereinten Nationen schafften 1992 mit der Klimarahmenkonvention (UNFCCC) tatsächlich das, was der Name sagt: einen internationalen Vertrag, der den Rahmen für alle weiteren Abkommen zum Klimaschutz bildete. Nicht zuletzt konnten durch diesen Rahmenvertrag international gültige Verfahrensregeln und Berichtspflichten für die Treibhausgasausstöße aller Länder festgelegt werden. Das Kyoto-Protokoll und das Pariser Übereinkommen sind weitergehende Verträge zu diesem Rahmenvertrag. Das heißt, alles geschieht im Namen der Vereinten Nationen. Das ist ganz entscheidend, weil dadurch die Klimaschutzverträge von allen Ländern der UN anerkannt werden und auf der erforderlichen breiten politischen Basis stehen.

Der amtierende UN-Generalsekretär António Guterres ist außerdem ein sehr engagierter Kämpfer für den weltweiten Klimaschutz.

So lädt er regelmäßig zu Klimarunden in das Hauptquartier der Vereinten Nationen ein, die häufig konkrete Vorgaben und Vorlagen für die nächsten Klimakonferenzen liefern. Er bringt erfolgreich Unternehmen und lokale Akteure, wie regionale Verwaltungen und Städte zusammen, die sich verpflichten, bis zu einem bestimmten Zeitpunkt ihre Emissionen zu senken. Beispiel ist die Kampagne *Race to Zero*. Sie hat nach eigenen Angaben schon Akteure zusammengebracht, die durch ihre wirtschaftlichen Tätigkeiten fast 25 Prozent der globalen CO_2-Emissionen ausmachen.[130] Gerade solche Initiativen können einzelne Wellen schlagen, die nachher zu einer positiven Woge für den Klimaschutz zusammenlaufen. Guterres scheut auch nicht vor provokativen Gesten zurück, wie etwa im Dezember 2020, als er die Staaten dazu aufforderte, den Klimanotstand zu erklären.

Entsprechend scharf und kompromisslos wandte sich Guterres zu Beginn des Biden-Klimagipfels an die Staats- und Regierungschefs. Seine ersten Worte waren: »Mutter Erde wartet nicht.«[131] Er wurde auch konkreter: »Die gefährlichen Treibhausgase haben einen Wert erreicht, der so in den letzten drei Millionen Jahren noch nie dagewesen ist.«[132] Die weltweite Durchschnittstemperatur sei mit einem Anstieg um jetzt 1,2 Grad nahe dran, den Schwellenwert zu reißen, der Katastrophen verhindern soll. »Wir brauchen einen grünen Planeten, aber die Welt ist auf rote Alarmstufe gesetzt.«[133] Die Länder, und unter ihnen vor allem die größten Emittenten, müssten neue und ehrgeizigere Klimaziele vorlegen. Nicht nur das, sie müssten diese auch umsetzen mit konkreten Maßnahmen, die sich alle am Ziel messen müssten, bis zum Jahr 2050 auf netto null Emissionen zu kommen. Schließlich ermahnte er die reichen Länder an ihre Verpflichtung zur staatlichen Klimafinanzierung, einschließlich der lange zugesagten 100 Milliarden US-Dollar für Klimaschutzmaßnahmen in den Entwicklungsländern. Tatsächlich stammt diese Zusage aus dem Jahr 2010. In den Jahren 2020 bis vorerst 2025 sollten jedes Jahr 100 Milliarden US-Dollar aus öffentlichen und privaten Quellen an die Entwicklungsländer gezahlt werden. Das steht noch aus. Guterres unterstreicht in seiner Rede, wie wichtig das Einhalten der versprochenen Gelder ist. »Das ist entscheidend für den Aufbau von Vertrauen und gemeinsame Maßnahmen.«[134]

Gerade Vertrauen ist für den Klimaschutz auf internationaler Bühne wichtig. Wenn die Länder aber glauben, sie werden hintergangen, oder sie sind nur die Dummen, wenn sie ihre nationalen Selbstverpflichtungen einhalten, dann gibt es nicht diesen Ruck zur Reduktion. Wenn sie jedoch erkennen, dass alle oder fast alle mitmachen beim Klimaschutz und wenn sie erleben, wie das zu mehr, wenn auch einer neuen Art von Welthandel führt und die Zusammenarbeit stärkt und Wohlstand fördert, dann will keines der Länder am Rande stehen und den vorbeifahrenden Zug nur von hinten sehen. Dann wollen sie auch aufspringen und von den Innovationen und neuen Strategien nutznießen. Deswegen sind die Initiativen der UN, wie *Race to Zero*, richtig. Sie zeigen, das Rennen ist gestartet und die Wirtschaft und die lokale Bevölkerung profitieren wie das Klima von den Maßnahmen zur Emissionsminderung. Das ist dann eine gute Geschichte zum Weitererzählen. Deswegen sagt Stefan Aykut im Interview, das Pariser Übereinkommen ist vor allem eine Erzählung. Es liegt an uns, diese positiv weiterzuerzählen, denn wir haben alle etwas davon, wenn das Pariser Abkommen hält.

Die wissenschaftliche Untermauerung

Es gibt vieles worüber sich trefflich streiten lässt. Für die Politik gilt das umso mehr. Aber über eines müssen sich die Regierungen nicht mehr streiten: über die wissenschaftlichen Grundlagen des Klimawandels. Denn es gibt einen kontinuierlichen Prozess der Sammlung, Aufbereitung und Bewertung der wissenschaftlichen Erkenntnisse darüber. Das sind die Hauptgutachten oder auch Sachstandsberichte des Weltklimarates: kurz die IPCC-Berichte.

Fast seherisch muss man es nennen, dass die Vereinten Nationen zusammen mit der Weltorganisation für Meteorologie (WMO) schon 1988 eine weitere UN-Institution schufen: den Weltklimarat, *Intergovernmental Panel on Climate Change* (IPCC). Der Vorteil von UN-Institutionen und seinen Gremien ist ganz einfach: Alle Mitgliedsländer der UN sind auch Mitglied in den UN-Institutionen. So kommen die Mitarbeiter des Weltklimarates aus allen Ländern dieser Welt. Sie werden für die Hauptgutachten nach einem bestimmten Schlüssel ausgewählt, sodass alle Nationen und Regionen gleichberechtigt vertreten sind. Diese Hauptgutachten, *Assessment Reports*, erscheinen etwa alle sechs bis sieben Jahre, das nächste 2021/22. Die mehrere hundert Seiten umfassenden Berichte sind für Nicht-Wissenschaftlerinnen schwer zu lesen. Daher gibt es für jeden Bericht eine etwa dreißigseitige Zusammenfassung für politische Entscheidungsträger. Sie stellt die Quintessenz aus den Hauptgutachten dar und ist zudem noch durch einen politischen Abstimmungsprozess hervorgegangen. Diese Zusammenfassung ist daher Grundlage für politische Entscheidungen. In den Jahren zwischen den Sachstandsberichten veröffentlicht der Weltklimarat Zwischengutachten oder Sonderberichte. Einer, der es zu besonderer Berühmtheit gebracht hat, ist der 1,5-Grad-Sonderbericht des IPCC von 2018 (IPCC SR 1,5 °C).

Trotzdem sind die Lücken zwischen den Haupt- und Sonderberichten des IPCC oft lang. Da unzählige Arbeitsgruppen weltweit zum Klimawandel forschen und der Klimawandel jedes Jahr wieder neue Rekorde meist negativer Art hervorbringt, sind jährliche Zustandsberichte zum weltweiten Klima zwingend notwendig. Das übernimmt die WMO mit ihren eigenen jährlichen Berichten. Deswegen veröffentlicht die Weltwetterorganisation jedes Jahr den Bericht zum Zustand des globalen Klimas. Diese Bestandsaufnahmen sind viel weniger detailliert als die IPCC-Berichte und auch für Laien besser verständlich. Im Frühjahr 2021, wenige Tage vor dem Beginn des Klimagipfels, erschien der aktuelle WMO-Bericht »Zustand des weltweiten Klimas 2020«, im Original, *State of the Global Climate 2020*. Auch dieses Erscheinungsdatum war auf den Biden-Gipfel abgestimmt. Denn so hatten die Arbeitsgruppen der Regierungen die Möglichkeit, sich kurz vorher noch auf den gleichen Wissenstand zu bringen. Die Medien konnten den WMO-Bericht zum Anlass nehmen, die Bevölkerung ein, zwei Tage vor dem politischen Treffen mit brandaktuellen Daten auf das Thema aufmerksam zu machen (siehe Infobox *Zustand des weltweiten Klimas 2020*). Klar ist, die Lage der Klimaänderung spitzt sich weiter zu. Der UN-Generalsekretär António Guterres ermahnte angesichts der Daten noch einmal dazu, dass die Länder bis zum Jahr 2050 bei netto null Emissionen sein müssen: »Sie müssen deutlich vor der COP26 im November [2021] in Glasgow neue gesteigerte nationale Klimapläne einreichen, die zusammengenommen die globalen Emissionen um 45 Prozent senken, von 2010 bis 2030.«[135] Damit bezog er sich auch auf eine sehr konkrete Forderung aus dem IPCC SR 1,5 °C von 2018.

Zustand des weltweiten Klimas 2020

Die wichtigsten Aussagen:

- Der Klimawandel hat sich auch im Jahr 2020 weiter verschärft.
- 2020 war eines der drei wärmsten Jahre seit Beginn der Wetteraufzeichnungen weltweit.
- Die extremen Wetterereignisse und die Corona-Pandemie haben der Welt im Jahr 2020 einen Doppelschlag verpasst.

Die globale Temperatur ist auf 1,2 Grad gegenüber dem vorindustriellen Wert angestiegen. Seit den 1980er-Jahren hat sich die Arktis etwa zweimal so schnell erwärmt wie der Rest der Welt. In Sibirien herrschten Rekordtemperaturen von über 30 Grad Celsius, stellenweise sogar von 38 Grad. Die Hitze und Trockenheit in Kalifornien führten zu verheerenden Waldbränden. Das Death Valley bei Las Vegas registrierte die Rekordtemperatur von 54,4 Grad.

Die Konzentrationen der wichtigsten Treibhaugase, Kohlendioxid, CO_2, Methan, CH_4 und Distickstoffoxid, N_2O sind weiter gestiegen, trotz der kurzfristigen Reduktion im Jahr 2020 in Zusammenhang mit den Maßnahmen gegen die Ausbreitung von Covid-19. Der Ozean nimmt circa 23 Prozent der jährlichen vom Menschen verursachten CO_2-Emissionen auf. CO_2 reagiert mit dem Seewasser und führt zur Versauerung. Der Ozean nimmt auch rund 90 Prozent der Wärme aus den menschlichen Aktivitäten auf.

Der Meeresspiegel steigt schneller an als zuvor – wahrscheinlich aufgrund der schnelleren Schmelze der Eisschilde in Grönland und der Antarktis. Das See-Eisminimum war das zweitgeringste seit der Messung in der Arktis. Der Eisverlust durch Kalben (Abbrechen von Gletscherkanten ins Meer) war mit der höchste je gemessene in Grönland (Arktis). Der Eisverlust in der Antarktis bleibt hoch, weil auch die Gletscher in der West-Antarktis und der Antarktischen Halbinsel höhere Fließraten ins Meer haben.

Seit dem ersten WMO-Bericht zum Zustand des weltweiten Klimas im Jahr 1993, ist die Entwicklung stets die gleiche – seit 28 Jahren! Die Temperatur steigt, der Meeresspiegel steigt und es gibt eine Veränderung in den weltweiten Niederschlagsmustern. »Das unterstreicht die Zuverlässigkeit der Klimaforschung basierend auf den physikalischen Gesetzen, die unser Klimasystem steuern«, sagt der Generalsekretär der WMO Petteri Taalas.[136]

Alle Angaben aus dem Bericht der WMO vom April 2021[137]

Gestatten Sie mir zum Abschluss dieses Kapitels einen wissenschaftlichen aber zentralen Satz aus der Zusammenfassung für politische Entscheidungsträger des IPCC SR 1,5 °C: »In modellierten Pfaden ohne oder mit geringer Überschreitung von 1,5 Grad nehmen die globalen anthropogenen Netto-CO_2-Emissionen bis 2030 um etwa 45 Prozent gegenüber dem Niveau von 2010 ab und erreichen um das Jahr 2050 netto null.«[138] Mit anderen Worten: Die Klimaszenarien (»modellierte Pfade«) zeigen: Um die Erhitzung auf 1,5 Grad oder knapp darüber zu halten (»ohne oder mit geringer Überschreitung«), müssen die weltweiten Treibhausgasausstöße im Zeitraum von 2010 bis 2030 um insgesamt 45 Prozent sinken, sich also fast halbieren und um das Jahr 2050 auf netto null sein. Radikal runter mit den Ausstößen. Das ist unsere Menschheitsaufgabe! Im Moment steigen die Emissionen jedoch jedes Jahr weiter!

Warum den Anstieg auf 1,5 Grad begrenzen, fragen Sie sich? Schauen Sie einfach nur nach draußen, lesen die regionalen Nachrichten oder die aus ganz Deutschland oder der Welt! Mittlerweile ist die Nachrichtenlage so eindeutig, dass der Klimawandel unser Überleben in Gefahr bringt, da muss man auch keine IPCC-Berichte mehr studieren. Das Pariser Klimaübereinkommen *ist* wissensbasiert. Die Ziele sind durch unzählige Studien und Experimente begründet. Aber bis jetzt stehen die Ziele nur auf dem Papier. Was schon seit Jahrzehnten fehlt ist die konkrete Umsetzung in der Klimapolitik. Dazu braucht es uns Bürgerinnen und Bürger, die diese Politik immer wieder einfordern müssen. Politik braucht den Druck, sagt der Aktivist Lukas Mielczarek im Interview. Denn Politik lebt schon immer von der Rückkopplung mit der Bevölkerung. In Demokratien entscheiden *wir* über unsere Zukunft.

Eine globale Woge für mehr Klimaschutz ist das, was wir brauchen. Sie erzeugt eine Hochstimmung für eine bessere Zukunft. So eine Welle reißt andere mit, die bisher noch zögerten. So ein Impuls geht häufig vom Volk aus (*bottom-up*), er kann aber auch von einzelnen Staatslenkerinnen gesetzt werden (*top-down*). Ganz wesentlich für eine Welle der Zustimmung für mehr Klimaschutz sind Vorbilder. Menschen, die überzeugend für etwas stehen, was für einen selbst noch neu ist, aber denen man zutraut, dass sie (schon) mehr wissen oder mehr können als man selbst. Vorbilder sind die Helden und Heldinnen der Geschichten. Sie tragen die Nachrichten ins Land. Je glaubwürdiger sie sind, umso mehr Unterstützung finden ihre Botschaften. Es gibt sie schon diese Vorbilder und Pioniere – nicht nur an der Spitze der Vereinten Nationen. Es gibt sie in der Wirtschaft, wo Managerinnen und Geschäftsführer sich für umweltschonende Geschäftspraktiken einsetzen.[139] Es gibt sie auf der kommunalen Ebene, wenn Städte und Gemeinden sich überlegen, wie sie mehr Energie einsparen, ihren Abfall reduzieren oder recyclen und gegen die aufkommende Hitze grüne Oasen pflanzen.[140] Es gibt sie dort, wo Einzelne sich entscheiden, etwa Neues zu wagen, etwa einen Biobauernhof auf dem Land zu gründen.[141] Es gibt sie überall: Menschen, die Klimaschutz heute leben, ernst nehmen und andere mitnehmen, auch ohne, dass über sie berichtet wird. Fangen Sie doch auch an! Werden Sie selbst zum Vorbild – in Ihrer Familie, im Freundeskreis, auf der Arbeitsstelle, in der Nachbarschaft und Ihrer Gemeinde. Vernetzen Sie sich, oder gründen Sie Ihr eigenes Netzwerk! »Sei du selbst die Veränderung, die du in der Welt sehen willst!«

KAPITEL 5
Klimaschutz nicht ins Blaue

»An der Spitze [der] Agenda ist die Notwendigkeit, die CO_2-Emissionen bis 2030 zu halbieren. Von den vielen Hindernissen, dieses Ziel zu erreichen, ist das größte, die Einstellung.«

Christiana Figueres, von 2010 bis 2016 Generalsekretärin des Sekretariats der Klimarahmenkonvention der Vereinten Nationen[142]

Das Urteil des Bundesverfassungsgerichts

Das Bundesverfassungsgericht (BVG) ist das höchste deutsche Gericht. Es befasst sich mit Fragen des Grundgesetzes, also der Verfassung Deutschlands. Im Frühjahr 2021 fällt das BVG ein Urteil zur Klimaschutzpolitik der Bundesregierung. Es fällt vernichtend aus. An einer Stelle schreiben die Richter, die Vorgehensweise der Politik bedeute »Klimaschutz ins Blaue hinein zu betreiben«.[143] Damit bezieht sich das Gericht auf die mangelnde Vereinbarkeit des Regierungshandelns mit dem nationalen CO_2-Restbudget (vergleiche auch Infobox *CO_2-Restbudget*). Denn, so urteilt das Gericht, es könne kein bestimmtes Temperaturziel politisch gesetzt werden, ohne dabei die Emissionsmenge im Blick zu haben, die weltweit noch dafür zur Verfügung steht. Genau diese Menge entspricht dem CO_2-Restbudget. Nicht-Regierungs-Organisationen wie etwa die deutsche *German Zero* oder Fridays for Future kritisieren diesen Punkt immer wieder. Die nationalen Klimaziele Deutschlands seien nicht auf das Pariser-1,5-Grad-Temperaturziel abgestimmt. Einfach, weil wir dann noch stärker die Emissionen reduzieren müssten. Davor haben offensichtlich manche Politiker, die das verstehen, Angst, weil sie glauben, dass dies die Wirtschaft und die Bevölkerung überfordere.

CO_2-Restbudget

Das CO_2-Restbudget ist die Menge an CO_2-Emissionen, die noch zur Verfügung steht, *bis* ein bestimmtes Temperaturziel erreicht ist. So viele Tonnen CO_2-Emissionen können wir noch in die Luft geben, *bevor* die Luft um 1,5 Grad oder um 2 Grad gegenüber der vorindustriellen Zeit wärmer wird. Mit diesem Budget müssen wir haushalten, wie mit unserem Haushaltsgeld! Wenn es aufgebraucht ist, haben wir die Temperaturmarke überschritten. Das kann in 5 oder 15 Jahren oder später sein. Das hängt von uns ab. Das *CO_2-Restbudget* wird manchmal auch verbleidendes Kohlenstoffbudget genannt.

Bekannt wurde das Konzept des CO_2-Restbudgets durch den 1,5-Grad-Sonderbericht des IPCC. Daher sind die bekannten CO_2-Restbudgets, es gibt verschiedene, je nach Temperaturziel, Wahrscheinlichkeitsangabe, Welt oder einzelnes Land, immer auf den Beginn des Jahres 2018 als Startzeitpunkt bezogen. Beispiel: *Ab dem Jahr* 2018 haben wir noch eine Menge an x-Tonnen CO_2 zur Verfügung, die wir noch ausstoßen dürfen, bis eine Temperaturmarke von etwa x-Grad überschritten wird.

Nun lässt sich das CO_2-Restbudget für die ganze Welt oder für ein einzelnes Land bestimmen. Meistens bezieht es sich auf das 1,5-Grad-Ziel, weil es das nähere der beiden Paris-Zielen ist und die Wahrscheinlichkeit für die Mengenangaben beträgt in der Regel 67 Prozent.

Die Wahrscheinlichkeitsangabe für einen berechneten Wert ist eine statistische Absicherung: 67 Prozent gilt in der Klimawissenschaft als genügend wahrscheinlich, um damit arbeiten zu können. Liegt die Wahrscheinlichkeit bei nur 50 Prozent, wird dann automatisch das Restbudget zwar größer, was uns Zeit verschafft, aber gleichzeitig haben wir nur noch eine 50:50-Chance, unser Ziel zu erreichen. Es könnte klappen, genauso aber auch nicht (siehe Infoboxtabelle 1).

Die zentrale Aussage aus dem IPCC-Bericht für das CO_2-Restbudget: Ab dem Jahr 2018 darf die Welt noch 420 Milliarden Tonnen CO_2 ausstoßen, um mit einer Wahrscheinlichkeit von 67 Prozent das 1,5-Grad-Ziel einzuhalten. Diese 420 Gigatonnen sind das CO_2-Restbudget.

Infoboxtabelle 1: Globale und deutsche CO_2-Restbudgets für 1,5 °C[144]

1,5 °C-Ziel wird gehalten	CO_2-Restbudget in Milliarden Tonnen		ab Jahr
Wahrscheinlichkeit	50 %	67 %	
global	580 Gt	420 Gt	2018
Deutschland	5,8 Gt	4,2 Gt	2018

Im Jahr 2019 wurden weltweit 42 Milliarden Tonnen CO_2 ausgestoßen. Also genau ein Zehntel der Summe, die noch als CO_2-Restbudget ab 2018 für das 1,5-Grad-Ziel zur Verfügung gestanden hat. Bliebe es bei diesem Tempo, wäre das Budget in 10 Jahren aufgebraucht und die Erde um 1,5 Grad wärmer. Auch deswegen sind die nächsten 10 Jahre entscheidend.

Das BVG-Urteil legt Werte des Sachverständigenrates für Umweltfragen (SRU) zugrunde, die dieser 2020 veröffentlichte. Der SRU berechnete das deutsche CO_2-Restbudget ausgehend von den IPCC-Werten einmal für das Jahr 2018 und einmal für das Jahr 2020. Aufgrund des dramatisch schnell schrumpfenden Restbudgets wären für Deutschland ab dem Jahr 2018 für das 1,5-Grad-Ziel nur noch sehr wenige Emissionen möglich, nämlich 4,2 Gt. Mit den heutigen jährlichen CO_2-Emissionen von rund 700 Millionen Tonnen wäre das deutsche Restbudget für 1,5 Grad schon in 6 Jahren aufgebraucht, also 2024! Wir müssten dann bereits Ende 2023 bei netto null Emissionen sein. Da das unmöglich ist, hat der SRU einen Kompromiss gemacht und ein neues Ziel gewählt, das 1,75-Grad-Ziel, das zwischen den beiden Paris-Zielen liegt (siehe Infoboxtabelle 2).

Infoboxtabelle 2: Deutsches CO_2-Restbudget für 1,75 °C[145]

1,75 °C-Ziel wird gehalten	CO_2-Restbudget in Milliarden Tonnen	ab Jahr
Wahrscheinlichkeit	67 %	
Deutsches Budget	6,7 Gt	2020

Legt man den Durchschnittswert der deutschen CO_2-Emissionen der letzten Jahre zugrunde, 700 Millionen Tonnen CO_2, dann wäre auch dieses großzügigere CO_2-Restbudget im Jahr 2026 aufgebraucht. Das Ziel ist natürlich, die jährlichen CO_2-Emissionen immer weiter abzusenken. Je stärker und schneller wir reduzieren, desto mehr Luft haben wir im wahrsten Sinne des Wortes.

Anhand dieser Zahlen wird deutlich, was das BVG-Urteil ausdrückt: Es ist unverantwortlich weiterhin wirksamen Klimaschutz aufzuschieben.

Das CO_2-Restbudget zählt nicht die Emissionen der anderen Treibhausgase mit, die weltweit auch jedes Jahr ansteigen. Das bedeutet natürlich, dass es tatsächlich noch schneller geht, bis das 1,5-Grad-, das 1,75-Grad- oder 2-Grad-Ziel erreicht wird.

Die Emissionen, die wir jetzt nicht einsparen, müssen in Zukunft noch viel schneller und mit drastischeren Maßnahmen zurückgefahren werden. Das heißt, was uns jetzt nur eine sehr kurzfristige Erleichterung verschafft, geht auf Kosten der späteren Generationen und auch unserer Zukunft. Deswegen kommt das Bundesverfassungsgericht zu diesem Urteilssatz: »Die Schonung künftiger Freiheit verlangt auch, den Übergang zu Klimaneutralität rechtzeitig einzuleiten.«[146] Jetzt schreiben es die obersten Richter in Karlsruhe der Bundesregierung und dem Bundestag vor: Bessert eure Gesetz nach – jetzt! Ihr engt sonst unsere vom Grundgesetz garantierte Freiheit ein!

Gestaltungsspielraum nach innen und außen

Deutschland muss nicht gleich die Welt retten. Darum geht es nicht. Aber wenn Deutschland und die EU technologisch und politisch schon mehr umsetzen können als andere, dann ist es richtig, im Klimaschutz voranzugehen. Letztlich profitieren wir in Deutschland und in der EU, wenn wir Klimaschutz ernst nehmen. Weil wir auch in Zukunft schneller da sind, wo andere erst noch hinkommen wollen. Wir machen wertvolle Erfahrungen, sind die *frontrunner*, die Pioniere, und können daraus wieder Wissen und Energie schöpfen, Neues zu entwickeln und Handel zu betreiben. Beides ist wichtig für unsere Zukunft. Wir können aber auch anderen Ländern die Hand reichen.

Es ist eine Urangst, zu glauben, man verliert etwas, wenn man sich auf den Weg macht. Natürlich lässt man etwas zurück, aber das schätzt man psychologisch immer als wertvoller ein, weil es einem bekannt ist. Eine Einstellung, die mit dem Lebensalter zunimmt, weil man schon mehr Vertrautes angehäuft hat. Die Jüngeren sind deswegen mutiger und neugieriger. Auf die Klimapolitik bezogen heißt das, dass es uns als Gesellschaft schwerfällt, Dinge zu verändern, wenn die Notwendigkeit noch nicht so deutlich und drastisch sichtbar ist. Nach dem Motto: »Wieso es regnet doch!« Oder: »Ist doch alles grün hier!« Aber der Meeresspiegel steigt auch an Ost- und Nordsee, die Wälder sterben und brennen auch in Bayern und Brandenburg, die Flüsse fallen trocken oder haben auch in Mitteldeutschland Niedrigwasser. Laut globalem Klima-Risiko-Index war Deutschland nach Japan und den Philippinen im Jahr 2018 am stärksten von Extremwetterereignissen betroffen.[147] Diese hohe Risikobewertung Deutschlands lag vor allem an der Hitzewelle 2018. Hitzewellen werden durch den langfristigen Trend des Klimawandels immer wahrscheinlicher, häufiger und länger werden. Der Klimawandel wird im fortschreitenden Maße daher auch Deutschland immer härter treffen. Aber das allein ist nicht Grund genug, zu handeln. Wir leben nun einmal mit den anderen acht Milliarden Menschen auf diesem einen Planeten zusammen und unser Wohlstand hängt auch daran, dass es den anderen gut geht.

Die Welt dreht sich sowieso weiter, auch wenn wir uns gedanklich nicht bewegen. Zeichen für Letzteres wären Argumente wie: »Sollen doch die in China erst mal ihre Kohlekraftwerke abstellen!« Oder der häufig geäußerte Satz, schon eine Art Klassiker: »Was können wir schon bewegen im internationalen Klimaschutz, wenn wir weniger als zwei Prozent aller Treibhausgasausstöße zu verantworten haben?« Keck könnte man antworten: »Wieso soll ich meinen Müll in meinem Garten wegräumen? Die anderen kippen ihren Müll sogar auf die Straße, und zwar noch viel mehr als ich überhaupt habe!« Kurzum: Etwas Schlechtes wird dadurch nicht weniger falsch, weil andere es noch schlimmer treiben.

Diese Ausflüchte laufen aus vielen Gründen völlig ins Leere. Denn wir profitieren davon, wenn wir vorangehen – auf den globalen Handel bezogen, aber auch national, in wirtschaftlicher und technologischer Hinsicht. Auch Daniela Jacob sagt im Interview, dass China und die USA kein Maßstab seien. Wir setzen unsere eigenen Maßstäbe in Deutschland und der EU. Denn wir haben das Know-how, die ausgebildeten, motivierten Menschen, plus die finanziellen und technischen Möglichkeiten.

Das Bundesverfassungsgericht äußert sich in seinem Urteil konkret auch zu dem beliebten Argument »Was kann Deutschland allein schon bewirken?« Es schreibt dazu: »In internationaler Einbettung können nationale Klimaschutzmaßnahmen, die durch Art. 20a GG geforderte Wirkung entfalten; sie müssen zur Erfüllung des verfassungsrechtlichen Klimaschutzauftrags ergriffen werden, auch wie sie für sich genommen das Klimaproblem nicht lösen könnten«[148] (siehe Infobox *Klimaschutz im Grundgesetz*). Das Gericht ist ganz klar: Selbst wenn Deutschland durch seine eigenen Maßnahmen das Klimaproblem allein nicht lösen kann, ist es durch das Grundgesetz verpflichtet zu handeln. Es präzisiert diesen Punkt noch: »Der Staat kann sich seiner Verantwortung nicht durch den Hinweis auf die Treibhausgasemissionen in anderen Staaten entziehen.«[149] Sondern im Gegenteil: »Die praktische Lösung des globalen Klimaschutzproblems ist insofern maßgeblich auf das wechselseitige Vertrauen in den Realisierungswillen der anderen angewiesen.«[150]

Klimaschutz im Grundgesetz

Artikel 20a Grundgesetz [Schutz der natürlichen Lebensgrundlagen und der Tiere]:

»Der Staat schützt auch in Verantwortung für die künftigen Generationen die natürlichen Lebensgrundlagen und die Tiere im Rahmen der verfassungsmäßigen Ordnung durch die Gesetzgebung und nach Maßgabe von Gesetz und Recht durch die vollziehende Gewalt und Rechtsprechung.«

Der Schutz der natürlichen Lebensgrundlagen schließt Klimaschutz ein. Damit ist Klimaschutz zwar kein Grundrecht, aber den Grundrechten als Staatsziel gleichgestellt! Art. 20a GG wird in der Rechtsprechung als Klimaschutzgebot bezeichnet.

Besser kann man den Argumenten der Klimaschutzverzögerer nicht entgegentreten. Weder für das Inland noch für die Welt macht es Sinn, sich auf seinen vordergründig kleinen nationalen Ausstoß zu berufen, um bei den Emissionsreduktionen weniger zu leisten.

Die Bundesregierung nennt im Klimaschutzprogramm 2030 einen weiteren Grund, warum dieser Rückzug nicht sinnvoll wäre: »Nur wenn Deutschland eine glaubwürdige Minderungspolitik erfolgreich umsetzt, ist zu erwarten, dass unsere Stimme auch weiterhin bei europäischen und internationalen Klimaschutzverhandlungen Gewicht hat.«[151] Da Klimaschutzpolitik heute auch Wirtschafts-, Verteidigungs- und Außenpolitik ist, geht es hier auch um erfolgreiche Handelsabschlüsse, Friedensmissionen oder kurzum um Deutschlands Glaubwürdigkeit und Gestaltungsspielraum in der Welt. Die Autorin Susanne Götze fasst die außerordentliche Rolle von Klimaschutzpolitik so zusammen. »Fast könne man meinen, dass die Idee vom Klimaschutz als Friedensstifter nun wahr wird: Ob militärische Konflikte oder wirtschaftliche Uneinigkeiten – die

Verhandlungen ums Weltklima wirken wie eine große Klammer, die selbst auseinanderdriftende Parteien zusammenhält.«[152]

Bundestagspräsident Wolfgang Schäuble (CDU) sieht im Klimaschutz eine friedensstiftende Aufgabe auch innerhalb des Landes. Sie könne helfen Spaltungen und Unzufriedenheiten zu überwinden. Klimaschutz sei »eine große Aufgabe, die uns ein ganzes Stück weit Orientierung geben kann: die Bewahrung unserer Lebensgrundlagen generationenübergreifend«.[153] Auch er ist der Meinung, dass Klimaschutz nicht unser Land spalten muss, sondern uns im Inneren stärken und einen kann.

Wofür ist Klimaschutz nicht schon gescholten worden? Zu teuer, wirtschaftsfeindlich, spaltet die Gesellschaft, bringt Deutschland ins Hintertreffen. Genau das Gegenteil von all dem stimmt.

Wirtschaft, worauf warten wir?

Die Vorstellung, dass Klimaschutz und Wirtschaftsinteressen auseinander gehen, ist nicht mehr zeitgemäß. Heute und morgen geht es darum, die Möglichkeiten für die Wirtschaft, die im Klimaschutz liegen, viel stärker auszuschöpfen. Viele Wissenschaftlerinnen sehen Deutschland diesbezüglich ganz vorn mit dabei, weil wir schon viel auf dem Gebiet erreicht haben, wie den Ausbau der erneuerbaren Energien und die Entwicklung anderer klimafreundlicher Technologien. Den Vorsprung gilt es weiter auszubauen.

Das ist die eine Seite der Medaille. Die andere ist, dass der Klimawandel ein erhebliches Risiko für die Wirtschaft birgt, wenn er so unvermindert weitergeht. Dazu sagt der Präsident des Umwelt Bundesamtes, Dirk Messner: »Mich erstaunt daher, dass viele Unternehmen sich offenbar nicht ausreichend mit den finanziellen Risiken des Klimawandels für ihr Geschäft auseinandersetzen.«[154]

Nicht nur, dass der Wirtschaft Verluste drohen, ihr könnten über kurz oder lang auch die Finanzmittel für notwendige Neuerungen ausgehen. Es gibt seit einigen Jahren einen weltweiten Trend, Gelder aus Projekten, die auf fossilen Energieträgern beruhen, abzuziehen. Der Trend beruht auf der sogenannten *Divestment*-Bewegung, die spätestens seit der Klimakonferenz in Paris 2015 einen hohen Zulauf hat. Zuerst waren es nur einige finanzkräftige amerikanische Universitäten, die verkündeten ihr Geld nicht mehr in fossil basierte Geldanlagen zu investieren. Dann kamen Versicherungsunternehmen dazu, darunter auch die deutsche Allianz. Diese erklärte sogar kürzlich bis 2050 ihr Vermögen komplett »klimaneutral« anlegen zu wollen.[155] Kleinvieh macht auch Mist. Auch das Geld von uns Kleinanlegern, auf unserem Girokonto oder in unseren Versicherungsverträgen, kann entweder in grüne oder braune Projekte fließen. Viele Kunden wählen immer mehr die sogenannten Umweltbanken, die nur nachhaltige, klimafreundliche und soziale Projekte mit ihren angelegten Geldern unterstützen.[156] Vor allem junge Menschen fragen sich immer öfter: Möchte ich mit meiner Lebensversicherung eine neue Kohlemine in Australien finanzieren oder lieber den Umstieg eines Landwirts in Niedersachsen von konventionellem Betrieb auf einen ökologischen und artgerechten fördern?

Solche Entscheidungen sind die Grundlage für das neue Finanzkonzept, das Stefan Brunnhuber im Interview vorschlägt. Durch die zweite, digitale Parallelwährung können wir als Konsumenten oder als Investorinnen, viel mehr Einfluss darauf nehmen, was mit unserem Geld geschieht und welche Geldtransaktion wir unterstützen. Mit dem parallelen Geldsystem gibt es nun zwei Geldflüsse in der internationalen Finanzwelt: den Geldfluss in fossile, braune und den Geldfluss in nachhaltige, grüne Aktivitäten weltweit.

Klimaschutz betrifft alle Lebensbereiche. Das ist auch eine große Chance. Denn wenn es einmal zu einer Welle kommt, einer Euphorie, einer Leidenschaft, wirklich mitzumachen beim Klimaschutz, jeder dort wo er kann, jede dort wie sie möchte, dann ist die kritische Masse bald erreicht. Dann ist das nicht mehr aufzuhalten. Dann wird man sich später nur noch ungläubig anschauen und fragen, wie das denn noch Anfang der 2020er-Jahre anders sein konnte. Etwa so, wie wir uns heute wundern angesichts der Tatsache, dass es einmal so etwas wie Sklaverei oder Apartheid gegeben hat. Oder Rauchen in öffentlichen Innenräumen? Telefonieren mit einem Kabel, echt jetzt? Man wird sich dann genauso fragen: Wir waren damals noch nicht für Klimaschutz? Wir haben damals noch nicht alles getan, um unsere Emissionen herunterzubringen, und die Politik dahin zu bringen, endlich wirksame Klimaschutzmaßnahmen umzusetzen?

Wenn Klimaschutz zu unserem Alltag gehört, wie Zähneputzen, dann ist die Erzählung, dass Klimaschutz uns arm macht oder gar der Wirtschaft schadet, endlich aus der Welt. Alle Studien weisen darauf hin, dass das die Zukunft ist. Machen wir, dass es schneller kommt.

Was soll denn jetzt wachsen?

So wie es aussieht, leben wir in einer begrenzten Welt, mit einer ganz bestimmten Fläche und Menge von Land, (Süß-)Wasser und Rohstoffen. Da kann es nicht immer *mehr* Produkte, eine immer größer werdende Anzahl an Sortimenten und Stückzahlen geben. Die Rohstoffe wachsen nicht so schnell nach, der Abfall kann nicht so schnell verbrannt oder kompostiert werden. Alles braucht Zeit. Aber in unserer super Turbozeit muss alles immer wachsen, immer schneller werden, immer größer und immer mehr sein als gestern. In einer begrenzten Welt kann es kein ewiges Wirtschaftswachstum geben. An diesem Punkt hört man häufig folgendes Gegenargument: Nicht das Wirtschaftswachstum sei das eigentliche Problem, sondern das Bevölkerungswachstum. Darauf gibt es zwei Antworten. Die erste ist: Im ersten Jahrzehnt dieses Jahrtausends (2000–2010) waren es nicht die Menschen, die dazu gekommen sind, die den Klimawandel verschärft haben, sondern der rasant gestiegene Energieverbrauch pro Kopf.[157] Also könnte man genauso gut sagen: Doch wir können noch mehr werden auf diesem Planeten (ob das nun wünschenswert ist oder nicht), nur die Reichen müssen weniger Energie verbrauchen. Wem man auch den schwarzen Peter zuschieben möchte. Tatsache ist, und das ist die zweite Antwort darauf: Wir können schneller unseren Energieverbrauch senken, als eine Geburtenkontrolle für die Welt einführen. Erfahrungen zeigen auch, dass die Geburtenzahl sinkt, wenn Frauen bessere Bildungs- und Aufstiegschancen bekommen. Auch eine soziale Absicherung im Alter verringert den Druck, Nachkommen zu erzeugen, die sich später um einen kümmern. Natürlich sinkt die Zahl der Kinder auch, wenn Menschen ein höheres Einkommen zur Verfügung haben. Dann brauchen wir also doch mehr Wirtschaftswachstum, damit mehr Menschen aus der Armut entkommen und sich Wohlstand erarbeiten können? Das ist wieder der Aspekt der gemeinsamen, aber unterschiedlichen Verantwortung, der im Pariser Übereinkommen genannt ist. Reiche Länder, die schon viel erreichen konnten, wie Wohlstand, soziale Absicherung, gute Bildungsmöglichkeiten, müssen vorangehen und schneller ihre Emissionen senken als Länder, die noch wirtschaftlich aufholen müssen. Es ist Gebot der Stunde, dass die Industrieländer den Entwicklungsländern Geld und Wissen zur Verfügung stellen, damit letztere beim Aufbau ihrer Wirtschaft nicht in alte Strukturen investieren, sondern in neue, die mit weniger Emissionen verbunden sind. Sodass die aufholenden Länder das fossile Zeitalter gleich überspringen und ihre Wirtschaft mit den Technologien und Strategien aufbauen, die auch die reichen Länder heute anwenden. Davon haben alle etwas. Die ganze Welt braucht ein neues Wohlstandskonzept, das immer unabhängiger wird vom reinen materiellen Zuwachs, und das zugleich hohe Lebensqualität von einem hohen Treibhausgasausstoß immer mehr abkoppelt. Das ist lösbar. Aber Menschen vorzuschreiben, wie viele Kinder sie in die Welt setzen wollen, ist nicht wünschenswert und eigentlich auch nicht machbar, es sei denn man lebt in einer Diktatur.

Können Unternehmen ohne Wachstum existieren?

Ein global tätiges Aktienunternehmen unterliegt anderen finanziellen Zwängen als ein mittelständisches Familienunternehmen oder ein handwerklicher Zweimannbetrieb. So steht ein globales Unternehmen immer im internationalen Wettbewerb, was den Preisdruck erhöht. Entweder es muss mehr automatisieren und Personal entlassen, oder es muss seine Stückzahl erhöhen und mehr verkaufen. Im letzteren Fall wäre das Wachstum. Auch eine Firma, die Kredite aufgenommen hat, muss mehr erwirtschaften als vor der Kreditaufnahme. Denn die Schulden müssen mit Zinseszins zurückgezahlt werden. Also muss sie mehr Gewinne durch mehr Wachstum erzeugen. Bei diesen Themen rutscht man geradewegs in eine Generalaussprache über den Kapitalismus hinein. Sind der globale Freihandel und der Zinseszins bei Schulden nicht häufig die Ursache für eine Art »Wachstumszwang« und sogar für Verarmung und Ausbeutung? Es ist eher die Frage, ob uns diese Debatte auf die Schnelle aus der Patsche hilft. Claudia Kemfert sagt im Interview, es ist nicht die Wirtschaft, die mit uns etwas macht, was wir gar nicht wollen. Sondern *wir* sind die Wirtschaft. Das bedeutet aber auch, dass unsere heutige Wirtschaftsform ein Abbild unserer Werte ist. Jeder kann sich selbst dazu Fragen stellen: Wovon will ich leben, wenn ich zu alt oder zu krank zum Geldverdienen bin, so wie ich es heute noch kann? Wie viel brauche ich eigentlich zum Leben? Die erste Frage berührt unser Geldsystem. Natürlich legt man Geld an, wenn etwas übrig ist – oder? Wenn das so ist, dann beteiligt man sich aber auch an dem universellen Reigen von Leihen und Verleihen, was viele als den Ursprung weltweiter Ungleichheit ansehen. Es sei denn, jeder stellt sicher, dass sein angelegtes Geld nur in nachhaltige Projekte fließt. Die andere Frage betrifft den eigenen Lebensstil. Gut, dass uns das keiner vorschreibt. Aber Sarah Mielke sagt im Interview aus eigener Erfahrung, mit weniger auszukommen macht glücklich.

Im Moment gibt es wenige Ansätze, ohne Wirtschaftswachstum auszukommen. Es gibt die Postwachstumsdebatte, aber sie führt zumindest in Deutschland ein Nischendasein. Dann gibt es den Begriff des *qualitativen Wachstums*. Nicht wenige sehen hier die Chance und verweisen darauf, dass Wirtschaftswachstum nicht unbedingt mit einer Vergrößerung der Stückzahl einhergehen muss. Es kann auch die Qualität pro einzelnes Produkt wachsen.[158] Auch so hätte man wieder einen höheren Wert des Bruttoinlandsprodukts als im Vorjahr und damit Wirtschaftswachstum. Aber wie nachhaltig im Sinne von ressourcenschonend ist das wirklich? Ein Auto, das 100.000 Euro kostet, muss auch hergestellt werden, selbst wenn dafür vier Autos zum Preis von 25.000 Euro nicht gebaut werden. Gut, es ist weniger Material verbaut und Energie verbraucht worden. Aber wie teuer ein Konsumgut auch ist, es verbraucht immer Energie und Rohstoffe. Ob es nun Zimtsandalen, Perlenketten, Diesel- oder gar Elektroautos sind. Viele verschiedene Rohstoffe werden für die Batterien und andere Vorprodukte gebraucht, die wieder aus vielen verschiedenen Ländern dieser Erde unter ebenso verschiedenen Bedingungen abgebaut und gefertigt werden. Das heißt, dass es natürlich ganz unterschiedliche Umwelt- und Sozialstandards für die Minen und Fabriken gibt, die die Zulieferteile für Elektroautos oder auch für Smartphones liefern. Wer glaubt, dass unsere Standards auch für Entwicklungsländer oder für Diktaturen gelten? Niemand. Außerdem sind wichtige Rohstoffe nur endlich vorhanden. Die Nachfrage nach Kupfer ist so stark gestiegen, dass der Preis in die Höhe geschnellt ist. Das Metall ist für die Elektrifizierung der Wirtschaft absolut notwendig. Im Frühjahr 2021 wurde plötzlich weltweit Holz knapp. Beginnt jetzt die *Holznot*, die von Carlowitz immer verhindern wollte?

Die Frage nach der Alternative zum Wirtschaftswachstum ist noch nicht beantwortet. Es könnte sein, dass die zukünftige Generation darauf Antworten hat. Dass sie mit weniger auskommen kann, weil sie muss oder weil sie es auch will. Was wir jetzt schon machen können ist: einsparen, sparen, sparsam mit den Dingen umgehen, als seien sie jetzt schon unendlich kostbar.

Energieeffizienz: notwendig, aber wenn dann richtig

Sparsamkeit war in früheren Generationen noch eine Tugend. Dinge wurden x-fach benutzt. Davon können Großeltern oder deren Keller erzählen, wo Dinge aufbewahrt sind, die man heute längst aussortiert hätte. Dieses Verhalten ist heute »out«. Denn wenn etwas kaputt ist, ist es billiger, ein neues Exemplar davon zu kaufen. Das liegt auch daran, dass Arbeitszeit viel teurer ist als Energie und Rohstoffe. Energie ist billig. Öl ist billig, aber eine Stunde Dienstleistung ist teuer. Wieso ist Energie billig, wenn die Stromkosten in Deutschland doch hoch sind? Billig heißt, dass die Preise für Energie nicht das widerspiegeln, was sie müssten: die langfristigen Umwelt– und Gesundheitskosten, die durch diese Form der Energieproduktion entstehen. Diese billige Energie führt zu Kaufentscheidungen und Investitionsentscheidungen auf Kosten des Klimas. Wenn etwas billig ist, wird es verschwendet. Billig ist es, wenn es ausreichend vorhanden ist oder durch Subventionen des Staates künstlich billig gemacht wird.

Je mehr Energie wir sparen, desto mehr CO_2 sparen wir. Energie sparsam pro Produkt und Zeit einzusetzen, ob in der Herstellung oder Nutzung des Produkts, heißt energieeffizient zu sein. Deswegen ist die Erhöhung der Energieeffizienz ein wichtiges klimapolitisches Ziel. Die Bundesregierung setzt konkret auf erneuerbare Energien und Energieeffizienz, um ihre Emissionen zu senken.[159] Wie sieht es mit der Erfolgsbilanz aus?

Dazu schauen wir uns drei wichtige Klima- und Energieziele der Bundesregierung an: neben der Erhöhung der Energieeffizienz und dem Ausbau der erneuerbaren Energien auch noch das nationale Klimaziel, die Reduktion der Emissionen. In der *Tabelle 6: Klima- und Energieziele für 2020* sind diese drei Kennzahlen deutscher Klima- und Energiepolitik aufgelistet mit den Ergebnissen für das Jahr 2020.

Jetzt im Frühsommer 2021 ist ein besonders guter Zeitpunkt eine Bilanz deutscher Klimapolitik der letzten Jahre und Jahrzehnte zu ziehen. Denn das abgelaufene Jahr 2020 war ein wichtiges Zieljahr in den von der Politik beschlossenen Klima- und Energieprogrammen aus den vergangenen mehr als 10 Jahren. Das Jahr 2020 war in diesen Programmen als Zeitpunkt gesetzt, bis wann die konkreten Ziele erreicht werden sollten. Jetzt können wir Ziele und tatsächlich Erreichtes direkt miteinander vergleichen.

Tabelle 6: Klima- und Energieziele für 2020

Zielformulierung für 2020	angestrebtes Ziel	tatsächliches Ergebnis	Fazit
1) Emissionen: x % weniger gegenüber dem Jahr 1990	-40 %	-40,8 %	knapp erreicht
2) Erneuerbare Energien: x % Anteil am Stromverbrauch	+35 %	+45,4 %	deutlich erreicht
3) Energieeffizienz: x % weniger Primärenergieverbrauch gegenüber 2008	-20 %	-18,1 %	verfehlt

Die beiden ersten Ziele 1) Reduktion der Emissionen und 2) Ausbau der erneuerbaren Energien wurden erreicht. Das Ziel 3) die Steigerung der Energieeffizienz gemessen an der Senkung des Energieverbrauchs, genauer des Primärenergieverbrauchs (PEV), wurde nicht erreicht. Primärenergie (PEV) sind alle Energieträger, fossile wie erneuerbare und daraus hergestellte Treibstoffe. Quellen: UBA, BMU und AG Energiebilanzen e. V.

Das Reduktionsziel der Emissionen wurde so gerade erreicht. Das hat auch mit dem Corona-Jahr 2020 zu tun. Die Ausbauziele der erneuerbaren Energien wurden übertroffen. Das ist auch auf das Erneuerbare-Energien-Gesetz zurückzuführen.

Die Energieeffizienz hat ihr Ziel *nicht* erreicht, denn der Primärenergieverbrauch in Deutschland ist von 2008 bis 2020 nicht um 20 Prozent sondern nur um 18 Prozent gesunken. Auf den ersten Blick ist das eine knappe Zielverfehlung. Nun muss man aber unbedingt den Corona-Effekt mitberücksichtigen. Denn erst der Wert aus dem Jahr 2019 macht deutlich, wie weit Ziel und Ergebnis bei der Energieeffizienz noch vor der Corona-Pandemie auseinander lagen. Denn Ende 2019 lag der Wert für die Senkung des Primärenergieverbrauchs bei nur 11 Prozent – somit fast die Hälfte von dem Zielwert entfernt! Erst im Jahr 2020 konnte der Energieverbrauch durch die Lockdown-Maßnahmen dramatisch sinken. Nach Auskunft der Arbeitsgemeinschaft Energiebilanzen e. V. sank der Verbrauch an Primärenergie im Jahr 2020 um 8 Prozent gegenüber dem Vorjahr. So stark ging er noch nie zurück. Trotz des starken Corona-Effekts hat es nicht gereicht, um das Ziel zu schaffen. Denn, so bestätigt das Umweltbundesamt: »Energie wird zwar immer effizienter genutzt und teilweise eingespart, doch Wirtschaftswachstum und Konsumsteigerungen verhindern einen deutlicheren Verbrauchsrückgang.«[160]

Auch die Emissionsreduktion wäre in der Höhe ohne den Corona-Effekt nicht möglich gewesen. Wieder hilft der Blick auf den Vorjahreswert: Ende 2019 waren die Emissionen erst um 35,7 Prozent zurückgegangen und damit deutlich von den angestrebten 40 Prozent entfernt (vergleiche dazu auch die Infobox *40 Prozent gerade so erreicht*).

So lässt sich festhalten, dass das Corona-Jahr der Klimapolitik eine überraschend positive Wende gebracht hat. Allein die erneuerbaren Energien hätten ihr Ausbauziel auch ohne Corona geschafft.

Wie bekommen wir es dann auch ohne Corona hin, dass der Energieverbrauch sinkt? Darauf gibt es diese unangenehme Antwort: Energie muss teurer werden. Warum? Erstens: Wenn etwas billig ist, wird es verschwendet. Energie ist billig. Zweitens: Wenn Energie billig ist, werden energieeffizientere Geräte und energieschonendere Herstellungsverfahren sinnlos. Denn dann schlägt der Rebound-Effekt zu. Der bedeutet, dass die Energieeinsparung durch ein energieeffizienteres Gerät vollständig durch die Nutzung gleich mehrerer dieser Geräte wieder »aufgefressen« wird. Es wird kein Quäntchen

Energie eingespart, wenn ein Spritschlucker durch zwei sparsame Autos ersetzt wird. Das durchbricht man durch hohe Energie- und Spritpreise. Denn dann spart man durch ein neues effizienteres Gerät nicht mehr genug Geld ein, um sich auch zwei davon leisten zu können. Gut ist, wenn die Energieeffizienz steigt und parallel dazu die Energiepreise, und zwar in dem Maße, dass man keine höheren Kosten hat als vorher. Dann spart man Energie und Emissionen ein und muss als Bürgerin und Bürger trotzdem nicht mehr zahlen. Auf diesen Zusammenhang weist der Physiker, Politiker und Vordenker Ernst Ulrich von Weizsäcker in seinen Büchern immer wieder hin.[161] In einem Artikel in der Zeit, den er gemeinsam mit Uwe Nestle im Mai 2021 veröffentlichte, hat er sich erneut gegen billige Energie ausgesprochen: »Seit Jahrzehnten werden Subventionen kritisiert, mit denen der Staat umweltschädliches Verhalten finanziell begünstigt. Meist wird damit Energie billiger gemacht, beispielsweise Diesel, Kerosin oder Energie für die Industrie. Dies schädigt die Umwelt. Denn je billiger Energie ist, desto mehr wird davon verbraucht.«[162] Im gleichen Artikel schreiben die Autoren, dass es auch sinnlos ist, die eine Energie nur durch eine andere zu ersetzen. Denn auch die erneuerbaren Energien verursachen Umweltschäden. Wie überall muss auch an dieser Stelle Klimaschutz mit Sozialpolitik zusammengebracht werden. Daher müssen Haushalte mit den geringsten Einkommen und die wirklich Bedürftigen von hohen Strom- und Energiekosten entlastet werden. Das geht mit der Rückzahlung des durch den Staat eingenommen Geldes an die Bürger. Dieses Energiegeld, manchmal heißt es auch Klimageld, würde pro Kopf ausgezahlt und »es sollte so hoch sein, dass die 20 Prozent der Bevölkerung mit den niedrigsten Einkommen durchschnittlich ein Plus verzeichnen.«[163]

Energieeffizienz macht nur Sinn für den Klimaschutz, wenn gleichzeitig die Energiepreise hoch genug sind. Nur dann verbrauchen wir am Ende des Tages weniger Energie. Genau das ist richtig. Denn egal welche Energieart wir nutzen, erneuerbare oder fossile, beide verursachen Umweltschäden. Deswegen müssen sie teuer sein. Wir müssen trotzdem fossile komplett durch erneuerbare ersetzen *und* dabei gleichzeitig den Energieverbrauch verringern. So wie es die Bundesregierung auf dem Papier stehen hat. Aber Papier ist geduldig!

40 Prozent gerade so erreicht

Das nationale Klimaziel bis zum Jahr 2020 hieß »40 % Emissionsreduktion gegenüber 1990« und wurde gerade noch erreicht.

Der Rückgang lag Ende 2020 bei 40,8 Prozent, also nur 0,8 Prozentpunkte über der Zielmarke. Ende 2019 hatte die Reduktion bei erst 35,7 Prozent gelegen. Der Reduktionsschub kam nur durch die Corona-Lockdowns im Jahr 2020 zustande. Die deutsche Wirtschaft drosselte ihre Produktion und die Menschen fuhren ihre Mobilität zurück. Diese kam teilweise fast zum Stillstand. So sanken die Emissionen im Verkehrssektor so stark wie noch nie.[164] Die Verkehrsemissionen waren vor 2020 fast gar nicht gesunken und in manchen Jahren sogar gestiegen.

Nur durch Corona hat Deutschland sein Reduktionsziel erreicht.

»Ohne die Corona-Lockdowns mit den Einschränkungen bei Produktion und Mobilität hätte Deutschland sein Klimaziel für 2020 verfehlt. Das bedeutet, dass die Emissionen wieder steigen werden, wenn die Wirtschaft wieder anspringt«, sagt Dirk Messner, der Präsident des Umweltbundesamtes.[165]

Kosteneffizienz: Weniger davon ist mehr

Energieeffizienz kann nach hinten losgehen, wenn die Rahmenbedingungen nicht stimmen. Etwa wenn Energie und Rohstoffe weiterhin billig sind. Ein anderes Ziel für die Bundesregierung beim Klimaschutz ist die Kosteneffizienz. Man könnte übersetzen: Geldeffizienz. Geld soll nicht verschwendet werden. Vor allem die Wirtschaftswissenschaftler verfolgen diesen Ansatz. Alles muss immer kosteneffizient gelöst werden. »Es ist ein klassisches Ziel in der Volkswirtschaft ein definiertes Ziel zu minimalen Kosten zu erreichen«, sagt der Volkswirt Felix Müsgens von der Brandenburgischen-Technischen Universität.[166] Aber dieser Anspruch von Kosteneffizienz ist kein Grund- oder Naturgesetz. Nein, es ist nur eine Theorie in der Volkswirtschaft. Die Computermodellierungen in der Klimawissenschaft sind so programmiert, erläutert Sabine Fuss im Interview, dass immer nach dem kosteneffizientesten Weg gesucht werde. Aber warum soll es kosteneffizient sein? Dazu erklärte Ottmar Edenhofer, Direktor des Potsdam-Instituts für Klimafolgenforschung einmal auf Nachfrage, weil man dann mit dem Geld, das man so einspare, eben noch andere wichtige Dinge machen könne.[167]

Man macht etwas kosteneffizient, damit man mehr Geld für andere Dinge übrig hat! Das ist für einen Staat sicherlich wichtig. Geld, das er von seinen Bürgern über die Steuereinnahmen bekommt, soll er nicht verschwenden. Deswegen rügt der Bundesrechnungshof die Bundesregierung, wenn er Steuerverschwendung aufdeckt. Alles gut und schön. Übrigens kritisierte der Bundesrechnungshof zuletzt zu hohe Strompreise für Privathaushalte und kleine Unternehmen durch das Erneuerbare-Energien-Gesetz.[168] Hier muss der Staat nachbessern. Es fehlen immer noch Maßnahmen, um besonders stark betroffene Haushalte und kleine Unternehmen zu entlasten.

Es ist aber nicht sinnvoll, die Kosteneffizienz in jedem Fall als wichtigstes Entscheidungskriterium zu nehmen. Die Kosteneffizienz steht dann bildlich gesprochen wie ein Riesencontainerschiff quer im Suezkanal, an dem die kleineren Schiffe nicht vorbeikommen. Hans Joachim Schellnhuber, früherer Direktor des Potsdam-Instituts für Klimafolgenforschung, sagt: »Der übliche Volkswirt will effizient sein. Aber Effizienz ist der Feind der Innovation.«[169] Das führe dazu, dass wir in einer Art Effizienzfalle sitzen. Denn, so Schellnhuber, man könne eben nicht von vornherein wissen, welche Investition am Ende die richtige ist. »Sie müssen den Mut haben Geld zu verschwenden. Geld in etwas zu legen, was Potenzial hat.«[170] Man solle etwas auch auf chaotische Art und Weise machen und er ergänzt: »Das ist die Quintessenz: Wenn Sie etwas optimal machen wollen, scheitern Sie.«[171]

Wir brauchen Alternativen, die sich auch genügend voneinander unterscheiden. Nur so kann man während eines Suchprozesses die beste Lösung finden. Das ist schwer, wenn ein Computerprogramm der Wirtschaftswissenschaftlerinnen immer nur die kosteneffizientesten Wege sucht. Denn vielleicht sind unter denen, die zu Beginn nicht die günstigsten sind, die, die langfristig gesehen die besten sind. Etwa, wenn eine teure Wahl am Ende doch die meisten Menschenleben rettet. Oder wenn ein teurer Weg am Ende die größte Unterstützung aus der Bevölkerung hat und man deswegen darauf bauen kann, dass er langfristig akzeptiert wird. Immer wieder müssen Demonstrationsprojekte wie etwa für die CCS-Technologie nach einer Anfangsphase aufgegeben werden wegen mangelnder Akzeptanz am Ort des Geschehens. Dieses Argument bringt Sabine Fuss im Interview ins Spiel. Für welche technischen Optionen zum Einfangen von CO_2 habe ich das Einverständnis der Bevölkerung? Diese Diskussion muss endlich breit geführt werden, fordert sie. Sonst geht Zeit und Geld verloren, weil auf die falschen Projekte (Pferde) gesetzt wird. Kosteneffizienz darf nicht das Hauptkriterium der Suche sein. Die Suche nach den besten Klimaschutzlösungen darf nicht ideologiegetrieben sein oder von erstarrten Wirtschaftstheorien abhängen. Hier muss mehr Realitätssinn Einzug halten.

Zwei aktuelle Beispiele aus der deutschen Klimapolitik zeigen, dass Kosteneffizienz bis heute der bildlich gesprochen querstehende Tanker im Suez-Kanal ist. So wurde das Erneuerbare-Energien-Gesetz im Jahr 2017 reformiert, mit dem Ziel »den Weg der Erneuerbaren zu geringstmöglichen Kosten fortzuschreiben und die Ausbaumengen präziser zu steuern.«[172] Gleich am Anfang der EEG-Reform 2017 hatten Wissenschaftler gewarnt: »Soll die Vorreiterrolle Deutschlands im EE-Bereich erhalten bleiben, darf der Fokus auf Kosteneffizienz nicht dazu führen, dass private wie öffentliche Akteure ihre energie- und klimapolitischen Ambitionen einstellen.«[173] Genau das passierte. Der Ausbau der erneuerbaren Energien in Deutschland brach ein. Die Beteiligung von Bürgerinnen und Genossenschaften ging zurück, die der großen Unternehmen nahm zu. Ziel erreicht? Ziel verfehlt? Das Computerprogramm berechnete auf jeden Fall die niedrigsten Kosten.

Die Bundesregierung setzt sich dafür ein, dass der Zertifikatehandel europaweit für alle Sektoren eingeführt wird. Warum? Weil »ein sektorübergreifender einheitlicher Preis für Treibhausgasemissionen volkswirtschaftlich der kosteneffizienteste Weg [ist], Klimaziele zu erreichen.«[174] Das hieße, dass neben dem Energie- und Teilen des Industriesektors noch die Sektoren Verkehr, Gebäude (Heizen) und Landwirtschaft dazukommen sollen. Bei 27 Ländern wird das eine Menge Abstimmung erfordern, denn die Entscheidung über die Erweiterung des europäischen Zertifikatehandels muss einstimmig sein. Wie viel Zeit, glaubt eigentlich die Bundesregierung, haben wir noch? Aber Hauptsache kosteneffizient!

Welche Kosten sind für wen die höchsten?

Es gibt noch ein anderes Problem mit der Kosteneffizienz. Wenn man schon diese Kostenberechnung aufstellt und den Weg der niedrigsten Kosten finden will, bleibt die Frage, ob alle Kosten auch richtig berechnet sind. Nicht nur das. Die nächste Frage ist, ob alle wichtigen Kostenfaktoren überhaupt in die Aufstellung einbezogen sind. Sobald es um den Verbrauch von Naturgütern, also um Rohstoffe und um Naturflächen an sich geht, ist diese Kostenaufstellung sehr kompliziert. Jeder Lebensraum in der Natur ist ein Netz von Wechselwirkungen zwischen den hier herrschenden klimatischen Bedingungen, vorkommenden Rohstoffen und Tieren und Pflanzen. Deswegen nennt man dies auch ein Ökosystem. Die einzelnen Teile bedingen einander, und bringen gemeinsam wieder neue Rohstoffe und neues Leben hervor und erbringen dadurch *die* Leistungen der Natur, die wir Menschen unbedingt brauchen. Die Wechselbeziehungen sind so komplex, dass ein großer Eingriff in die Natur mit seinen langfristigen Folgen nicht in einer einfachen Kostenaufstellung darstellbar ist. Ein Beispiel:

Angenommen eine Autobahn soll durch ein zusammenhängendes Waldgebiet gebaut werden. Wenn man nun Baumaterialien und Arbeitsstunden als Kostenfaktor in der Kalkulation berücksichtigt, ist es noch einfach. Schwierig wird es, wenn man die Kosten für Tiere abschätzen muss. Angenommen in dem Wald lebt eine Tierart in einem ihrer letzten Rückzugsgebiete. Aus allen anderen ihren typischen Biotopen – das sind Lebensräume, in denen sie natürlicherweise vorkommt – ist sie schon verschwunden. Die Gefahr, dass mit dem Bau der Straße, dieses Tier endgültig in Deutschland ausstirbt, ist groß. Eine Umsiedlung kann scheitern. Nun müssen die Kosten abgeschätzt werden, die einerseits mit dem Erhalt dieser Art oder andererseits ihrer Ausrottung verbunden sind. Abgesehen von der moralischen Fragwürdigkeit, Lebewesen einen Preis zuzuweisen, ist es auch unmöglich vorherzusagen, was im Ökosystem passiert, wenn diese Tierart wegfällt. Wir können nicht abschätzen, welche Folgen das alles haben wird. Denn in der Natur ist alles mit allem verbunden.

Nicht nur das. Bei jeder Kalkulation, die von Menschen gemacht wird, kommen auch persönliche Werturteile dazu. Würde man verschiedene Menschen befragen, was ihnen ein zusammenhängendes intaktes Waldgebiet wert ist, kämen sie zu ganz unterschiedlichen Bewertungen. Für Wanderer und Naturfreunde ist das Stück Natur sehr wichtig, sie geben dem einen hohen Preis. Für Verkehrsminister und Städteplanerinnen ist es weniger wichtig, weil sie sich auf die Vorteile durch das neue Autobahnteilstück konzentrieren. Die eingesparte Fahrtzeit von Stadt A nach Stadt B lässt sich als Nutzen in Euro darstellen: Berufspendlerinnen und Zulieferer von Unternehmen sparen 20 Minuten und das ist bares Geld. Aber die Tiere *pendeln* auch, nur bekommen sie keine Pendlerpauschale. Wenn ihr Lebensraum zerschnitten wird, kann es sein, dass sie sich nicht mehr ausreichend mit anderen Artgenossen treffen und paaren können. Auch das könnte sie aussterben lassen.

Noch ein wichtiger Punkt, den man bei Eingriffen in die Umwelt oft nicht im Blick hat. Logisch, weil man in eine Glaskugel schauen müsste. Was passiert in der Zukunft? Das weiß man nie, aber bei Bauprojekten gibt es Erfahrungswerte. Bei Naturflächen ist das etwas anders. Da ist jede einzigartig, weil sie in einem anderen Gebiet liegt. Der Boden ist anders, die Wettersituation ist anders, der Siedlungs- oder Nutzungsdruck wird sich in Zukunft erhöhen oder abnehmen. Jetzt kommt der Klimawandel noch zusätzlich ins Spiel. Wenn das Wetter sich in der Region so entwickelt, dass es in Zukunft immer trockener wird, dann ist die Abholzung dieses Waldes genau hier langfristig ein viel höherer Verlust als an anderer Stelle. Dann werden mit der Abholzung weitere Nebenwirkungen auftreten, die wiederum den Klimawandel verschärfen können. Gerade in Zeiten der sich zuspitzenden Klimakrise müssen Kostenberechnungen ganz anders angegangen werden. Im Grunde müssten bei jedem Bauprojekt und in jeder Gemeinde ein Klimawissenschaftler und eine Naturschutzexpertin dabeisitzen. Er hat Klimaszenarien über diese Region für die nächsten 10, 20 und 40 Jahren zur Hand und wird dann sagen, welche Baumaßnahme wie mit dem regionalen Klima langfristig wechselwirken wird. Sie kann vorschlagen, wie man gleichzeitig die Natur stärkt, statt sie zu zerstören. Zusammen können dann alle auf Grundlage verlässlicher Analysen entscheiden, welcher Natureingriff mit welchen langfristigen Schäden *für die Region* verbunden ist. Ob man es lieber lässt oder ganz anders macht. Aber so ist die Praxis nicht. Es hat noch kein Umdenken stattgefunden.

Angenommen nun, die Firmen, deren Vorteile durch eine bessere Autobahnanbindung bei der Kalkulation besonders berücksichtigt wurden, existieren in 20 Jahren nicht mehr. Warum auch immer – vielleicht waren ihre Produkte nicht mehr gefragt. Weiter angenommen, immer mehr Menschen arbeiten künftig im Homeoffice und noch weiter angenommen, der öffentliche Nahverkehr wird in der Region ausgebaut, weil die Emissionen sinken müssen. Die neuen Züge und Busse sind alle elektrisch. Was ist also, wenn in 15 oder 20 Jahren die Bauplanerinnen und Wirtschaftsförderer sagen müssen, jetzt brauchen wir das Autobahnteilstück nicht mehr. Wir hatten fehlkalkuliert. Wir hatten die langfristigen Folgen nicht hoch genug eingepreist. Aber durch den Eingriff in die Natur ist eine wichtige CO_2-Senke verloren gegangen oder stark geschwächt worden und eine Tierart ist verschwunden. Ein vorher intakter Lebensraum mit seinen Ökosystemdienstleistungen für Mensch und Natur ist ab jetzt erheblich gestört. Auf diesen Punkt geht auch der französische Künstler Emmanuel Henninger im Interview ein, wenn er sagt, für ihn sei der Schlüssel für die Zukunft die Natur.

Bekannt wurde der Bau der Autobahn A49 durch den Dannenröder Forst, weil sich viele vor allem junge, aber auch ältere Umweltaktivisten gegen die Abholzung gewehrt haben. Sie haben sich in Baumhäusern im Wald niedergelassen, die dann kurz vor der Rodung von der Polizei geräumt wurden. Das Beispiel des Autobahnbaus ist eines von unzähligen aus Deutschland und ist im Grunde auf jeden Natureingriff übertragbar, der heute noch unter rein wirtschaftlichen Erwägungen gerechtfertigt wird.

Es fehlt in diesen Fällen immer eine angemessene Gegenrechnung über die Gewinne und Verluste in der Natur im Vergleich zu den Kosten und Nutzen der neuen Autobahn oder einer anderen Baumaßnahme. Deswegen macht die reine Betrachtung der Kosteneffizienz auch blind. Wir sehen nicht, was wir wirklich anrichten. Wir können uns vorstellen, wie die Autobahn aussieht und was 20 Minuten Zeitersparnis sind. Wir können uns aber nicht vorstellen, was in der Lebensgemeinschaft des Waldes passiert und noch passieren wird. Noch wichtiger ist, dass wir nicht sehen, welchen Verlust der gerodete Wald für uns Menschen selbst bedeutet.

In Brandenburg werden bis heute hundertjährige Baumalleen geopfert, um die Straße breiter zu machen, damit Lastwagen besser passieren können. Nach dem Kahlschlag fehlen für immer der natürliche Lärmschutz, die Sauerstoffproduktion und der Lebensraum für unzählige Tiere.[175] Es hätte auch eine Wechselampelschaltung getan oder eine Geschwindigkeitsbegrenzung auf diesem *einen einzigen* Kilometer. In wenigen Stunden des Absägens sind mehrere hundert Jahre Baumwachstum vernichtet worden.

Die Frage der Kosten ist *eine* von vielen. Sie darf nicht die alles entscheidende sein, denn Kostenbewertungen verändern sich mit dem Wissen und der Zeit. Die Natur ist kostbarer als wir einschätzen können. Sie ist heute und morgen unsere Partnerin im Kampf gegen den Klimawandel.

Dreiklang: Klimaschutz, Naturschutz, Entwicklungsziele

Land wird immer knapper. Bei einer zunehmenden Weltbevölkerung und vielen verschiedenen Nutzungsmöglichkeiten muss gut überlegt werden, welche Fläche man wie nutzt. »Eine klimaschonende Landnutzung ist machbar, wenn wir bei unseren Entscheidungen beachten, wie viel der jeweilige Naturraum zu leisten vermag und durch welche Nutzungsformen möglichst viele Menschen von der Natur profitieren«, erklärt Josef Settele, Biodiversitätsforscher vom Helmholtz-Zentrum für Umweltforschung (UFZ).[176] Das ist ein Ergebnis einer gemeinsamen Studie vom Juni 2021 des Weltklimarats (IPCC) und des Weltbiodiversitätsrates (IPBES). Jeder Naturraum leistet etwas für den Klimaschutz und die Artenvielfalt. Naturraum wird aber auch benötigt, damit Menschen ihre Existenzen sichern können. Es gibt große Konkurrenz um Land für die Nahrungsmittel- und Energieproduktion, für Siedlungen und Verkehrswege. Im Abschlussbericht der Untersuchung wird ausgeführt, dass viele Menschen so große Not leiden, dass ihnen gar nichts anderes übrig bleibt, als Raubbau an der Natur zu betreiben. Als Beispiel wird die Abholzung tropischer Regenwälder genannt, aber auch illegale Jagd, Fischerei und Goldsuche. Die Menschen »aus dieser Notlage zu befreien, wäre ein erster wichtiger Schritt für nachhaltigen Klima- und Naturschutz«, sagt Hans-Otto Pörtner, Klimaforscher am Alfred-Wegener-Institut vom Helmholtz-Zentrum für Polar- und Meeresforschung, einer der Leiter der Untersuchung.[177] Daher fordern die Wissenschaftler, dass es künftig immer um einen Interessensausgleich zwischen Klima, Natur und Mensch gehen müsse. Sie nennen das einen Dreiklang aus Klimaschutz, Naturschutz und Entwicklungszielen. Mit letzterem sind die Ziele für nachhaltige Entwicklung der Vereinten Nationen (SDGs) gemeint. Die 17 Entwicklungsziele decken so verschiedene Ziele ab wie »Keine Armut«, »Nachhaltiger Konsum« oder »Schutz des Lebens an Land und unter Wasser«. Allein daran zeigt sich das immense Spannungsfeld, das es zu beackern gilt: Schutz der Natur, Klimaschutz und Wohlstand und Entwicklung für 8 Milliarden Menschen. Eine Herkulesaufgabe.

Aber das zeigt vor allem eines: Klimaschutz und Naturschutz sind nur mit den Menschen vor Ort umzusetzen. Deswegen ist Klimapolitik auch Sozial- und Wirtschaftspolitik und vor allem auch Kommunalpolitik.

Das ist mit Klimagerechtigkeit gemeint – auf der ganzen Welt wie im eigenen Land. Es geht nicht, dass ein Teil der Menschheit die Last allein schultern muss, und ein anderer Teil strengt sich nicht an oder pickt sich nur seine nationalen Vorteile heraus. Wie schon beim europäischen Lastentier, der Lastenteilungsverordnung zur Senkung der Emissionen in der EU, ist das der Königsweg: Mehrere Schultern teilen sich die Klimaschutz-Last, und zwar jede Schulter so wie sie kann. Wenn die Politik die hohen Stromkosten hauptsächlich auf Haushalte mit geringem Einkommen ablädt und gleichzeitig große Industrieverbände mit kostenlosen Zuteilungen an Emissionszertifikaten beschenkt, dann ist diese Last ungleich verteilt. Dann geht die Bevölkerung nicht mit. Es darf keine Privilegien für Reiche oder Mächtige geben. Wenn sich manche aus Klimaschutzanstrengungen herauskaufen oder sie aus eigennützigen wirtschaftlichen Gründen unterlaufen, muss die Politik dem einen Riegel vorschieben.

Deswegen fordert die Fridays for Future-Bewegung die »sozialgerechte Einhaltung der 1,5-Grad-Grenze«.[178] Es sind die armen Länder der Erde, und in den reichen Ländern die Bevölkerungsgruppen mit geringerem Einkommen, die die Folgen des Klimawandels früher und härter spüren als der wohlhabendere Rest. Denn wer Geld hat, kann sich schützen oder sich teure Alternativen leisten. Das hat auch die zweitgrößte Gewerkschaft in Deutschland, Verdi, erkannt und sich am Klimastreik von Fridays for Future im Juni 2021 beteiligt. Der Verdi-Vorsitzende Frank Werneke erklärte: »Klimapolitik darf uns sozial nicht spalten. Deshalb brauchen wir ehrgeizige Klimaziele und ein sozial gerechtes Klimageld.«[179] Ein Blick nach Frankreich zeigt, dass Ende 2018 die Ankündigung die Spritpreise zu erhöhen, Teile der Bevölkerung auf die Straße getrieben hat. Es bildete sich die Gelbwestenbewegung, die monatelang das Land mit Streiks in Atmen hielt. Die »Gelbwesten« hielten diese Preiserhöhung für sozial ungerecht.

Aber selbst wenn die Klimaschutzinstrumente sozial ausgewogen sind, ist das nicht allein das Erfolgsrezept. Es fehlt noch die Vermittlung in die Bevölkerung. Natürlich ist immer die Frage berechtigt, wie gut die Politik ihre Maßnahmen erklärt. Bei der Klimapolitik ist diese Frage aber existenziell für den Erfolg. Denn Klima ist immer noch ein neues Politikfeld. Nationale Verteidigung, Gesundheits- und Bildungspolitik haben weniger Erklärungsbedarf, aber Klimapolitik sehr wohl. Hier geht es erst einmal darum zu erklären, welche Ziele hat die Regierung und warum hat sie diese? Danach muss man zeigen, wer welche Lasten wie schultern soll. Das sind die Fragen, die Politiker in jeder Stadt und jedem Landkreis den Einwohnerinnen beantworten müssen. Allerdings ist es häufig so, wie Daniela Jacob im Interview berichtet, dass den lokalen Politikerinnen selbst die Hintergründe fehlen. Woran liegt das? Zum einen daran, dass Klimapolitik extrem komplex ist. Zum anderen auch daran, dass die Anliegen der Kommunalpolitik heute noch nicht mit den Klimazielen der Bundesregierung abgestimmt werden. Ein weiterer Grund für die Unkenntnis an der Basis ist, dass selbst die Landespolitik den Klimazielen des Bundes oft hinterherhechelt, also nur reagiert statt agiert. Schließlich ist als letzter Grund zu nennen, dass die hehren Ziele der Bundespolitik, wie die Entwicklungsziele der Vereinten Nationen oder das Pariser Übereinkommen, so abstrakt sind, dass nicht wenige Bürgerinnen und Bürger diese für abgedrehte Spinnereien halten. Nach dem Motto: Was hat das mit meinem Alltag zu tun? Das ist tragisch, weil Klimaschutz in der Kommune beginnt!

Der Klimakommunikationskraftakt – Klikt

Die drei Säulen der Klimaschutzpolitik sind, wie an anderer Stelle schon erwähnt, international und national diese: Minderung der Emissionen, Maßnahmen zur Anpassung an die Folgen des Klimawandels und Umlenkung der Geldströme. Auf allen Hierarchieebenen muss sich die Klimapolitik auf diese drei Säulen stützen (vergleiche dazu *Abbildung 3: Die drei Säulen der Klimaschutzpolitik*). Aber das reicht nicht. Nun kommt noch eine vierte hinzu: die Kommunikation. Dann erst steht die Klimapolitik wirklich stabil, statt auf drei nun auf vier Füßen (siehe *Abbildung 8: Die vier Säulen der Klimaschutzpolitik*).

Abbildung 8: Die vier Säulen der Klimaschutzpolitik

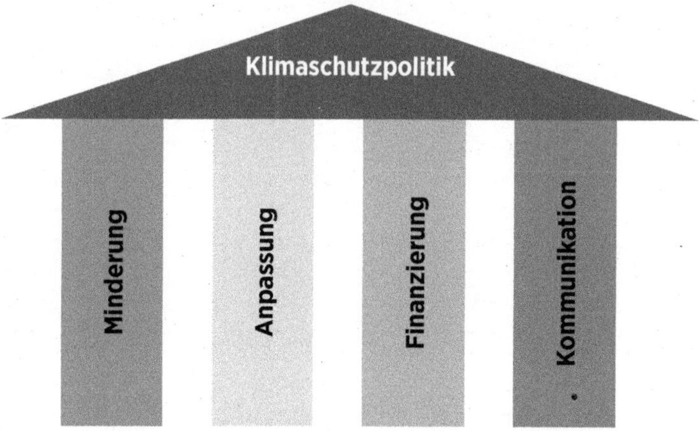

Künftig muss neben den drei klassischen Säulen der Klimaschutzpolitik immer noch eine vierte daneben stehen: die Säule der Kommunikation. Diese Vermittlungsarbeit muss jedes Land als seine nationale Hausaufgabe begreifen.

Daher brauchen wir einen nationalen *Klimakommunikationskraftakt* (Klikt). Was bedeutet das? Es ist von nationaler Bedeutung, wie schnell Klimaschutz umgesetzt wird. Die Vorteile für die Gesellschaft liegen auf der Hand. Aber die Dringlichkeit der Umsetzung spiegelt sich nicht im gesellschaftlichen Diskurs wider, auch wenn es durch die jüngsten Flutkatastrophen im Südwesten Deutschlands im Juli 2021 einen Aufmerksamkeitsschub gegeben hat. Dennoch verlieren wir weiter wertvolle Zeit und das ist vollkommen unnötig. Die Politik handelt viel zu langsam oder halbherzig gemessen an dem, was auf dem Spiel steht und für die Zukunft des Landes gewonnen werden kann. Interessanterweise ist die Wirtschaft schon weiter. So kritisierten Vertreter der Industrie schon mehrfach die Abstandsregeln für die Aufstellung neuer Windkraftanlagen, weil diese Vorschrift die Energiewende ausbremse. Aber es reicht auch nicht, nur passive Zustimmung für Klimaschutz zu bekommen, sondern die Mitwirkung der Menschen ist wichtig, um die Dinge zu beschleunigen. Aktive Mitwirkung heißt, eigene Ideen einzubringen und zu helfen, sie umzusetzen. Das sind genügend Gründe etwas ganz Neues mit einem Sofortprogramm in Gang zu setzen und damit das einzuleiten, was schon oft in diesem Buch gefordert wurde: die Woge der Begeisterung für Klimaschutz. Diese Woge lässt sich auslösen, da bin ich mir sicher, sobald erstens genügend Wissen um den Klimawandel und die bisherige Klimaschutzpolitik vorhanden ist und zweitens unsere Mitwirkung erwünscht ist.

Die Politik weiß, wie wichtig die Zustimmung des Volkes ist. Im Klimaschutzprogramm 2030 der Bundesregierung ist die *Informationskampagne »Klimaschutz 2050«* als eine von über 100 Maßnahmen aufgeführt.[180] In der Beschreibung steht, dass die Kampagne »zielgruppenspezifisch« die Klimaschutzpolitik der Bundesregierung erklären soll. Außerdem sollen die Bürgerinnen und Bürger sich ihrerseits »darüber Gedanken [machen], wie sie persönlich zum Klimaschutz beitragen können.«[181] Das sind die richtigen Ansätze, aber sie gehen nicht weit genug. Außerdem ist noch nichts umgesetzt.

Wenn Klimaschutzpolitik aber künftig auf vier Säulen stehen muss, dann kann nicht eine Säule erst in vier oder fünf Jahren hinzukommen. Das schwächt die drei anderen. Alle vier müssen zeitgleich umgesetzt werden, um maximale Wirkung zu entfalten. Denn Klikt informiert die Menschen auch über Klimaschutzpolitik, und kann so in den Kommunen Impulse für neue und andere Politik setzen. Die vier Säulen Minderung der Emissionen, Maßnahmen zur Anpassung, Umlenkung der Geldströme und Klimakommunikation wirken auf verschiedenen Zeitskalen, das heißt, sie brauchen unterschiedlich lange, um Erfolge zu zeigen. Minderung der Emissionen hat schon vor Jahren politisch begonnen, aber sie brauchen Jahrzehnte und Jahrhunderte, um zu wirken. Anpassungsmaßnahmen setzen langsam ein und haben den Vorteil, dass sie schnell Erfolge erzielen. Man denke an Frühwarnsystem und Wasserrückhaltebecken oder neue auf Klimaschutz abgestimmte Bebauungs- und Nutzungspläne in den Kommunen. Auch die Umlenkung der Geldströme beginnt langsam, aber stetig. Ein Weg dahin ist die Bewertung von Geldanlagen nach grünen Kriterien. Die Berichterstattung über den Klimawandel hat zugenommen, aber sie ist sehr von bestimmten kurzfristigen Ereignissen getragen. Kommunikation zum Klimaschutz muss künftig viel mehr leisten, ständig erfolgen und aktualisiert werden. Sie muss in alle Bereiche unserer Gesellschaft vordringen und allen Interessierten ermöglichen, beim großen Projekt Klimaschutz mitzumachen. Deswegen ist diese neue Klimakommunikation ein nationaler Kraftakt.

Was beinhaltet Klikt?

Es geht darum, dass jede und jeder in Deutschland die Möglichkeit bekommt, sich zu informieren *und* sich mit Fragen und Antworten zu beteiligen. Klikt ist zweigleisig: ein Informationsteil und ein Gesprächsteil. Klikt ist keine Einbahnstraße. Klikt beginnt mit Informationen und mündet in Gesprächen. Die Bürgerinnen werden über verschiedene Kanäle, Kommunikations- und Gestaltungsmittel informiert, sodass jede und jeder erreicht wird, unabhängig von Alter, Beruf und Herkunft. Danach werden alle Interessierten eingeladen, sich am Austausch zu beteiligen. Um diesen Klimakommunikationskraftakt zu leisten, kann man sich Elementen bedienen, die schon in diesem Buch als wirksam im Kampf gegen den Klimawandel beschrieben worden sind.

Wir brauchen Geschichten, die von einer guten Zukunft erzählen, die erst durch Klimaschutz möglich wird. So wie es der neue Präsident Biden mit seiner Innen- und Außenpolitik begonnen hat, die künftig stark im Zeichen des Klimaschutzes stehen. Wir brauchen Menschen die Vorbilder sind und im Klimaschutz vorangehen. Wir müssen die Geschichten so verbreiten, dass sie Menschen erreichen und sie motivieren mitzumachen. Das geht über gemeinsame Ziele, aber auch über einen Wettbewerb um beste Ideen und Lösungen. Wir können uns mit vielen anderen Menschen verbinden, nicht nur in unserer Kommune auch in anderen Teilen Deutschlands und der Welt. Der Klimakommunikationskraftakt braucht wissenschaftliche Grundlagen. Er muss sich auf Studien stützen und neue Erkenntnisse vermitteln.

Das sind wichtige Elemente der Kommunikation, die aber nie einseitig sein darf, sonst verfehlt sie ihr Ziel. Sie muss immer in beide Richtungen erfolgen. Es gibt keine Seite, die nur erklärt und die andere hört zu. Beide Seiten sind im Dialog. Denn Klimaschutz gelingt nur mit der Bevölkerung.

Im Informationsteil von Klikt geht es zum Beispiel darum, Geschichten zu erzählen, die mit Hoffnung und Aufbruch verbunden sind. Die klassischen und neuesten PR- und Kommunikationsinstrumente sind bei der Vermittlung gefragt. Welche Bilder sind geeignet? Nicht nur die des Eisbärenjungen, das allein auf einer Eisscholle sitzt. Das macht depressiv. Es gibt andere Beispiele. Erfolgreiche Unternehmensgründungen, die CO_2 aus der Luft holen. Projekte in Ländern wie Afrika und Südamerika, die mit kleinen Innovationen einen großen Vorteil für den Alltag der Menschen bedeuten, wie solarbetriebene Kocher und Öfen, die Emissionen und Gesundheitsschäden gleichzeitig reduzieren. Neue landwirtschaftliche Praktiken, die Menschen, Natur und Klima helfen, wie neue Beweidungsstrategien für ausgetrocknete Böden. Überall auf der Welt gibt es diese Geschichten. Klikt holt sie an die Oberfläche und verbreitet sie.

Hier sind Kommunikationsprofis gefragt, die Themen aus unterschiedlichen Bereichen zielgruppenspezifisch aufbereiten und verständlich machen. Es kann an mancher Stelle auch plakativ sein. Einige Leserinnen und Leser erinnern sich vielleicht noch an die Anzeigenkampagne der Bundeszentrale für gesundheitliche Aufklärung Ende der 1980er-Jahren. »Gib Aids keine Chance« hieß das Motto. Überall lagen Aufklärungsbroschüren aus, liefen Beiträge zum Thema AIDS und prangten riesige Plakate mit bunten Kondomen und dem Slogan »mach's mit«. Wie schnell sich Werbung ändern kann. Ein paar Jahre früher waren diese Bilder und Worte an öffentlichen Plätzen noch undenkbar. Das kann man ähnlich machen, zeitgemäßer, aber mit der gleichen Sichtbarkeit und Selbstverständlichkeit. Klimaschutz kann aufrütteln und ermuntern.

Im Gesprächsteil sind die Bürgerinnen und Bürger die Experten. Sie erzählen von ihren Erfahrungen und machen den anwesenden Experten Vorschläge. So kommt es zu einem Austausch zwischen Menschen vor Ort mit Politikerinnen, Wissenschaftlern und Managerinnen. Wichtig ist immer, dass viele verschiedene Perspektiven gehört werden und bei der Lösungssuche miteinfließen. Es gibt nicht den Königsweg zum Klimaschutz. Wenn so eine Art von Gespräch sich landauf landab entwickelt, dann hilft das nicht nur dem Klimaschutz, sondern stärkt unsere Demokratie. Neue Erkenntnisse müssen so wahrheitsgetreu wie möglich verbreitet und Gegenmeinungen ausgehalten werden. Das fördert unser Vermögen, Krisen zu meistern.

Kampagnenbusse könnten durch die Lande touren. Es reicht sicherlich nicht, ein einziges Online-Portal einzurichten, wie es im Klimaschutzprogramm 2030 beschrieben ist. Das entfacht nicht riesige Begeisterung für den Klimaschutz. Daran beteiligen sich aus Erfahrung nur sehr wenige. Dieses Mal muss die Politik rausgehen zu den Menschen, auf die Märkte und Stadtfeste oder in die Rathäuser, zum Tag oder Abend des offenen Klimagesprächs einladen mit Freigetränken, Informationsmaterial und Multimedia zum Mitmachen. Natürlich vermischen sich bei den Direktterminen vor Ort der Informations- und der Gesprächsteil.

Die Maßnahmen wären erst einmal auf ein Jahr angelegt. Dann würde eine Auswertung erfolgen und erste umgesetzte Aktionen würden vorgestellt werden. Dafür reicht nicht eine Mitteilung im Internet, die man suchen muss. Sondern gut wären Beiträge in verschiedenen Medien über die Ergebnisse, die auch mit Anzeigen oder Posts in Sozialen Netzwerken verbreitet werden. Schließlich finden Diskussionen in bunt zusammengesetzten Runden darüber statt.

Tabelle 7: Erste Ideen für »Hat's geklikt«?

Art	Informationsteil	Gesprächsteil
Titel	Hat's geklikt?	
Wissenschaft	Wissenschaftler erklären ihre Studien, ihre Vorgehensweisen und Erkenntnisse.	Bürgerinnen stellen Fragen, auch kritische wie etwa zur Studienfinanzierung etc.
Bildung	Fachleute kommen in Schulen, Universtäten und Ausbildungszentren. Klassen und Kurse fahren in Forschungseinrichtungen, besichtigen Feldversuche, evtl. Treffen mit Menschen, die vom Klimawandel betroffen sind.	Schülerinnen, Azubis und Studenten äußern Wünsche, was sie sich einmal anschauen möchten, welche Vorträge sie interessieren. Freiwillige Praktika in Forschungszentren oder vom Klimawandel stark betroffenen Regionen.
Weiterbildung	Fortbildungen für alle Berufsfelder: Ingenieurinnen, Landwirte, Handwerker, Gärtnerinnen etc., Austauschprogramme und Praktika für Berufstätige im In- und Ausland.	Berufs- und Ausbildungsgruppen machen Vorschläge, wo sie Informationsbedarf haben oder wo und wie sie sich weiterbilden möchten.
Politik	Politikerinnen der UN, der EU, der Bundes- und Landesebene berichten von ihrer Arbeit in der Klimaschutzpolitik, erklären Verträge und Verhandlungen.	Bürger berichten wie sie selbst Klimaschutz schon umsetzen oder was sie (von der Politik) noch dafür benötigen wie Finanzierungen, Kooperationen oder Beratungen.
Wettbewerb	Ausschreibungen für alle Berufsgruppen, um Lösungen für Klimaschutzaufgaben zu entwickeln.	Finanzierung für Ideenwettbewerbe in Schulen, in Universitäten, den Kommunen.
Internet	Webseiten mit Beiträgen unterschiedlicher Inhalte und Schweregrade. Wer tiefer eintauchen will, kann das. Bürger finden Termine zu Klimagesprächen in ihrer Region.	Bürgerinnen finden Möglichkeiten zum Vernetzen mit Menschen in der eigenen Kommune, im Kreis, im Land oder mit ähnlichen (Berufs-) Gruppen im Ausland.
Werbung/ PR	Ausstellungen, Anzeigen auch mit Experten, Pionieren aus dem In- und Ausland.	Kommunale Wirtschaft und Politik stellen eigene Ideen, Projekte, Forschungen und Umsetzungen vor.

Eine Idee dieser Art verfolgen die sogenannten Bürgerräte zum Klima. Dabei werden zufällig ausgewählte Bürgerinnen und Bürger auf freiwilliger Basis in einen nationalen Bürgerrat berufen. In diesem Gremium erarbeiten sie dann im Austausch mit Expertinnen eigene Vorschläge zum Klimaschutz. Nach einem bestimmten Zeitraum werden die Ergebnisse der Regierung vorgestellt. Einer der ersten, der dieses Format wählte, war der französische Präsident Emmanuel Macron im Jahr 2019. Ein Jahr nach der Initiative stellte der Bürgerrat, *la convention citoyenne pour le climat*, seine Vorschläge vor. Auch in Deutschland hat sich von April bis Juni 2021 ein solcher Bürgerrat zusammengefunden.[182] Es bleibt abzuwarten, welche Ergebnisse wie umgesetzt werden. Zumal der deutsche Bürgerrat nicht von der Bundesregierung beauftragt worden ist, sondern sich als eine private Initiative gebildet hat. Dennoch sind das erste Schritte, den Dialog in der Bevölkerung zu starten.

Aber das ist ehrlich gesagt nur eine kleine Welle, die auch schnell im Sande verlaufen kann. Wir brauchen einen Kraftakt, der den Namen verdient. Wir brauchen eine nationale Informations- und Gesprächsoffensive zum Klimaschutz. Das muss eine Riesenwelle für den Klimaschutz werden, die Jung und Alt erfasst und zum Mitmachen motiviert. Dabei ist es erst einmal egal, was man im Kleinen umsetzt, ob man sich künftig für Biofleisch, bienenfreundliche Bepflanzung oder Bahn- statt Flugreisen entscheidet. Wenn diese Welle durchs Land schwappt, schwimmt die Politik mit und setzt um, was sie muss.

Gutes Klima vor Ort

Als der letzte Sachstandsbericht des Weltklimarates in den Jahren 2013 und 2014 erschienen ist, hat der heutige Direktor des Potsdam-Instituts für Klimafolgenforschung, Ottmar Edenhofer, gesagt: »Die wissenschaftlichen Studien und Experten schreiben eine Landkarte. Darauf sind die verschiedenen Wege aufgezeichnet, die man nehmen kann. Aber welchen Weg man dann geht, das entscheidet die Politik.«[183] Das entscheidet die Politik, denn sie muss im besten Sinne immer alle Interessen der Gesellschaft miteinander abwägen – auch die langfristigen und die der zukünftigen Generation. Politik ist heute leider zu kurzfristig orientiert und biegt sich unter dem Druck der starken Wirtschaftslobby. Klimaschutz muss neu bewertet werden. Von uns allen in Wirtschaft, Gesellschaft und Politik. Wir sind die Politik.

Europa hat eine Schlüsselrolle. Die europäischen Institutionen sind frei von nationalen Egoismen, denn dafür sind sie zu »bunt« europäisch besetzt. Nur in der Gemeinschaft werden das 2030-Klimaziel und die Klimaneutralität für das Jahr 2050 erreicht. Der europäische *Green Deal* ist das richtige mittelfristige Instrument. Der Klimakommunikationskraftakt muss inhaltlich die europäische Klimapolitik und die internationale Dimension komplett mitabdecken. Das könnte die europäische Einigung weiter stärken und das Verständnis für die Situation in den anderen Ländern erhöhen. Der viel genannte Strukturwandel in den von fossilen Industrien abhängigen Regionen ist nicht nur ein wirtschaftlicher Prozess. Der Strukturwandel findet vor allem in unseren Köpfen statt.

Die einzige Macht, die wir wirklich im Leben haben, ist uns selbst zu verändern, sagte Stefan Brunnhuber in einem nicht abgedruckten Teil des Interviews, und fasste seine langjährige Praxis als Suchtpsychologe zusammen. Ähnlich äußerte sich Greta Thunberg auf der letzten Weltklimakonferenz vor der Corona-Pandemie. Das Zitat der jungen Schwedin aus dem Englischen übersetzt und in einer Länge, die dem tiefen Sinn und der bildstarken Sprache gerecht wird:

»Menschen können sich verändern. Menschen sind bereit, sich zu verändern. Und das ist die Hoffnung, weil wir in einer Demokratie leben. Demokratie ist jeden Tag, nicht nur am Tag einer Wahl, sondern jede Sekunde und jede Stunde. Es ist die öffentliche Meinung, die die freie Welt anführt. Tatsächlich ist jede große Veränderung in der Geschichte der Menschheit durch die Menschen selbst gekommen. Wir müssen nicht warten. Wir können die Veränderung jetzt beginnen lassen. Wir – die Menschen. Vielen Dank.«[184]

Wir können die Kurve noch kriegen, wenn wir es wollen: Klimaschutz.

NACHWORT UND DANKSAGUNG

Sitzen wir in einer Effizienzfalle? Ich spare Geld, damit ich wieder mehr Geld habe, für etwas anderes. Ich spare Zeit, damit ich wieder mehr Zeit habe, für etwas anderes. Wann ist es gut, genug und gut genug? Unser ewiges Bemühen ist manchmal auch sehr mühselig und geht auf Kosten unseres Wohlbefindens und der Natur. Was ist, wenn ich einfach einmal Zeit verschwende? Möglicherweise bin ich gar nicht so effizient. Was wiederum nicht so schön für meinen Verlag war. Er hatte viel Geduld mit mir. Ich bedanke mich dafür und besonders bei Maike Hofma und Dr. Laura Kohlrausch im Verlag, Markus Miller für Satz und Layout des Innenteils, Katharina Spangler, der Lektorin, und Jutta Büschkes, die den Umschlag gestaltete.

Bei der Recherche habe ich hilfreiche Informationen von vielen Wissenschaftlerinnen und Wissenschaftlern und von Fachleuten der Pressestellen bekommen. Ich bedanke mich sehr herzlich bei meinen Interviewpartnerinnen und -partnern für den vertrauensvollen und arbeitsreichen Austausch. Ich danke allen, die dazu beitragen, dass Wissenschaft und Politik erklärt und diskutiert werden können.

Ich danke meinen Freunden für die beste Unterstützung, die ich bekommen konnte: Geduld, Vertrauen, Zusammenhalt. Danke Michael und unendlichen Dank an Henry.

Für mich ist eines der größten Wunder, neben der Liebe, die gemeinsame Abstammung aller Lebewesen. Ich möchte daher mit einem Zitat von Charles Darwin schließen, der vor genau 150 Jahren sein Buch über die Abstammung des Menschen veröffentlichte und schrieb: »Allem Anscheine nach ist es eine richtigere und wohlthuendere Ansicht, daß Fortschritt viel allgemeiner gewesen ist als Rückschritt, daß der Mensch, wenn auch mit langsamen und unterbrochenen Schritten, sich von einem niedrigeren Zustande zu dem höchsten jetzt in Kenntnissen, Moral und Religion von ihm erlangten erhoben hat.«[185] Wenn das so ist, dann wird alles gut.

Anja Paumen, Senftenberg, Juni 2021

MEILENSTEINE DER INTERNATIONALEN KLIMAPOLITIK

1988

Die Vereinten Nationen (UN) und die Weltorganisation für Meteorologie (WMO) gründen den Weltklimarat, *Intergovernmental Panel on Climate Change* (IPCC). Er soll die wachsenden Erkenntnisse zum Klimawandel bündeln und in verständlicher Form den politischen Entscheidungsträgern der Welt zur Verfügung stellen.

1992

Auf dem »Erdgipfel« in Rio de Janeiro wird die Klimarahmenkonvention, *United Nations Framework Convention on Climate Change* (UNFCCC) beschlossen. Sie soll künftig Verträge ermöglichen, um die Treibhausgaskonzentration in der Luft nicht weiter ansteigen zu lassen. Alle Länder, die der UNFCCC beigetreten sind, wollen sich regelmäßig auf einer Konferenz treffen, um weitere Schritte für dieses Ziel abzustimmen.

2008

Das Kyoto-Protokoll gilt und verpflichtet die EU bis 2012 ihre Emissionen um 8 Prozent gegenüber 1990 zu senken. Das Ziel wird aufgeteilt. Deutschland muss 21 Prozent reduzieren. Die USA sind nicht dabei, Kanada steigt aus und China muss als Entwicklungsland nicht reduzieren.

2009

Auf der COP15 in Kopenhagen wird kein Anschlussvertrag für das Kyoto-Protokoll ab 2013 gefunden. In den Jahren 2013 bis 2020 gilt daher ein 2. Kyoto-Protokoll, das aber ohne die großen Emittenten, wie China oder USA, nur wenig Wirkung hat.

2010

Die COP16 im mexikanischen Cancún bringt wichtige Entscheidungen: Das 2-Grad-Ziel wird anerkannt. Die Industrieländer sagen außerdem zu, ab dem Jahr 2020 jährlich 100 Milliarden Dollar für Klimaschutzprojekte an die Entwicklungsländer zu zahlen. Die Zahlungen stehen im Jahr 2021 aber immer noch aus.

1995

Die erste Konferenz zur UNFCCC, künftig auch Weltklimakonferenzen, *conference of the parties* (COPs), genannt, findet in Berlin statt.

1997

Auf der dritten Weltklimakonferenz, COP3, im japanischen Kyoto wird das Kyoto-Protokoll beschlossen. Es gilt von 2008 bis 2012, aber nur für die Industrieländer. Sie müssen ihre Emissionen um insgesamt 5 Prozent weltweit gegenüber 1990 reduzieren.

2005

In der EU wird das europäische Emissionshandelssystem (EU-ETS) für Unternehmen mit hohen Treibhausgasausstößen eingeführt. Es soll ein wichtiges Instrument zur Emissionsreduktion werden, indem es einen Preis pro Tonne CO_2 am Markt entstehen lässt.

2015

Die COP21 in Paris bringt den Durchbruch. Ein neues weltweites Abkommen zur Emissionsreduktion wird beschlossen. Es gilt auch für Entwicklungsländer. Alle müssen nationale Selbstverpflichtungen, *nationally determined contributions* (NDCs), auch Klimapläne genannt, mit konkreten Reduktionszielen den UN vorlegen.

2020

Zum ersten Mal seit 2015 müssen die Staaten ihre Klimapläne verschärfen. Der neue europäische Klimaplan sieht 55 Prozent weniger Emissionen bis 2030 gegenüber 1990 vor. Das EU-Ziel wird aufgeteilt. Deutschland verpflichtet sich um 65 Prozent in dem Zeitraum zu reduzieren.

2021

Die COP26 musste im Jahr zuvor wegen der Corona-Pandemie verschoben werden und wird im November in Glasgow stattfinden. Die Bedingungen für eine erfolgreiche Konferenz sind gut: Die neue US-Führung hat ehrgeizige Klimapläne und die EU-Kommission hat den europäischen *Green Deal* vorgelegt.

ABKÜRZUNGSVERZEICHNIS

BECCS	Bioenergy with Carbon Capture and Storage/Bioenergie mit CCS
BIP	Bruttoinlandsprodukt
BMU	Bundesministerium für Umwelt, Naturschutz und nukleare Sicherheit
CCS	Carbon Capture and Storage/CO_2-Sequestrierung
CDM	clean development mechanism/Mechanismus für umweltverträgliche Entwicklung
CMIP	Coupled Model Intercomparison Project/Modellvergleichsstudie
CO_2	Kohlen(stoff)dioxid
CO_2e	CO_2-Äquivalente
COP	Conference of the Parties/Weltklimakonferenz
DAC	Direct Air Capture
DAX	Deutscher Aktienindex
DFG	Deutsche Forschungsgemeinschaft
DIW	Deutsches Institut für Wirtschaftsforschung
DKK	Deutsches Klima Konsortium
DWD	Deutscher Wetterdienst
EDGAR	Emissions Database for Global Atmospheric Research/Datenbank zur Atmosphärenforschung
EE	Erneuerbare Energien
EEG	Erneuerbare-Energien-Gesetz
ESR	Effort Sharing Regulation/Lastenteilungsverordnung
EU-EHS	Europäisches Emissionshandelssystem =
EU-ETS/ETS	European Emissions-Trading-System
FFF	Fridays for Future
GERICS	German Institute for Climate Services
GG	Grundgesetz
Gt	Gigatonnen = Milliarden Tonnen
IAE	International Energy Agency/Internationale Energieagentur

iDiv	Deutsches Zentrum für Integrative Biodiversitätsforschung
IPBES	Intergovernmental Science-Policy Platform on Biodiversity and Ecosystem Services/Weltbiodiversitätsrat
IPCC	Intergovernmental Panel on Climate Change/Weltklimarat
IPCC SR 1,5 °C	der 1,5-Grad-Sonderbericht des IPCC von 2018
Klikt	Klimakommunikationskraftakt
KSG	Bundes-Klimaschutzgesetz
LULUCF	land use, land-use change and forestry/Landnutzung, Landnutzungsänderung und Forstwirtschaft
MCC	Mercator Research Institute on Global Commons and Climate Change
Mt	Megatonnen = Millionen Tonnen
NDCs	Nationally determined contributions/nationale Klimapläne
nEHS	nationales Emissionshandelssystem
NGO	Non-governmental organization/Nichtregierungsorganisation
OECD	The Organisation for Economic Co-operation and Development/Organisation für wirtschaftliche Zusammenarbeit und Entwicklung
ÖPNV	Öffentlicher Personennahverkehr
PEV	Primärenergieverbrauch
PIK	Potsdam-Institut für Klimafolgenforschung
Ppm	parts per million/ein Teil auf eine Millionen
PR	Public Relations/Öffentlichkeitsarbeit
SDGs	Sustainable Development Goals/Ziele für nachhaltige Entwicklung
SRU	Sachverständigenrat für Umweltfragen = Umweltrat
SUV	Sport Utility Vehicle/Geländelimousinen
THG	Treibhausgase
UBA	Umweltbundesamt
UFZ	Helmholtz-Zentrum für Umweltforschung
UN	United Nations/Vereinte Nationen

UNEP	United Nations Environment Programme/Umweltprogramm der Vereinten Nationen
UNFCCC	United Nations Framework Convention on Climate Change/UN-Klimarahmenkonvention
WCRP	World Climate Research Programm/Weltklimaforschungsgrogramm
WBGU	Wissenschaftlicher Beirat der Bundesregierung Globale Umweltveränderungen
WMO	World Meteorological Organization/Weltorganisation für Meteorologie
ZAD	zone à defendre/Verteidigungszone

SCHLAGWORTREGISTER

A

Atomenergie, Atomstrom 123, 124, 125

B

Biden, Joe 63, 64, 65, 66, 68, 69, 249, 250, 251, 252, 253, 254, 256, 260, 262, 293
Bolsonaro, Jair 33, 258, 259
Brandt, Willy 81, 83
Bruttoinlandsprodukt, BIP 11, 41, 50, 51, 64, 78, 277, 302, 310
Bundes-Klimaschutzgesetz, KSG 60, 104, 303
Bundesverfassungsgericht, BVG 59, 60, 105, 107, 267, 269, 270, 271

C

Carbon Capture and Storage, CCS 118, 205, 206, 208, 283, 302
Club of Rome 138, 139, 152
CO_2-Emissionshandel 13, 72, 73, 75, 76, 77, 78, 79, 96, 97, 98, 99, 101, 105, 163, 164, 192, 193, 194, 196, 197, 198
CO_2-Entnahmetechnologien 13, 197, 203, 204, 207, 208, 209
CO_2-Restbudget, verbleibendes Kohlenstoffbudget 201, 202, 267, 268, 269
CO_2-Senken, CO_2-Fänger 30, 31, 32, 33, 100
CO_2-Vermeidungskosten 162, 164
COP26 112, 262
Corona-Pandemie 11, 19, 40, 41, 45, 48, 50, 72, 140, 151, 154, 156, 171, 177, 190, 243, 263, 280, 298
Coronavirus 40, 141

D

Dannenröder Forst, Dannenröder Wald 287
Darwin, Charles 299, 319
DAX-Unternehmen 53
Dekarbonisierung, dekarbonisieren 57, 58, 116, 117, 119, 120, 121, 169, 207, 208
Divestment 273

E

Edenhofer, Ottmar 88, 188, 282, 297
E-Fuels 58
Emissionshandelssystem, europäischer Emissionshandel, EU-ETS 73, 74, 75, 76, 77, 96, 98, 101, 105, 302
Emissionshandelssystem, nationaler Emissionshandel, nEHS 98, 99, 101, 303
Emissionsrechtehandel 74, 76, 161, 162, 163, 164, 165, 166, 167
Erneuerbare-Energien-Gesetz, EEG 56, 81, 85, 86, 100, 161, 163, 195, 279, 283, 284, 302
EU-Taxonomie 94

F

Figueres, Christina 267, 317
Fit for 55-Paket 72, 97
Fotosynthese 30, 31, 32, 204
Fridays for Future 12, 13, 38, 49, 61, 86, 121, 122, 127, 129, 133, 135, 136, 171, 172, 173, 175, 176, 178, 179, 180, 181, 182, 183, 184, 185, 189, 267, 289, 302
Fuest, Clemens 88, 313

G

German Zero 49, 267
Gesellschaftsvertrag 46, 47, 49, 94
Graßl, Hartmut 82, 228
Green Deal, Grüner Deal 48, 67, 68, 69, 72, 298
Guterres, António 86, 259, 260, 262

H

Hambacher Forst, Hambacher Wald 33, 215, 217, 218, 222, 223

K

Keeling-Kurve 24
Kipppunkt 141, 186, 234
Klimaangst 39
Klimafinanzierung 93, 94, 260
Klimagerechtigkeit 47, 186, 289
Klimakommunikationskraftakt, Klikt 291, 292, 293, 294, 296, 298, 303
Klimanotstand 173, 183, 260
Klimaprojektionen, Projektionen, Klimaszenarien, Szenarien, Klimamodellierungen, Emissionspfade 111, 190, 191, 199, 200, 203, 206, 233, 236, 237, 238, 239, 264, 286
Klimarahmenkonvention, UNFCCC 70, 71, 81, 104, 250, 259, 267, 304
Klimaschutzgesetz 60, 104, 107, 303
Klimasensitivität, Gleichgewichts-Klimasensitivität 20, 21, 71
Klimastreikwoche 128, 129
Kohleflöz 33
Kohleförderung 34, 102, 116, 205
Konjunkturpaket 44

L

Lastenteilungsverordnung, ESR 72, 76, 77, 96, 289, 302
Lockdown 41, 154, 155, 189, 190, 280, 282

M

Material, organisches 26, 27, 28, 29, 31, 91
Merkel, Angela 44, 90
Messner, Dirk 273, 282
Mikroben 26, 91

N

Nationally determined contribution, NDCs 71, 72, 77, 105, 303
Neoklassik, neoklassische Ökonomie 162, 163, 165
Next Generation EU 44
Notre-Dame-des-Landes 217, 222

O

Ökosystem 33, 49, 56, 71, 89, 214, 234, 285, 287
Ökosystemdienstleistungen 33, 56, 287

P

Pariser Übereinkommen, Pariser Abkommen, Pariser Übereinkunft, PÜ 11, 12, 21, 51, 63, 70, 79, 81, 82, 87, 104, 106, 107, 112, 113, 114, 115, 116, 117, 119, 122, 164, 190, 201, 203, 258, 259, 261, 264, 267, 268, 269, 273, 276, 290
Permafrost, Permafrostboden 25, 26, 27, 28, 29
Postwachstumsgesellschaft 123
Power-to-X-Technologien 57, 58, 91

R

Rahmstorf, Stefan 21, 308
Rebound-Effekt 53, 103, 280
Regenwälder, tropische 30, 288
Rockström, Johan 249
Rückkopplung 26, 27, 71, 264

S

Schellnhuber, Hans Joachim 21, 283, 308
Schocks, asymmetrische 140, 147
Sektorziele 96, 101, 103
Smart Grids 55, 311
social cost of carbon 200
Stammer, Detlef 19, 20, 82
Strukturwandel 69, 157, 298
Sustainable Development Goals, SDGs, Nachhaltigkeitsziele 54, 55, 149, 160, 206, 289, 303

T

Thunberg, Greta 12, 38, 47, 59, 87, 89, 90, 142, 175, 180, 182, 298
Transformation 47, 93, 94, 184, 242, 244
Treibhausgasneutralität, treibhausneutral 49, 72, 104, 105, 191, 203, 253
Trump, Donald 64, 89, 252

V

von Carlowitz, Hans Carl 84, 85, 278
von der Leyen, Ursula 48, 63, 67, 68, 69
von Weizsäcker, Ernst Ulrich 11, 14, 83, 281

W

Waldzustand 35
Wasserbetteffekt 162, 195
We Mean Business 49
Wenn-dann-Beziehungen 233, 237
Wiederaufbauprogramm 40, 41, 43, 44, 64
Wirtschaftssektoren 51, 72, 92, 101, 102, 103

ANMERKUNGEN

1 Am 28.8.2019 beim DKK Klimafrühstück in Berlin.

2 Future Earth, The Earth League and the World Climate Research Programme: 10 New Insights in Climate Science 2020 [https://futureearth.org/2021/01/27/top-10-insights-in-climate-science-in-2020-selected-by-57-leading-global-researchers/].

3 Ebenda.

4 Rahmstorf, Stefan/Schellnhuber, Hans-Joachim (2007): Der Klimawandel, Verlag C.H. Beck, S. 45.

5 Die Wahrscheinlichkeit der Werte für die Klimasensitivität liegt bei 67 Prozent. Anders ausgedrückt: Sie stimmen mit einer Wahrscheinlichkeit von 67 bis 100 Prozent. Aber mit einer Wahrscheinlichkeit von 33 Prozent liegen sie über oder unter den Werten des Schwankungsbereichs 2,3° bis 4,5 °C.

6 Die Treibhausgase Kohlendioxid, CO_2 (66 %) und Methan, CH_4 (16 %) machen weltweit zusammen über 80 % des menschengemachten (anthropogenen) Treibhauseffektes aus, der den Temperaturanstieg auslöst. Dahlman, LuAnn (2020): Climate Change: Annual greenhouse gas index, in NOAA Climate.gov, science & information for a climate-smart nation [https://www.climate.gov/news-features/understanding-climate/climate-change-annual-greenhouse-gas-index].

7 Bei der Verbrennung der deutschen Braunkohle entsteht etwa pro Tonne Kohle rund eine Tonne Kohlenstoffdioxid. Das ist bei anderen Braunkohle- und Kohlearten anders, denn es hängt von der Art und Zusammensetzung der Kohle ab. Etwa ob Braun- oder Steinkohle oder vom Schwefel- und Wassergehalt der Braunkohle.

8 World Meteorological Organization (2020): Greenhouse Gas Bulletin [https://public.wmo.int/en/resources/library/wmo-greenhouse-gas-bulletin-no16-november-2020] Werte von 2019.

9 Deutscher Wetterdienst (2021): Virtuelle Klima-Pressekonferenz [https://www.dwd.de/DE/presse/pressekonferenzen/DE/2021/PK_09_03_2021/pressemitteilung_20210309.pdf?__blob=publicationFile&v=6].

10 Met Office (7.4.2021): Atmospheric carbon dioxide at record high levels despite reduced emissions in 2020 [https://www.metoffice.gov.uk/research/news/2021/record-co2-levels-despite-lower-emissions-in-2020].

11 Informationen von Prof. Dr. Guido Grosse, Leiter der Forschungseinheit Permafrost am Alfred Wegener Institut, Helmholtz-Zentrum für Polar- und Meeresforschung in Potsdam. Diese Formulierung wurde so aus einer E-Mail von ihm übernommen.

12 Mengenangaben von Prof. Dr. Guido Grosse, wie vordem.

13 Die Autoren der Top Ten nennen die Zahl von 244 Megatonnen (Mt), Kohlenstoff, C, die im Jahr 2020 durch die Waldbrände frei wurden. Der genaue Umrechnungsfaktor ist 3,67. 244 Mt C × 3,67 = 895 Mt CO_2. Umweltbundes-

amt (2021): Kohlendioxid-Emissionen im Vergleich zu anderen Treibhausgasen [https://www.umweltbundesamt.de/daten/klima/treibhausgas-emissionen-in-deutschland/kohlendioxid-emissionen#entwicklung-der-kohlendioxid-emissionen-2019].

14 SRU Umweltgutachten 2020.

15 Aus dem Glossar vom Bundesministerium für Umwelt, Naturschutz und nukleare Sicherheit (2020): Klimaschutz in Zahlen und Bundesministerium für Umwelt, Naturschutz und nukleare Sicherheit (2019): Klimaschutzplan 2050.

16 Hartje, Volkmar et al. (Hrsg.) (2015): Naturkapital und Klimapolitik, Synergien und Konflikte, Naturkapital Deutschland – TEEB DE, Berlin, Leipzig 2015.

17 Bundesministerium für Ernährung und Landwirtschaft (2021): Ergebnisse der Waldzustandsbehebung 2020 [https://www.bmel.de/DE/themen/wald/wald-in-deutschland/waldzustandserhebung.html].

18 ARD, Tagesschau vom 24.2.2020: Bericht [https://www.tagesschau.de/inland/waldzustandsbericht-kloeckner-101.html].

19 Helmholtz Zentrum für Umweltforschung (UFZ) (31.3.2021): Jordaniens eskalierende Wasserkrise als Warnung für die Welt [https://www.ufz.de/index.php?de=36336&webc_pm=16/2021].

20 Ebenda.

21 Wikipedia (2021): Hurrikan Sandy [https://de.wikipedia.org/wiki/Hurrikan_Sandy].

22 Shell (2019): 18. ShellJugendstudie[https://www.shell.de/ueber-uns/shell-jugendstudie.html].

23 Bundesministerium für Umwelt, Naturschutz und nukleare Sicherheit (2020): Studie Zukunft? Jugend fragen! [https://www.bmu.de/publikation/zukunft-jugend-fragen-umwelt-klima-politik-engagement-was-junge-menschen-bewegt/].

24 Chronologisch: Weltwirtschaftsforum, Davos Januar 2019; Fridays for Future-Demonstration Juli 2019 in Berlin; Washington, USA, Capitol, September 2019 und Weltklimakonferenz, COP25 in Madrid, Dezember 2019. Zitate vom englischen Original übersetzt ins Deutsche.

25 Baum, Carla/Kaluza, Anais (2.1.2020): Klima-Aktivisten: Keine Panik, in: Zeit-Campus.

26 Deutsches Zentrum für Integrative Biodiversitätsforschung (iDiv) Halle-Jena-Leipzig (31.3.2021): Biodiversität kann sich positiv auf mentale Gesundheit auswirken [https://www.idiv.de/de/news/medienmitteilungen/artikel/1923.html] und iDiv (3.12.2020): Macht biologische Vielfalt glücklich? [https://www.idiv.de/de/news/medienmitteilungen/artikel/2118.html].

27 Baum/Kaluza (2020): Klima-Aktivisten: Keine Panik.

28 Madge, Graham (8.1.2021): Atmospheric carbon dioxide to pass iconic threshold [https://www.metoffice.gov.uk/about-us/press-office/news/weather-and-climate/2021/2021-carbon-dioxide-forecast] und Jeff Tollefson (15.1.2021): COVID curbed carbon emissions in 2020 – but not by much [https://www.nature.com/articles/d41586-021-00090-3].

29 Umweltbundesamt, Pressemitteilung (15.3.2021): Treibhausgasemissionen sinken 2020 um 8,7 Prozent [https://www.umweltbundesamt.de/presse/pressemitteilungen/treibhausgasemissionen-sinken-2020-um-87-prozent].

30 Johnson, Richard/Beurer, Leon (16.4.2020): Corona sorgt für sauberen blauen Himmel in Asiens Städten! [https://www.daswetter.com/nachrichten/wissenschaft/corona-sorgt-fue-sauberen-blauen-himmel-in-asiens-staedten.html] und Umweltbundesamt (17.7.2020): Auswirkungen der Corona-Krise auf die Luftqualität [https://www.umweltbundesamt.de/faq-auswirkungen-der-corona-krise-auf-die#welche-auswirkungen-hat-die-corona-krise-auf-die-stickstoffdioxid-no2-belastung].

31 Organisation für wirtschaftliche Zusammenarbeit und Entwicklung (OECD) (9.3.2021): OECD economic outlook, Interim Report March 2021 [https://www.oecd.org/economic-outlook/march-2021/].

32 EU-Kommission (2021): Europäischer Aufbauplan [https://ec.europa.eu/info/strategy/recovery-plan-europe_de].

33 Von den 750 Mrd. Euro sind nur 17,5 Mrd. Euro für den Bereich »natürliche Ressourcen und Umwelt« vorgesehen, das sind 2,3 Prozent. Das meiste Geld, etwa 720 Mrd. Euro geht in den Bereich »Zusammenhalt, Widerstandskraft und Werte.« Von den 705 Mrd. aus dem Aufbauprogramm kommen noch etwa 55 Mrd. über zwei andere Fördertöpfe hinzu, sodass insgesamt 750 Mrd. (in Preisen von 2018) zur Verfügung stehen. In Preisen von 2021 sind es rund 807 Mrd. Euro. Quelle: Ebenda.

34 Interview mit Bundeskanzlerin Angela Merkel in der ARD vom 4. Juni 2020.

35 Details zu den einzelnen Programmen sind auf den Seiten des Bundesfinanzministeriums zu finden: www.bundesfinanzministerium.de.

36 WBGU (2011): Hauptgutachten Welt im Wandel – Gesellschaftsvertrag für eine Große Transformation [https://www.wbgu.de/de/publikationen/publikation/welt-im-wandel-gesellschaftsvertrag-fuer-eine-grosse-transformation].

37 Das deutsche BIP sank wegen der Corona-Pandemie um knapp 5 Prozent. 2019 hatte es noch rund 3,5 Billionen Euro betragen. Von 2010 bis 2019 war das BIP jährlich zwischen 0,4 und 4,2 Prozent gewachsen, also immer gewachsen.

38 BIP-Rangliste laut Wikipedia (2021): Liste der Länder nach Bruttoinlandsprodukt [https://de.wikipedia.org/wiki/Liste_der_L%C3%A4nder_nach_Bruttoinlandsprodukt] und HDI-Rangliste laut United Nations Development Programme (2021): Human Development Reports [http://hdr.undp.org/en/content/latest-human-development-index-ranking].

39 Potsdam-Institut für Klimafolgenforschung (27.1.2020): Klimakosten sind am geringsten, wenn die Erdwärmung auf 2 Grad Celsius begrenzt wird [https://www.pik-potsdam.de/de/aktuelles/nachrichten/klimakosten-sind-am-geringsten-wenn-die-erwaermung-auf-2degc-begrenzt-wird].

40 Potsdam-Institut für Klimafolgenforschung (19.8.2020): Klimaschäden für unsere Wirtschaft: Studie zeigt höhere Kosten als erwartet [https://www.pik-potsdam.de/de/aktuelles/nachrichten/klimaschaeden-fuer-unsere-wirtschaft-studie-zeigt-hoehere-kosten-als-erwartet-1].

41 Die Autoren der Studie sagen, dass nach ihren Berechnungen pro Tonne CO_2, die ab dem Jahr 2020 emittiert wird, ein wirtschaftlicher Schaden zwischen 73

und 142 US-Dollar entsteht (ca. 60–116 Euro). Daraus folgernd müssten dann die Preise für eine Tonne CO_2 auch in diesem Preiskorridor liegen. Der CO_2-Preis müsste zwischen 60 bis grob 120 Euro pro Tonne liegen, um die wahren Kosten des CO_2-Ausstoßes pro Tonne abzubilden.

42 Wirtschaftslexikon24.com (2020): Verursacherprinzip [http://www.wirtschaftslexikon24.com/d/verursacherprinzip/verursacherprinzip.htm].

43 Umweltbundesamt (28.1.2021): Viele Unternehmen unterschätzen Risiken des Klimawandels [https://www.umweltbundesamt.de/presse/pressemitteilungen/viele-unternehmen-unterschaetzen-risiken-des].

44 United Nations (2021): Sustainable Development Goals [https://sdgs.un.org/goals].

45 Umweltbundesamt (3.8.2013): Was ist ein »Smart-Grid« [https://www.umweltbundesamt.de/service/uba-fragen/was-ist-ein-smart-grid].

46 Impulspapier der Acatech Geschäftsstelle aus: Sauer, Dirk Uwe/Schmidt, Christoph M. (Hrsg): Wege zu einem integrierten Energiesystem – was jetzt geschehen muss, München 2019.

47 Berliner Verwaltungsgericht (31.10.2019): »Klimaklage« bleibt ohne Erfolg [https://www.berlin.de/gerichte/verwaltungsgericht/presse/pressemitteilungen/2019/pressemitteilung.860292.php].

48 Der Beschluss des Bundesverfassungsgerichts ist vom 24. März 2021. Die Pressemitteilung darüber ging am 29. April 2021 heraus. Daher kam das Medienecho erst Ende April.

49 Bundesverfassungsgericht (29.4.2021): Verfassungsbeschwerden gegen das Klimaschutzgesetz teilweise erfolgreich [https://www.bundesverfassungsgericht.de/SharedDocs/Pressemitteilungen/DE/2021/bvg21-031.html].

50 Future Earth: 10 New Insights in Climate Science 2020.

51 Bei der Vorstellung des europäischen Green Deal am 11.12.2019 in Brüssel.

52 OECD (9.3.2021): OECD economic outlook.

53 The White House (2021): American Rescue Plan [https://www.whitehouse.gov/american-rescue-plan/].

54 Deutsche Welle (15.1.2021): Biden unveils 1,9 trillion plan to revive pandemic-hit US economy [https://www.dw.com/en/biden-unveils-19-trillion-plan-to-revive-pandemic-hit-us-economy/a-56230949].

55 https://www.whitehouse.gov/briefing-room/statements-releases/2021/03/31/fact-sheet-the-american-jobs-plan/

56 The White House (31.3.2021): Fact Sheet. The American Jobs Plan [https://www.whitehouse.gov/briefing-room/statements-releases/2021/03/31/fact-sheet-the-american-jobs-plan/].

57 The White House (28.4.2021): Fact Sheet. The American Families Plan [https://www.whitehouse.gov/briefing-room/statements-releases/2021/04/28/fact-sheet-the-american-families-plan/].

58 Manager Magazin (29.4.2021): Wer Bidens sozialen Bildungsstaat bezahlen soll [https://www.manager-magazin.de/politik/weltwirtschaft/joe-biden-american-families-plan-finanziert-mit-doppelter-kapitalertragsteuer-a-37af04d8-0036-44d4-82a7-f6897a4d33de].

59 The White House (28.4.2021): The American Families Plan.

60 Die Bewerbungsrede von Ursula von der Leyen am 16.7.2019 Juli im europäischen Parlament.

61 Ebenda.

62 Ebenda.

63 The White House (28.4.2021): The American Families Plan.

64 Umweltbundesamt (Februar 2021): Daten und Fakten zu Braun- und Steinkohlen (2021) [https://www.umweltbundesamt.de/publikationen/daten-fakten-zu-braun-steinkohlen-2021].

65 Vereinte Nationen, Dokumente, Rahmenübereinkommen der Vereinten Nationen über Klimaänderungen [https://unfccc.int/resource/docs/convkp/convger.pdf].

66 Bundesumweltministerium, Dokumente, Vertragstext des Pariser Übereinkommens [https://www.bmu.de/fileadmin/Daten_BMU/Download_PDF/Klimaschutz/paris_abkommen_bf.pdf].

67 https://www.mcc-berlin.net/forschung/co2-budget.html

68 BMU, Vertragstext des Pariser Übereinkommens.

69 United Nations Climate Change (26.2.2021): NDC Synthesis Report [https://unfccc.int/process-and-meetings/the-paris-agreement/nationally-determined-contributions-ndcs/nationally-determined-contributions-ndcs/ndc-synthesis-report].

70 Europäischer Rat (28.6.2021): Rat beschließt Europäisches Klimagesetz [https://www.consilium.europa.eu/de/press/press-releases/2021/06/28/council-adopts-european-climate-law/].

71 Europäische Kommission (21.4.2021): Kommission begrüßt vorläufige Einigung über das Europäische Klimagesetz [https://ec.europa.eu/commission/presscorner/detail/de/ip_21_1828].

72 Umweltbundesamt (12.07.2021): Der Europäische Emissionshandel [https://www.umweltbundesamt.de/daten/klima/der-europaeische-emissionshandel#teilnehmer-prinzip-und-umsetzung-des-europaischen-emissionshandels].

73 Ember (July 14 2021): Daily Caron Prices [https://ember-climate.org/data/carbon-price-viewer/].

74 EU-27 total of GHG emissions in 2019: 3.49 gigatonnes. European Environment Agency (April 2021): EEA greenhouse gases – data viewer [https://www.eea.europa.eu/data-and-maps/data/data-viewers/greenhouse-gases-viewer].

75 World total of GHG emissions in 2019: 59.1 gigatonnes CO_2e: UN environment programme (9.12.2020): Emissions Gap Report 2020 [https://www.unep.org/interactive/emissions-gap-report/2020/].

76 Ember (2021): Daily Caron Prices [https://ember-climate.org/data/carbon-price-viewer/].

77 Europäische Kommission (2021): Lastenteilung. Emissionsziele der Mitgliedsstaaten [https://ec.europa.eu/clima/policies/effort_de].

78 Ein paar Restemissionen aus der Nutzung von Wald und Boden fallen unter die Verordnung zur Landnutzung. Der Wirtschaftsbereich der Landnutzung,

Landnutzungsänderung und Forstwirtschaft (land use, LU; land use change, LUC und forestry, F, abgekürzt LULUCF) wird seit 2021 von einer zweiten Verordnung reguliert: der LULUCF-Verordnung. Sie regelt die Emissionsbilanz der Landflächen wie etwa Wälder, Ackerflächen, Grünland, Feuchtgebiete, Siedlungen und andere Flächen. Das Besondere an diesen Landflächen: Sie sind nicht nur Quellen, sondern auch Senken für Emissionen!

79 Ebenda.

80 Auf der Nobelpreisträgertagung am Bodensee am 26. Juli 1972.

81 Beispiele für wegweisende WBGU-Gutachten: Klimaschutz als Weltbürgerbewegung (2004); Gesellschaftsvertrag für eine Große Transformation (2011), Kassensturz für den Weltklimavertrag – Der Budgetansatz (2009).

82 Zechner, Johannes (2017): Natur der Nation. Der »deutsche Wald« als Denkmuster und Weltanschauung. In: Aus Politik und Zeitgeschichte Wald, bpb, 4. Dezember 2017.

83 von Carlowitz, Hannß Carl: Sylvicultura oeconomica, Faksimile der Erstauflage, Leipzig 1713, mit einer Einführung von Jürgen Huss und Friederike von Gadow. Kessel Verlag, S. 27 [https://www.forstbuch.de/wp-content/uploads/2018/04/Carlowitz_1713_Einleitung.pdf].

84 Ebenda, S. 48.

85 Passauer Neue Nachrichten (27.6.2029): Klimaforscher Latif zum Klimapaket der Regierung; Potsdam Institut für Klimafolgenforschung (2019): PIK STATEMENT zum Klimapaket der Bundesregierung [https://www.pik-potsdam.de/de/aktuelles/nachrichten/mutlosigkeit-pik-statement-zum-klimapaket-der-bundesregierung-1].

86 Deutsches Institut für Wirtschaftsforschung, Claudia Kemfert, DIW Wochenbericht 39, 2019. Clemens Fuest Zitat aus dem Fokus, www.focus.de vom 21.9.2020.

87 Rede Greta Thunbergs auf dem UN-Klimagipfel, 23. September 2019, New York.

88 WBGU (7.4.2011): Gesellschaftsvertrag für eine Große Transformation [https://www.wbgu.de/de/service/presseerklaerung/gesellschaftsvertrag-fuer-eine-grosse-transformation].

89 Bundesministerium für Umwelt, Naturschutz und nukleare Sicherheit (2019): Klimaschutzprogramm 2030, S. 16.

90 BMU: Klimaschutz in Zahlen, S. 24.

91 BMU: Klimaschutzprogramm 2030, S. 21.

92 BMU: Klimaschutzprogramm 2030, S. 35.

93 BMU: Klimaschutzprogramm 2030, S. 29.

94 Am 14.4.2014, Technische Universität Berlin aus Anlass der Vorstellung des damals neuen fünften Sachstandsberichts Berichts des Weltklimarats, kurz AR5 genannt.

95 BMU: Klimaschutz in Zahlen, S. 25.

96 Bundesministerium für Umwelt, Naturschutz und nukleare Sicherheit (12.12.2019): Bundes-Klimaschutzgesetz (KSG) [https://www.bmu.de/gesetz/bundes-klimaschutzgesetz/].

97 Es gibt leichte Unterschiede. Im Grunde werden beide Begriffe gleichbedeutend verwendet und sagen aus, dass keine neuen Treibhausgasemissionen erfolgen dürfen, die nicht auch in gleicher Höhe wieder ausgeglichen werden.

98 Bei der Klimastreikwoche im November 2019 waren die Studenten aufgerufen, die regulären Lehrveranstaltungen zu bestreiken und stattdessen zu den Veranstaltungen zum Thema Klimakrise zu gehen, die auf den Geländen der Unis stattfanden.

99 Meadows, Dennnis et al. (1972): Grenzen des Wachstums, Bericht an den Club of Rome, dva informativ.

100 Der englische Begriff *Governance* steht für Regierungs- und Verwaltungshandeln und Führung, auch bezogen auf Unternehmen und Ämter. Es handelt sich im weitesten Sinne um das Regieführen oder Kontrollieren beim Ablauf von Prozessen oder Regeln.

101 Kipppunkte beziehen sich auf kritische Schwellenwerte in einem System etwa dem Klimasystem. Wenn solche Kipppunkte überschritten werden, führt das meistens zu großen, vielfach irreversiblen Veränderungen im Zustand des Systems.

102 Stefan Brunnhuber ist Sprecher der Initiative »The Future of Finance- Financing the Future« der Weltakademie der Künste und Wissenschaften (WAAS). Das ist auch der Titels seines im Jahr 2020 im Oekom Verlag veröffentlichten Buches.

103 Blockchain ist eine Technologie, um digitale Transaktionen etwa von Digitalwährungen wie Bitcoin möglich zu machen.

104 Neoklassische Ökonomie ist ab etwa 1870 eine Lehre innerhalb der Wirtschaftswissenschaften. Sie basiert auf der klassischen Nationalökonomie, deren Hauptvertreter der Schotte Adam Smith und der Brite David Ricardo sind und deren Leitideen bis heute weiter gelten. Die neoklassische Lehre ist seit den 1970er-Jahren die dominierende Schule in den Wirtschaftswissenschaften weltweit.

105 Kemfert, Claudia (2017): Das fossile Imperium schlägt zurück – Warum wir die Energiewende jetzt verteidigen müssen, Murmann Verlag Hamburg.

106 Ein Beispiel Netzwerk Plurale Ökonomik e. V. (plurale-oekonomik.de).

107 Kemfert, Claudia (2020): Mondays for Future, Murmann Verlag Hamburg.

108 Internationaler FFF-Kongress in Lausanne, Schweiz im August 2019. Am Ende verabschiedeten die Teilnehmer die Klimaerklärung von Lausanne, in der u. a. Klimagerechtigkeit und der beste wissenschaftliche Forschungsstand als Grundlage für Klimapolitik gefordert wurde.

109 Hambacher Wald oder Hambacher Forst ist eine Waldfläche zwischen Köln und Aachen, die seit den 1970er-Jahren für den Kohleabbau abgeholzt wird und so von ursprünglich 4000 Hektar auf rund 500 Hektar geschrumpft ist. Der Wald besteht seit über 10.000 Jahren und hat eine hohe Artenvielfalt. Seit den 2010er-Jahren wird er von Naturschützern besetzt, um die weitere Rodung zu verhindern, die im Jahr 2019 bis auf Weiteres ausgesetzt wurde.

110 Nach Angaben von Fridays for Future gingen am 20.9.2019 weltweit rund 4 Millionen Menschen auf die Straße, in Deutschland 1,4 Millionen, davon rund 270.000 in Berlin. Der Streik mobilisierte alle Altersklassen. Am gleichen Tag stellte die Bundesregierung ihr sogenanntes Klimapaket der Öffentlichkeit vor.

111 Hier ist der IPCC SR 1,5 °C globale Erwärmung von Oktober 2018 gemeint. Masson-Delmotte, V., et al. (eds.) (2018): IPCC, 2018: Global Warming of 1.5 °C. [https://www.ipcc.ch/sr15/].

112 Scientists for Future ist eine Gruppe von unabhängigen Wissenschaftlerinnen und Wissenschaftlern, die sich im März 2019 gegründet hat. Sie stehen als Experten FFF bei inhaltlichen Fragen, aber auch öffentlichen Aktionen zur Seite.

113 Nachhaltigkeit ist ein Begriff, der unterschiedlich verwendet wird. Im Alltag oft im Sinne von langanhaltend, meint er in der Wissenschaft einen Dreiklang aus ökologischen, sozialen als auch wirtschaftlichen Zielen, die gleich wichtig sind.

114 Der CO_2-Fußabdruck gibt an, wie viele Tonnen CO_2 bei einer bestimmten Aktivität ausgestoßen werden. Er lässt sich für eine Person, also ihren Lebensstil berechnen, aber auch für ein Unternehmen, ein Produkt oder eine Nation.

115 Eine Studie, die schon im Mai 2020 dazu erschien: Le Quéré, Corinne (19.5.2020): Temporary reduction in daily global CO_2 emissions during COVID-19 forced confinement, in: Nature climate change 10, S. 647–653 [https://www.nature.com/articles/s41558-020-0797-x].

116 UN environment programme (26.9.2019): Cut global emissions by 7.6 percent every year for next decade to meet 1.5 °C Paris target – UN report [https://www.unenvironment.org/news-and-stories/press-release/cut-global-emissions-76-percent-every-year-next-decade-meet-15degc].

117 Die erste von Prof. Fuss erwähnte empirische Studie: Koch, Nicolas et al. (2014): Causes of the EU ETS price drop: Recession, CDM, renewable policies or a bit of everything? – New evidence, in: Energy Policy, 73, S. 676–685 [https://www.sciencedirect.com/science/article/abs/pii/S0301421514003966].

118 Die hier genannte zweite empirischen Studie, die Event-Studie: Koch, Nicolas et al. (2016): Politics matters: Regulatory evnts as catalysts for price formation under cap-and-trade, in: Journal of Environmentla Economics and Management, 78, S. 121–139 [https://www.sciencedirect.com/science/article/abs/pii/S0095069616300031].

119 In der Realität ist es umgekehrt. Frankeich hat eine CO_2-Steuer, Deutschland nicht. The World Bank (2021): Carbon Pricing Dashboard [https://carbonpricingdashboard.worldbank.org/].

120 Bei der Vorstellung der Top 10 insights in climate science am 27.01.2021.

121 Lüpke, Marc/Harms, Florian (23.10.2020): »Im schlimmsten Fall kollabiert unserer Weltordnung«, Interview mit Yuval Harari. t-online [https://www.t-online.de/nachrichten/wissen/geschichte/id_88582030/harari-zur-pandemie-corona-hat-das-potential-die-welt-besser-zu-machen-.html].

122 Ebenda.

123 Rede US-Biden zur Eröffnung des Leaders' Climate Summit, 22.4.2021. Zusammenschnitt CNN-News.

124 The White House (23.4.2021) Fact sheet: President Biden's Leaders Summit on Climate [https://www.whitehouse.gov/briefing-room/statements-releases/2021/04/23/fact-sheet-president-bidens-leaders-summit-on-climate/].

125 Energiewirtschaftliche Tagesfragen (30.4.2021): Braunkohle. China priorisiert Versorgungssicherheit [https://www.energie.de/et/news-detailansicht/nsctrl/detail/News/braunkohle-china-priorisiert-versorgungssicherheit]; und Fraunhofer ISE (4.1.2021): Nettostromerzeugung in Deutschland 2020 [https://www.ise.fraunhofer.de/de/presse-und-medien/news/2020/nettostromerzeugung-in-deutschland-2021-erneuerbare-energien-erstmals-ueber-50-prozent.html].

126 Rhodium Group (6.5.2021): China's Greenhouse Gas Emissions Exceeded the Developed World for the First Time in 2019 [https://rhg.com/research/chinas-emissions-surpass-developed-countries/].

127 EDGAR – Emissions Database for Global Atmospheric Research (2021): Fossil CO_2 emissions of all world countries [https://edgar.jrc.ec.europa.eu/report_2020].

128 Aus dem Übereinkommen von Paris, Artikel 2, Absatz 2: BMU (2021) Übereinkommen von Paris [https://www.bmu.de/fileadmin/Daten_BMU/Download_PDF/Klimaschutz/paris_abkommen_bf.pdf].

129 So kommentierte Volker Angres aus der ZDF-Umweltredaktion am 22.04.2021 im *heute Journal.*

130 United Nations Climate Change (2021): Race to Zero Campaign [https://unfccc.int/climate-action/race-to-zero-campaign].

131 United Nations Secretary-General (22.4.2021): Secretary-General's remarks at Leaders Summit on Climate [https://www.un.org/sg/en/content/sg/statement/2021-04-22/secretary-generals-remarks-leaders-summit-climate-delivered].

132 Ebenda.

133 Ebenda.

134 Ebenda.

135 Ebenda.

136 WMO (19.4.2021): Climate Change indicators and impacts worsened in 2020 [https://public.wmo.int/en/media/press-release/climate-change-indicators-and-impacts-worsened-2020].

137 World Meteorological Organization (20.4.2021): State of the Global Climate 2020 [https://public.wmo.int/en/our-mandate/climate/wmo-statement-state-of-global-climate].

138 IPCC (2018): Zusammenfassung für politische Entscheidungsträger, in: 1,5 °C globale Erwärmung. Ein IPCC-Sonderbericht. V. Masson-Delmotte et.al. November 2018, S. 16 [https://www.ipcc.ch/site/assets/uploads/2020/07/SR1.5-SPM_de_barrierefrei.pdf].

139 B. A. U. M. Netzwerk für Nachhaltiges Wirtschaften (2021) »Auf jede und jeden Einzelnen kommt es in der Transformation an« [https://www.baumev.de/News/9999/AufjedeundjedenEinzelnenkommtesinderTransformationan.html].

140 Deutscher Städte- und Gemeindebund (2021): Zehn klimaaktive Kommunen ausgezeichnet [https://www.dstgb.de/aktuelles/archiv/archiv-2020/zehn-klimaaktive-kommunen-ausgezeichnet/].

141 Lausitzer Rundschau (11.6.2021): Ziegenkäse-Spezialitäten made in Ogrosen [https://www.lr-online.de/lausitz/luebbenau/bio-lebensmittel-aus-dem-spreewald-ziegenkaese-spezialitaeten-made-in-ogrosen-57296333.html].

142 In einem Kommentar der Zeitschrift Nature: Figueres, Christiana (23.1.2020): The secret to tackling climate change, in Nature, Vol. 577, S. 470.

143 Bundesverfassungsgericht, Beschluss des Ersten Senats vom 24. März 2021, – 1 BvR 2656/18 –, Rn. 1–270, Punkt 218 [https://www.bundesverfassungsgericht.de/e/rs20210324_1bvr265618.html].

144 IPCC (2018): Global Warming of 1,5 °C, S. 108.

145 Sachverständigenrat für Umweltfragen (2020): Umweltgutachten 2020. Für eine entschlossene Umweltpolitik in Deutschland und Europa, S. 52 [https://www.umweltrat.de/SharedDocs/Downloads/DE/01_Umweltgutachten/2016_2020/2020_Umweltgutachten_Entschlossene_Umweltpolitik.html].

146 Ebenda.

147 Germanwatch (2019): Klima-Risiko-Index 2020 [https://germanwatch.org/de/kri].

148 Bundesverfassungsgericht, Beschluss des Ersten Senats vom 24. März 2021, Punkt 199.

149 Ebenda, Punkt 203.

150 Ebenda.

151 BMU: Klimaschutzprogramm 2030, S. 12.

152 Götze, Susanne (22.4.2021): Bidens großer Klima-Coup, in: Spiegel [https://www.spiegel.de/wissenschaft/mensch/klimagipfel-der-usa-biden-s-erster-klima-coup-a-3951c7b6-71bd-4824-9c2d-07ec9730fd04].

153 CDU-Werkstattgespräche zum Klimaschutz am 3.6.2019: Rede von Wolfgang Schäuble [https://www.youtube.com/watch?v=8ptK2-sup60].

154 Umweltbundesamt (28.1.2021): Viele Unternehmen unterschätzen Risiken des Klimawandels.

155 Märkische Allgemeine (8.5.2021): Plan bis 2020. Allianz will Vermögen »klimaneutral« anlegen [https://www.maz-online.de/Nachrichten/Wirtschaft/Plan-bis-2050-Allianz-will-Vermoegen-klimaneutral-anlegen].

156 Barth, Ulrike (1.2.2021): GLS Bank überzeugte 2020 vor allem junge Neukunden, in: Finanzbusiness [https://finanzbusiness.de/nachrichten/banken/article12728420.ece].

157 IPCC (2014): Summary for Policymakers, in: Edenhofer, O. et. al (2014): Climate Change 2014. Mitigation of Climate Change. Cambridge University Press, Cambridge, United Kingdom, S. 8.

158 Argumentation von Prof. Dr. Sebastian Dullien von der Hochschule für Wirtschaft und Politik, Berlin, am 25.5.2020 in der Bundespressekonferenz.

159 BMU: Klimaschutz in Zahlen, S. 23.

160 https://www.umweltbundesamt.de/daten/energie/energieverbrauch-nach-energietraegern-sektoren#allgemeine-entwicklung-und-einflussfaktoren

161 Faktor Vier, Doppelter Wohlstand – halber Naturverbrauch (1995) und Faktor Fünf, die Formel für nachhaltiges Wachstum (2010), beide Droemer Verlag.

162 von Weizsäcker, Ernst Ulrich/Nestle, Uwe (18.5.2021): Billigstrom ist reiner Populismus [https://www.zeit.de/wirtschaft/2021-05/strompreis-energiewende-energieeffizienz-erneuerbar-energien-staatliche-subventionen-eeg-umlage].

163 Ebenda.

164 Umweltbundesamt (10.5.2021): Energieverbrauch nach Energieträgern und Sektoren [https://www.umweltbundesamt.de/presse/pressemitteilungen/treibhausgasemissionen-sinken-2020-um-87-prozent].

165 Ebenda.

166 Prof. Dr. Felix Müsgens, vom Fachbereich Energiewirtschaft, BTU Cottbus-Senftenberg, am 13.1.2021 bei einem Vortrag zur Energiewende.

167 Prof. Dr. Ottmar Edenhofer am 23.10.2019 an der BTU Cottbus-Senftenberg in einem Vortrag über die Klimapolitik.

168 https://www.bundesrechnungshof.de/de/veroeffentlichungen/produkte/sonderberichte/2021/bund-steuert-energiewende-weiterhin-unzureichend

169 Breeze, Nick (3.1.2019): It's nonlinearity – stupid!, in: Ecologist [https://theecologist.org/2019/jan/03/its-nonlinearity-stupid].

170 Ebenda.

171 Ebenda.

172 BMU: Klimaschutzplan 2050, S. 39.

173 Meya, Jasper N./Neetzow, Paul (2016): Die Menge macht's? Das EEG 2017 und die Folgen für die deutsche Energiewende. Zeitschrift Energiewirtschaftliche Tagesfragen 66 (11): S. 34–37.

174 BMU, Klimaschutzprogramm 2030, S. 20.

175 Rita Seyfert (15.10.2020): Ärger um Ersatzpflanzung in Hosena, in Lausitzer Rundschau [https://www.lr-online.de/lausitz/senftenberg/ortsdurchfahrt-l58-aerger-um-ersatzpflanzung-in-hosena-52328153.html].

176 Helmholtz Zentrum für Umweltforschung, UFZ (10.6.2021): Klimaschutz, Erhalt der Biodiversität und soziale Gerechtigkeit – diese Aufgaben lassen sich nur im Dreiklang lösen [https://www.ufz.de/index.php?de=36336&webc_pm=32/2021].

177 Ebenda.

178 Pressemitteilung von FFF zum bundesweiten Aktionstag am 18.6.2021, Carla Reemtsma für Fridays for Future (18.6.2021:) Bundesweiter Fridays for Future-Aktionstag am 18.6.2021.

179 Ebenda.

180 BMU: Klimaschutzprogramm 2030.

181 Ebenda.

182 Bürgerrat (2021): Ein Bürgerrat für's Klima [https://www.buergerrat.de/aktuelles/ein-buergerrat-fuers-klima/].

183 Vorstellung des IPCC Gutachten AR 5, Arbeitsgruppe III, am 13.4.2014 in Berlin. Ottmar Edenhofer war einer der beiden Ko-Vorsitzenden der Arbeitsgruppe III.

184 Greta Thunberg auf der COP15 in Madrid am 25.11.2019.

185 Darwin, Charles (1919): Die Abstammung des Menschen und die geschlechtliche Zuchtwahl Charles Darwin, übersetzt von J. Victor Carus, E. Schweizerbart'sche Verlagsbuchhandlung (Erwin Nägele), Stuttgart. Original (1871): The descent of man, and selection in relation to sex.

ÜBER DIE AUTORIN

ANJA PAUMEN ist Biologin und Wissenschaftsjournalistin. Sie berichtete für Radio und Fernsehen über Wissenschaft und Umwelt, arbeitete als Unternehmenssprecherin und schreibt heute als freie Journalistin und Autorin unter anderem über den Klimawandel. Ihr erstes Buch »It's the Planet, Stupid!« erschien 2015 im oekom verlag.